BIBLIOTHÈQUE DU VOYAGEUR

ITALIE

guides Gallimard

À PROPOS DE CE GUIDE

ÉDITION FRANÇAISE

Traduction
Françoise Ballarin, Sabine Bosio,
Noël Chassériau, Sophie Paris,
Anne-Marie Thérel

Bibliothèque du voyageur
Gallimard Loisirs
5, rue Sébastien-Bottin, 75007 Paris
tél. 01 49 54 42 00, fax 01 45 44 39 45
biblio-voyage@guides.gallimard.tm.fr

Aucun guide de voyage n'est parfait. Des erreurs, des coquilles se sont certainement glissées dans celui-ci, malgré toutes nos vérifications. Les informations pratiques, adresses, heures d'ouverture, peuvent avoir été modifiées ; certains établissements cités peuvent avoir disparu. Nous vous serions très reconnaissants de nous faire part de vos commentaires, de nous suggérer des corrections ou des compléments qui pourront être intégrés dans la prochaine édition.

Dépôt légal : novembre 2009
Numéro d'édition : 170445
ISBN 978-2-74-242681-2
Photogravure :
Mirascan, Paris (couverture),
Idea Group srl, Italie (intérieur)
Imprimé et relié à Singapour par
Insight Print Services (Pte) Ltd.

www.guides.gallimard.fr
biblio-voyage@guides.gallimard.tm.fr

Cet ouvrage est une traduction-adaptation de la cinquième édition de l'*Insight Guide : Italy*, révisée en 2009. Outre la mise à jour des itinéraires et des informations pratiques, elle a été enrichie de pages thématiques, les *Zoom sur...* dont *Les États-Unis d'Italie*, *L'esthétique industrielle*, *Les volcans...*

Comment utiliser ce guide

Ce guide de voyage est conçu pour répondre à deux principaux objectifs : informer et illustrer. Dans ce but, il est divisé en trois grandes sections, identifiables grâce à leurs bandeaux de couleur placés en haut de page. Chacune d'elles vous permettra d'appréhender le pays, ses origines, son histoire, ses peuples et ses us et coutumes, et vous guidera dans le choix de vos visites, de votre hébergement, de vos activités culturelles et sportives :

◆ La section **Histoire et Société**, repérable à son bandeau jaune, relate l'histoire politique, culturelle et environnementale du pays sous forme d'articles fouillés.

◆ La section **Itinéraires**, signalée par un bandeau bleu, présente sous forme de circuits une sélection de sites et de lieux incontournables ou à découvrir.

Piazza San Marco, Venise

Chaque site est localisé sur une carte à l'aide d'une pastille numérotée.

◆ La section **Informations pratiques**, soulignée par un bandeau orange, fournit toutes les informations pour connaître les différents aspects du pays (climat, géopolitique...), pour préparer le voyage (formalités, comment s'y rendre...), se déplacer, se loger et se restaurer, se divertir, vivre à l'heure italienne...

◆ Le guide est richement illustré de photographies, sélectionnées avec soin, pour convier à la fois la beauté de ce pays et le caractère chaleureux des Italiens.

Les contributeurs

Pour cette nouvelle édition, **Emily Hatchwell** a réuni et coordonné une équipe de spécialistes de l'Italie, dont deux habitués des guides *Insight*, **Lisa Gerard-Sharp** et **Christopher Catling**.

Une grande partie de cet ouvrage repose sur le travail d'origine de **Katherine Barrett** qui a écrit les chapitres sur Rome et *Le voyage en Italie*, et sur celui de **Clare McHugh** qui s'est chargé des pages historiques et de celles sur les provinces septentrionales. Quant au transalpin **Alberto Rossatti**, il a su donner une âme italienne au guide.

Sans oublier les auteurs qui ont contribué à la première édition de cet ouvrage : **Claudia Angeletti**, **Kathleen Beckett**, **Melanie Menagh**, **George Prochnik**, **Peter Spirio**, **Benjamin Swet** et **Jacob Young**.

James Ainsworth, **Margaret Rand** et **Bruce Johnston**, journaliste au *Daily Telegraph*, ont rédigé les sujets sur le vin ; **Ginger Künzel** a dépeint les Alpes italiennes et la région du Trentin-Haut-Adige ; **Susie Boulton** a contribué aux sections sur Venise ; et **Fred Mawer** s'est chargé d'écrire un nouveau chapitre sur la Sardaigne.

Giovanna Dunmall et **Adele Evans**, les spécialistes de l'Italie, ont entièrement révisé le guide en 2006 avec le soutien de **Lisa Gerard-Sharp**, elle-même responsable des articles sur *L'Italie contemporaine*, *De l'unification à nos jours* et *La mafia*.

La plupart des photos qui illustrent à merveille ce guide ont été prises par **John Heseltine**, **Albano Guatti**, **Frances Gransden**, **Phil Wood** et **Bill Wassnan**.

Légendes des cartes

——··	Frontière internationale
— — —	Frontière régionale
⊖	Point de passage
—•—	Parc national, réserve
— — —	Route maritime
Ⓜ	Métro
✈	Aéroport
🚌	Gare routière
Ⓟ	Parking
❶	Office de tourisme
✉	Bureau de poste
✝	Église, ruines
	Mosquée
✡	Synagogue
	Château, ruines
∴	Site archéologique
∩	Grotte
🗿	Statue, monument
★	Curiosité, site

Les sites des itinéraires sont signalés dans les cartes par des puces noires (ex ❶ ou Ⓐ). Un rappel en haut de chaque page de droite ou de gauche indique l'emplacement de la carte correspondant au chapitre.

ITALIE

SOMMAIRE

Portofino
en Ligurie,
jadis un
humble port
de pêche,
aujourd'hui
une station
balnéaire
huppée.

Zoom sur...

◆ **Index détaillé des
informations pratiques,
p. 355**

Itinéraires

BIENVENUE EN ITALIE

Telle Circé, la magicienne séduisante et traîtresse, l'Italie a attiré, depuis des siècles, des rois, des érudits, des saints, des poètes et des curieux. Le charme de cette « éternelle ensorceleuse » fut et reste assez puissant pour pousser l es hommes du passé à braver les tourmentes des mers et des montagnes, et ceux d'aujourd'hui à affronter des gares et des aéroports à peine moins tumultueux.

L'Italie a toujours paru un peu différente du reste de l'Europe, singularisée géographiquement par ses montagnes et ses mers, historiquement par son antiquité, et spirituellement par la présence du pape. Aux yeux des étrangers, ses habitants se sont caractérisés par des extrêmes : d'une part la douceur angélique de saint François d'Assise, de l'autre le réalisme froid de Machiavel ; d'un côté la curiosité de Galilée ou le génie de Michel-Ange, de l'autre le dogmatisme répressif de la Contre-Réforme des Jésuites.

Le fait est que les Italiens rentrent difficilement dans un moule. Ils apprécient leur pays pour ses particularités, et guère en tant que nation. Il faut dire qu'il y a une vraie différence entre la Calabre rurale et la métropole milanaise. Toutefois une culture nationale existe, nourrie par des trésors artistiques partagés, une fierté pour le travail bien fait et une créativité indéniable dans les domaines du cinéma, de l'architecture, du design, de la mode et de la gastronomie. Pour comprendre cette culture, il est utile de connaître les faits marquants de son histoire, depuis la fondation de Rome.

L'Italie n'est pas seulement un monument du passé, c'est un pays moderne qui vit avec son passé, où les ruines d'un mur romain peuvent servir de fondations à un building, où, dans les petits villages de montagne, les vieux garants de traditions centenaires vivent encore côte à côte avec les jeunes, qui foncent vers l'avenir sur leur Vespa.

C'est le pays qui fait naître l'imagination chez l'obtus, la passion chez l'impassible, la rébellion chez le routinier. Qu'on choisisse le farniente sous le parasol d'une plage de la Riviera, de faire des emplettes à Milan ou de visiter les mille églises et musées du pays, on en revient différent. À tout le moins, on y reçoit une très plaisante leçon de « savoir-vivre ». Qu'on soit frappé par la beauté d'une église dominant une piazza parfaitement harmonieuse, par le chic d'un vêtement dans une vitrine, par une tranche de melon enrobée de *prosciutto* délicat ou par les passants élégants et affairés aperçus en levant son nez de la mousse parfumée d'un *cappuccino*, c'est toujours la même merveilleuse sensation : nulle part ailleurs, dans le monde, le simple fait de vivre ne paraît aussi extraordinaire.

Pages précédentes : statue de saint Pierre sur la colonnade du Bernin ; costume du carnaval de Venise ; artiste du Piazzale Michelangelo, à Florence ; Scanno, dans les Abruzzes. Ci-contre, au pied de la basilique Saint-Marc, à Venise.

LE VOYAGE EN ITALIE

Chaque année, 40 à 50 millions d'étrangers visitent l'Italie. Le tourisme est devenu l'une des principales industries italiennes. Leur seul point commun est la conviction que la présence d'autres étrangers est un inconvénient. « *Tout n'est pas parfait à Venise, mais le pire, ce sont les visiteurs* », écrivait Henry James en 1882, et cette opinion a trouvé un écho à toutes les époques. Si bien que les touristes sont, en fin de compte, aussi typiques du paysage italien que les tours de San Gimignano ou les pigeons de la place Saint-Marc.

Depuis des siècles, Européens et Américains sont venus chercher ici ce que Keats appelait « *une rasade de soleil méridional* ». Parmi eux se trouvaient des écrivains et des peintres, et le pays a tenu une place de premier plan dans tant de mémoires, de poèmes, de lettres, de tableaux et de romans que l'Italie imaginaire des artistes nous est devenue presque aussi familière que celle des photographes. Nous avons l'impression qu'aucun endroit au monde n'incite davantage à des pensées mélancoliques sur la mort ou à l'admiration des splendeurs de la nature et de la complexité du cerveau de l'homme civilisé. Nulle part ailleurs les visiteurs venus du Nord ne se sont sentis aussi libres de rejeter les contraintes de la société et de découvrir les voluptés de la vie.

LES PÈLERINS

Les premiers envahisseurs pacifiques de l'Italie furent des pèlerins. Ils se rendaient à Rome, où ils découvraient en même temps que les reliques de saint Pierre et de saint Paul ce qui restait de la ville impériale. Le premier guide de la Ville éternelle, *Mirabilia Urbis Roma*, date du XIIe siècle. Malgré sa décrépitude, Rome restait le centre de la civilisation : « *Tant qu'existe le Colisée, Rome existera ; si le Colisée s'effondre, Rome s'effondre, et le monde s'effondre avec.* »

La première incursion massive d'étrangers se produisit en l'an 1300, quand le pape Boniface VIII proclama le premier jubilé (année sainte). L'affluence stupéfia les chroniqueurs : d'après l'un d'eux, il n'y eut jamais moins de 200 000 visiteurs dans la ville. On estime que, pour toute l'année, il y en eut en tout deux millions. « *Dans les rues et les églises, l'ardeur de la dévotion était telle que beaucoup de personnes*

A gauche, l'héroïne du roman de Nathaniel Hawthorne « Le Faune de marbre », dans une scène de rendez-vous à Pérouse ; à droite, le poète anglais Percy Shelley.

moururent piétinées », écrit l'historien Edward Gibbon (XVIIIe siècle).

Cet afflux d'étrangers à loger et nourrir fut une aubaine pour les Romains, qui vendirent d'innombrables breloques religieuses, des épingles de pacotille ornées de portraits de saint Pierre et de saint Paul. On dut même prendre des mesures contre les aubergistes trop cupides qui, pour remplir leur hôtellerie, arrachaient de force des clients à leurs concurrents.

LES HUMANISTES

Les humanistes, à commencer par le poète Pétrarque au XIVe siècle, appliquèrent leur

connaissance des textes antiques aux ruines qu'ils avaient sous les yeux, et celles-ci commencèrent à exciter leur imagination. Le *De varietate fortunae*, d'un érudit du XVe siècle, le Pogge, révèle une tendance précoce à considérer Rome comme un symbole de la fugacité des entreprises humaines face à la toute-puissance divine.

L'un des séjours en Italie qui eurent le plus d'influence fut celui qu'un jeune moine allemand, Martin Luther, y fit en 1510. Dans sa hâte d'atteindre la Ville sainte, Luther traversa sans les voir Milan, Bologne et Florence. Parvenu à destination, sa déception fut grande de trouver le trône de saint Pierre occupé par un prince de la Renaissance, protecteur des artistes et surtout soucieux de questions temporelles : le pape

Jules II. Le fait que Jules II ait été l'un des plus grands mécènes de la Renaissance échappa sans doute à Luther.

Du XVIe au XVIIIe siècle, les aristocrates considérèrent une visite de l'Italie comme le complément indispensable d'une éducation d'humaniste et de gentilhomme. Pour d'autres, les partisans de la Réforme en particulier, l'Italie était un foyer de corruption papiste et d'intrigues de cour. Il n'empêche, écrivains, poètes et artistes célèbres vinrent en foule y chercher l'inspiration. Montaigne séjourna plusieurs mois à Venise, à Florence et surtout à Rome, où il fut fait « citoyen romain » et reçu par Grégoire XIII. Il en rapporta son *Journal de voyage en Italie*. Mabillon, Colbert,

sance. Elle était en partie gouvernée par des étrangers. Les visiteurs ne voyaient de plus en elle qu'un reliquaire des vestiges d'un passé n'ayant apparemment rien de commun avec la population qui l'habitait désormais. Peut-être le XVIIIe siècle « philosophe », léger et matérialiste avait-il du mal à percevoir quel trésor de foi les œuvres d'art exprimaient, et aussi de quelle grandeur universelle les traditions de l'Église de Rome sont dépositaires.

LE ROMANTISME DES RUINES

Au XIXe siècle, on avait abandonné les poses de l'esprit railleur pour celles du romantisme. Les

Rubens, Vélasquez, Milton, Montesquieu, Goethe et tant d'autres suivirent ses traces.

Le Grand Tour, comme les Anglais appelaient ce voyage aux sources de la culture européenne, se faisait dans des conditions d'inconfort difficiles à imaginer aujourd'hui : ornières et poussière des routes, hôtels où les punaises servaient de compagnons de lit, brouets douteux, bandits de grand chemin.

A la fin du XVIIIe siècle, la « fière Italie » de la Renaissance n'était plus qu'un pays humilié. Ses visiteurs en admiraient toujours la sensibilité esthétique, mais leur enthousiasme était tempéré par la conscience de leur supériorité politique. L'Italie semblait condamnée au souvenir de ses grandes heures : l'Empire romain et la Renais-

sujets d'intérêt qui attirèrent les visiteurs en Italie au XIXe siècle étaient nombreux.

Charles Dickens voyait dans le Colisée une source d'inspiration pour « *les moralistes, les historiens, les peintres, les architectes et les dévots* ». Les déplacements n'étant plus l'apanage des aristocrates, le nombre des voyageurs s'accrut de manière spectaculaire. Les relations de voyage foisonnèrent, chaque visiteur de marque ou presque éprouvant le besoin de publier ses impressions d'Italie. Et les superlatifs d'abonder dans les dithyrambes des romantiques extasiés : l'Italie devenait « *une sœur du paradis, la terre promise, le pays qui réduit tous les autres en tendre esclavage, le trésor du monde, la mère et la reine de tous les hommes* ».

La dévotion des gens du Nord pour les ruines italiennes datait du siècle précédent, lorsque les châtelains faisaient édifier des temples écroulés dans leur parc et où le peintre Hubert Robert en agrémentait tous ses tableaux. Quant au graveur Jean-Baptiste Piranèse, ses eaux-fortes visionnaires du paysage italien lui avait valu le surnom de « Rembrandt des ruines ». Le charme pathétique de la grandeur déchue avait quelque chose de fascinant, surtout pour les romantiques.

Le poète anglais Percy Bysshe Shelley soutenait que le Colisée était plus sublime en ruine, à demi éboulé et couronné de fleurs sauvages et d'herbes folles, qu'il ne l'avait été sous l'Empire romain, quand il resplendissait de tous ses marbres. Dans les décombres, où la plupart des pèlerins avaient vu la main de Dieu, Shelley voyait le triomphe de la nature.

LE ROMANTISME DES PASSIONS

L'Italie offrit à Shelley et à son ami lord Byron un refuge à leurs dérèglements charnels. Shelley n'avait-il pas scandalisé Londres en prônant l'amour libre et en abandonnant sa femme ? La découverte des relations incestueuses entre Byron et sa demi-sœur avait contraint le poète à s'expatrier. Tous deux se sentaient détachés de leur pays natal et passèrent des années en Italie. Elle inspira à Byron de nombreux poèmes, dont le plus connu est *Le Pèlerinage de Childe Harold*. Ses descriptions détaillées et évocatrices des sites les plus célèbres de la péninsule firent de cette épopée un guide de référence pour les visiteurs. Dès le milieu du XIXᵉ siècle, on en citait des passages dans tous les guides touristiques. Pour le héros de Byron, le voyage d'Italie devient rien de moins que la découverte de son âme. La souffrance de l'exilé romantique incompris dans son propre pays trouve finalement son reflet dans les ruines imposantes de la Ville éternelle, où Childe Harold s'écrie : « *O Rome ! mon pays ! Cité de l'âme ! C'est vers toi que doivent se tourner les orphelins du cœur.* »

Keats fut lui aussi un amoureux de l'Italie, où il mourut dans une petite chambre de Rome donnant sur la place d'Espagne. Le mémorial Keats-Shelley se trouve d'ailleurs sur cette place.

Deux autres œuvres d'imagination signalaient au voyageur moyen ce qu'il fallait voir et ce qu'il convenait d'en penser : *Corinne ou l'Italie*, de

A gauche, représentation imaginaire de la villa d'Hadrien, à Tivoli, par Piranèse ; à droite, madame de Staël, grande voyageuse, jeta sur l'Italie le regard des premiers romantiques.

madame de Staël, et *Le Faune de marbre*, de l'Américain Nathaniel Hawthorne. *Corinne* connut un immense succès au XIXᵉ siècle. Ce roman raconte les amours de la pétulante poétesse italienne Corinne et du mélancolique lord écossais Nevil. Au cours de leur aventure, Corinne fait découvrir à Nevil – et au lecteur – les beautés de l'Italie. Des titres de chapitres tels que « Du caractère et des coutumes des Italiens », « Statues et peintures », « Tombeaux, églises et palais », montrent bien que ce roman est en réalité un guide à peine déguisé. Les Italiens furent reconnaissants à madame de Staël du portrait flatteur de leur caractère, si souvent critiqué par les puritains protestants du Nord comme superfi-

ciel, immoral ou déloyal. En fin de compte, c'est le digne et vertueux Nevil qui se révèle déloyal !

Comme tant d'autres gens du Nord, Nevil se rend en Italie pour y développer son « bon goût ». Il fait à Rome la connaissance de Corinne, qui le séduit par son charme et ses dons brillants. Elle lui apprend à apprécier les choses avec ses sens plutôt qu'avec son intellect. Le développement de la situation psychologique est intimement lié à la description de l'Italie. Les ruines, les églises ou les palais sont pour la poétesse des prétextes à dissertations. Tout ce qu'elle voit lui donne l'occasion de juger les mœurs et les caractères des Italiens et la vie en général. Mais, de retour chez lui, Nevil se laisse reprendre par le souci des convenances et les préjugés sociaux. Il se lie avec la demi-sœur de Corinne, Lucile, et l'épouse. A cette nouvelle, la poétesse compose un dernier chant pour lui avant de mourir. Avec Nevil dans le rôle du rigide homme du Nord et Corinne dans celui de la tentatrice du Sud, le roman fut considéré comme une allégorie de l'Angleterre et de l'Italie, soulignant les contrastes opposant la raison à la passion, le devoir à l'art, la société à l'individu, l'intelligence aux sens.

Le Faune de marbre, de Nathaniel Hawthorne, exprime les sentiments ambivalents d'un Américain du XIXᵉ siècle envers l'Italie. L'auteur est ouvertement hostile au catholicisme, qu'il dépeint comme séduisant ses adeptes par *« une multitude de simagrées »*. Il voit une superficialité similaire

DES VOYAGEURS AUX TOURISTES

Conséquence de toute la publicité – romans, poèmes, guides touristiques, lithographies – faite à l'Italie au XIXᵉ siècle, le voyageur qui s'y rendait était souvent déçu. Les ruines avaient rarement le même aspect que sur les gravures de Piranèse, et bien peu de gens étaient capables de sentir que Rome était véritablement la cité de leur âme.

Un nombre croissant de touristes abordaient le pays dépourvus de la préparation à sa langue, à son histoire et à sa culture classique. C'est ainsi que Daisy Miller, qui incarne, dans l'œuvre de Henry James, la sotte et frivole jeunesse américaine, trouve assommantes toutes les antiquités.

dans les peintures italiennes, qui *« révèlent une prodigieuse virtuosité pour représenter les apparences extérieures au lieu de traduire les sentiments profonds qui auraient dû leur servir de modèles »*. Malgré son mépris pour les aspects baroques de la culture italienne, Hawthorne appréciait la richesse historique et l'ambiance mystérieuse de l'Italie et reconnaissait que cette troublante présence du passé faisait défaut à son propre pays.

Mais l'attrait pour l'Italie était aussi lié, au XIXᵉ siècle, à son combat nationaliste. Alexandre Dumas et Maxime du Camp suivirent l'expédition des Mille de Garibaldi, qui entraîna en 1860 la chute des Bourbons dans le royaume des Deux-Siciles et l'annexion de celui-ci par le Piémont. Le mythe garibaldien se répandit alors en France.

La pauvre est finalement victime d'un piège à touristes : son désir de visiter le Colisée au clair de lune – l'une des attractions des itinéraires touristiques – lui fait attraper la malaria, ce qui lui vaut de mourir à Rome.

Les Innocents en voyage, de Mark Twain, sont sans doute la manifestation la plus réjouissante de l'agacement que le culte de l'Italie peut susciter chez un Américain. Bien que Twain y brocarde aussi bien la fatuité des Yankees que la prétention des italianophiles, il y défend surtout le bon sens américain. Il refuse de s'extasier systématiquement. *« Cette relique ne serait-elle pas quelque peu surfaite ?* demande-t-il. *Chaque fois que nous visitons une nouvelle église, on nous y montre un morceau de la vraie Croix et quelques-uns des clous qui l'assemblaient... J'ai l'impression d'avoir vu un plein baril de ces clous. »* Il trouve aussi excessive l'admiration pour Michel-Ange : *« Assez ! N'en jetez plus ! J'ai compris ! Disons que Dieu a créé l'Italie d'après les dessins de Michel-Ange ! »*

On imagine mal, au XIXe siècle, un écrivain américain de quelque renom omettant d'aller en Italie et de publier un témoignage de ses impressions : outre Nathaniel Hawthorne et Henry James, citons encore Fenimore Cooper, Herman Melville, ou Washington Irving. La plupart des peintres et des sculpteurs en firent autant.

Les Français n'ont pas eu le même culte que les Anglais pour la tradition du Grand Tour. Mais il était de bon ton, au XVIIIe et au XIXe siècle, de se rendre en Italie. Le président Charles de Brosses y fit un séjour en 1739. Balzac envoya à Rome Ernest Sarrasine, élève du sculpteur Bouchardon. Toute une littérature se fit jour, à laquelle, vers 1820, on osait à peine ajouter.

L'un des plus prestigieux voyageurs français en Italie, Stendhal, contribua à augmenter la masse de livres sur le sujet tout en critiquant ses devanciers qui décrivaient les murs sans peindre les mœurs : *« L'Italie étant le jardin de l'Europe et possédant les ruines de la grandeur romaine, chaque année voit éclore huit ou dix ouvrages plus ou moins médiocres à Paris, à Londres, ou à Leipzig. »* Il publia en 1817 *Rome, Naples et Florence*, qui suit les étapes d'un itinéraire fictif. Ces trois villes en effet lui apparaissaient comme celles de l'esprit, pour l'activité artistique, la liberté des entretiens et la beauté des femmes.

Les frères Edmond et Jules de Goncourt et Hippolyte Taine conçurent leur voyage italien comme une expédition ethnologique, dans l'esprit « naturaliste » de l'époque, ramassant une foule de données. Émile Zola, lui, tombera dans le matérialisme de tous ses préjugés scientistes et xénophobes : *« Pour moi, la ruine vient du Midi, le peuple dégénéré, retombé à l'enfance, paresseux, flâneur, mendiant, grandiloquent et vide. »*

LES VOYAGEURS MODERNES

A première vue, les visiteurs modernes peuvent sembler très différents de leurs prédécesseurs. La plupart ne passent qu'une semaine ou deux en Italie et bien peu ont une culture classique. Combien, de nos jours, ont le sentiment, comme lord Byron, que le Forum *« est illuminé par Cicéron »* ?

A gauche, Goethe dans une campagne romaine idéalisée ; à droite, Elisabeth Barret Browning, qui fut le pivot de la communauté artistique étrangère à Florence.

De même, Charles Maurras dit dans *Promenade italienne*, à propos du clocher de Sainte-Marie-Nouvelle, à Florence : *« Il ne manqua pas de me faire souvenir des couples du Décaméron. »*

Même si la culture classique n'est plus à l'honneur partout, les voyageurs viennent chercher en Italie le souvenir des Anciens, la terre privilégiée de la culture antique toujours vivante. Mais le voyage et les grands voyageurs font désormais eux-mêmes partie de la culture italienne. Venise est imprégnée du souvenir d'Henri de Régnier et de ses *Esquisses vénitiennes*, et les *Venises* de Paul Morand ont contribué à la magie de la ville.

Et cependant, certaines attitudes se sont perpétuées à travers les siècles. Par exemple, une règle

veut que tout voyageur se rendant en Italie pour la première fois doive obligatoirement visiter Rome, Venise et Florence : elle date en grande partie de l'itinéraire forgé au XIXe siècle. De même, le mépris puritain que Nathaniel Hawthorne éprouvait pour le style baroque est partagé par nombre de ses héritiers spirituels modernes.

Beaucoup, comme naguère Percy Shelley et lord Nevil, ont l'impression qu'en Italie ils peuvent enfin oublier leurs obligations et se laisser vivre. Et pour ce qui est des pèlerinages, la première forme du tourisme dans la péninsule, il suffit de se rendre aux audiences publiques du pape pour constater que les foules de fidèles qui se rendent à Rome n'ont jamais été aussi denses.

I SVIZZERI
Walese

I GRIGIONI

Valtellina
Bergamasco
Lago d'Iseo

Trento
VESCOVATO DI TRENTO

Feltre
Ceneda

Vicentino

Vicenza

Caneda

Chambery
Aosta
Vagona
Lago di Como
Como

STATO DELLA
Bergamo

Riva
Lago di Garda

Veronese
Verona

Oriznano
Padovano
Padova

Treviso

DUCATO DI
SAVOJA
S. Gio. di Morienna

DUCATO DI
MILANO

Seregna

REPUBBLICA DI VENETA

Este
Rovigo

Zelo Rovigo

S. Giov. di Morienna
Susa
Torino

PIEMONTE

Inurea
Vercelli
Novara

MASSERANO P.

Vigevano
Pavia
Picigitone

Salarano
Lodi
Cremona

Brescia
Castiglione

Mantova
Guastalla

DUCATO DI
MANTOVA
SABIONETA

Ferrara

Ferrarese

Brianzon
Gap
Embrun
Barcellonetta

MONFERRATO

Casale

Asti
Alessandria
Vogera

Tortona
Voghera

Piacenza
Fiorenzuola

Busseto
Parma

DUCATO DI PARMA

Luzara
Mirandola
Reggio
Modena

Pieve

Romagna

Bologna
Bolognese

Faenza

Glandeve
Saluzzo
P. F.

CONTADO DI
NIZZA

Alba
Aqui

TORRIGLIA

REPUBBLICA DI GENOVA

Genova

Edifici

Rossena

DUCATO DI
MODENA
Fragnano
Vergata

S.
Fore

FRONTIERA DI FRANCIA

Mondove
Tenda
Gillete
Nava

Albenga
Finale

Nervi

Sestri di Levante

Serzana

Brugneto

REPUBBLICA
DI LUCCA

Pistoja

Fiorenza

GRAN DUCATO

Grace
Beglio
Vence
Antibo
Frejuls

Ventimiglia

MONACO

MARE DI
GENOVA

MASSA
Lucca
Pisa

Fiorentino
Pisano
Voltera

Arno F.
Livorno

Colle
Montieri

TOSCANA
Arezzo
S. Gitmo
Siena

Chiusi
Orvieto

I. di S. Margarita

Vado

Monziano
Cisole

STATO

I. de Gorgona

I. de Capri

Piombino
Porto Terraio

Grosseto

Patignano
Duc

CASA

MARE DI TOSCANA

S. Fiorenzo

I. d'Elba
Bastia

Orbetello

Pianosa I.
Porto Longone

Ercole

Civ. Ve

Nebbio
Mariana
Calui

Aleria

ISOLA DI
CORSICA

Aleria
Astratta

Mare
Tirreno

C. Rosso

Corsica

Ajazzo
Corbini

Golfo di Ajazzo

Porto
Vecchio

I. delle Corsi

Bonifacio

Scala

CARTA
GEOGRAFICA
GENERALE
DELL'
ITALIA

I. Asinara

C. della Cacca

Isole della
Maddalena

C. Aragonese

Lico
Sardi
Tauolaro

Terranoua

Terra
Nova

Saisari
Algeri

Oscare

Orose

C. Comin

Valle
di
Palermo

S. Vito

C. de Bosa

ISOLA

Tortolin

Mazara

Trapani
Jato

Mara

Tori

C. S. Marco

E. REGNO DI

Bosa

Dosolo

Oristagni

SARDEGNA

Torralba
Cagliari

Villa di
Glesia

S. Michele
M. Santo

I. di S. Pietro

I. S. Antioco

Capo Tavolaro

MARE MEDITER

CHRONOLOGIE

DES ORIGINES À L'EMPIRE ROMAIN

2000-1200 av. J.-C. Des tribus venues d'Europe centrale et d'Asie, les Villanoviens, s'installent dans le nord de l'Italie.
900 av. J.-C. Arrivée des Étrusques en Italie.
753 av. J.-C. Fondation légendaire de Rome.
750 av. J.-C. Les Grecs colonisent le sud de l'Italie.
509 av. J.-C. Fondation de la république.
390 av. J.-C. Sac de Rome par les Gaulois de Brennus.
343-264 av. J.-C. Rome conquiert l'Italie.
264-246 av. J.-C. Guerres puniques ; Rome com-

mence à conquérir son empire ; destruction de Carthage.
58-51 av. J.-C. Conquête de la Gaule par Jules César.
50-49 av. J.-C. César franchit le Rubicon, prend Rome et devient dictateur.
44 av. J.-C. Meurtre de César.
27 av. J.-C. Octave est proclamé *princeps* sous le nom de César Auguste.
96-192 apr. J.-C. Époque de la *pax romana* ; l'empire atteint sa plus grande extension.
303. Persécution des chrétiens sous Dioclétien.
306-337. Constantin se convertit et prend Constantinople pour capitale.
393. L'empire est partagé entre empire d'Orient et empire d'Occident.

Ve siècle. Invasions des Wisigoths, des Huns, des Vandales et des Ostrogoths.
410. Sac de Rome par le chef goth Alaric.
476. Chute de l'empire d'Occident : le chef goth Odoacre dépose Romulus Augustule et prend le titre de roi d'Italie.

DU MOYEN AGE À LA RENAISSANCE

535-553. Justinien fait passer toute l'Italie sous l'autorité de l'empereur d'Orient.
568. L'Italie est partagée entre une partie lombarde et une partie Byzantine, avec Pavie et Ravenne pour capitales respectives.
752. Le pape appelle Pépin le Bref au secours contre les Lombards.
774. Charlemagne (fils de Pépin) roi des Lombards.
800. Charlemagne est couronné à Rome par Léon III, fondant l'Empire carolingien.
827. Les Sarrasins s'emparent de la Sicile.
IXe siècle. Le partage de l'Empire carolingien laisse apparaître des États italiens rivaux.
951. Le roi saxon Othon Ier, couronné empereur l'année suivante, devient roi des Lombards.
XIe siècle. Les Normands colonisent la Sicile et le sud de l'Italie.
1076. La querelle des Investitures éclate entre le pape Grégoire VII et l'empereur Henri IV.
1155. Les guelfes, partisans du pape, se heurtent aux gibelins, partisans de Frédéric Barberousse.
1167. Les villes lombardes forment des ligues pour s'opposer à l'empereur.
1176. Alexandre III et Frédéric Barberousse réconciliés.
1227-1250. La papauté sort victorieuse de la querelle contre l'empereur.
1265. Charles Ier d'Anjou devient roi de Sicile.
1282. Massacre des colons français en Sicile.
1302. La dynastie angevine prend Naples pour capitale.
1348. La peste noire tue un tiers de la population.
1309. Les papes s'établissent en Avignon.
1377. Retour des papes à Rome.
1442. Alphonse V, roi d'Aragon, est couronné roi des Deux-Siciles (Naples et la Sicile).
1447. François Sforza succède aux Visconti à Milan.
1469-1492. Laurent le Magnifique règne sur Florence.
1494. Les guerres d'Italie commencent par l'invasion de Charles VIII de France ; bataille de Fornovo ; les Médicis sont chassés de Florence.

SOUS DOMINATION ÉTRANGÈRE

1503-1513. Pontificat de Jules II. Rome est la capitale de l'art renaissant.

1525. Capture du roi de France François Ier à la bataille de Pavie.

1527. Sac de Rome par les Impériaux de Charles Quint. Venise reprend le flambeau de la Renaissance.

1534. Fondation de la Compagnie de Jésus.

1559. Le traité du Cateau-Cambrésis confirme la mainmise espagnole sur l'Italie.

1700-1713. La guerre de Succession d'Espagne met fin à la domination espagnole : les Bourbons régnant sur l'Espagne, les Habsbourg d'Autriche régneront sur l'Italie.

1796. Invasion de Bonaparte, qui fonde plusieurs républiques.

1808. Seconde prise de Rome par les Français, départ du pape pour l'exil.

1814. Chute de l'Empire français.

VERS L'UNITÉ

1815. Congrès de Vienne ; l'Autriche recouvre des possessions italiennes, dont Venise.

1820-1831. Révolte avortée contre l'Autriche ; formation de sociétés secrètes dont la Charbonnerie.

1831. Mazzini fonde le mouvement la Jeune-Italie.

1848. Soulèvement soutenu par Charles-Albert, roi de Piémont, mais réprimé par l'Autriche ; Charles-Albert accorde une Constitution.

1852. Le comte Cavour devient Premier ministre du Piémont.

1854. Le Piémont prend part à la guerre de Crimée.

1859-1860. Avec l'aide de la France, le Piémont annexe la majeure partie de l'Italie du Nord ; les Mille de Garibaldi prennent la Sicile et Naples.

1861. Victor-Emmanuel II de Piémont est proclamé roi d'Italie.

1866. L'Italie annexe Venise.

1870. Les troupes italiennes entrent dans Rome, qui devient la capitale du royaume, marquant l'achèvement de l'unité.

L'ITALIE CONTEMPORAINE

1882. L'Italie conclut la Triple-Alliance, ou Triplice, avec l'Allemagne et l'Autriche.

1896. Défaite d'Adowa contre l'Éthiopie.

1900. Assassinat d'Humbert Ier par un anarchiste.

1915. Reniant la Triplice, l'Italie entre en guerre au côté de l'Entente.

1919. Les revendications italiennes sont ignorées à la conférence de la paix en vertu de la non-validité des accords secrets voulue par le président Wilson.

Pages précédentes : carte de l'Italie au XVIIIe siècle illustrant des États séparés. A gauche, Pétrarque ; à droite, Prodi fête sa vistoire aux élections de 2006.

1922. Marche sur Rome de Mussolini.

1935. Guerre contre l'Éthiopie.

1939. Invasion de l'Albanie.

1940. L'Italie entre en guerre au côté de l'Allemagne.

1943. Débarquement allié en Sicile ; déposition de Mussolini ; reddition du gouvernement provisoire dans le Sud.

1944. Entrée des Alliés dans Rome ; abdication de Victor-Emmanuel III.

1945. Assassinat de Mussolini par des partisans.

1946. L'Italie est proclamée république.

1957. Traités de Rome.

1978. Rapt et meurtre de l'ancien Premier ministre Aldo Moro par les Brigades rouges.

1990. Fondation de la Ligue du Nord ; début de l'opération « mains propres ».

1992. Assassinat du juge Giovanni Falcone.

2001. Élection de Silvio Berlusconi à la tête du gouvernement.

2003. La famille royale autorisée à rentrer en Italie.

2004. Gênes capitale culturelle européenne.

2005. Décès du pape Jean-Paul II. Élection de Benoît XVI, le cardinal allemand Josef Ratzinger.

2006. Berlusconi est évincé du pouvoir par la coalition centre-gauche de Romano Prodi.

2008. Berlusconi est élu pour un 3e mandat au poste de Premier ministre.

2009. Le 6 avril, la région des Abruzzes est secoué par un séisme, qui fait plus de 300 victimes et laisse quelque 25 000 personnes sans domicile.

LES ORIGINES

Sa forme péninsulaire a fait de l'Italie un site naturel d'implantation primitive. Les Alpes, qui barrent le seul contact terrestre du pays avec le reste de l'Europe, ont protégé la péninsule des barbares qui hantaient les plaines de l'Europe septentrionale. Partout ailleurs, l'Italie est baignée par les eaux calmes de la Méditerranée qui, dès la plus haute Antiquité, l'a reliée aux idées et aux hommes de trois continents. La mer permit d'abord à la civilisation de pénétrer dans la péninsule, puis aux idées nées en Italie de se répandre dans le monde et de le dominer.

Le pays comprend deux régions distinctes : le Nord continental et le Sud péninsulaire. Ensemble, ces deux régions couvrent (avec les îles) quelque 300 000 km². La plus petite, le Nord, est une plaine bordée au nord et au nord-ouest par les Alpes, au sud par les Apennins. Cette ancienne baie de l'Adriatique fut peu à peu comblée par les alluvions apportées des Alpes par le Pô, l'Adige et d'autres fleuves, et ses dépôts en ont fait la région la plus fertile de toute l'Italie.

La chaîne des Apennins – « dorsale » de l'Italie dominé la partie péninsulaire du pays en partant des Alpes françaises et de la côte ligure, au nord-ouest. Elle serpente à travers la Toscane, les Abruzzes et la Calabre pour rejoindre au sud le détroit de Messine, qui sépare la Sicile de la pointe de la botte. Les Apennins culminent au Gran Sasso (2 914 m), dans la province centrale des Abruzzes.

Ce n'est pas par hasard que les premiers habitants de l'Italie s'établirent dans l'Ouest, dans les plaines situées au nord et au sud de Rome. Cette région possède quelques ports naturels et de longs fleuves. Le Tibre, l'Arno, le Volturno sont aisément navigables pour de petites embarcations, et leurs vallées facilitent les communications entre la côte et l'intérieur. Les plaines de la Toscane, du Latium et de la Campanie sont fertiles grâce à l'épaisse couche de cendres et de lave désagrégée déposée jadis par de nombreux volcans.

Deux cent mille ans avant la fondation de Rome, les seuls habitants de la péninsule italienne étaient des hommes des cavernes vivant de la chasse et de la cueillette. La population ne s'accrut sensiblement que lors des migrations indo-européennes (entre 2000 et 1200 av. J.-C.), quand des tribus affluèrent d'Europe centrale et d'Asie.

A gauche, statue étrusque d'Apollon, trouvée à Véies ; à droite, temple grec de Sélinonte, en Sicile.

LES VILLANOVIENS

Ces tribus vivaient dans des huttes rondes, groupées en hameaux. Baptisés Villanoviens, ces hommes étaient des agriculteurs qui savaient fabriquer et utiliser des outils de métal. Ils incinéraient leurs morts et conservaient leurs cendres dans des urnes de bronze ou de terre cuite.

Née aux alentours de Bologne, la culture villanovienne se répandit en Toscane et dans le Latium sans que ses établissements atteignent jamais la dimension de villes : à cette époque, la vie péninsulaire se concentrait autour de minuscules villages. L'apport des Villanoviens à l'art n'est guère plus marquant. Leurs urnes funéraires sont de fac-

ture grossière, et on n'a jamais découvert ni tombeau ni fresques.

Si l'Italie cessa d'être un endroit perdu pour devenir le centre du monde, c'est en partie grâce à deux groupes d'immigrants, les Grecs et les Étrusques, venus à la recherche de terres fertiles. Ce sont eux qui posèrent les premiers jalons d'une civilisation dans la péninsule au début du VIIIᵉ siècle av. J.-C.

LES GRECS EN ITALIE

Les colons grecs s'établirent en Sicile et sur la côte ouest, près du site actuel de Naples. La plupart cherchaient des terres à cultiver : en Grèce, les terres arables étaient insuffisantes. D'autres étaient des réfugiés politiques : lorsqu'un roi était détrôné, ses partisans étaient priés de trouver un autre domicile.

Les colons grecs fondèrent des villes indépendantes, unies par des liens assez lâches à la mère patrie. L'une des premières colonies fut Cumes, sur la baie de Naples. Des Grecs d'Eubée, une grande île au nord-est d'Athènes, s'y établirent vers 770 av. J.-C. D'autres Eubéens fondèrent quelques années plus tard Rhegium (l'actuelle Reggio di Calabria), à l'extrémité de la botte. La ville corinthienne de Syracuse, en Sicile, finit par devenir la plus puissante de toutes ces colonies qui formaient la Grande Grèce. Les colons exploitèrent la terre autour de leurs villes et nouèrent des

et artistique. Les autochtones étaient avides des produits de luxe grecs, tout nouveaux pour eux. Bronzes et céramiques se répandirent rapidement dans toute la botte et fournirent aux populations locales des modèles raffinés. Les Italiotes imitèrent également la sculpture et l'architecture grecques.

Leur influence civilisatrice ne se limita pas aux arts. Les Italiotes adaptèrent l'alphabet grec à leurs propres langues indo-européennes, et chaque groupe ethnique forgea bientôt ses propres lettres. Ils apprirent aussi des Grecs les techniques de la guerre moderne, dont ils allaient tirer plus tard profit contre leurs maîtres. Ils virent comment les colons ceignaient leurs villes de rem-

relations commerciales avec leur terre natale. Ils prospérèrent rapidement sur ces sols fertiles et contribuèrent activement au développement de l'agriculture italienne. Ils furent les premiers à cultiver la vigne et l'olivier sur la péninsule.

Au ve siècle av. J.-C., Syracuse et Athènes tentèrent chacune de constituer un empire avec les colonies grecques d'Italie, ce qui donna lieu à de nombreuses batailles. Les belligérants enrôlèrent de nombreux Italiotes dans leur camp respectif, mais ni l'un ni l'autre ne remporta de victoire décisive, de sorte que les chefs des deux cités ennemies finirent par renoncer à se faire la guerre.

Si ces rivalités internes les empêchèrent de devenir une force politique dominante en Italie, ils furent en revanche son principal moteur culturel

parts et employaient des troupes de choc formées de hoplites casqués, cuirassés et armés de lances.

Mais toutes leurs richesses et tout leur savoir ne fournirent pas aux Grecs l'unité indispensable pour dominer l'Italie. Leurs querelles intestines leur laissaient trop peu de temps pour envisager de nouvelles conquêtes. Ils commerçaient avec les populations locales, mais ils furent incapables de les unifier sous leur commandement.

LES ÉTRUSQUES

Vers 800 av. J.-C., les Étrusques s'établirent sur la côte ouest de la Toscane (l'ancienne Étrurie). Leur origine intrigue toujours les historiens. Pour l'historien grec Hérodote (ve siècle av. J.-C.), ils venaient d'Asie Mineure, d'où ils avaient été chassés par une révolution et la famine. Pourtant, des découvertes archéologiques récentes semblent militer en faveur de racines indigènes. Un petit groupe de Phéniciens, venu de Palestine, aurait pu accoster en Italie et inculquer aux autochtones les connaissances qu'il apportait de l'Orient, donnant ainsi naissance à la culture étrusque.

D'où qu'ils soient venus, les Étrusques étaient indiscutablement civilisés, bien qu'on connaisse mal les détails de leur vie quotidienne car leur langue n'a pas été déchiffrée. Des centaines de sépultures, dont beaucoup décorées de fresques d'une grande vivacité, représentent des hommes et des femmes dansant, jouant de la musique ou

n'ayant qu'un but religieux. Leurs représentants se réunissaient pour honorer les douze dieux de leur panthéon, mais leur unité politique n'allait pas plus loin. La religion était leur préoccupation majeure, et leur dévotion était si réputée que Rome, longtemps après les avoir évincés, envoyait encore ses augures apprendre en Toscane à lire dans les entrailles des animaux.

LA FONDATION DE ROME

Chaque cité subvenait à ses besoins grâce au commerce, tant avec les autres cités qu'avec les colonies grecques du Sud. Pour atteindre ces dernières, les Étrusques construisirent des routes qui

festoyant à demi allongés. D'autres peintures, où figurent des scènes de bataille ou de chasse, attestent la vitalité du caractère étrusque. Les Étrusques étaient d'habiles artisans. Ils avaient la chance d'habiter une région riche en minerais, ce qui leur permit de se spécialiser dans le travail du métal. Le commerce des objets métalliques devint le fondement d'une société urbaine active, et des villes importantes remplacèrent bientôt les modestes villages ruraux.

Les douze cités étrusques étaient indépendantes, leur confédération aux liens assez lâches

A gauche, fresque grecque de Paestum ; ci-dessus, la louve du Capitole, statue étrusque évoquant la légende de Romulus et Remus.

traversaient le Latium, plaine située au sud du Tibre et peuplée d'Italiotes appelés Latins.

L'un des avant-postes étrusques sur la route du Sud était un village latin appelé Rome. En décidant d'y établir un comptoir commercial, les Étrusques transformèrent un ensemble de huttes en ville. Ils drainèrent le marécage, qui devint le Forum, et bâtirent routes et palais. Durant trois cents ans, des rois étrusques régnèrent sur la ville et la firent prospérer, jusqu'au jour où Tarquin le Superbe fut renversé au profit de la république. Mais au Ve siècle av. J.-C., leur puissance déclina. Les Gaulois dévastèrent les colonies de la vallée du Pô, les cités de Toscane étaient menacées par des tribus descendues des Abruzzes, tandis que les Grecs attaquaient les Étrusques dans le Sud.

ROME GOUVERNE LE MONDE

Le récit mythique de la fondation de Rome, *l'Énéide*, est le plus grand poème (resté inachevé) de l'Antiquité latine, écrit dans les dix dernières années de la vie de Virgile (70-19 av. J.-C.). Virgile voulut le jeter aux flammes, mais Auguste en ordonna la publication sans aucune retouche. Tite-Live et Denys d'Halicarnasse ont également raconté les origines mythiques de Rome. Ils vivaient eux aussi au temps d'Auguste.

« L'ÉNÉIDE »

L'Énéide est en quelque sorte la suite de *L'Iliade*, d'Homère. Énée, fils de la déesse Vénus, quitte Troie en flammes et commence une vie d'errance, portant sur ses épaules son père Anchise et suivi de son fils Ascagne.

Énée finit par remonter le Tibre jusqu'à Pallantée, cité de pêcheurs qui deviendra Rome. Énée est reçu par le roi Latinus, qui reconnaît en lui le fondateur de la future cité. Mais la déesse Junon pousse la femme de Latinus, Amata, à refuser le mariage de sa fille Lavinie avec un étranger et penche pour une union avec le roi des Rutules, Turnus. Les affrontements entre Troyens et Rutules font des premiers les maîtres du Latium, et Énée épouse Lavinie. Ses enfants, parmi lesquels Ascagne, fondent Albe la Longue.

ROMULUS ET REMUS

Au VIIIe siècle av. J.-C., une descendante d'Énée, Rhéa Silvia, fille de Numitor, roi d'Albe, séduite par Mars, donna naissance à des jumeaux, Romulus et Remus. Mais Rhéa étant vestale, donc vouée à la chasteté, son oncle Amulius abandonna les nouveau-nés sur la berge du Tibre, où une louve les recueillit au pied du Palatin.

Devenus adultes, Romulus et Remus décidèrent de fonder une ville. Pour se départager, ils observèrent le vol des oiseaux, selon la coutume étrusque. Un vol d'aigles désigna Romulus comme fondateur. Celui-ci traça à la charrue, toujours selon la coutume étrusque, l'enceinte de la ville. Remus ayant enjambé ce sillon par dérision, Romulus le tua.

A gauche, l'Auguste de Prima Porta montre le jeune empereur contemplant l'avenir de Rome, l'« imperium sine fine » (domination éternelle) ; à droite, Hannibal et les Carthaginois franchissent les Alpes, au cours de la deuxième guerre punique.

La date de la fondation de Rome, selon les historiens latins, est 753 av. J.-C. Romulus peupla sa ville de vagabonds à qui il donna des femmes en enlevant celles des Sabins, établis sur le Capitole. Sabins et Romains formèrent par la suite un seul peuple, Rome ayant des rois tantôt romains, tantôt sabins : Numa Pompilius organisa la religion sur les instructions de la nymphe Égérie ; Tullius Hostilius l'emporta sur Albe grâce à la victoire des Horaces sur les Curiaces ; Ancus Marcius fonda le port d'Ostie.

Trois rois étrusques régnèrent ensuite sur Rome : Tarquin l'Ancien, qui fit creuser le grand égout de la ville, la Cloaca Maxima ; Servius Tullius, qui fit ceindre la ville du mur Servien ; Tar-

quin le Superbe, qui étendit sa domination sur le Latium.

En 509 av. J.-C., le fils de Tarquin le Superbe viola une dame de la noblesse, Lucrèce, qui se suicida. Ce drame servit de prétexte à une rébellion des patriciens dont le chef, Lucius Junius Brutus, institua une république gouvernée par le sénat. Tacite écrit que Brutus était si dévoué à Rome qu'il n'hésita pas à faire exécuter sous ses yeux ses deux fils, accusés de trahison.

Un brillant soldat aida aussi Rome à lutter contre les Étrusques : Cincinnatus, laboureur qui abandonna sa charrue pour se mettre au service de la cité. Porté à la tête de l'armée, il renonça aux honneurs et reprit sa charrue une fois qu'il eut remporté la victoire.

Les débuts de la république virent la lutte entre patriciens et plébéiens, ceux-ci obtenant l'institution des tribuns de la plèbe, jusqu'au jour où la loi des Douze Tables (vᵉ siècle) accorda l'égalité des droits.

Les guerres puniques

Au cours de deux cents ans de république, Rome conquit presque toute la péninsule italique. Toutefois, Carthage, ville fondée par les Phéniciens sur la côte de la Tunisie actuelle, commandait la Méditerranée occidentale, ce qui faisait d'elle la rivale de Rome. La première guerre punique, qui eut pour enjeu la mainmise sur Messine, cité

grecque de Sicile, débuta en 264 av. J.-C. En 241, Carthage était chassée de Sicile, qui devint la première province de Rome. Trois ans plus tard, Rome annexa la Sardaigne et la Corse. Elle conquit ensuite la Gaule cisalpine (Italie du Nord en deçà des Alpes), commandant ainsi les cols alpins par où les Gaulois menaçaient de l'envahir.

La deuxième guerre punique éclata en 218, quand Hannibal prit Rome à revers en traversant l'Espagne, les Pyrénées et les Alpes avec ses troupes et ses éléphants et remporta l'éclatante victoire de Cannes en 216 av. J.-C. Mais Scipion l'Africain contre-attaqua en Espagne et en Afrique, et Hannibal, forcé de revenir pour défendre sa patrie, subit la défaite de Zama en 202. Rome mit la main sur la péninsule Ibérique.

Carthage était ruinée, mais un clan de Romains en exigeait la destruction totale : « *Delenda est Carthago* » (« Il faut détruire Carthage »), disait le grand Caton. Les Romains déclenchèrent ainsi la troisième guerre punique en 149 av. J.-C. Scipion Émilien occupa Carthage en 146 av. J.-C., détruisant la ville et vendant les habitants comme esclaves.

A la même époque, l'Empire romain s'étendit vers l'Orient sur les dépouilles de l'empire d'Alexandre.

Les Gracques

Rome était plus prospère que jamais, mais pour les plébéiens, dont beaucoup avaient servi leur cité durant les guerres, la paix signifiait seulement une plus grande pauvreté. Les tâches subalternes qui avaient assuré leur subsistance étaient maintenant confiées à des esclaves, qui étaient si bon marché que tout Romain capable de les nourrir pouvait se les offrir. Les petits paysans, épine dorsale de l'État, se sentaient spoliés par les gros propriétaires qui faisaient cultiver leurs terres par des esclaves. Ces paysans ruinés vinrent grossir la plèbe romaine ou errèrent à la recherche de travail.

Pour désamorcer les conflits entre riches et pauvres, la tactique habituelle du sénat consistait à distribuer du pain au peuple et à le distraire par les jeux du cirque (*panem et circenses*). Un patricien finit toutefois par s'attaquer aux exploiteurs pour améliorer le sort des petites gens.

Élu tribun de la plèbe en 133 av .J.-C., Tiberius Gracchus proposa de limiter la surface des grandes exploitations et de distribuer aux pauvres les terres arables appartenant à l'État. Beaucoup de sénateurs étant de gros propriétaires et les domaines publics étant tombés entre les mains de citoyens influents, le sénat s'opposa au projet de Tiberius et, comme il insistait, le fit assassiner avec nombre de ses partisans.

Mais la doctrine de Tiberius Gracchus lui survécut puisque, onze ans plus tard, son frère cadet, Caïus Gracchus, devint à son tour tribun de la plèbe. Fougueux et éloquent, encore plus populaire que Tiberius, il réclama aussitôt l'application de la loi agraire. Comme son frère, il périt de mort violente.

Marius et Sylla

Le valeureux général Marius, fils de paysan, revint d'une triomphale campagne en Afrique bien décidé à anéantir le pouvoir du sénat. Ayant supprimé la conscription et transformé la légion en armée de métier, Marius massacra les chefs du sénat ainsi que des milliers de patriciens. Il fut réélu consul sept fois, entre 108 et 89 av. J.-C., en réalité grâce à l'appui de ses troupes.

Sylla, général rival, un patricien, s'imposa lui aussi par ses soldats, provoquant un nouveau bain de sang. Après la mort de Marius, en 86, les exécutions devinrent quotidiennes. De retour de ses campagnes, Sylla devint dictateur. Mais il œuvra dans le sens d'une restauration des institutions, puisqu'il rétablit le sénat dans ses anciens droits. Peut-être rêva-t-il de devenir roi. Il eut cependant le mérite d'accorder la citoyenneté romaine à tous les Italiens, supprimant ainsi la cause principale de leurs révoltes contre Rome.

sénat, César franchit avec son armée le Rubicon, qui sépare l'Italie de la Gaule cisalpine, en prononçant les mots : « *Alea jacta est* » (« Le sort en est jeté »). Apprenant que César marchait sur Rome, Pompée se replia en Grèce. Battu à Pharsale, il s'enfuit en Égypte, où il finit assassiné.

Jules César revint à Rome en triomphateur. Personne ne pouvait plus désormais contrer son autorité ; le peuple le croyait désigné par les dieux pour gouverner Rome. Pour la première fois depuis des décennies, aucune émeute ne troubla la capitale. Mais les patriciens, habitués à exercer le pouvoir par l'intermédiaire du sénat, s'inquiétaient de voir César se faire élever des statues et frapper monnaie à son effigie. Ils

POMPÉE ET CÉSAR

A la faveur de la conjuration de Catilina (63 av. J.-C.), auxquels le consul Cicéron ne put faire face, Pompée s'allia à deux autres généraux, Crassus et Jules César, avec lesquels il forma un gouvernement aux pouvoirs considérables, le triumvirat (60 av. J.-C.).

Lorsque César revint victorieux de sa campagne de Gaule en 49, Crassus était mort depuis quatre ans et Pompée s'était fait nommer consul unique (52 av. J.-C.). Malgré l'interdiction du

A gauche, pièce de monnaie à l'effigie de Jules César ; ci-dessus, bas-relief de l'Ara Pacis Augustae, à Rome, édifié par l'empereur Auguste en l'honneur de la paix.

fomentèrent une conspiration. Un devin avait averti César qu'il serait en danger jusqu'aux ides de mars. Ce jour-là (15 mars 44 av. J.-C.), César devait se rendre au sénat. En chemin, il croisa le devin et lui fit observer qu'il était toujours en vie. Le devin lui répondit que la journée n'était pas terminée. Au sénat, les conspirateurs encerclèrent César et le poignardèrent 23 fois. En apercevant Brutus, son fils adoptif, parmi ses meurtriers, César aurait murmuré : « *Tu quoque, mi filii !* » (« Toi aussi, mon fils ! »)

MARC ANTOINE ET OCTAVE

A la mort de César, son coconsul, Marc Antoine, et son petit-neveu, Octave, s'allièrent pour châtier les conspirateurs. Avec Lépide, ils formèrent un second triumvirat qui fit assassiner Cicéron, qui lançait contre eux ses fameuses *Philippiques*. Mais le triumvirat se disloqua après sa victoire contre les troupes républicaines à Philippes, en Macédoine (42 av. J.-C.).

Marc Antoine répudia sa femme, sœur d'Octave, pour épouser Cléopâtre, reine d'Égypte. Octave se vengea en montant le sénat contre Antoine, puis déclara la guerre à son ancien allié. Après leur défaite à Actium (31 av. J.-C.), Marc Antoine et Cléopâtre se donnèrent la mort, cette dernière en se faisant piquer par un serpent.

Le retour triomphal d'Octave à Rome marqua le début d'une ère nouvelle. En 27 av. J.-C., le

Les institutions de la république s'étaient révélées incapables d'administrer les territoires contrôlés par Rome, ce qui avait amené une dictature militaire. Auguste constitua un corps de fonctionnaires recrutés parmi son entourage : gouverneurs, administrateurs et collecteurs d'impôts dépendant directement de lui, et si ce service civil acquit une ampleur suffisante pour gouverner l'empire, Auguste le contrôla toujours de près. Au début, les patriciens répugnèrent à accepter des postes qui, si influents fussent-ils, leur donnaient l'impression d'être des serviteurs, mais des plébéiens de talent étaient prêts à les occuper et, durant tout le règne d'Auguste, l'empire fut bien administré.

sénat lui conféra le titre d'Auguste, qui signifie « consacré », mais Octave fut, en fait, le premier empereur romain.

AUGUSTE ET LA «PAX ROMANA»

Marc Antoine mort, Octave-Auguste n'avait plus de rival, mais, au contraire de son grand-oncle César, il ménagea les sentiments républicains des Romains. De goûts modestes, sobrement vêtu, il se réserva le gouvernement de Rome mais partagea celui de l'empire avec le sénat. Il tenta de restaurer les anciennes mœurs, sans toujours y parvenir. Sa compétence et sa subtilité ouvrirent une ère de paix et de prospérité : pendant deux cents ans, la *pax romana* régnerait sur l'empire.

La paix permit aux arts de s'épanouir. Le poète Virgile, qui avait connu les guerres civiles et la dictature militaire, admirait tant les réalisations d'Auguste que, dans *L'Énéide*, il lui attribua une ascendance divine. Un autre poète, Horace, compara l'empereur à un timonier ayant conduit le vaisseau de l'État à bon port.

Auguste encouragea le renouveau artistique en faisant rebâtir sa capitale. D'après Suétone (v. 75-v. 150), auteur de la *Vie des douze Césars*, il avait trouvé une ville de brique et laissé une ville de marbre. Il s'efforça aussi de réformer les mœurs en proscrivant l'ivresse et la prostitution, et en réglementant le divorce. Auguste régna quarante et un ans et assura la suprématie romaine pour cent cinquante ans.

Aucun de ses successeurs n'eut son envergure. Certains furent seulement de bons administrateurs, d'autres de véritables fous. Mais l'héritage institutionnel et personnel d'Auguste contribua à maintenir la paix dans le monde romain pendant deux cents ans.

LES JULIO-CLAUDIENS

Tibère, successeur d'Auguste, n'avait ni le sens de la mesure ni la constance de son père adoptif. Il commença son règne plein de bonnes intentions, mais commit vite des erreurs. Aigri et soupçonneux, il se retira à Capri, d'où il passa ses onze dernières années à ordonner des exécutions : d'après Suétone, chaque jour comptait une nouvelle victime. Les enfants de l'accusé subissaient souvent le même sort, et la famille n'était pas autorisée à porter le deuil.

A la mort de Tibère, Rome respira, mais pas pour longtemps. Son successeur, Caligula, gouverna habilement pendant trois ans, puis sombra dans la folie. Se prenant pour un dieu, il se constitua un clergé et s'éleva un temple. Il nomma son cheval consul et fit tomber bien des têtes avant de mourir assassiné par un officier de sa garde prétorienne, au grand soulagement de Rome.

La garde prétorienne prit sur elle de nommer l'empereur suivant, un petit-neveu d'Auguste : Claude. On l'avait trouvé caché derrière un rideau du palais après l'assassinat de Tibère. On le croyait demeuré parce qu'il était épileptique et qu'il bégayait, mais il se révéla un souverain capable, qui étendit l'administration et agrandit l'empire en conquérant la Grande-Bretagne. Claude fut empoisonné par sa femme, Agrippine, qui voulait le remplacer par le fils qu'elle avait eu d'un premier mariage, Néron.

Les débuts de Néron furent prometteurs : cultivé, musicien, il écoutait les anciens, surtout les sénateurs. Mais sa nature violente ne tarda pas à se manifester. Il fit empoisonner Britannicus, fils de Claude, et tenta de faire subir le même sort à sa mère. Mais celle-ci avait pris la précaution de se mithridatiser, et Néron fut obligé de l'accuser de complot pour la faire exécuter. Néron se livra à bien d'autres excès et, lors de l'incendie de Rome, en 64, on l'en rendit responsable. En fait, il était absent lors de l'incendie et les récits qui le montrent jouant de la lyre en regardant les flammes sont sans doute apocryphes. L'armée s'étant insurgée en Gaule, en Afrique et en

A gauche, reconstitution du Colisée, dont le vrai nom est amphithéâtre Flavien ; à droite, l'empereur Néron et sa tigresse, Phœbé.

Espagne, des émeutes éclatèrent à Rome, et le sénat déclara l'empereur ennemi public. Néron, se suicida en 68 apr. J.-C. Il était le dernier des Julio-Claudiens, rattachés par filiation ou par adoption à la lignée d'Auguste.

LES FLAVIENS

Néron ne laissait pas d'héritier. Les chefs militaires qui s'étaient révoltés contre lui s'entre-déchirèrent pendant un an, et l'année 69 vit trois empereurs se succéder : Galba, Othon et Vitellius. L'armée finit par élire un proconsul appelé Vespasien Flavius, premier des Flaviens. Vespasien se montra un souverain avisé, et le règne des

trois empereurs flaviens fut une période de paix. Titus, fils aîné de Vespasien, prit Jérusalem et rasa le temple en 70. Domitien, fils cadet de Vespasien, repoussa les barbares au-delà du Danube. A la mort de Domitien, le sénat était redevenu assez puissant pour imposer son propre candidat, Nerva.

LES ANTONINS

Nerva fut le premier des cinq premiers empereurs antonins, qui régnèrent de 96 à 180. Lui et ses successeurs, Trajan, Hadrien, Antonin le Pieux et Marc Aurèle, étaient instruits et consciencieux. Aimés des Romains, ils furent respectés dans tout l'empire, qu'ils administrèrent avec efficacité et mesure, et en défendirent les frontières contre les incursions des barbares.

L'armée, devenue permanente, comprenait des légionnaires, recrutés parmi les citoyens des provinces, et des troupes auxiliaires. C'est à cette époque que se constitua le *limes*, ligne de camps reliés par un système de défense souple, destinée à endiguer les incursions barbares.

A la mort de Marc Aurèle, protéger l'empire des invasions barbares devint de plus en plus difficile. Entre 180 et 285, leurs hordes attaquèrent Rome à l'est comme à l'ouest. L'empire doubla la taille de son armée. Cette faim d'hommes et de ressources provoqua une crise économique, tandis que le pouvoir accru de l'armée permettait à

celle-ci de faire et de défaire les empereurs en dépit du sénat. La plupart de ces empereurs-soldats régnèrent moins de trois ans et ne vécurent jamais dans la capitale, en proie à la confusion.

Sous Marc Aurèle, les barbares franchirent le *limes*. Sous Commode, ils firent même une incursion en Italie et l'empereur dut leur verser un tribut pour obtenir leur retrait.

Le Bas-Empire

Le Bas-Empire succéda au Haut-Empire à la mort de Commode (192). Jusqu'à Dioclétien, il connut les guerres civiles et l'anarchie, sous la menace des barbares. Seuls les Sévères surmontèrent ces difficultés. Sous Septime Sévère (193-

211), un Africain, les religions orientales se répandirent. Mais c'est Caracalla (211-217) qui prit une des décisions les plus lourdes de conséquences pour l'avenir de Rome en accordant en 212 la citoyenneté romaine à tous les sujets de l'empire. La fin de la dynastie des Sévères survint en 325, avec le meurtre d'Alexandre Sévère.

En 286, Dioclétien (284-305), estimant que l'empire ne pouvait plus être gouverné par un seul homme, le partagea en deux : l'Orient et l'Occident. Il choisit comme capitale Nicomédie, en Asie Mineure, et confia l'Occident à un soldat, Maximien, qui s'établit à Milan. Il y eut ainsi deux augustes, qui se choisirent un successeur nommé césar : ce fut le système de la tétrarchie, dans lequel quatre personnes se partageaient le pouvoir. Cet arrangement ne mit pas fin aux querelles de succession. Ce fut en outre une période de persécutions contre les chrétiens. En 305, Dioclétien, jugeant sa tâche accomplie, abdiqua et contraignit Maximien à faire de même. Mais les augustes et les césars entrèrent en compétition.

En 311, Constantin marcha sur Rome. En chemin, il eut une vision ; une croix lui apparut dans le ciel, entourée des mots : *« In hoc signo vinces »* (« Par ce signe tu vaincras »). Il adopta donc la croix et remporta sur Maxence la victoire du pont Milvius (312). Par l'édit de Milan (313), il accorda la liberté de culte aux chrétiens, auxquels il se montra de plus en plus favorable et permit de réunir le premier concile œcuménique, à Nicée, en 325. Constantin devint unique empereur en 324. Mais l'empire continuait à se dégrader. En 324, Constantin fonda une nouvelle capitale sur le site de l'antique Byzance, rebaptisée Constantinople.

Théodose (379-395), à qui Ambroise de Milan imposa une pénitence publique pour le massacre des habitants de Thessalonique, fit fermer les temples païens. A sa mort, ses deux fils Arcadius et Honorius se partagèrent l'empire entre Orient et Occident. Ce dernier fut bientôt morcelé.

Les Wisigoths entrèrent en Illyrie et mirent Rome à sac en 410. Les Francs prirent la Gaule du Nord, les Burgondes la Savoie. Les Huns furent arrêtés par Aetius aux champs Catalauniques en 451, mais les Vandales mirent Rome à sac en 455.

Romulus Augustule, dernier empereur d'Occident, fut placé sur le trône en 476 par Odoacre, roi des Hérules et chef de la garde germanique de l'empereur. Il avait quatorze ans et fut déposé la même année par Odoacre lui-même.

A gauche, l'un des empereurs portés sur le trône par leurs troupes, sans doute Valère ; à droite, fresque de la maison des Vettii, à Pompéi.

LA VIE QUOTIDIENNE DANS L'EMPIRE

Plutarque (46-126 av. J.-C.) a décrit dans plus d'une soixantaine de traités sur la moralité ce que l'on attendait d'un bon citoyen romain. Ainsi, filtrer le vin ou se servir de neige pour rafraîchir les boissons était un luxe condamnable. Être ponctuel pour les repas était qualifié de « *démocratique et poli* » ; être en retard, d'« *oligarchique et injurieux* ». Les conversations à table se devaient de porter sur des sujets philosophiques : on débattait, par exemple, de la question de la primauté de l'œuf ou de la poule. Le poisson salé se saisissait avec un seul doigt, le poisson frais avec deux.

On se doute bien que les recommandations de Plutarque n'étaient pas suivies à la lettre. La vie à Rome était aussi variée que dans n'importe quelle capitale moderne, avec ses élégants et ses rustres. Le seul facteur commun était sans doute la passion pour les bains, qui étaient dotés d'un système de canalisations en sous-sol pour chauffer l'eau. Les thermes de Caracalla accueillaient 1 600 baigneurs.

Au début de la république, les relations entre patriciens et plébéiens étaient codifiées, tout comme les rapports familiaux. Les premiers étaient garants de la sécurité, en prêtant essentiellement l'oreille aux problèmes des seconds et en leur offrant leurs conseils. En retour, ces derniers donnaient de l'argent quand un patricien était soumis à rançon ou ne pouvait payer ses dettes. L'argent sorti dans ces circonstances n'était pas un prêt forcé, mais une prérogative qui était censée les honorer ! En contrepartie, les plébéiens n'étaient pas asservis et pouvaient éventuellement changer de protecteur.

Le divorce fut introduit relativement tard. Au départ, le mariage était indissoluble et l'épouse devenait par le fait même propriétaire de la moitié des biens conjugaux. Toutefois, le *pater familias* régnait en maître absolu. La loi lui conférait le droit de tuer sa femme s'il considérait qu'elle l'avait offensé, d'empoisonner ses enfants ou de posséder le double de leurs clefs personnelles. Mais il ne pouvait plus vendre son fils comme esclave une fois que ce dernier était marié.

Les citadins se plaignaient sans cesse de la qualité de la vie dans la capitale : la circulation y était très difficile et le ramassage des ordures désastreux ; le mauvais goût régnait, telle cette nouvelle mode masculine qui consistait à porter des pantalons au lieu de la toge, même pour venir au forum ; l'inflation était galopante ; on avait la dégoûtante habitude de fumer de la bouse de vache séchée,

etc. Ils dénonçaient surtout ces promoteurs immobiliers qui mettaient le feu aux immeubles qu'ils convoitaient et qui, lorsque les flammes grimpaient, offraient une petite somme au propriétaire non assuré. Lorsque l'affaire était conclue, le promoteur appelait une brigade de pompiers à sa solde postée au coin de la rue !

La religion officielle se déroulait dans les temples publics ou en famille, sur l'autel des dieux lares. Mais la vie quotidienne des Romains était pétrie de mysticisme et subit l'influence des religions orientales. Certains rites gênaient fort le gouvernement, comme les orgies bachiques qui se développèrent sous la république. Lorsqu'ils avaient vent de ces orgies, les sénateurs « *étaient*

saisis de panique, à la fois pour la sécurité publique... et pour eux-mêmes, de peur que quelque parent ne fût impliqué dans ce vice ».

La décadence des mœurs sociales, dont on a coutume de dire qu'elle est à l'origine de la chute de Rome, n'allait pas sans une certain raffinement, même décadent. L'épicurien Pétrone, auteur du *Satiricon*, orchestrait les orgies de Néron. Compromis dans une conjuration, il reçut l'ordre de se tuer. Il invita des amis à un banquet d'adieu auquel il prit part, les poignets taillés entourés de bandage qu'il desserrait discrètement au fur et à mesure que la soirée avançait. Le contrôle de l'hémorragie lui permit ainsi de soutenir la conversation jusqu'à ce que son cœur cesse de battre.

LE MOYEN AGE

Après le sac de Rome, les barbares, notamment les Goths et les Lombards, disputèrent durant quatre siècles la domination de l'Italie aux chefs militaires locaux et aux empereurs byzantins. La culture et la prospérité s'en ressentirent. L'Italie devint un champ de bataille où les prétendants à l'héritage de l'Empire romain s'affrontèrent sans parvenir à remporter une victoire décisive. Elle en sortit morcelée et ne devait retrouver son unité qu'au XIXe siècle.

WISIGOTHS, OSTROGOTHS ET LOMBARDS

Les grandes invasions (395-774) commencèrent par celles des Wisigoths venus de l'Europe du Nord et de l'Est. En principe, les empereurs de Constantinople régnaient toujours sur l'Italie. Théodoric, roi des Ostrogoths, se fit concéder le gouvernement de l'Italie par l'empereur Zénon en 488. En 496, il fit capituler Odoacre dans Ravenne et le fit tuer. Théodoric était alors maître absolu de l'Italie (493-526), sous l'autorité théorique de Constantinople. Il essaya de restaurer la civilisation et de faire vivre ensemble Romains et barbares.

Justinien Ier, qui rêvait de restaurer la splendeur de l'empire, envoya les généraux Bélisaire et Narsès reconquérir la péninsule ; toutefois, il leur faudrait dix-huit ans pour accomplir cette tâche, ce qui n'empêcherait pas le déferlement d'une nouvelle vague de barbares.

En 568, les Lombards, tribus germaniques venues de la vallée du Danube sous la conduite de leur chef Alboïn, ravagèrent la Lombardie, la Vénétie et la Toscane actuelles. Les habitants s'enfuirent en grand nombre vers les côtes dépeuplées de l'Est, notamment dans la lagune de Venise, où ils bénéficiaient de la protection des Byzantins, toujours maîtres des mers et des places côtières.

Les Lombards transformèrent l'administration des régions qu'ils occupaient, remplaçant la centralisation romaine par des duchés indépendants gouvernés par un général (le « duc ») doté des pleins pouvoirs. Les chefs lombards Faroald et Zotto constituèrent ainsi à leur profit les duchés de Spolète et de Bénévent. Les terres furent distribuées à des clans, chacun dirigé par un guerrier qui ne devait au duc qu'une allégeance limitée.

A gauche, le pape Grégoire Ier le Grand (590-604), qui fut canonisé, comme beaucoup de ses successeurs ; à droite, l'empereur Justinien et sa femme Théodora.

L'AUTORITÉ DES PAPES

Cependant, l'évêque de Rome acquit une prépondérance nouvelle sur cette Italie morcelée, les empereurs de Constantinople étant trop loin pour exercer une autorité temporelle ou spirituelle.

Le plus grand pape de cette époque fut Grégoire Ier le Grand (590-604). Romain de naissance, intelligent et instruit, il réforma la liturgie et réorganisa la *schola cantorum* fondée par Sylvestre Ier au IVe siècle. C'est pourquoi la tradition lui attribue la promotion du plain-chant ou chant grégorien, qui date en fait de la fin du VIIe siècle. Grégoire le Grand défendit la ville de Rome contre les Lombards et contribua à faire régner la paix en

Kaiser Justinian. (482—565.)   Kaiserin Theodora. († 548.)

Italie. Ses missionnaires répandirent la parole de Dieu dans l'Europe du Nord et, plus tard, dans les îles Britanniques. De concert avec la reine Théodelinde, il travailla à la conversion des Lombards, qui survint sous Aribert Ier (653-661).

Ses successeurs réorganisèrent l'administration municipale et devinrent de fait maîtres de Rome. Tôt ou tard, l'affrontement entre les papes et l'empereur de Constantinople était inévitable.

En 726, l'empereur Léon III interdit la représentation du Christ et des saints et la vénération de leurs images, déclenchant la querelle des iconoclastes. Les papes déclarèrent que les questions religieuses dépendaient de la seule Église de Rome. Les Lombards prirent parti pour les papes contre les empereurs tombés dans le discrédit et profitèrent de l'occasion pour chasser les Byzantins d'Italie. Mais lorsqu'en 751 les Lombards s'emparèrent de Ravenne, la capitale impériale, les papes comprirent qu'ils étaient plus dangereux qu'un empereur absent. Leur roi Aistolf (749-756) réclama en effet un tribut aux habitants du duché de Rome. Le pape Étienne II fit alors appel aux Francs, évangélisés depuis Grégoire Ier. Pépin le Bref envahit l'Italie en 754 et reconquit les territoires impériaux, qu'il remit au pape.

En 773, à l'appel du pape Adrien Ier, Charlemagne compléta l'œuvre de son père en prenant l'Italie du Nord à Didier (756-774), successeur d'Aistolf. Confirmant l'allégeance de son père à la papauté, il se proclama roi des Lombards.

Charlemagne attribua à son fils Pépin le titre de roi d'Italie. Charlemagne distribua des terres en Italie à des comtes francs pour les récompenser de l'avoir suivi dans le Sud. Cependant le duc de Bénévent restait indépendant et les Byzantins se maintinrent à Venise, en Apulie et en Calabre. En outre, le commerce n'avait jamais cessé avec l'Orient, et Naples, Gaète et Amalfi commençaient à s'enrichir avec les musulmans.

Cette période féodale fut marquée par de nouvelles invasions, normandes et surtout sarrasines. Dans le Sud, les Sarrasins occupèrent la Sicile (827), qui resta arabe deux cent cinquante ans, et pillèrent Rome en 846. La Sicile servit de base aux incursions vers la péninsule contre lesquelles

L'Italie carolingienne

Charlemagne retourna ensuite dans le Nord, où il soumit les Saxons, les Bavarois et les Avars, devenant ainsi maître d'une grande partie de l'Europe occidentale. Pour confirmer ses conquêtes et tenter d'unifier ses vastes territoires sous les auspices du christianisme, il accepta de se faire couronner empereur des Romains par le pape Léon III à Saint-Pierre de Rome en l'an 800, au cours d'une cérémonie presque improvisée. Charlemagne introduisit la religion, la justice et l'instruction dans tous les territoires conquis, mais il ne survécut que quatorze ans à son couronnement et son empire fut démembré à sa mort, selon la coutume franque.

Louis II, fils de Lothaire Ier et arrière-petit-fils de Charlemagne, tenta en vain d'organiser une défense concertée. Les ducs lombards du Sud, que Charlemagne n'avait pas complètement soumis, s'allièrent avec ces envahisseurs contre l'empereur carolingien, Louis II. Les quelques succès remportés par Louis II furent éclipsés par la défense de Rome qu'entreprit le pape Léon IV et par sa victoire navale remportée sur les Sarrasins à Ostie.

Les Normands dans le Sud

Au début du XIe siècle, des mercenaires normands arrivèrent en Italie du Sud. La région était divisée en tant d'États rivaux que les Normands trouvèrent sans peine à louer leurs talents. Leur épée servait les plus offrants, Grecs, Lombards ou Sarrasins, par qui ils se faisaient payer en terres.

Entre la Normandie et l'Italie du Sud s'établit bientôt un flux régulier d'aventuriers venant pour se battre et acquérir un domaine. La papauté ne tarda pas s'allier à ce puissant groupe de chrétiens. A partir de 1050, le chef normand Robert Guiscard conquit la Calabre et les Pouilles, et le pape Nicolas II légitima cette mainmise en transformant la région en fief papal et en prenant Guiscard comme vassal.

Le frère de Robert Guiscard, Roger Ier, conquit pour sa part la Sicile. Son fils, Roger II, couronné roi à Palerme en 1130, gouverna l'île et le fief continental hérité de son oncle avec efficacité et

LE SAINT-EMPIRE

Aux IXe et Xe siècles, la papauté passa complètement sous la coupe de la noblesse romaine, qui choisit souvent des papes corrompus. La couronne d'Italie et le titre impérial n'attiraient que des souverains éphémères et des usurpateurs. Lorsque Otton Ier fonda le Saint-Empire romain germanique, en 962, il décréta que les candidats à la papauté seraient désormais désignés par l'empereur. Il redonnait ainsi de l'autorité aux papes, mais l'ensemble de la Chrétienté voulait pouvoir compter sur une papauté indépendante.

Au XIe siècle, les pontifes s'efforcèrent de réformer l'Église en instituant une stricte hiérarchie

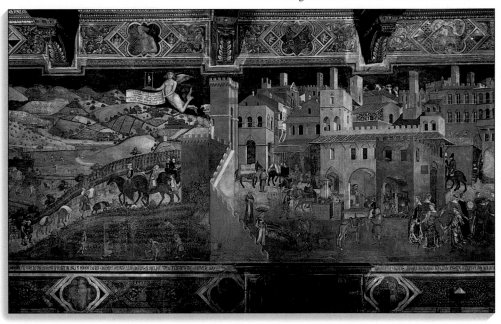

tolérance. Sa cour réunissait des érudits et l'on trouve encore de magnifiques témoignages de la civilisation arabo-normande à Palerme (Saint-Jean-des-Ermites, la Ziza et la Cuba) et dans les cathédrales de Monreale et de Cefalù.

En dépit de l'opposition des empereurs (tant d'Orient que germanique) et de rébellions locales, le fils et le petit-fils de Roger II maintinrent le régime, mais en 1189, quand Guillaume II mourut sans héritier mâle, la guerre civile mit fin à la domination normande sur l'Italie du Sud.

A gauche, mosaïque byzantine représentant l'empereur Justinien Ier, basilique Saint-Vital, à Ravenne ; ci-dessus, fresque allégorique du « Bon gouvernement », d'Ambrogio Lorenzetti, à l'hôtel de ville de Sienne.

cléricale. Dans tout le Saint-Empire, les évêques dépendraient du pape et les prêtres des évêques, tous les membres du clergé appartenant à la même structure administrative. Le pape Nicolas II supprima par le décret de 1059 le rôle du roi de Germanie dans l'élection du pape.

Mais, en 1072, l'empereur Henri IV, devenu majeur, investit à Milan un archevêque hostile à cette réforme, déclenchant la querelle des Investitures (1075-1122). En 1075, le pape Grégoire VII interdit toute investiture par un laïc et excommunia Henri IV. En 1077, l'empereur se rendit à Canossa, en Émilie, faire amende honorable devant Grégoire VII. Henri IV obtint son pardon, mais Grégoire VII se demandait s'il tiendrait sa promesse.

Ce ne fut pas le cas, et cela déclencha une nouvelle guerre civile. Les partisans de Grégoire VII furent défaits et le pape fut exilé à Salerne, où il mourut. Toutefois, les années suivantes virent triompher sa cause. Ses successeurs imposèrent progressivement la réforme qui lui avait coûté le trône pontifical et, en 1122, l'empereur Henri V renonça à son droit à l'investiture des clercs.

GUELFES ET GIBELINS

Libéré de la tutelle impériale, le pape n'était pas pour autant le maître. Durant la querelle des Investitures, les cités du nord et du centre de l'Italie accrurent leur richesse et leur puissance. Simul-

tanément, le commerce méditerranéen, qui, pendant des décennies, avait beaucoup souffert des Sarrasins à présent chassés de Sicile par les Normands, redevint fructueux : à l'occasion des premières croisades, Pise et Gênes s'assurèrent l'exclusivité du commerce avec l'Orient, Venise gardant Constantinople. C'est l'époque à laquelle les Lombards (Asti, Chieri, Novare, Plaisance) se firent une spécialité de la banque. Avec ces nouvelles ressources à leur portée, ces villes furent en mesure d'obliger la noblesse rurale avoisinante à reconnaître leur suprématie. L'ère des communes autonomes commençait, dont les princes et les riches bourgeois protégeraient les artistes.

Les plus puissantes furent les républiques maritimes de Venise, de Gênes et de Pise, qui disposaient de flottes pour commercer et se défendre. La prospérité des villes de l'intérieur était due à leur situation sur les routes de commerce terrestre. Milan et Vérone étaient à l'entrée des cols alpins, Bologne était la principale agglomération de la Via Emilia, et Florence, au carrefour de deux routes vers Rome, avait accès à la mer par l'Arno.

La puissance politique croissante des cités fut un facteur important du nouveau conflit entre l'empereur et le pape au XIIIe siècle. Frédéric Ier Barberousse, Henri VI, Otton IV avaient tenté de reprendre pied en Italie. Frédéric II de Hohenstaufen (1220-1250) poursuivit cette politique et tenta d'édifier en Italie un État fort et centralisé. Les communes conserveraient leur droit à l'autogestion, mais formeraient une fédération.

La plupart d'entre elles, voulant une autonomie complète, s'opposèrent au projet. Elles trouvèrent un allié en Grégoire IX. L'Italie du Nord devint un champ clos où s'affrontèrent les guelfes (partisans du pape) et les gibelins (alliés de l'empereur). Lorsque Frédéric II mourut, en 1250, sans avoir pu réaliser sa réforme, la cause guelfe l'avait emporté. L'alliance du pape et des cités avait ruiné le projet d'une Italie unifiée et centralisée. Les héritiers de Frédéric II, son fils illégitime Manfred et son petit-fils Conrad, luttèrent durant quinze ans pour faire triompher sa politique italienne, mais ne purent vaincre les forces conjuguées du pape et des communes autonomes.

Appelé par la papauté, Charles d'Anjou, nouveau roi de Sicile, battit tour à tour Manfred à Bénévent, en 1266, et le prétendant gibelin Conradin à Tagliacozzo, en 1268. Le roi de Sicile parvint à cette occasion à dominer Rome et la majeure partie de l'Italie, avec l'appui du parti guelfe.

L'ÉPOQUE DE DANTE

Le parti gibelin vaincu ne tarda pas à se scinder en deux clans : les noirs et les blancs. Le schisme fut marqué en particulier à Florence, où les noirs défendirent les traditions féodales contre les blancs, nouveaux riches désireux d'associer les marchands et le peuple au gouvernement.

Le pape Boniface VIII se rangea du côté des noirs et, en 1302, contribua à faire exiler de Florence les blancs les plus éminents. Parmi eux se trouvait Dante, qui écrivit en exil *La Divine Comédie*, dont la notoriété fut telle qu'elle imposa sa langue, le toscan, comme langue nationale.

A gauche, enluminure d'un des nombreux manuscrits réalisés pour les ducs de Milan à la fin du XIVe siècle ; à droite, Dante d'après une fresque d'Andrea del Castagno.

LA RENAISSANCE

Les conflits incessants de l'Italie du Nord prirent fin au début du XIVe siècle, lorsque papes et empereurs se désintéressèrent des affaires italiennes. A la mort d'Henri VII, les empereurs se consacrèrent à la Germanie, et si, pendant les deux siècles suivants, ils descendirent parfois dans le Sud, ils ne purent s'occuper en même temps de l'Italie et de leurs intérêts dynastiques en Germanie.

Quant à l'influence de la papauté, elle déclina après les démêlés de Boniface VIII et de Philippe IV le Bel, roi de France, en 1302. Le pape s'opposant à ce que le roi de France taxe le clergé français, ce dernier envoya ses troupes s'emparer du pontife. Après quoi la France fit élire un pape français, Clément V, et déplaça le Saint-Siège en Avignon, où il resta de 1309 à 1377.

LA NAISSANCE DE L'HUMANISME

Ces événements évitèrent aux Italiens les ingérences étrangères au XIVe siècle. La puissance des villes italiennes, qui étaient déjà les plus riches d'Europe, s'accrut et donna naissance à une culture nouvelle. L'indépendance des cités et leur opulence croissante firent fleurir des idées neuves. Leurs gouvernants purent expérimenter des méthodes d'administration originales, les érudits redécouvrirent le passé antique et les marchands devinrent des mécènes.

La peste noire qui ravagea l'Europe au XIVe siècle ne freina pas cet essor. En 1347, certaines villes italiennes perdirent pourtant en quelques mois 60 % de leur population. Les marchands réagirent contre la baisse de leurs bénéfices en modifiant leurs méthodes : ils inventèrent notamment l'assurance maritime, la lettre de crédit, la comptabilité en partie double et les participations financières.

Les affaires exigèrent des connaissances nouvelles, qui furent nécessaires à un nombre croissant d'Italiens. Des notions de droit et de diplomatie, ainsi qu'un aperçu général des diverses réglementations en usage, devinrent de précieux atouts en cette période d'expansion. Les études scolastiques du Moyen Age firent place à la lecture des auteurs de l'Antiquité et à l'enseignement de la grammaire, de la rhétorique, de l'histoire et de la philosophie. Ce type d'études fut appelé « humanités ».

A gauche, le pape Jules II par Titien ; à droite, détail d'une porte du baptistère Saint-Jean de Florence, par Ghiberti.

Bien qu'il rejetât injustement dans les ténèbres une grande partie de la culture médiévale, l'humanisme n'était pas un athéisme. Les humanistes croyaient en Dieu, tout en adoptant beaucoup des conceptions de la civilisation antique.

L'essor de l'humanisme vint en partie du besoin d'une plus grande compétence juridique dans le monde en expansion du commerce méditerranéen. Pour apprendre à gérer leurs nouvelles sociétés, les juristes se référaient aux grands principes du droit romain. En s'efforçant de comprendre les lois des Anciens, ils découvrirent la richesse de cette civilisation classique longtemps délaissée. Tous les aspects de la vie furent reconsidérés à la lumière de cet humanisme. Les concep-

tions classiques de l'éducation, de la morale, du caractère et de la science furent adoptées avec enthousiasme, et l'on prit comme modèle l'érudit de l'Antiquité, au savoir encyclopédique.

PRINCES ET RÉPUBLIQUES

L'Italien du XIVe siècle se considérait comme citoyen d'une ville et non d'une nation. Il vénérait les saints locaux, croyait aux légendes qui expliquaient l'origine et le caractère unique de sa cité. La rivalité entre les villes joua même un rôle dans le mécénat car chacun de leurs gouvernants avait besoin d'artistes et d'écrivains pour glorifier la sienne, si bien que le morcellement politique multiplia le nombre de foyers d'art et de culture.

Plusieurs villes vécurent parallèlement la même expérience. Lorsque l'autorité des papes et des empereurs déclina, les mœurs urbaines devinrent de plus en plus brutales. Les familles dominantes se disputaient continuellement le pouvoir et se trouvaient souvent en conflit avec des communautés de rang inférieur qui souhaitaient jouer un rôle dans la vie politique. Le seul moyen de remédier à ces sanglants affrontements était de confier le pouvoir à un homme fort. Incapable de maintenir l'ordre, le gouvernement républicain cédait alors la place à un dictateur. Il arriva qu'une faction dominante fît appel, pour rétablir l'ordre, à un podestat venu de l'extérieur : ce fut le cas de la maison d'Este à Ferrare. Le plus souvent, le futur

concentrèrent sous la coupe de quelques États beaucoup plus vastes. Les républiques comme les podestats avaient des tendances expansionnistes : ils soumettaient leurs petits voisins pour former un État plus étendu, ce qui accroissait les ressources de la ville et la protégeait contre ses voisins, mais augmentait considérablement ses dépenses militaires. Les cités absorbées étaient toujours prêtes à se révolter, et il fallait défendre le nouveau territoire contre les empiétements des autres États. Cependant, le particularisme des cités était déjà trop affirmé, si bien que le morcellement politique se trouva atténué à la fin du XIVᵉ siècle, mais que l'unité politique s'arrêta à mi-chemin.

despote était à l'origine un *capitano del popolo*, c'est-à-dire le chef de la police locale et de la milice, qui finissait par devenir assez puissant pour rendre sa charge héréditaire. Ce fut ainsi que les Della Scala s'imposèrent à Vérone, les Carrara à Padoue, les Gonzague à Mantoue, les Este à Ferrare, les Visconti à Milan.

Certaines villes, dont Venise et plusieurs cités importantes de Toscane (Florence, Sienne, Lucques et Pise), n'eurent jamais recours au despotisme, leurs marchands étant assez puissants pour se doter de gouvernants en mesure de garantir la stabilité. Mais la république n'y fleurit que sous une forme oligarchique.

Aux XIVᵉ et XVᵉ siècles, les innombrables petites entités politiques d'Italie du Nord et du Centre se

Le Quattrocento

Le XVᵉ siècle fut l'âge d'or de la Renaissance. Tous les acquis économiques, politiques et culturels du siècle précédent étaient à maturité, et le pays avait atteint un stade de perfection artistique et intellectuelle. Foisonnante de richesses matérielles et culturelles, l'Italie était redevenue le centre du monde.

L'histoire politique du Quattrocento peut se diviser en deux parties. Jusqu'en 1454, les cinq principaux États s'employèrent à repousser leurs frontières et à renforcer leur autorité sur leurs territoires. Cela ne se fit pas sans de nombreuses petites guerres, dont les combattants furent pour la plupart des condottieri. Après 1454 commença une période de paix relative durant laquelle les États essayèrent de défendre leurs intérêts par des alliances plutôt que par des batailles. Ce fut l'époque du plus grand essor artistique.

MILAN ET LES VISCONTI

Milan fut la plus riche et la plus puissante de toutes les cités d'Italie. Au XIVe siècle, l'impérieuse famille Visconti lui fit remporter de nombreuses victoires militaires et politiques qui en firent le plus grand État d'Italie du Nord. Le régime des Visconti fut peut-être sage et efficace, mais il présentait de sérieux inconvénients pour les Milanais, dont les libertés étaient strictement limitées : la ville était gouvernée par la poigne de fer des Visconti qui ne surent jamais déléguer le pouvoir. Si bien que le régime ne pouvait pas compter sur la loyauté de ses sujets pour survivre, et quand la lignée s'éteignit, en 1447, les Milanais en profitèrent pour proclamer la république. Mais le condottiere Francesco Sforza fonda à son tour une dynastie.

Alors que les mercenaires des guerres italiennes de la fin du Moyen Age et du début de la Renaissance étaient traditionnellement des étrangers, ceux du XVe siècle furent en général des Italiens de toute condition, venus des quatre coins du pays se mettre au service de nobles rivaux. Les condottieri considéraient la guerre comme un métier. Leur but était de remporter des victoires en perdant le moins d'hommes possible : les soldats étaient trop précieux pour qu'on les sacrifiât sans nécessité. Le pays, en revanche, souffrait terriblement, les villages étant systématiquement mis à sac. Les condottieri, pourtant bien payés, n'hésitaient pas à faire main basse sur tout le butin possible. Uniquement motivés par des intérêts pécuniaires, à défaut de tout mobile patriotique, ils risquaient à tout moment de se laisser acheter par l'ennemi. Les souverains s'efforçaient de satisfaire leurs désirs en les comblant d'argent, d'honneurs et de terres. Après quoi il ne leur restait plus qu'à prier qu'il ne se présentât pas un patron plus fortuné.

L'un des plus grands condottieri fut Francesco Sforza. Ayant hérité du commandement d'une armée à la mort de son père, en 1424, il combattit d'abord pour Milan, puis pour Venise, jusqu'au jour où Filippo Maria Visconti l'attacha à Milan en lui faisant épouser sa fille naturelle, Blanche. Visconti mourut en 1447 sans héritier, et Milan proclama la république. Sforza fut exilé, mais le

gouvernement s'étant révélé incapable, il revint assiéger la ville. Menacée de famine, Milan se rendit, et l'assemblée républicaine invita l'ancien mercenaire à devenir duc de la ville (1450).

Les condottieri se montrant souvent dangereux pour leurs propres commanditaires, les villes préféraient souvent la diplomatie et le crime pour agrandir leurs domaines. Ainsi se forgea la réputation des diplomates et des hommes politiques italiens, dont la reine Catherine de Médicis et le cardinal Mazarin seraient des exemples éclatants. Sans parler de Nicolas Machiavel, auteur d'un traité politique magistral : *Le Prince*.

Sforza, le foudre de guerre, apporta néanmoins la paix à l'Italie du Nord. Il signa et encouragea les

autres États à signer le traité de Lodi (1454), d'où émana, en 1455, la Sainte Ligue, alliance défensive entre Milan, Florence et Venise, à laquelle s'associèrent le roi de Naples et le pape. Son but était d'empêcher les plus puissants de croître aux dépens des plus faibles et de permettre à ceux-ci de présenter un front uni en cas d'attaque extérieure.

Les petits États furent les grands bénéficiaires de cet accord. Auparavant, ils consacraient une part importante de leurs ressources à se défendre. En temps de paix, la vie était centrée sur le négoce. On respectait l'État parce que les affaires auraient été impossibles sans sa protection, et on inculquait aux enfants les vertus de l'épargne, de l'honnêteté et du civisme.

A gauche, « La Bataille de San Romano », de Paolo Uccello (galerie des Offices) ; à droite, portrait de Côme l'Ancien par le Pontormo (galerie des Offices).

FLORENCE ET LES MÉDICIS

Simple bourgade au XIIe siècle, Florence dut sa transformation en capitale commerciale et financière, au XIVe siècle, au commerce du drap. La guilde des drapiers importait de la laine d'Europe du Nord et des colorants du Proche-Orient, avec lesquels elle fabriquait, grâce à des procédés secrets, un épais drap rouge vendu sur tout le pourtour de la Méditerranée.

Dès le XIIIe siècle, les bénéfices de ce négoce permirent aux marchands florentins de prêter de l'argent à leurs alliés, le pape et les puissants seigneurs guelfes. Cette première expérience aboutit à la fondation de véritables institutions bancaires dont la notoriété fit de Florence la capitale financière de l'Europe.

Les grandes familles de marchands florentins firent de leur ville une vitrine de ce que la Renaissance produisait de plus beau dans les domaines de la sculpture, de la peinture et de l'architecture. Dans la seconde moitié du XIIIe siècle, l'essor de la construction se manifesta par l'édification du palais du Bargello, de l'église franciscaine Sainte-Croix et de l'église dominicaine Sainte-Marie-Nouvelle. Arnolfo di Cambio conçut les plans du Palazzo Vecchio et de la cathédrale. La guilde des drapiers finança la construction et la décoration de cette dernière ; elle fit appel à Giotto pour élever le campanile et en 1434 à Brunelleschi pour la coiffer d'un dôme qui lui a valu le nom de Duomo.

Les notables florentins gouvernaient par l'intermédiaire de la Parte Guelfa, dont les membres traquaient et réprimaient toute « tendance gibeline ». Aucune opposition n'était tolérée : lorsque les membres de corporations moins importantes demandèrent une part plus grande du pouvoir ou s'associèrent aux classes inférieures pour combattre la Parte Guelfa, ils furent mis au pas. Cela n'empêcha pas les luttes de s'envenimer au début du XVe siècle. Les artisans privés de droits civiques s'agitant de plus en plus, les riches marchands autorisèrent Côme de Médicis à dominer Florence. Celui-ci était lui-même issu d'une famille de marchands, puisque ses armes portaient des pilules, qui rappelaient la profession d'apothicaire, et dont on fit plus tard des tourteaux pour faire oublier l'origine bourgeoise de la famille.

Durant les décennies de paix, Florence vécut son âge d'or sous le règne des Médicis, qui durent une bonne part de leur succès à un mensonge : ils réussirent à faire croire aux Florentins qu'ils étaient toujours en démocratie ! Ils dominèrent la ville sans jamais paraître autre chose que des citoyens aisés. Ils y parvinrent en partie en manipulant les élections en faveur de la Signoria (le conseil de Florence), mais surtout en se faisant totalement accepter par les notables de la ville.

C'est seulement après la mort de Laurent que l'arrogance de son fils fit comprendre aux citoyens que leur État, s'il était républicain dans la forme, se trouvait en fait entre les mains d'une seule et même famille. Un moine fanatique, Savonarole, canalisa leur mécontentement, gouvernant de fait la ville pendant sept ans, avant qu'elle ne revînt aux Médicis, mais sous l'égide du pape Jules II.

La famille était constituée de deux branches, fondées par deux frères. L'aîné, Côme, dont la lignée formera la branche de Cafaggiolo, est passé à l'histoire sous le nom de Côme l'Ancien (1389-1464). Les Florentins l'appelaient *Pater Patriae*,

« père de la patrie ». Le cadet de Côme, Laurent, est le père de la branche des Popolani ou « hommes du peuple ». Côme eut un fils, Pierre, lui-même père de Laurent et Julien. Ce dernier fut assassiné lors de la conjuration de la famille rivale des Pazzi ; Laurent, l'aîné, réchappé du complot, deviendrait Laurent le Magnifique (1449-1492). Ce dernier ne se montra pas aussi bon gestionnaire des affaires de la famille que son grand-père Côme ; en revanche, il marqua son époque dans tous les domaines de l'esprit au point d'incarner le génie de la Renaissance.

Les Médicis en effet ne se contentèrent pas de gouverner et de préserver la paix, ils encouragèrent les arts. Tout d'abord, Côme l'Ancien racheta la précieuse collection de manuscrits de Saint-

Marc. Il fondait ainsi la première bibliothèque publique de Florence. Il fonda aussi l'Académie platonicienne, à la tête de laquelle il plaça Marsile Ficin. Il procura des marbres antiques à Donatello pour inspirer sa sculpture. Enfin, il s'attacha dès son plus jeune âge à l'éducation de son petit-fils, le futur Laurent le Magnifique.

LES GUERRES D'ITALIE

A la mort de Laurent le Magnifique, en 1492, la fragile Sainte Ligue mourut avec lui. Le seigneur de Milan, Ludovic le More, se querella aussitôt avec le roi de Naples et offrit au roi de France, Charles VIII, son appui financier et le libre pas-

sage à travers l'Italie du Nord s'il voulait conquérir Naples et les États voisins. En effet, la maison d'Anjou avait légué à la couronne de France ses droits sur Naples et Jérusalem. Charles VIII sauta sur l'occasion, ouvrant ainsi l'un des chapitres les plus sombres de l'histoire italienne. Les guerres d'Italie opposèrent la France, l'Espagne et le Saint-Empire de 1494 à 1559, date à laquelle la France en proie aux guerres de Religion se détourna de la péninsule.

L'Italie était en proie à de telles dissensions que les troupes françaises ne rencontrèrent guère de résistance. Elles furent même accueillies en libéra-

A gauche, Francesco Sforza ; à droite, sa femme, Blanche Visconti.

trices par les Florentins qui, à l'appel du dominicain Savonarole, avaient chassé les Médicis. Savonarole alla jusqu'à déclarer en chaire que Charles VIII était envoyé par Dieu pour régénérer l'Église et purifier les mœurs. D'autres Italiens accueillirent les Français à bras ouverts, s'imaginant qu'ils allaient mettre fin à la décadence et doter l'Italie de gouvernements modèles, dont les principaux postes seraient occupés par des notables italiens. Charles VIII fut accueilli à Rome par le pape Alexandre VI et occupa Naples sans difficulté au début de 1495. Ces succès inquiétant les souverains, une coalition se forma et affronta les Français et les Italiens en Émilie, près de la petite ville de Fornoue. Les Italiens étaient deux fois plus nombreux et bénéficiaient de l'effet de surprise, mais la cavalerie de Charles VIII retourna la situation, illustrant la *furia francese* : l'armée française poursuivit sa route et, sur les 4 000 morts qui restèrent sur le terrain, le plus grand nombre était italien.

Louis XII continua la politique de Charles VIII et s'entendit avec l'Aragon pour prendre Naples (1501). Mais les Espagnols finirent par chasser les Français malgré la bravoure de Bayard au Garigliano (1503). Poussés par Jules II à attaquer Venise, les Français suscitèrent contre eux une nouvelle Sainte Ligue qui aboutit à l'évacuation du Milanais.

Reprenant la guerre, François Ier écrasa les Suisses à Marignan (1515), ce qui lui permit de faire la paix avec ceux-ci et avec le pape. Mais l'élection de Charles Quint au trône impérial en 1521 réveilla le conflit. Les Français furent chassés du Milanais par la défaite de Pavie (1525), à l'issue de laquelle François Ier fut fait prisonnier. A peine libéré, il reprit la guerre, interrompue par la paix de Cambrai (1529), rallumée par l'occupation de la Savoie et du Piémont (1535) et terminée par la victoire de Cérisoles et le traité de Crépy (1544).

Henri II, poussé par la reine Catherine de Médicis et par les Guises, se laissa entraîner en Italie. Il fit entrer ses troupes en Piémont et laissa le duc de Guise, héritiers des ducs d'Anjou, attaquer Naples. Mais celui-ci échoua à Saint-Quentin (1557). La France finit par renoncer à Naples et à Milan, ne conservant que quelques places en Piémont. Le traité du Cateau-Cambrésis (1559) mit un point final aux guerres d'Italie.

Le vainqueur fut donc finalement l'Espagne, nation la plus puissante de l'époque. Durant cent cinquante ans, Charles Quint et ses successeurs gouvernèrent l'Italie. Sous la férule des Espagnols, puis (après les traités d'Utrecht, en 1713-1715) des Autrichiens, la péninsule cessa d'être le foyer de culture qu'elle avait été à la Renaissance.

L'ART DE LA RENAISSANCE

Comme dans la plupart des domaines de l'esprit, la Renaissance fut un retour aux sources : les Écritures en matière religieuse, la Rome antique en matière politique, les Anciens en littérature, l'observation de la nature en peinture. Au XVᵉ siècle, la première Renaissance, celle du Quattrocento, redécouvrit l'Antiquité grâce aux humanistes et, avec elle, la beauté charnelle du corps humain, qui devint l'objet principal de la sculpture et de la peinture. Elle découvrit aussi la perspective, qui modifia l'architecture et, bien sûr, la peinture.

Le Quattrocento gravita autour de Florence, qui, voulant être considérée comme « *la nouvelle Athènes* », multiplia les commandes publiques. En 1401, les portes de bronze du baptistère Saint-Jean furent mises au concours, et le vainqueur, Lorenzo Ghiberti (1378-1455), fit preuve d'un tel talent que Michel-Ange qualifia celle de l'est de « *porte du paradis* ».

Filippo Brunelleschi (1377-1446) fut le grand artisan du renouveau de l'architecture. Après avoir échoué au concours pour les portes du baptistère Saint-Jean, il alla étudier les monuments antiques à Rome et en releva les dimensions. L'étude mathématique des proportions lui permit de réaliser ses chefs-d'œuvre florentins (intérieur de l'église Saint-Laurent, chapelle des Pazzi de Sainte-Croix, église du Saint-Esprit) à l'harmonieux équilibre.

Donatello (1386-1466) régna sur la sculpture. Son œuvre reflète une attitude entièrement nouvelle vis-à-vis du corps humain. Son *Saint Georges*, réalisé pour l'église d'Orsanmichele, a une existence propre, une humanité qui va au-delà de la description superbement réaliste de son corps. Le *David* de bronze (conservé, comme le *Saint Georges*, au musée du Bargello) exalte avec sensualité la beauté humaine. C'est aussi le premier nu depuis l'Antiquité qui tient debout sans appui, comme le *Gattamelata* de Padoue est le premier bronze équestre plus grand que nature réalisé depuis l'époque romaine.

LE QUATTROCENTO

Les bases de l'évolution de la peinture avaient été jetées un siècle plus tôt par Giotto (1266-1337), dont les fresques (église de la Sainte-Croix à Flo-

A gauche, le « David » de Michel-Ange (Académie de Florence) ; à droite, « Adam et Ève chassés du paradis », de Masaccio (détail).

rence, chapelle des Scrovegni à Padoue et surtout basilique Saint-François à Assise) abandonnaient les lignes byzantines pour donner un modelé au corps humain et une profondeur au décor.

Ces innovations furent perfectionnées par le peintre le plus connu de la première Renaissance, Masaccio (1401-1428). Sa fresque de la sainte Trinité avec la Vierge et saint Jean, à Santa Maria Novella, et celles de la chapelle Brancacci de Santa Maria del Carmine opèrent la fusion des nouveaux thèmes de la Renaissance : importance des corps, qu'on devine sous les vêtements, expression des sentiments, perspective.

Domenico Veneziano (1400-1461) arriva à Florence en 1439. Il y apporta un sens nouveau de la

couleur reposant sur des teintes pastel baignées de luminosité claire. Cette palette fut reprise par son élève Piero Della Francesca (v. 1416-1492) pour ses fresques de San Francesco d'Arezzo, où triomphent couleurs pâles et formes géométriques.

La révolution artistique florentine gagna bientôt d'autres régions. Le théoricien Leon Battista Alberti (1404-1472) appliqua ses thèses sur la décoration des façades par des motifs classiques (colonnes, arcs) au palais Rucellai de Florence comme au Tempio Malatestiano de Rimini.

Giovanni Bellini (1430-1516) triomphait, quant à lui, à Venise : dans sa *Vierge entourée de saints* de Saint-Zacharie, la grandeur héritée de Masaccio est tempérée par une nouvelle préoccupation, le souci flamand du détail et de l'intimité.

Détail exprimé avec encore plus de grâce par un élève du délicat *fra* Filippo Lippi, Sandro Botticelli (1445-1510), dont les plus belles toiles célèbrent allégoriquement la Renaissance : *le Printemps* et *La Naissance de Vénus* (galerie des Offices).

Le Cinquecento

La première partie du XVIᵉ siècle vit l'apothéose de quelques-uns des artistes phares de l'histoire de l'art : Léonard de Vinci, Michel-Ange, Bramante, Raphaël, Giorgione, Titien. Ces génies produisirent des œuvres frappantes par leur envergure et leur magnificence, toutes choses rendues possibles

y révélait le caractère (ou les pensées secrètes) de chaque apôtre. Il expérimentait aussi le clair-obscur, qui joue du passage de l'ombre à la lumière pour faire ressortir les volumes, et le *sfumato* qui, en diluant les contours, accroît le potentiel poétique de la peinture.

En 1502, le pape Jules II commanda les plans de la nouvelle basilique Saint-Pierre au plus célèbre architecte de l'époque, Donato Bramante (1444-1514), qui venait d'édifier un bijou d'inspiration classique : le Tempietto de San Pietro in Montorio. Le pape voulait surpasser tous les monuments de la Rome antique. Bramante utilisa des éléments classiques (coupoles, colonnes, frontons) et un matériau délaissé depuis les Romains au profit de

par un nouveau mécénat, celui de la papauté de retour d'Avignon.

Les règles mathématiques étaient maintenant subordonnées à la recherche de l'émotion, et la détrempe fit place de plus en plus souvent à la peinture à l'huile – technique venue des Flandres à la fin du XVᵉ siècle –, qui autorisait des coloris plus riches et une lumière plus délicate.

Né près de Florence, Léonard de Vinci (1452-1519) se mit au service du duc de Milan, principalement comme ingénieur, accessoirement comme sculpteur, architecte et peintre. Il y peignit la première grande œuvre de la Renaissance classique, la *Cène* de Sainte-Marie-des-Grâces, chef-d'œuvre d'analyse psychologique : Vinci, pour qui *« l'expression de l'âme »* était le but final de la peinture,

la brique et de la pierre de taille, le ciment, qui, plus souple que ces derniers, autorisait les dimensions gigantesques de Saint-Pierre. A la mort de Bramante, son projet était loin d'être achevé. Ce n'est qu'en 1546, quand le chantier fut confié à Michel-Ange, que Saint-Pierre prit sa forme actuelle, qui reflète davantage les conceptions de Michel-Ange que celles de Bramante.

Michel-Ange Buonarroti (1475-1564) étonna d'abord le monde par ses sculptures alliant la beauté de l'art grec à l'émotion : il voulait libérer le corps humain de sa gangue de marbre et en faire le reflet de l'âme, comme on le voit dans ses chefs-d'œuvre : *David* (Florence, galerie de l'Académie), *Moïse* (Rome, Saint-Pierre-aux-Liens) et l'admirable *Pietà* de Saint-Pierre.

Jules II lui demanda de décorer le plafond de la chapelle Sixtine, où, en quatre ans de travail acharné (1508-1512), il exalta les sentiments déchaînés par la condition humaine : la création, la chute, la réconciliation avec Dieu. Il revint y peindre en 1534 son spectaculaire *Jugement dernier*. Entre-temps, Michel-Ange partit terminer à Florence la chapelle Saint-Laurent des Médicis et la bibliothèque Laurentine, où la composition théâtrale l'emporte sur les considérations fonctionnelles. Mais son génie architectural culmine dans l'ordonnance du Capitole de Rome : cette place ouverte, entourée de trois façades, est devenue le modèle des centres urbains modernes.

Tandis que Michel-Ange travaillait au plafond le choix des sujets : la mystérieuse *Tempête*, à l'Académie, en est un parfait exemple.

La facture plus libre et les couleurs chatoyantes de Titien (1490-1576) annoncent les impressionnistes : ses magnifiques portraits et ses compositions religieuses aux teintes opulentes et à l'inspiration vigoureuse révèlent une maîtrise parfaite de la peinture à l'huile.

LE MANIÉRISME

Le maniérisme est un style dont l'aspect volontairement factice découle de la Renaissance classique, des éléments provenant de Michel-Ange, de Raphaël et de Titien étant adoptés, puis exacerbés

de la chapelle Sixtine, un autre artiste décorait une série de « chambres » du Vatican : Raphaël (1483-1520), considéré par beaucoup comme le peintre le plus représentatif de la Renaissance classique. Dans *L'École d'Athènes*, la disposition théâtrale des philosophes entourant Platon et Aristote fait penser à Michel-Ange, la personnalité de chacun d'eux rappelle la *Cène* de Vinci, et le décor architectural parachève la tradition du Quattrocento.

A Venise, les peintures de Giorgione (1477-1510) ajoutent à la délicatesse de son maître Giovanni Bellini une tendance quasi romantique dans

A gauche, « Le Printemps », par Botticelli ; ci-dessus, la « Vénus d'Urbin » de Titien, peinte soixante ans plus tard. (Toutes deux à la galerie des Offices.)

pour exprimer une « *vision intérieure* » au détriment de la réalité.

Dans une œuvre qui anticipe la nouvelle école, la *Déposition de la Croix* (pinacothèque de Volterra), Rosso Fiorentino (1494-1540) provoque par une composition tourmentée baignant dans une lumière irréelle une sensation d'anxiété et de tension. Son ami le Pontormo (1494-1557) est lui aussi connu pour ses couleurs inattendues, ses personnages anormalement allongés et ses atmosphères inquiétantes.

Élève et fils adoptif du Pontormo, Bronzino (1503-1572) prouve dans ses portraits des Médicis conservés à la galerie des Offices que le formalisme maniériste peut être d'une grande précision psychologique.

Le Parmesan (1503-1540) ajoute à l'élégance et à l'élaboration de la composition, caractéristiques du style maniériste, une distorsion des formes qui lui est propre. Dans sa *Vierge au long cou* (galerie des Offices), les personnages sont étirés au-delà de toute vraisemblance, le décor est fantastique et la grâce fluide de Raphaël, dont il s'inspire, est exagérée.

A Venise, le Tintoret (1518-1594) conjugue le style hardi, les couleurs et la lumière de Titien avec une tendance mystique. Sa tentative de description de l'un des plus profonds mystères de la religion – la transsubstantiation du pain et du vin – a produit une envoûtante *Cène* (Saint-Georges-Majeur) aux anges tourbillonnants et vaporeux.

PALLADIO

L'architecture est dominée par un théoricien, Andrea Palladio (1518-1580), auteur, comme son prédécesseur Alberti, de traités sur la construction antique. Ses réalisations – villa la Rotonda (Vicence), Saint-Georges-Majeur (Venise) –, fondées sur un répertoire classique, ont exercé une forte influence en Europe et outre-Atlantique, sur des architectes comme Inigo Jones et Thomas Jefferson.

LES DÉBUTS DU BAROQUE

La grande période maniériste est suivie d'un retour à la vitalité et au réalisme. L'art baroque (1600-1750) naît à Rome, encouragé par les papes. En effet, la Contre-Réforme, consécutive au concile de Trente, les rend désireux de donner à leur ville une beauté incomparable « *pour la plus grande gloire de Dieu et de l'Église* ».

L'un des artistes qui répondent à leur appel est Michelangelo Merisi, dit le Caravage (1573-1610), qui le premier dissociera la forme de la lumière. Ombrageux et violent, il mène une existence tumultueuse et sera aussi contesté pour ses mœurs que pour son art. Il fait son apprentissage auprès d'un peintre bergamasque, Simone Petazzo, qui développe son goût pour l'observation. L'exemple des peintres vénitiens, tel le Tintoret, le sensibilise au problème de la lumière. Ses premiers portraits profanes d'éphèbes sybarites le révèlent comme un artiste profondément réaliste. Par la suite, ses monumentales compositions religieuses, telle sa *Vocation de saint Matthieu*, choqueront Rome en situant des événements sacrés dans des lieux populaires de son époque (une taverne dans la toile qu'on vient de citer). En prenant ses modèles dans le peuple et en soulignant leur aspect humble et prosaïque, le peintre rompt avec les conventions idéalistes. Malgré l'hostilité de l'académie de Saint-Luc, il continue d'affirmer la violence de son tempérament en exploitant la fonction dramatique de la lumière à travers des œuvres d'inspiration religieuse et mythologique : *La Madone des pèlerins, la Mort de la Vierge, David…* Après sa mort, le succès de son œuvre est immédiat et inspire un vaste mouvement européen appelé « ténébrisme » ou caravagisme.

La décoration intérieure de la basilique Saint-Pierre, confiée au Bernin (1598-1680), dépasse tout ce qu'avaient imaginé les Romains : un gigantesque baldaquin de bronze à colonnes torses au-dessus du maître-autel ; un trône où des anges entourent un jaillissement de lumière divine ; et, à l'extérieur, la colonnade qui cerne la place. Son goût pour les effets scénographiques se retrouve dans ses monumentales fontaines (fontaines du Triton et des Quatre-Fleuves, à Rome)

Borromini (1599-1667), dont le style extravagant, excentrique et « romantique » est à l'opposé du classicisme architectural du Bernin, a laissé des décorations dont les plus célèbres s'ordonnent autour d'une opposition complexe entre surfaces concaves et convexes (à Rome, façades ondulantes de Saint-Charles-des-Quatre-Fontaines, de Saint-Yves-de-la-Sapience et de Sainte-Agnès, cette dernière sur la place Navone).

A gauche, la « Vierge au long cou » du Parmesan (galerie des Offices) ; à droite, « Bacchus », œuvre de jeunesse du Caravage.

L'UNITÉ ITALIENNE

La monarchie espagnole perdit ses possessions italiennes à l'issue de la guerre de la Succession d'Espagne (1701-1713) et des traités d'Utrecht (1713-1715). D'autres changements eurent lieu à la suite des guerres de la Succession de Pologne et de la Succession d'Autriche (1740-1748) : la couronne de Naples et de Sicile fut attribuée à Charles de Bourbon, la Sardaigne à Victor-Amédée de Savoie et le grand-duché de Toscane aux Habsbourg-Lorraine. L'Italie morcelée connut alors une période de bonne administration et de prospérité, et un renouveau intellectuel.

LA RÉVOLUTION FRANÇAISE

En 1789, des patriotes italiens se prirent de sympathie pour les idées de la Révolution française. Toutefois, en 1793, la Sardaigne, Naples et de petits États italiens entrèrent dans la coalition contre la France de la Terreur, mais avec une participation négligeable. En 1794, les troupes françaises envahirent la Riviera de Gênes. La nomination de Bonaparte à la tête de l'armée d'Italie, en 1796, fut le signal de campagnes foudroyantes. Le roi de Sardaigne se retira de la coalition et les autres États demandèrent bientôt la paix. Les Français en profitèrent pour lever tribut et s'emparer d'œuvres d'art.

Pendant trois ans, la péninsule se couvrit en 1797 de « républiques sœurs » sous influence française : la « république ligurienne » et la « république cisalpine », formée de la Lombardie et de la Cispadane. Cependant, par le traité de Campo-Formio, Bonaparte rendit Venise à l'Autriche en échange de la rive gauche du Rhin et de la Lombardie. Après le départ de Bonaparte pour l'Égypte, le Directoire fit brièvement occuper Rome en 1798 et en chassa le pape.

En mars 1799, une armée austro-russe conduite par Souvaroff chassa les Français d'Italie du Nord et rétablit la plupart des princes locaux. La « république parthénopéenne » de Naples résista encore quelques mois, mais finit par capituler. Elle paya fort cher cette brève rébellion. Lord Nelson fit pendre l'amiral républicain Caracciolo au mât de son navire. Cette réaction fut cependant arrêtée par la victoire de Bonaparte à Marengo (1800) et le traité de Lunéville (1801). L'annexion d'une partie de l'Italie et l'attribution de royaumes à des

A gauche, Giuseppe Garibaldi, une des figures du Risorgimento ; à droite, Camillo Benso, comte de Cavour, principal artisan de l'unification de l'Italie.

membres de sa famille n'eurent qu'une existence éphémère, mais jouèrent un rôle important dans l'histoire italienne : en bousculant les dynasties, il avait éveillé le désir d'unité.

LE RISORGIMENTO

En 1815, le traité de Vienne mit fin à la présence française en Italie et restaura les monarchies dans leurs droits. Aux yeux de Metternich, l'Italie était *« une simple expression géographique »*. Jusqu'à la prise de Rome par les troupes de Victor-Emmanuel II de Savoie (1870), l'histoire de l'Italie est celle de son unification. Cette période est celle du *Risorgimento*, c'est-à-dire de la « résurrection ».

CAVOUR.
(From a contemporary print in Bianchi's *Cavour.*)

En cette période de réaction, les conspirateurs italiens patriotes formèrent alors des sociétés secrètes, dont la plus connue est celle des *carbonari*. Leur goût du rituel et des emblèmes rappelait la franc-maçonnerie, et leur but était la libération nationale de l'Italie.

En 1830, les insurrections de la Romagne, des Marches et de l'Ombrie entraînèrent une intervention de l'Autriche, qui rétablit l'ordre sous l'œil indifférent de Louis-Philippe.

Tous les Italiens souhaitaient la réunification, mais personne n'était d'accord sur la manière de la réaliser, ni sur qui gouvernerait la future nation. Certains croyaient en une évolution lente et pacifique ; d'autres, comme Mazzini, voulaient une république unitaire qui allait à l'encontre de la foi catholique des Italiens. Le philosophe Vincenzo Gioberti proposa en 1843 une fédération qui serait dirigée par le pape : en 1846, ses adeptes voulurent prendre pour chef Pie IX, qui venait d'être élu, mais celui-ci se récusa. La troisième voie, défendue par Massimo d'Azeglio dans son journal *Il Risorgimento*, était un royaume d'Italie regroupé autour du Piémont, où régnait la maison de Savoie.

C'est en 1848 que l'Italie livra sa première guerre d'indépendance. En Sicile, en Toscane et dans les États pontificaux, des émeutes obligèrent les dirigeants à accorder des Constitutions. A Milan, la nouvelle des insurrections de Paris et de Vienne déclencha les fameux « Cinq Jours » qui chassèrent l'armée d'occupation autrichienne ; Charles-Albert

Charles-Albert reprit ensuite les armes, mais ses troupes furent défaites par Radetzky et il abdiqua en faveur de son fils pour obtenir de meilleures conditions de paix. Avec ses hommes, les « chemises rouges », Garibaldi tenait tête à une coalition de Napolitains, d'Autrichiens et de Français. Ces derniers finirent par prendre la ville le 3 juillet 1849. La veille, Garibaldi s'était réfugié dans la montagne. Le mois suivant, les Vénitiens succombèrent à leur tour au siège des Autrichiens.

Grâce au traité signé avec les Autrichiens, le royaume de Piémont-Sardaigne était le seul État italien à ne pas être occupé et à disposer d'une presse libre, d'un parlement élu et d'une Constitution libérale.

de Savoie se lança à sa poursuite et le combat nationaliste pour l'unité commença pour de bon.

Des troupes venues d'autres États s'étant jointes à lui, Charles-Albert semblait devoir l'emporter, mais le pape refusa d'entrer en guerre contre l'Autriche catholique. Cela permit aux Autrichiens de remporter la victoire de Custozza (1848). Quelques mois plus tard, Charles-Albert signa un armistice. Venise et la République romaine poursuivirent la lutte. A Rome, Mazzini dirigea un triumvirat qui gouverna la ville assiégée dans un esprit républicain. Le commandant des forces armées s'appelait Giuseppe Garibaldi. Il avait fait ses premières armes comme mercenaire en Amérique du Sud, où une accusation de subversion au Piémont l'avait contraint de se réfugier.

Cavour

Le Piémont eut en 1852 comme Premier ministre le comte de Cavour, tout dévoué à la cause de l'unité, pour laquelle il alla chercher des fonds et des appuis en Angleterre et en France. La participation du Piémont à la guerre de Crimée lui valut un siège au congrès de Paris (1856), où Cavour attira l'attention des principaux hommes d'État d'Europe sur la question italienne.

L'Europe ne fut donc pas surprise lorsque, trois ans plus tard, en 1859, la France et le Piémont déclarèrent la guerre à l'Autriche. Napoléon III et Cavour avaient décidé que Victor-Emmanuel de Piémont deviendrait roi d'Italie, tandis que Nice et la Savoie reviendraient à la France.

Les duchés italiens proclamèrent leur allégeance à Victor-Emmanuel II. Mais les Français signèrent la paix avec l'Autriche. Cette dernière consentit à laisser la Lombardie adhérer à une fédération italienne (tout en conservant des garnisons autrichiennes), mais annexa la Vénétie et restaura les ducs de Modène et de Toscane.

L'Italie tout entière fut ulcérée. En signe de protestation, Cavour se démit après avoir organisé en mars 1860 des plébiscites dans la ville de Modène et en Toscane : les citoyens refusèrent le retour de leurs ducs et votèrent pour leur rattachement au Piémont.

Le 5 mai 1860, Garibaldi, parti du port de Quarto, près de Gênes, débarqua avec mille tor-Emmanuel II et Garibaldi firent leur jonction à Teano. En octobre, un plébiscite réunit le royaume des Deux-Siciles au Piémont. Après la reddition de la citadelle de Gaète, dernier refuge du roi François II des Deux-Siciles, en février 1861, le premier parlement italien, réuni à Turin, capitale du Piémont, érigea le royaume de Piémont-Sardaigne en royaume d'Italie le 14 mars.

VICTOR-EMMANUEL II, ROI D'ITALIE

Cavour mourut en 1861, mais ses successeurs continuèrent son œuvre. Malgré des revers, à la faveur de la défaite de l'Autriche à Sadowa contre la Prusse, en 1866, l'Italie s'empara de la Vénétie.

volontaires en Sicile, dont il se proclama « dictateur » au nom de Victor-Emmanuel II. Ses hommes et lui bataillèrent dur, mais, grâce à l'aide des rebelles siciliens, Garibaldi entra à Palerme en vainqueur. Son succès lui attira des renforts de tout le pays et, le 7 septembre, Naples tomba aux mains des nationalistes. Entre-temps, Victor-Emmanuel II avait levé des troupes et pris la route du Sud pour rejoindre Garibaldi. Il envahit les États pontificaux après la victoire de Castelfidarno sur Lamoricière et les héroïque zouaves pontificaux. Il put ainsi marcher sur Naples. Vic-

A gauche, Garibaldi et Victor-Emmanuel II font leur jonction à Teano ; à droite, célébration de l'unification de l'Italie à Turin.

Il restait une exception de taille : Rome. Les nationalistes étaient divisés sur la conduite à tenir : certains voulaient soumettre Rome par la force, tandis que la majorité conservatrice préférait négocier. Le pape estimait que l'indépendance de la ville garantissait celle du Saint-Siège. En 1864, le choix de Florence comme capitale du nouveau royaume permit le départ de Rome du contingent français. En 1867, Napoléon III dut renvoyer des troupes défendre la ville et chasser les révolutionnaires garibaldiens. Il fallut attendre 1870 pour que, profitant de la guerre franco-prussienne, les troupes italiennes pénètrent dans la ville par la Porta Pia. Le pape se retrancha dans le Vatican, où ses successeurs allaient se considérer comme prisonniers pendant un demi-siècle.

VERS UNE ITALIE MODERNE

Comme bien des pays en période d'évolution rapide et d'instabilité relative, l'Italie cherche au-delà des frontières une confirmation de son indépendance chèrement acquise. Les relations avec la France se sont rafraîchies durant la dernière phase de la lutte pour la réunification. Lorsque les Français occupent la Tunisie, traditionnellement intégrée à la sphère d'influence italienne, le thermomètre descend sous zéro. L'Italie signe avec l'Allemagne et l'Autriche-Hongrie un accord de défense mutuelle, la triple Alliance.

Sous les gouvernements conservateurs de Francesco Crispi (1887-1891, 1893-1896), l'Italie participe à la course aux colonies d'Afrique du Nord. Ses troupes occupent l'Érythrée, mais la conquête de l'Abyssinie (Éthiopie actuelle), échoue lamentablement à Adoua, provoquant la démission de Crispi. Plus tardives, les poussées victorieuses menées durant la guerre italo-turque (1911-1912) lui offrent la Libye et les îles du Dodécanèse.

LA COUPURE NORD-SUD

Sur le plan intérieur, les années précédant la Première Guerre mondiale sont marquées par les mêmes divisions qui aujourd'hui encore déchirent le pays : richesse relative au nord et extrême pauvreté au sud. L'économie demeure agricole, et la politique protectionniste du régime lui ferme peu à peu les marchés européens. Le boom industriel de la fin du XIXe siècle, dans les textiles et la raffinerie, se limite au nord. L'insupportable misère vécue par le sud provoque une vague massive d'émigration. Durant les dernières années du XIXe siècle, près d'un demi-million de personnes embarque chaque année pour le Nouveau Monde.

En juillet 1914, l'Autriche attaque la Serbie, déclenchant la Première Guerre mondiale. Contrairement aux accords de la Triple Alliance, l'Italie n'a pas été consultée. En conséquence de quoi, le Premier ministre Antonio Salandra déclare la neutralité de son pays le 2 août. L'opinion publique penche d'ailleurs en faveur des Alliés qui font

miroiter d'éventuels gains territoriaux : Rome se voit offerte la chance de « récupérer » les provinces de Trieste et du Trentin, placées depuis longtemps sous la coupe des Habsbourg. En prime, l'Italie recevrait le Haut Adige, outre certaines enclaves nord-africaines et turques. Dûment appâté, le gouvernement italien signe secrètement le traité de Londres (avril 1915) ; un mois plus tard, il rompt la Triple Alliance pour entrer en guerre aux côtés des Alliés.

Rarement nation aura été aussi mal préparée à la guerre. L'armée italienne est mal équipée, tandis que les troupes autrichiennes se sont déjà retranchées sur leurs positions le long des 480 km

de frontières alpines. La guerre va coûter très cher à l'Italie : sur 5,5 millions d'hommes mobilisés, 39 % seront tués ou blessés.

À la table de conférence d'après-guerre, même si le Premier ministre Vittorio Emanuele Orlando se trouve assis en compagnie des vainqueurs, ceux-ci ne le traitent pas d'égal à égal. En dépit de ses protestations, les accords de Londres sont bafoués. Le traité de Saint-Germain (10 septembre 1919) donne bien le Trentin, le Haut Adige (sud Tyrol) et Trieste à l'Italie. Mais les Alliés négocient entre eux Fiume, la Dalmatie et les autres territoires promis.

Un cocktail explosif de frustration, de bouleversements sociaux et de marasme économique

À gauche, Benito Mussolini en 1928.
À droite, statue de Victor Emmanuel II, à Venise.

plonge bientôt le pays dans le chaos. Il n'est plus question que de la « victoire mutilée » remportée par l'Italie, malgré ses sacrifices. L'inflation monte en flèche. Les ouvriers descendent dans la rue, les paysans réclament une réforme agraire.

Ce vide et cette attente, Benito Mussolini va les combler. En fondant son Parti Fasciste en 1919, il a su jouer sur les cordes les plus sensibles de ses compatriotes. Pour ceux qui pleurent une « victoire mutilée », il fait figure de nationaliste à tous crins. Pour amadouer les nantis, il dénonce le bolchevisme, quoique ayant été lui-même socialiste. Aux classes moyennes, il promet le retour à l'ordre, à la loi et à un état social dans

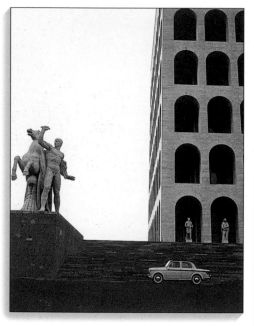

lequel ouvriers et patrons marcheront main dans la main pour le bien de l'Italie.

En 1922, le fascisme est devenu une force politique majeure. Lorsque les ouvriers appellent à la grève générale, Mussolini abat ses cartes. Le 28 octobre, 50 000 miliciens fascistes marchent sur Rome. Même si les sympathisants de Mussolini ne détiennent que quelques sièges au parlement, le spectacle de la capitale envahie par des milliers de fascistes menaçants suffit à renverser le Premier ministre Luigi Facta. Refusant d'entériner l'état de siège, le roi Victor Emmanuel III préfère confier les rênes du gouvernement à Mussolini.

Une fois au pouvoir, Mussolini ne tarde pas à monter une mise en scène offrant aux fascistes la

majorité parlementaire. Suite aux élections douteuses de 1924, il n'essaye même plus de donner le change : l'Italie est devenue une dictature. Le 25 décembre de cette même année, il s'autoproclame chef du gouvernement, uniquement responsable devant le roi. Les ligues fascistes s'emparent de tous les droits détenus par les syndicats ; leurs organisations patronales et autres ligues nationales supervisent chaque rouage de l'économie.

En deux ans, tous les partis non fascistes sont interdits, et les opposants n'échappent à la prison qu'en prenant le chemin de l'exil ou de la clandestinité. Par la loi ou par la force, Mussolini écrase toute velléité de résistance.

DES TRAINS À L'HEURE

En surface, rien ne peut ternir le séduisant visage du fascisme. Fatigués de l'inflation, des grèves et des émeutes, les Italiens embrassent sans état d'âme leur nouveau régime et son leader charismatique, Il Duce. Une solide campagne de propagande consolide cette adhésion spontanée à l'idéologie fasciste. Mussolini promet de rendre à l'Italie la gloire de la Rome antique, et pour l'heure, les promesses suffisent.

D'ailleurs, le gouvernement va bientôt pouvoir présenter des résultats. L'économie se stabilise, les trains arrivent à l'heure, d'immenses chantiers publics voient le jour. Mussolini se raccommode même avec le Pape : les Accords du Latran (1929) mettent un terme à 50 ans de brouille entre Rome et le Vatican. Le Duce se lance également dans une guerre coloniale, reprenant le contrôle de la Libye, laissée de côté pendant et après la Première Guerre mondiale. En octobre 1935, les troupes italiennes franchissent la frontière érythréenne et foncent vers la capitale éthiopienne, Addis-Abeba. La Société des Nations proteste, mais ne fait rien. Six mois plus tard, sur Piazza Venezia, le Duce annonce à une foule hystérique que la reconquête de l'Empire romain a commencé.

L'occupation de l'Éthiopie a tout de même soulevé un tollé international. Rome se retrouve isolée. Un seul régime semble tolérer l'expansionnisme italien : celui d'Adolf Hitler, au pouvoir en Allemagne depuis janvier 1933. Comme l'Italie, l'Allemagne va soutenir l'armée franquiste durant la guerre civile d'Espagne (1936-1939). Cette collaboration conduit Berlin et Rome à signer le Pacte d'Acier en mai 1939.

Trois mois plus tard, Hitler envahit la Pologne. En quelques jours, la Grande-Bretagne et la France déclarent la guerre à l'Allemagne. Le gouvernement italien demeure d'abord neutre, comme en 1914, arguant que l'attaque surprise de Berlin contre Varsovie ne nécessite pas une réponse militaire automatique. De toute façon, la majorité des Italiens s'oppose à une intervention, et l'armée n'est pas prête. Mais tandis que Hitler accumule les victoires – Danemark, Norvège, Belgique, France – la dépouille des vaincus devient plus alléchante. Le 10 juin 1940 (six jours avant la formation du gouvernement de Vichy), l'Italie entre en guerre. Mais le Duce

troupes britanniques, américaines et françaises prennent la Sicile en 1943.

C'est le début de la fin. A partir de leur base sicilienne, les forces alliées commencent à bombarder l'Italie, et le moral des civils s'effondre. Le 25 juillet 1943, le Grand Conseil du Fascisme destitue le Duce de tous ses pouvoirs. Mussolini refuse de s'incliner, mais le lendemain, Victor Emmanuel ordonne son arrestation. On l'emprisonne dans un hôtel réputé inaccessible des Abruzzes (Gran Sasso). Le 12 septembre, Mussolini est pourtant libéré par un commando aéroporté et emmené à Munich d'où il proclame une République sociale en Italie.

a bien conscience de son infériorité dans cette alliance avec le Führer.

Impatient de prouver son utilité, Mussolini se jette sur la Grèce à l'automne 1940. Mais les Grecs ne se laissent pas faire. Les Italiens subissent de lourdes pertes, et sans l'intervention allemande, ils auraient probablement dû se retirer. La guerre tourne tout aussi mal en Afrique du Nord. Envoyé à la rescousse, Rommel ne peut empêcher la débâcle. Encouragées par leurs victoires, les

A gauche, Palazzo della Civiltà del Lavoro à Rome, témoignage particulièrement éclatant de l'architecture fasciste ; ci-dessus, une alliance déséquilibrée Mussolini et Hitler.

Les dernières heures de la guerre plongent le pays dans une confusion sans bornes. Pour apaiser les Allemands qui menacent d'occuper tout le territoire, le maréchal Badoglio déclare officiellement que l'Italie continue le combat. En fait, il entame des négociations secrètes avec les Alliés, qui ont alors poussé leur offensive jusqu'à Naples. Au nord de ce front, le Duce a réussi à mettre sur pied la Repubblica Sociale Italiana. Basée sur le lac de Garde, la fameuse république de Salo ne sert en réalité que de paravent politique aux provinces encore tenues par la Wehrmacht.

Tandis que les Alliés continuent leur progression, la résistance (CLN) se sent pousser des ailes. Aux côtés de la Vᵉ armée américaine, ils entrent dans Rome le 4 juin 1944 ; Florence suit le 12 août. Les Allemands et Mussolini tiennent encore l'hiver derrière la « ligne gothique » des Apennins, mais ce dernier front cède au printemps 1945. Déguisé en soldat allemand, Mussolini tente de fuir vers la Suisse, mais des partisans italiens le reconnaissent et le fusillent. Ramenés à Milan, son corps et celui de sa maîtresse Claretta Petacci sont pendus par les pieds Piazzale Loreto.

GUÉRISON MIRACULEUSE

Durant les premières années de l'après-guerre, l'Italie va considérablement souffrir. Aucun représentant italien ne participe aux pourparlers de paix. Les colonies si durement gagnées s'envolent. Il faut payer des réparations de guerre à l'Union Soviétique et à la Russie. Le système politique est à refondre intégralement. Les élections de juin 1946 dégagent une majorité de 54 % en faveur de la république. La monarchie est officiellement morte. L'économie ne renaîtra de ses cendres qu'avec l'aide américaine et le Plan Marshall mis sur pieds en 1948.

Après une brève alliance socialo-communiste, le démocrate-chrétien Alcide de Gasperi se débarrasse de ses alliés de gauche et prend le contrôle du gouvernement. Pendant plus de dix ans, une

MARXISTES MAIS SANS MARX

La vie politique italienne se singularise par l'influence de son Parti Communiste (PCI). Après la guerre, le parti demeure fidèle à la ligne soviétique, et les centristes italiens n'ont pas trop de peine à écarter les communistes de leurs diverses coalitions.

En accédant à la tête du parti (1972-1984), le charismatique Enrico Berlinguer va bouleverser la donne. Il participe au succès du mouvement eurocommuniste, favorable à une indépendance réelle par rapport à Moscou. Il reproche aux Soviétiques leurs violations des droits de l'homme et l'invasion de l'Afghanistan ; en matière économique, le PCI adopte des thèses ouvertement centristes qui lui valent le surnom de « Parti marxiste sans Marx ». En 1981, le PCI peut tabler sur un tiers de l'électorat ; seuls les Chrétiens-démocrates le devancent.

Catholiques et communistes auront dominé la culture politique italienne durant les années d'après-guerre, les communistes tenant solidement leurs fiefs d'Italie centrale. Mais l'effondrement du communisme à l'Est provoque une scission dans le PCI, entre Parti Démocrate de la Gauche (DS) et un groupe plus radical. Les bouleversements des années 1990 amènent la dissolution de la démocratie chrétienne, et le DS arrive au pouvoir au sein d'une coalition de gauche. De nouveaux partis se créent, mais bien souvent avec les mêmes hommes.

série de coalitions centristes gouverne le pays. Au début des années 1960, chrétiens-démocrates, socialistes, sociaux-démocrates et républicains forment une coalition qui perdure vaille que vaille jusqu'en 1968.

Dopée par une main-d'œuvre bon marché, l'économie reprend des forces. Durant les années 1950, deux types de migrations se combinent, des campagnes vers les villes, et du sud vers le nord. L'industrie lourde (chimie, fer, acier, automobile) prend son essor. En 1951, l'Italie adhère à la Communauté européenne du charbon et de l'acier (CECA), puis est admise aux Nations unies en 1955. En 1957, elle participe à la fondation de la Communauté Européenne. Au milieu des années 1960, les produits manufacturés deviennent majoritaires dans le PNB, et les médias saluent le « miracle économique » italien.

TERRORISME ET SCANDALES

Quelques années plus tard, l'euphorie retombe. L'Italie est devenue « l'homme malade de l'Europe ». Certains de ses vieux démons ont pris un visage nouveau : le terrorisme. A partir de la fin des années 1970, les enlèvements, les mutilations de la rotule et autres assassinats deviennent monnaie courante. En 1978, le meurtre de l'ancien Premier ministre démocrate-chrétien Aldo Moro par les Brigades Rouges suscite la mise en œuvre de nouvelles mesures antiterroristes. Au finale, 32 membres des *Brigade Rosse* sont incarcérés, inculpés d'assassinat sur la personne d'Aldo Moro et de 16 autres individus. Mais le néo-fascisme commet également des ravages : en 1980, une bombe tue 84 personnes dans la gare de Bologne. Un an plus tard, c'est un autre genre de crime qui pétrifie la nation lorsque Mehmet Ali Agca tire sur le pape Jean-Paul II et le blesse grièvement.

Une nouvelle politique d'austérité permet de réduire l'inflation. En 1985, le gouvernement de Bettino Craxi s'attaque à la fraude fiscale. La lire continue de jouer au yo-yo, le taux d'inflation demeure élevé, mais la croissance économique redémarre. Pendant quelque temps, l'Italie dépasse même la France et la Grande-Bretagne.

De nouveaux problèmes pointent pourtant

A gauche, distribution de vivres pendant la libération à Rome, libérée par les troupes américaines et alliées le 4 juin 1944 ; à droite, 10h 25, le 2 août 1980, une bombe terroriste dévaste la gare de Bologne.

à l'horizon. Au début des années 1990, une vague de scandales secoue l'État. En 1992, on estime à cent millions d'euros la somme partagée entre les leaders des cinq partis de la coalition. Deux anciens Premiers ministres sont condamnés pour en avoir principalement bénéficié, tandis que l'inusable Giulio Andreotti est accusé d'entretenir des liens avec la Mafia *(voir p.71)*, tout comme d'autres personnalités en vue, qu'il s'agisse de créateurs de mode ou de chevaliers d'industrie. En 1994, après seulement sept mois au pouvoir, l'éphémère premier gouvernement du magnat des médias Silvio Berlusconi s'effondre également sur des accusations de corruption.

Ces scandales déclenchent une salve de réformes lancée par le premier gouvernement de gauche de l'après-guerre. Pour stabiliser et consolider les gouvernements futurs, la représentation à la proportionnelle passe à un système largement majoritaire. Des mesures sont prises pour élaguer le secteur public, réformer la sécurité sociale, contrer le crime organisé et remplir les conditions demandées par l'Union Monétaire Européenne.

LE NOUVEAU MILLÉNAIRE

En 2001, un raz-de-marée populiste et nationaliste porte Silvio Berlusconi au pouvoir. Son gouvernement de centre-droit a promis la libéralisation de l'économie. Mais le pays s'est envasé depuis dans une récession accentuée par des mesures protectionnistes. Perçu comme un avocat du libre-échange, le magnat des médias a été élu pour casser la bureaucratie, réformer les lois du travail et le système d'imposition. Pour ses admirateurs, il incarne l'essence même du « self-made man » : propriétaire d'un véritable empire économique, c'est la plus grosse fortune du pays – on parle de quelque 15 milliards d'euros, voire plus. Même ses plus tièdes admirateurs voient en lui l'amer remède à un mal plus douloureux encore. Mais pour ses détracteurs, le fond du problème réside dans le fait qu'il se soit montré incapable de faire la différence entre ses fonctions publiques et privées ; condamné pour fraude, il perpétue une culture politique du clientélisme et de l'opacité financière, et il favorise une politique culturelle au rabais. Selon John Carlin, « les empereurs romains savaient que pour gouverner le peuple sans problème il suffisait de leur procurer du pain et des jeux. Berlusconi possède justement le cirque, ou en grande partie – la télévision, le football, les magazines, les éditeurs. Et en tant que chef de gouvernement, lequel possède la plus grosse chaîne alimentaire d'Italie, le mégalomane milanais contrôle également le pain, dans l'acceptation la plus large du terme ».

ÎCONES CULTURELLES

La culture en Italie ? Un pléonasme. L'Italie est culture. Et notre culture ne serait rien sans l'Italie. Au nord, Milan possède deux opéras depuis la réouverture de l'illustre Scala. Au sud, le Teatro Massimo affirme avec éclat la résurrection culturelle de Palerme. Même Rome, traditionnellement avare en salles de spectacles, vient d'inaugurer son remarquable Parco della Musica, offrant à la capitale plusieurs auditoriums de haut niveau. Le monde artistique a également connu une floraison de galeries et de chantiers de rénovation. Grâce au mécénat du patron de la Fiat, feu Giovanni Agnelli, Turin dispose aujourd'hui d'un superbe musée d'art moderne, tandis que Florence agrandit sa galerie des offices.

Capitale européenne de la culture en 2004, Gênes a bénéficié d'une renaissance artistique sans précédent.

Quant à Berlusconi, il a lancé quelques chantiers colossaux durant son mandat, espérant ainsi marquer l'histoire de son empreinte. On notera par exemple l'ambitieux projet « Mose » (Moïse) supposé sauver Venise des eaux grâce à l'installation de digues mobiles à l'entrée de la lagune. Chantier plus controversé encore, celui qui va relier la Sicile au continent par le plus long pont suspendu au monde, le pont de Messine (5 300 m), chef-d'œuvre technologique autant qu'esthétique. Les travaux devraient commencer fin 2006, et durer environ six ans.

UN AVENIR INCERTAIN

Traditionnellement instable, l'Italie est confrontée à un avenir qui n'a rien de rassurant. En 2006, l'élection d'une coalition de gauche conduite par Romano Prodi marque la fin d'une administration Berlusconi remarquablement incompétente à tous niveaux. Mais une majorité trop étroite ne donne guère de latitude à ce nouveau gouvernement, tandis que l'économie nationale exigerait des réformes urgentes. Ancien président de l'Union Européenne, Prodi dirige une coalition très hétéroclite où se mêlent Catholiques, anciens Communistes et Verts, chaudron idéal pour une

La hausse des prix apparaît comme une cause de la dépression, quand elle n'est que son symptôme. En outre, la mondialisation malmène durement une économie trop concentrée dans le vêtement, le linge ou la chaussure, secteurs non concurrentiels face aux économies du Tigre asiatique. Les importations chinoises bon marché menacent particulièrement les industries textiles du nord.

Un impératif absolu : rompre la barrière nord-sud, et introduire une plus grande flexibilité dans le marché du travail sans déclencher un raz-de-marée social comme en France. Il s'agit de libéraliser l'économie en la débarrassant de carcans qui remontent au Moyen Âge. Par ailleurs, en prenant

éruption idéologique. Toute politique d'austérité risque de s'aliéner l'extrême-gauche, voire l'opinion publique : la réduction des dépenses publiques et l'augmentation des impôts n'ont jamais été très populaires, d'autant que la croissance économique devrait tout juste dépasser 1 %.

Dans l'intervalle, le pays doit faire face à un déficit budgétaire abyssal et à une dette nationale pharaonique – la troisième du globe. L'expérience de l'euro n'a pas apporté les retours escomptés.

A gauche, manifestation de L'Ulivo (L'Olivier) *en 2006, parti de la coalition de gauche mené par Romano Prodi ; à droite, soldats italiens de l'ONU, lors d'une mission de paix au Liban.*

le contre-pied des politiques précédentes, Prodi cherche à renforcer les liens de l'Italie avec l'Union Européenne et à desserrer ceux qui l'attachent aux États-Unis. Il en fait la démonstration lorsqu'il refuse de prendre part au conflit en Irak alors qu'il enverra, pour une mission de paix, un contingent de 3 000 hommes au Liban au cours de sa période de commandement de la Finul (Force intérimaire des Nations unies au Liban) en 2007.

Après 2 années dans l'opposition, Berlusconi remporte les élections législatives de 2008 grâce à une consolidation des 2 grands partis (PDL et PD). Ainsi le pays se trouve-t-il à nouveau lancé sur des océans inconnus, mais, cette fois, sans Marco Polo ni Christophe Colomb à la barre.

LA MAFIA

En Italie, les fantômes de la Mafia reviennent volontiers hanter les vivants. En 1982, le financier Roberto Calvi est retrouvé pendu sous le pont Blackfriars de Londres, mais il faudra attendre 2005 pour que la justice romaine ouvre le dossier. Surnommé le « banquier de Dieu » en raison de ses liens avec le Vatican, Calvi est mort les poches pleines de billets, mais lestées de pierres. Giuseppe « Pippo » Calo, l'un des cinq accusés du procès est soupçonné d'avoir commandité l'assassinat de Calvi, puni pour n'avoir pu rembourser de l'argent mafieux blanchi. « Caissier » de l'organisation, Calo a déjà été condamné dans les années 1980, mais ses liens avec la Mafia n'avaient pu être établis.

Calvi a créé la plus importante banque privée du pays, Banco Ambrosiano, au bord de la faillite lorsqu'il meurt. C'est le plus grave scandale financier de l'Italie d'après-guerre. Après la mort de Calvi, la banque du Vatican, actionnaire de Banco Ambrosiano, dédommage les créanciers de plus de 270 millions d'euros ; elle a beau nier toute malversation, la mort de Calvi, suicide ou assassinat maquillé, continue de ternir les reflets d'une Italie en plaqué or.

Pour beaucoup, l'image de la Mafia se résume à la *lupara* – fusil à canon scié utilisé par la pègre sicilienne –, et à des cadavres baignés de sang devant des badauds silencieux et résignés. Mais la Mafia ne se confine pas à la Sicile, où elle s'appelle Cosa Nostra ; à Naples elle devient Camorra, en Calabre elle prend le nom de 'Ndrangheta. Et si Cosa Nostra continue d'imprégner le mode de vie sicilien, les comportements locaux se modifient en profondeur, notamment parmi les jeunes.

En 1992, les Siciliens ont très mal réagi aux assassinats des juges Giovanni Falcone et Paolo Borsalino. Cosa Nostra a perdu de son pouvoir sur l'opinion publique – alliée indispensable – tout en écornant sérieusement l'omerta, la séculaire loi du silence.

En 1992, les *pentiti* (repentis) – comme appelle la mafia ceux qui retournent leur veste – n'étaient qu'une poignée. Un an plus tard, on en dénombrait plus d'un demi-millier. Conséquence, des dizaines de *don*, dont le « Parrain des parrains », Salvatore « Toto » Riina, parrain des Corleonesi, ainsi que ses âmes damnées, Giovanni Brusca et Leoluca Bagarella, finissent leurs jours en prison.

Égalité des sexes

Jadis obsédée par le maintien de ses traditions, la Mafia est en train de changer. En 1995, ses revenus chutent – ralentissement des chantiers publics, confiscation de ses biens –, tandis que ses dépenses augmentent, coûts judiciaires notamment. La vieille garde croupit derrière les barreaux. Autrefois confinées à la maison, les femmes prennent les affaires en main. Mais contrairement à leurs maris, elles ne se transforment ni en informatrices, ni en repenties. En mai 2002, trois d'entre elles sont tuées dans la lutte pour le contrôle d'une vallée, située à une heure

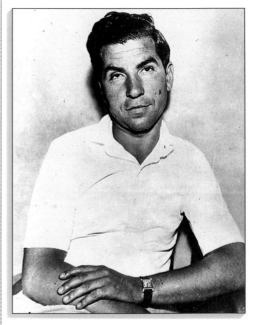

de Naples. Il semble bien que le dernier des tabous mafieux ait volé en éclats.

Assumant le pouvoir laissé vacant, un « cerveau » semble actuellement réformer la Mafia, avec l'aide de la Cosa Nostra américaine. Fondée sur de pseudo valeurs traditionnelles, la Mafia devient plus secrète, plus policée. Une nouvelle génération gagne du terrain, plus à l'aise sur les marchés boursiers ou les sites Internet – l'outil parfait du blanchiment d'argent – que dans les rues de Palerme.

Tout aussi habilement, la Mafia aurait appris à exploiter le phénomène du *pentitismo* par l'introduction de renégats bidon et la fabrication de fausses preuves impliquant l'association, tantôt réelle, tantôt calomnieuse, de la Mafia avec des personnages institutionnels. Le but ? Faire capoter les dossiers, discréditer le *pentitismo*, et semer le doute dans les esprits.

Outre la drogue, l'extorsion de fonds et la spéculation immobilière, la Mafia se livre au trafic d'armes, nucléaires ou conventionnelles, entre l'Europe de l'Est et le Moyen-Orient. Un empire économique où Moscou rivalise aujourd'hui avec Palerme.

LE BON VIEUX TEMPS

Selon certains, le mot « mafia » serait apparu au XVIe siècle, avec le sens de « sorcière ». Pour d'autres, il dériverait d'un dialecte sicilien, ou de l'arabe, signifiant « protection », « misère » ou « tueur à gages ». Mais la Mafia n'a réellement pris forme qu'au début du XIXe siècle, sous forme de « familles » supposées protéger les Siciliens de la corruption, du féodalisme et de l'oppression étrangère. Les intérêts particuliers prenant le dessus, les familles ne vont pas tarder à alimenter elles-mêmes la corruption et à se nourrir de la misère dont elles prétendent défendre leurs membres.

On murmure alors que les juges sont de mèche, et que l'aristocratie les soutient : principal bras armé des familles, les *gabelotti* (gardiens) régissent les *latifundi* (domaines) d'une noblesse souvent absente ; distribuant terres et emplois, ils font régner l'ordre dans les campagnes.

Lorsque Garibaldi quitte la Sicile à la tête de ses Chemises Rouges, Cosa Nostra lui procure quelque 20 000 hommes. Repoussés par les troupes de Turin, ils reviennent en Sicile pour empêcher la redistribution de 200 000 ha de terres ecclésiastiques à des propriétaires privés.

Dès 1838, les familles mafieuses infiltrent tous les secteurs de la vie publique sicilienne. En 1875, Cosa Nostra a même des complicités dans la maison des Bourbons de Palerme.

Cette mainmise s'explique avant tout par la déliquescence économique du sud de l'Italie. Entre 1872 et 1914, la défaite des syndicats paysans se conjugue à la misère, obligeant 1,5 million de Siciliens à émigrer. La plupart embarquent pour l'Amérique. Là, beaucoup rejoignent des familles obéissant aux mêmes principes que chez eux. La Cosa Nostra américaine est née. La prohibition va lui fournir un tremplin idéal. Avec la contrebande d'alcool, les familles passent de l'univers rural au crime organisé urbain.

En 1925, Mussolini décide d'écraser cette puissance occulte qui nargue sa propre autorité. Il envoie en Sicile le préfet Cesare Mori et le dote de pouvoirs pratiquement illimités. Dès 1927, la médecine de choc appliquée par Mori porte ses fruits. Avec une précision « chirurgicale », elle jette des milliers d'hommes en prison, étrangle des villes entières pour les expurger de leurs parrains. Mais Mori pose un problème aux familles

mafieuses des grands propriétaires terriens. Elles ne tardent pas à trouver un accord avec les fascistes : Mori quitte son poste, en échange de quoi elles s'engagent à débarrasser l'île de ses éléments mafieux les plus remuants.

Ces derniers vont bénéficier d'un ballon d'oxygène en 1943, lorsque les Alliés leur demandent de déblayer le terrain avant le débarquement. Craignant les conséquences néfastes d'une guerre italo-américaine, des parrains comme Lucky Luciano ont conclu un accord avec le gouvernement des Etats-Unis dès 1940. En échange de leur collaboration, ils auront le champ libre. Les familles locales se réarment aux dépens des troupes italiennes, et les Alliés installent leurs par-

A gauche, Lucky Luciano, maillon fort reliant les mafias sicilienne et américaine ; ci-dessus, le macabre rituel du « baiser de la mort ».

rains – tel Don Calogero Vizzini (39 assassinats) – aux mairies des grandes villes siciliennes.

Les mouvements des familles siciliennes et américaines obéissent aux aléas des affaires. A Naples, la Camorra locale doit s'incliner devant Cosa Nostra et ses parrains américains qui ont choisi d'y implanter la première raffinerie italienne d'héroïne. A la fin des années 1950, la mafia sicilienne s'américanise définitivement en introduisant le trafic de drogue dans l'île. En 1957, paralysés par l'offensive de l'administration Eisenhower contre le crime organisé, les parrains américains confient à leurs homologues siciliens l'importation de l'héroïne. Aux commandes

du système : Lucky Luciano, Frank « Three Fingers » (« Trois Doigts ») Coppola et son éminence grise Luciano Liggio, qui a gagné ses galons au marché noir durant la guerre.

UNE SAINT-BARTHÉLEMY À LA SICILIENNE

Mort en 1993, Luciano Liggio a élevé la famille des Corleonesi au sommet de Cosa Nostra. Après son emprisonnement en 1974, c'est son lieutenant Toto Riina, « le fauve », qui prend la relève. La stratégie des Corleonesi ne fait pas dans la dentelle : éliminer tout mafieux trop ambitieux ou encombrant. En 1981, une Saint-Barthélemy à la sicilienne ensanglante les rues de Palerme. Les

Corleonesi en sortent vainqueurs haut la main ; quant à Riina, il aurait trempé dans un millier de meurtres, dont tous ne concernent pas que des mafieux. Répliquant au trafic de drogue responsable du carnage, une commission parlementaire anti-mafia avait été mise sur pied. Agacés, les Corleonesi ont lancé une campagne de terreur visant les têtes de l'administration, de la police et de la politique. Une longue liste qui a commencé par le procureur Pietro Scaglione en 1971, sans doute assassiné par Liggio, Riina et leur porte-flingue « Bino » Provenzano. Nommé préfet de Palerme après ses succès contre les Brigades Rouges, le général dalla Chiesa est assassiné onze ans plus tard, en compagnie de son épouse. Le gouvernement réagit. Il s'attaque aux comptes de la Mafia, promulguant une loi déjà réclamée par Pio La Torre, dirigeant régional du parti communiste sicilien abattu cent jours avant dalla Chiesa.

Dalla Chiesa avait commencé à piocher dans les fondations de l'industrie sicilienne du bâtiment, et il aurait peut-être levé un lièvre de poids : la question du « Troisième Niveau ». Qui, dans les cercles politiques les plus élevés, protège, ou peut-être, donne également des ordres à la Mafia ? Selon le « prince des repentis » Tommaso Buscetta, Giulio Andreotti aurait commandité le meurtre de dalla Chiesa et d'un journaliste parce qu'ils en savaient trop. Le témoignage de Buscetta conduit aux « maxi-procès » des années 1980. Des centaines de mafiosi comparaissent dans leurs cages de verre, et le juge Giovanni Falcone se lance à l'assaut de la Mafia.

En 1992, l'influence de Salvo Lima ne suffit pas à contrer le verdict de la cour suprême dans un « maxi-procès » du même type. Cosa Nostra élimine cet ancien maire de Palerme, député européen, plus puissant représentant de la démocratie chrétienne en Sicile et représentant sur l'île de la mouvance alors dirigée par l'astucieux Andreotti. Le meurtre de Lima n'est que le début d'une campagne de terreur où périssent le juge Falcone et son épouse dans un attentat à la bombe en mai de la même année. Deux mois plus tard, c'est au tour de Paolo Borsellino et de ses cinq gardes du corps. La terreur se poursuit en 1993 avec les attentats de Milan et de Rome qui tuent des passants et ravagent des églises. Mais la destruction partielle de la galerie des Offices de Florence et l'assassinat de deux juges de Palerme n'ont fait que renforcer la détermination des Italiens dans la lutte contre la Mafia.

A la lueur des événements les plus récents, les hommes politiques ne semblent guère en mesure d'améliorer leur image de marque. En 2004, un homme d'affaires proche de Berlusconi, Marcello Dell'Utri, est condamné à neuf ans de prison pour ses liens avec Cosa Nostra. Aux yeux des adversaires de Berlusconi, ce seul fait explique pourquoi son gouvernement s'est montré incapable de faire reculer le crime organisé.

En 2006, le parrain Bernardo Provenzano, surnommé « *il trattori* » (le tracteur) pour son aptitude innée à moissonner ses opposants, est capturé après 43 ans de clandestinité. La nouvelle plonge toute l'Italie dans l'allégresse, même si certains murmurent que « le fantôme de Corleone » a forcément bénéficié de complicités autour de sa base sicilienne. Depuis l'arrestation de Toto Riina en 1993, Provenzano a dirigé la Mafia en sous-main, consolidant le syndicat international du crime et abandonnant la violence déclarée. Mais la découverte de plans spectaculaires visant à assassiner trois procureurs de la république conduit directement à Provenzano en 2005. Une fois de plus il passe à travers les mailles du filet, contrairement à 46 de ses hommes. Après la capture du parrain sicilien, la lutte s'annonce serrée entre plusieurs candidats potentiels, tous en cavale.

Contrairement à la Cosa Nostra sicilienne, très centralisée, la Camorra napolitaine n'a jamais vraiment contrôlé ses quelque vingt familles rivales. Depuis 2004, la guerre de conquête du marché de la drogue a fait au moins cent morts. L'enjeu est de taille : un trafic annuel de 20 milliards d'euros, qui suffit amplement à mettre le feu aux banlieues déshéritées du nord de Naples. Le racket fait ici partie du quotidien, tout comme l'exécution des dealers, les incendies criminels de maisons ou de commerces, les enfants eux-mêmes participant à cette guerre tandis que leurs parents sont en fuite. Depuis le début des événements, la police a dû renforcer ses effectifs, procédant à plus de mille arrestations. En 2006, le parrain napolitain du Quartiere Spagnolo, Paulo di Lauro, est mis en examen avec onze membres de sa « famille » pour trafic de drogue. Spécialiste de la Camorra à l'université de Naples, Amato Lamberti n'imagine pas de remède miracle : « Le vrai problème, ce sont les racines de la Camorra dans la société napolitaine.

A gauche, geste de menace lors d'un « maxi-procès » ;
à droite, l'ancien Premier ministre Giulio Andreotti,
soupçonné de connivence avec la mafia.

Certains pensent qu'avec le temps, la croissance économique éliminera la Camorra, mais les choses sont bien plus complexes. »

La 'Ndrangheta calabraise, petite mais brutale cousine de Cosa Nostra, se montre au moins aussi active. En 2004, au cours de la plus vaste opération anti-mafia de la décennie, la police italienne découvre à Plati un village souterrain, entièrement consacré au trafic de drogue de la 'Ndrangheta. Un an plus tard, des tueurs abattent froidement le vice-président du conseil régional de Calabre.

Quant aux relations de la société italienne avec la Mafia, en dépit d'une évolution des comportements, certaines pratiques ont la vie dure, entre les

constructions immobilières sur des sites classés et le bon vieux racket. La Mafia doit certes composer avec les réglementations européennes et quelques procureurs courageux, mais il serait hasardeux de tabler sur sa marginalisation alors qu'elle prolifère peut-être au cœur même des mentalités du sud. Cerveau de la Mafia, Corleone a envisagé de changer de nom pour se refaire une virginité, voire d'ouvrir un « musée de la Mafia » avec un centre voué à l'étude du crime organisé. Mais en 2006, c'est bien dans une ferme de Corleone que Provenzano a été capturé. Les Siciliens attribuent cet immobilisme au *gattopardismo* (guépardisme), phénomène typique du sud, où tout semble vouloir changer, sans jamais évoluer d'un pouce.

L'ITALIE CONTEMPORAINE

On décrit parfois l'Italie comme une constellation de grandes familles, les unes idéologiques, les autres politiques, religieuses, professionnelles ou criminelles : l'Église, le monde des affaires, les syndicats, l'administration et la mafia... Chacune de ces familles lutte pour sa propre souveraineté, constituant un lobby capable, le cas échéant, de faire capoter une réforme nationale.

Curieusement, la société italienne combine une certaine anarchie et un art de vivre certain. Dans les relations avec « son » boulanger, « son » tailleur ou « son » coiffeur, il entre toujours une note personnelle. De même, une bonne recommandation ouvre bien des portes. Et cela se comprend dans un pays où le citoyen se heurte souvent, à l'inverse, à l'indifférence ou à l'impuissance de la bureaucratie.

Mais la volubilité, sinon l'exubérance du caractère italien, renforce peut-être à l'excès cette impression d'anarchie, surtout aux yeux d'observateurs anglo-saxons ou germaniques. Sans doute aussi l'abondance de récits de voyage en Italie et le grand nombre de visiteurs qu'elle reçoit entretiennent-ils une vision du pays un peu caricaturale et la perpétuation des clichés, auxquels même les observateurs les plus fins n'échappent pas toujours.

LE CADRE CONSTITUTIONNEL

L'Italie est devenue une république à la suite du référendum de 1946. La constitution du 1er janvier 1948 en a fait une république parlementaire avec à la tête de l'État un président élu pour sept ans par le parlement, lequel se compose d'une chambre des députés et d'un sénat élus au suffrage universel, et par 65 délégués régionaux.

Au-dessous de l'État se trouvent les vingt conseils régionaux élus, dont l'autorité est délimitée par des lois-cadres mais qui ont des compétences législatives, administratives et financières. Ce système, prévu par la constitution de 1948, n'est entré dans les faits qu'en 1970. Cinq de ces vingt régions ont un statut qui leur donne une plus grande autonomie : la Sicile, la Sardaigne, le Trentin-Haut-Adige, le Frioul-Vénétie julienne, le val d'Aoste. Le caractère fédéral du régime

A gauche, les principaux quotidiens italiens sont la « Stampa » de Milan et la « Repubblica » de Rome ; à droite, manifestants altermondialistes au sommet du G8 à Gênes, en 2001.

tend à s'accentuer, selon les promesses de la coalition de gauche de l'Olivier et de Romano Prodi, Premier ministre jusqu'en 1998. Ces régions se divisent à leur tour en 95 provinces, puis en communes.

LE PAYSAGE POLITIQUE

« *Il n'est pas impossible de gouverner les Italiens, c'est inutile.* » Cette remarque de Mussolini ne manque pas de pertinence. Ainsi, à la fin des années 1990, le pays s'est trouvé face à la menace d'une récession économique, à une crise budgétaire, à une recrudescence du crime organisé et à un afflux de réfugiés clandestins. Pourtant, après

les opérations « mains propres » du début des années 1990, c'est la probité qui semblait être l'exigence première du gouvernement, plus que l'apport de solution à ces problèmes. Mais l'État a tout de même su se réformer.

Pour rendre l'exécutif plus équitable et les majorités plus claires, on a tenté de réduire l'influence des petits partis charnières, grâce à l'introduction en 1994 du suffrage majoritaire à un tour (bien que le quart des sièges reste attribué au scrutin proportionnel). Mais il faut dire que le discours sur la désaffection des citoyens envers la vie politique s'accompagne de fortes passions en ce qui concerne le fond. Heureusement, ces passions sont compensées par le sens du compromis qui empêche les conflits d'éclater avec violence. Ainsi, en 1996, la Ligue du Nord marcha symboliquement vers le Pô et proclama à Venise l'indépendance de la « république de Padanie ». Le président de la république riposta en proclamant l'Italie *« une et indivisible »* ; d'un autre côté, il promulgua des réformes qui accordaient une plus grande autonomie à la région.

L'un des traits les plus frappants de la vie politique italienne est l'influence du parti communiste (P.C.I.). Dans l'immédiat après-guerre, le parti communiste maintint ses liens avec l'Union soviétique, tout en développant une ligne politique originale. En 1972, l'arrivée d'Enrico Berlinguer au secrétariat général du parti marqua l'aboutissement de cette démarche. Sous sa direction, le parti

communiste prit la tête de l'« eurocommunisme », qui prônait l'indépendance vis-à-vis de Moscou. Il reprocha aux Soviétiques leurs atteintes aux droits de l'homme et l'invasion de l'Afghanistan (1979). Le parti communiste devint plus centriste sur le plan économique, ce qui incita certains à le qualifier de *« parti marxiste sans Marx »*. En 1981, cette plate-forme avait attiré près de 2 millions de membres et pouvait compter sur un tiers des voix aux élections, ce qui en faisait le plus grand parti communiste d'Europe de l'Ouest et la seconde force politique d'Italie, après les démocrates-chrétiens. En 1984, à la mort de Berlinguer, l'un de ses lieutenants, Alessandro Natta, le remplaça. Par la suite, le parti communiste prit le nom de Refondation communiste et prit part en 1996 à la coali-

tion de gauche de l'Olivier, avec Giorgio Napolitano, l'un de ses chefs historiques, au ministère de l'Intérieur. Les autres principaux partis politiques sont, pour la gauche, le Parti démocratique de la gauche (P.D.S.), le Parti populaire italien (P.P.I.), les Verts, le Parti sarde d'action et le Südtiroler Volkspartei. Pour la droite, Forza Italia, parti fondé par Silvio Berlusconi, l'Alliance nationale issue du M.S.I. et menée par Gianfranco Fini, le Centre des chrétiens démocrates (C.D.D.), les Chrétiens démocrates unis (C.D.U.) et la Ligue du Nord d'Umberto Bossi.

DÉMOGRAPHIE ET POPULATION

L'Italie, qui est l'un des pays les plus peuplés d'Europe (plus de 57,7 millions d'habitants en 2002), a la réputation d'être un pays prolifique, et même surpeuplé si l'on songe à l'importance de l'émigration italienne au cours des deux derniers siècles, que ce soit vers les États-Unis ou vers la France.

Mais cette réputation est aujourd'hui usurpée. Loin d'avoir l'une des fécondités les plus élevées d'Europe, l'Italie est passée au dernier rang, avec 1,19 enfant par femme en 2002, contre 1,9 en 1975. Et, même à cette date, elle ne renouvelait pas ses générations puisqu'il faut pour cela une fécondité de 2,1 enfants par femme. Bien entendu, cette évolution entraîne un vieillissement de la population et fait peser des interrogations sur l'avenir du pays.

De même, les flux migratoires ont changé. Après une forte émigration depuis l'unité du pays et jusqu'à la Première Guerre mondiale, celle-ci, ralentie sous le fascisme, reprit après la Seconde Guerre mondiale, mais surtout vers les autres pays d'Europe. On constate d'ailleurs depuis 1975 une tendance au retour d'Italiens expatriés. Ce sont cependant les migrations intérieures, du Sud vers le Nord et de la campagne vers les villes, qui ont été les plus marquantes après la guerre. Mais, malgré le fort taux de chômage, les Italiens du Sud n'émigrent presque plus vers le Nord, d'autant plus que la natalité a fortement baissé dans toute la péninsule.

Cependant, l'Italie a une tradition urbaine dans laquelle les petites cités sont considérées comme des villes, ce qui a permis une hiérarchie plus équilibrée qu'en France, par exemple, entre les grandes villes et les petites, appelées *cittadine*, et souvent riches d'un patrimoine historique et artistique.

Ce phénomène est d'autant plus marquant que, l'unité italienne étant récente, beaucoup de villes avaient connu l'indépendance, ou avaient même été des capitales. Ainsi les métropoles régionales sont-elles pleines de vigueur : Turin (qui a été la capitale de toute l'Italie), Bologne, Florence, Gênes, Naples, Palerme, Padoue, etc., qui doivent chacune faire face à la croissance urbaine. Il faut aussi signaler que la capitale politique, Rome, n'est pas la capitale économique, laquelle est Milan.

UNE MOSAÏQUE SOCIALE COHÉRENTE

La société italienne est un paysage varié, qui ne se fonde pas sur des oppositions de classes, sur le succès ou sur la richesse, mais sur des distinctions plus subtiles. L'aristocratie a trouvé sa place en s'adaptant au monde moderne et en se lançant dans la

« familles » se recoupent : il est courant de voir un membre de l'ancien parti communiste être catholique pratiquant.

La religion catholique, qui est fortement majoritaire dans le pays, a fait beaucoup pour la cohérence de la société. Elle en a marqué bien entendu les mœurs, mais aussi la culture populaire. La dévotion populaire a donné naissance à de nombreuses fêtes, comme la course des cierges à Gubbio, la procession des reliques de saint Nicolas à Bari, celle de sainte Rose à Viterbe, sans oublier les magnifiques défilés de la semaine sainte. Curieusement, la phrase souvent employée pour déplorer la perte actuelle des repères est : « Il n'y a plus de religion qui tienne. » On a comparé l'at-

mode, l'art, la viticulture ou l'agro-alimentaire : les Strozzi ont réussi dans la banque ; les Frascobaldi, en Toscane, et les Tasca, en Sicile, sont des familles de producteurs de vin ; les Pucci ont bâti à Florence un empire de la mode.

Les classes moyennes se composent traditionnellement des *borghesi*, qui habitent les villes, et des *contadini* à la campagne. Quelle que soit la profession, on accorde de l'importance aux titres honorifiques, surtout dans le Sud, et on aime se faire appeler *ingegnere*, *professore* ou *dottore*. De plus, il ne faut pas oublier que les diverses

A gauche, marchand de fromage à Marsala ; ci-dessus, l'atelier d'un maroquinier de Rome. Le mode de vie citadin valorise encore beaucoup le véritable artisanat.

titude religieuse des Italiens à un catholicisme apathique sentant la naphtaline et qui ne se manifeste au grand jour qu'à l'occasion de solennités : baptême, première communion, mariage et enterrement ; une religion de la photo souvenir en quelque sorte… De plus en plus d'Italiens pratiquants préfèrent écouter non pas le pape, mais leur conscience personnelle ou les courants libéraux de l'Église. En dépit des efforts de l'Église, ce sont la culture civique, la fierté régionale et un féroce individualisme qui composent véritablement la foi italienne aujourd'hui.

La seule division vraiment profonde est celle qui sépare le Nord du Sud. De nos jours, les Italiens du Sud préfèrent vivre au pays, où la structure familiale sert encore de réseau de solidarité et freine, pour les plus fragiles, les risques de misère et de désocialisation. Si les couples se séparent davantage qu'auparavant, on n'enregistre dans le Sud que 1,4 % de divorces – contre 3,4 % dans le Nord –, les taux les plus bas étant ceux de la Calabre et du Basilicate. Dans le Sud, l'argent dépensé dans la culture, le restaurant, les spectacles... manifeste le besoin de conserver les liens sociaux.

Mais il y a d'autres différences, par exemple entre les *statali* (les fonctionnaires) et les *non statali* (les autres). Comme en France, les premiers jouissent d'une quasi-sécurité de l'emploi et de pensions de retraites privilégiées, avec le droit de se retirer précocement.

Ceux qui travaillent dans le privé sont les *dipendenti* (les employés des entreprises), les *autonomi* (ceux qui sont leur propre patron), les *imprenditori* (les entrepreneurs), et enfin les *liberi professionisti* (professions libérales). Ce sont eux qui supportent la charge des fonctionnaires, mais, heureusement, disent certains, la fraude fiscale évite à l'État de peser d'un poids trop lourd sur l'économie.

Sortant des clichés sur le désordre de la société italienne, force est de constater que la péninsule fait partie des sept pays les plus industrialisés du monde (G8) et brille dans de nombreux domaines, malgré le retard bien connu du Mezzogiorno : automobile, petites machines (à coudre, à écrire, etc.), habillement ou pâtes alimentaires.

Ayant vaincu l'inflation et réduit ses déficits publics, ce qui lui permet de répondre aux « critères de convergence » tels qu'ils sont définis par le traité de Maastricht, l'Italie a décidé de faire partie des pays qui renonceraient à leur monnaie nationale pour adopter la monnaie unique européenne, l'euro.

Tant de trésors à garder...

Les Italiens peuvent à juste titre s'enorgueillir des richesses culturelles de leur pays : la liste du patrimoine culturel de l'Unesco est plus longue en Italie que partout ailleurs. Selon l'Unesco, 60 % du patrimoine mondial est concentré en Italie, et la plus grande partie dans la moitié sud du pays. Mais cet énorme héritage représente un fardeau considérable pour les autorités. Paradoxalement, les fraudes sont courantes – fouilles archéologiques illégales, vols dans les églises, exportation d'œuvres sans prix – et sanctionnées par des peines ridiculement légères. Il faut également prendre en compte l'*abusivismo*, c'est-à-dire le fait de construire sans permis dans des sites classés, fléau contre lequel on lutte tant bien que mal.

Dans les années 1990, L'État eut à faire face à un attentat terroriste contre la galerie des Offices à Florence, les incendies mystérieux qui dévastèrent La Fenice à Venise et la cathédrale de Turin, enfin le tremblement de terre qui abîma la basilique Saint-François d'Assise. Le fait est que des monuments peuvent rester fermés des années durant, les chef-d'œuvre qu'ils renferment étant ainsi dérobés aux regards. C'est pourquoi, les gains de la loterie nationale du vendredi sont destinés à la conservation du patrimoine culturel.

La plupart des collections ont été nationalisées, et l'État subventionne à peine les collectionneurs. La dernière collection privée d'œuvres florentines du XVIIᵉ siècle appartient à la princesse Corsini, qui a affirmé au sujet des collectionneurs privés qu'ils étaient traités en Italie comme des êtres très privilégiés dont on devait considérer les désirs comme étant ceux de collégiens. Ces mêmes personnes sont ligotées par la réglementation italienne, qui les empêche de vendre à l'étranger.

Culture populaire et beaux-arts

D'un point de vue extérieur, on constate que la littérature italienne est moins vivante que la musique et les arts de la scène. La musique clas-

A gauche, une femme policier ; à droite, « passeggiata » dans le port d'Alghero, en Sardaigne.

sique ne se cantonne pas aux opéras. Il existe aussi de nombreux festivals, comme le cycle d'opéras des arènes romaines de Vérone ou le festival Puccini, dans la maison natale du compositeur, à Torre del Lago, en Toscane. En 1995, le festival d'opéra de Macerata fit les gros titres quand les figurants de la *Tosca*, qui tiraient à balles réelles, touchèrent par mégarde le ténor ! L'opéra est en Italie un art populaire (surtout celui de Verdi, qui a son festival à Pesaro, sa ville natale), et le public préfère le plaisir du *bel canto* et la tradition aux mises en scènes d'avant-garde.

Le monde de la télévision italienne est dominé par la compétition entre les chaînes de magnats comme Silvio Berlusconi et Vittorio Cecchi Gori.

Le football exprime les rivalités entre des villes italiennes qui furent si souvent rivales à d'autres titres. La réputation d'une ville et du propriétaire du club de football est intimement liée à la réussite sur les terrains. En 1992, quand le Fiorentina fut éliminé, le président du club, Cecchi Gori, dut quitter le stade déguisé en pompier pour échapper à la fureur des partisans de son équipe. A l'inverse, quand Naples remporta le championnat, en 1987, elle en tirait encore gloire dix ans plus tard.

Les Italiens aiment le spectacle. Et le policier affecté à la circulation automobile compose un personnage rassemblant les passions nationales que sont le football et l'opéra : véritable soldat

Le premier s'est appuyé sur sa notoriété pour faire une carrière politique, fonder un parti et parvenir au pouvoir. Il est aussi président de l'A.C. Milan, de même que Cecchi Gori est président du club de football Fiorentina et joue lui aussi un rôle politique. Quant aux trois chaînes publiques de la R.A.I., leurs programmes ressemblent souvent furieusement à de la propagande pure et simple. Il fut même une époque, révolue, dit-on, où les journalistes devaient y représenter le spectre politique, des communistes à la démocratie-chrétienne.

A gauche, l'ancien et le moderne : le linge qui sèche (ici à Venise) et le téléphone mobile ; ci-dessus, les supporters de l'AC Milan, farouches opposants de la Juventus, l'équipe de Turin.

d'opérette portant épaulettes et gants blancs, il gesticule et s'époumone dans son sifflet strident comme un arbitre sur le terrain… Pendant la saison de l'opéra, le foyer décoré de marbre et de miroirs de la Scala de Milan est encombré de femmes parées. Mais, en redescendant le long de l'échelle, il y a des spectacles en tous genres, qui fournissent autant d'occasions de se montrer : du grand carnaval de Venise à la plus modeste fête de village en Sardaigne.

Il est vrai que les Italiens, comme tous les Méditerranéens, vivent volontiers hors de chez eux. Pour se détendre et se rencontrer, il n'y a pas d'institution mieux adaptée que la *passeggiata*, cette promenade du soir quotidienne ou en tout cas régulière.

LES ÉTATS-UNIS D'ITALIE

Dès lors qu'il est question de football ou de cuisine, par exemple, l'idée de nation italienne devient une abstraction pour la plupart de ses citoyens. Ce qui compte, en la matière, c'est l'esprit de clocher, le *campanilismo*. Si la rivalité entre les villes ne va heureusement plus jusqu'à l'hostilité, jusque

récemment, le voyageur pouvait observer des différences sensibles en passant d'une ville à l'autre, en ce qui concernait le costume, la prononciation des voyelles et, bien entendu, la manière de préparer les pâtes. Certes, il s'est produit, comme partout, un phénomène d'uniformisation des mœurs et même des opinions. Mais on peut toujours constater des différences régionales. Les Vénitiens sont ironiques et maîtres d'eux-mêmes, les Romains plus agressifs, les Florentins distants. Les Piémontais trahissent dans leur comportement une influence française. Les Milanais sont renommés pour leur sens des affaires aigu. Et, en tout cas, les Napolitains sont aussi superstitieux que par le passé ! Une chose frappante est que si, à Rome par exemple, on vous prend pour un Italien, on vous demandera : « Êtes-vous romain ? » plutôt que : « Êtes-vous italien ? »

UNE NATION À PLUSIEURS VISAGES

Le cas du Trentin-Haut-Adige, région de culture germanique, est bien connu, mais il en existe d'autres, même s'ils sont marginaux, et on parle aussi en Italie le slovène, le ladin, le français (dans le Val d'Aoste), l'albanais et l'occitan. Le type italien se reconnaît facilement, mais on y retrouve des traces des envahisseurs germaniques en Lombardie et dans le Piémont. Il y a des enclaves grecques et albanaises en Calabre et en Sicile. La Vénétie, voisine de la Croatie, présente des caractères slaves. Les Siciliens rappellent parfois les anciens envahisseurs normands et arabes.

Le Trentin-Haut-Adige (Tyrol du Sud), qui fit partie de l'Autriche jusqu'en 1919, est une contrée en fait germanique. Cette région jouit d'un statut d'autonomie et est officiellement bilingue italien et allemand ; son costume n'a rien d'italien. Dans les hautes vallées de l'Inn et de l'Adige, une dizaine de milliers de personnes parlent un dialecte rhéto-roman, le ladin. ▶

▲ *Les « trulli », maisons en pierres calcaires à toit conique, ne se trouvent que dans les Pouilles, aux environs d'Alberobello.*

Venise est séparée du reste du pays par la géographie, mais aussi par son dialecte impénétrable. ▶

◀ *A Naples, la tradition veut qu'on lâche des colombes blanches à l'issue de la cérémonie du mariage. Naples est connue pour ses traditions et ses fêtes populaires, ses superstitions, ses petits métiers… et ses pizzas.*

La Sicile reste une région relativement pauvre, où les mœurs méditerranéennes sont à l'honneur. Aux yeux de beaucoup de Siciliens, la société, c'est avant toute chose le cercle familial. ▼

ARISTOCRATES ET ENTREPRENEURS

Comme la plupart des entreprises italiennes sont familiales, il n'est pas étonnant de trouver à la tête de certaines d'entre elles des familles nobles du pays. Leurs domaines traditionnels sont la banque, le textile et le vin, mais ils ont aussi leur place dans l'administration, le tourisme et les médias. Piero Antinori (ci-dessus) est l'héritier d'une des dynasties toscanes de l'alimentation et du vin, qui a son siège dans le palais florentin de la famille. En Sicile, le comte Tasca d'Almerita dirige Regaleali, vignoble et école de cuisine. En Toscane, la famille de feu le marquis Pucci dirige un empire de la mode depuis le palais Pucci. D'autres entretiennent leurs châteaux grâce aux visites payantes ou en y louant des chambres d'hôtes.

Vitrine de boutique de mode à Milan. La grande ville du Nord rivalise avec Paris pour mériter le titre de capitale de la mode, et elle sait attirer et retenir les couturiers de talent. ▼

▲ *Les Dolomites, ancienne barrière corallienne, forment la frontière avec l'Autriche. Elles marquèrent la ligne de front pendant la Grande Guerre.*

La garde suisse, formée de 120 hommes, suisses et catholiques, est chargée de la sécurité du Vatican. ▶

LES ITALIENS

Un humoriste a écrit qu'être italien est un métier qui exige peu d'études, car il est héréditaire : pour survivre, des générations d'Italiens ont dû apprendre l'*arrangiarsi*, l'art de se débrouiller dans les situations les plus délicates. Devoir s'accommoder de rapides mutations politiques et d'une occupation étrangère demande beaucoup de souplesse et fait naître un certain détachement vis-à-vis des institutions comme des régimes politiques.

La nécessité de se frayer un chemin à travers une forêt de règlements, une jungle d'ordonnances, de lois et de décrets datant parfois de plusieurs siècles, souvent difficiles à interpréter, quelquefois tombés en désuétude mais toujours prêts à resurgir pour avantager un groupe au détriment d'un autre, contraint tout un chacun à se méfier de l'État et à se tirer d'affaire par ses propres moyens. Le dicton populaire « *Fatta la legge, trovato l'inganno* » (loi votée, parade trouvée) résume bien les critères selon lesquels le bon sens et la subtilité juridique éprouvée des Italiens ont tendance à s'exercer.

Les Italiens ont accompli, au cours des siècles écoulés, des tours de force extraordinaires. Les témoignages de l'art, de la culture et de la pensée philosophique et scientifique de la Renaissance, ainsi que l'urbanisme et la beauté architecturale de la plupart des villes, exercent un attrait irrésistible sur les visiteurs du monde entier.

Cependant l'Italie, en tant qu'État, est une réalisation assez récente et l'on entend souvent dire qu'il n'y a pas d'Italiens mais des Piémontais, des Toscans, des Vénitiens, des Siciliens, des Calabrais, etc. Le fait d'être né à Palerme ou à Turin est une identité qui pourrait faire penser que la nationalité italienne n'existe pas. Il y a un peu plus d'un siècle que les Italiens ont conquis tout à la fois leur indépendance et leur unité. Il n'est donc pas surprenant que leur sens de la nation ne soit pas très développé. La manifestation la plus évidente – même aux yeux d'un étranger – de la lenteur du processus d'« intégration nationale » est le fossé économique, social et culturel qui sépare le nord et le sud du pays.

NORD CONTRE SUD

Dès les premières années qui suivirent l'unification, le problème du Sud attira l'attention des gouvernements et des politologues. Cavour, l'un des principaux artisans de l'unité politique italienne, consacra ses dernières pensées politiques au problème du Mezzogiorno (le Midi) et des « pauvres Napolitains ». Il dénonça la corruption qui y sévissait et adjura ses successeurs d'apporter à cette région déshéritée moralité, instruction et liberté. Depuis, l'État n'a cessé de consacrer des fonds à la solution des difficultés du Sud, et cependant la cassure entre les deux Italies existe toujours. Au début du XXᵉ siècle, des centaines de milliers d'Italiens du Sud émigrèrent en Amérique. Dans les années 1960, deux millions et demi d'entre eux gagnèrent l'Italie du Nord, où se concentrait l'industrie. On a attribué diverses causes, toutes réelles et conjuguées, au sous-développement du Sud : règne d'oppresseurs

étrangers, résidus du système féodal, éloignement des marchés, absence de sources d'énergie et de matières premières.

LA POLITIQUE

L'abstentionnisme électoral est moins élevé en Italie que dans nombre d'autres pays européens, ce qui semble indiquer que les Italiens ont une plus grande maturité politique. La participation est favorisée par une inscription automatique et par un vote « obligatoire ».

Pourtant, quand on l'interroge, l'homme de la rue manifeste parfois de la répugnance envers la politique. Pour lui, tous les partis se valent et la politique ne profite qu'aux politiciens. A dire vrai, ce

Pages précédentes : enfants jouant au ballon dans les rues de Naples ; masque de Janus au carnaval de Venise. A gauche, une élégante habitante de Parme ; à droite, artisanat toscan.

scepticisme n'est pas injustifié. L'histoire de la jeune république est jalonnée d'énormes scandales, de sensationnelles escroqueries aux dépens de la communauté et de gigantesques fraudes fiscales. Les tribunaux italiens ont longtemps acquitté des *mafiosi* notoires, des politiciens véreux et des terroristes complotant avec les services secrets. La loi sur les *pentiti* (« repentis »), instituée pour lutter contre la mafia et le terrorisme, fait peur. On peut être emprisonné sur la simple accusation d'un détenu repenti qui espère ainsi bénéficier d'une remise de peine, et la lenteur de la justice signifie parfois de passer des années derrière les barreaux avant d'être jugé.

Il n'est donc pas surprenant que les Italiens gardent une attitude sceptique vis-à-vis de l'État et

adhérents de renoncer à des avantages pour participer à l'effort collectif.

LE PHYSIQUE

Le type latin – brun, sec, yeux sombres – se rencontre encore par endroits, surtout dans les régions reculées du Latium. La Sicile fut un royaume arabo-musulman, et le type sémite y survit. Les Normands, qui succédèrent aux Arabes en Sicile et dans le Sud, y ont laissé des traces évidentes de leur passage. Les paysans de Vénétie, près de la frontière croate, ont des caractères slaves marqués. Les Goths, Lombards et autres conquérants germaniques de la période qui suivit la chute de l'Empire romain,

qu'ils ne croient guère aux solutions abstraites. Dans les milieux politiques traditionnels, tout le monde a renoncé depuis longtemps aux idéologies, même les communistes qui leur étaient traditionnellement attachés, et chacun brocarde les solutions utopiques et les institutions idéalistes avec un « réalisme » encore inconnu il y a dix ans. Quant à l'homme de la rue, il a tendance à penser que tout marcherait mieux si l'on s'en remettait au bon sens et à l'initiative de ceux qui travaillent et produisent.

Cet individualisme est d'ailleurs contradictoire. Il concerne souvent certains domaines de la vie d'une personne qui, par ailleurs, peut se montrer très solidaire des autres. L'Italie est un pays où les syndicats sont puissants et ont un sens de la responsabilité qui les pousse parfois à demander à leurs

quoique assez peu nombreux, ont imprimé leur empreinte, surtout en Lombardie et au Piémont. On trouve encore des enclaves albanaises et grecques en Calabre et en Sicile, et la région du Frioul-Vénétie Julienne a une importante population slave. Toute une province germanique – le Tyrol du Sud ou Haut-Adige – est enclavée dans le territoire de la république. Comme dans le reste de l'Europe, ces apports se sont largement croisés, si bien qu'on ne saurait parler d'un type unique, mais le type italien est une réalité.

LA LANGUE

De toutes les langues romanes, l'italien est la plus proche du latin. Il s'est imposé grâce aux efforts et aux œuvres des écrivains qui, du XIVe au XIXe siècle, de Dante à Manzoni, ont adopté la langue noble de Toscane. D'où l'expression *la lingua toscana in bocca romana* (« la langue toscane dans une bouche romaine ») pour parler du bel italien. Le vocabulaire vient principalement du latin et la grammaire a manifestement la même origine.

L'italien passe pour être la langue la plus mélodieuse du monde : l'empereur Charles Quint, dit-on, parlait espagnol à Dieu, français aux hommes, allemand à son cheval et italien aux femmes. Il permet d'exprimer avec délicatesse et suavité toutes les subtilités de la pensée et des sentiments et peut être aussi précis que n'importe quel autre idiome, mais il est parfois entaché de verbosité et de confusion. Le

Récemment encore, de nombreux dialectes cohabitaient avec l'italien officiel. On en dénombrait plus de 1 500 et il fut un temps où l'on ne se comprenait pas d'un village à l'autre. Les personnes âgées parlent encore ces idiomes dans les campagnes, mais ils sont abandonnés par les jeunes générations, chassés par l'école, la radio, la télévision et le service militaire.

Contrairement à l'italien officiel, les dialectes ont mal résisté à des siècles d'occupation étrangère. Ceux du Nord, par exemple, contiennent beaucoup de mots allemands, et l'on recense de nombreux termes espagnols, français et allemands dans le napolitain. Indépendamment de ces patois, le français est très répandu dans le Val d'Aoste, et la popu-

style des éditorialistes, des critiques d'art et des hommes politiques, notamment, est souvent abstrait, obscur et redondant.

L'italien permet de masquer l'absence d'idées derrière une prose élégamment ambiguë. Le style abscons, introduit par les humanistes érudits dans les cours du XVe siècle, adopté, au siècle suivant, par les subtils prédicateurs de la Contre-Réforme, a été remis à l'honneur par les théoriciens contestataires des années 1960. Pour beaucoup d'Italiens dire *pane al pane e vino al vino* (autrement dit, appeler un chat un chat) est un peu agaçant, voire choquant.

A gauche, l'art de la parole, à Syracuse ; ci-dessus, un moine, symbole de la permanence des valeurs spirituelles ; à droite, les enfants italiens sont adorés et choyés.

lation du Haut-Adige parle l'allemand ; près d'un demi-million d'habitants du Frioul-Vénétie Julienne parlent le slovène et d'autres langues slaves ; on trouve aussi des dialectes slaves dans le Molise, au sud de Rome. Le ladin, issu du latin proche du romanche des Grisons, s'emploie dans certaines vallées des Dolomites, et le grec et l'albanais se parlent en Calabre et en Sicile. La Sardaigne a sa propre langue, mais à Alghero, dans le Nord, on parle le catalan.

PARTICULARISMES RÉGIONAUX

Il y a une cinquantaine d'années, la société italienne présentait de très sensibles distinctions verticales et horizontales, dues non seulement aux distances géographiques et sociales, mais à un long processus historique de séparatisme. D'une ville à l'autre, on observait de nombreuses différences : les pâtes ne se préparaient pas de la même manière et on prononçait autrement les voyelles.

Il en allait de même pour les vêtements et les coiffures. La culture de masse moderne a évidemment eu un effet uniformisateur, mais l'on constate encore d'une région à l'autre des différences qui ne sont sans doute pas près de disparaître.

On prête au Vénitien douceur et respect timoré des autorités ; le Romain passe pour être plus agressif ; l'attitude digne, réservée et un peu compassée du Piémontais refléterait une influence française ; le Milanais demeure commerçant et efficace, dans

le style allemand ; le Florentin affiche la sérénité classique héritée de la Renaissance ; quant au Sicilien, sa fierté n'est plus à démontrer.

LE CARACTÈRE

L'un des aspects révélateurs du caractère des Italiens est leur comportement vis-à-vis des étrangers. Nombre d'entre eux, surtout parmi ceux qui ont pris l'habitude de voyager au-delà des frontières, se livrent volontiers à l'autodénigrement. Ils ont tendance à vénérer la prétendue efficacité technique des Allemands, le rationalisme des Français, l'optimisme et la franchise des Américains et la liberté sexuelle des Scandinaves, sans se rendre compte que ces généralisations sont le reflet de leur bienveillance

à l'égard des étrangers, dont témoigne également l'hospitalité parfaite avec laquelle ils les reçoivent.

Les Italiens n'en sont pas moins respectueux d'eux-mêmes, comme le révèle le soin qu'ils prennent de leur apparence et leur réputation méritée d'élégance. On retrouve cette préoccupation dans l'entretien de leur domicile. Peut-être faut-il voir là la preuve d'un certain individualisme et d'un réel appétit de vivre.

Le tempérament exubérant qu'on leur attribue traduit le même amour de la vie. Quand un concert d'avertisseurs retentit sous ses fenêtres, il n'est pas toujours facile d'en déterminer le motif : joie des supporters d'une équipe de football, cortège funèbre de policiers dont un collègue vient d'être abattu ou enthousiasme d'une noce qui défile dans les rues avec des voitures fleuries.

HOMMES ET FEMMES

La solidarité entre parents et enfants est plus forte en Italie qu'ailleurs. Elle s'étend souvent aux membres collatéraux et permet de limiter les dégâts en période de crise économique.

On prête traditionnellement à l'Italien un tempérament de Latin lover – passionné, outrageusement sentimental et bon amant – et un attachement excessif à sa mère. Celle-ci, la *mamma* italienne, passe pour être particulièrement attentionnée, surprotectrice et souvent indiscrète. C'est donc guidé par le modèle maternel que le jeune homme se mettrait en quête d'une épouse, recherchant cette même femme douce, prête à renoncer à tout pour lui... Cette épouse dévouée, censée régner sur le foyer, devra pardonner ses infidélités à son mari, pourvu que les apparences restent sauves et qu'il continue à pourvoir aux besoins de la famille.

L'indépendance économique grandissante des Italiennes a fait évoluer ces stéréotypes, et, dans les années 1970, les mouvements féministes ont mis les bouchées doubles pour rattraper la « révolution sexuelle » venue des pays du Nord et obtenir la légalisation de l'interruption volontaire de grossesse et du divorce. Si, pour certains actes officiels, les femmes doivent encore demander la permission du *capo di famiglia* (chef de famille), le cliché de la *mamma*, un œil sur le bébé et l'autre sur la *pasta*, n'a pas résisté à leur entrée dans le monde du travail comme en politique, tout au moins dans le nord et le centre du pays. Le taux de natalité ne cesse de décliner et les familles nombreuses ne se rencontrent plus que dans le Sud.

A gauche, le taux de natalité a chuté en Italie, les couples se limitant aujourd'hui à un ou deux enfants ; à droite, jeunes filles de Portofino.

LA MODE

L'industrie italienne du textile, du vêtement et de la chaussure, est le plus gros employeur du pays et celui qui fait le plus de profit à l'exportation. Pourtant, la mode italienne n'a pas été créée par un groupe de stylistes mondialement réputés, mais par une poignée de patriotes luttant pour l'indépendance et l'unité de leur pays ! Il y a cent cinquante ans, alors que Milan était encore sous la férule de l'Empire austro-hongrois, ces hommes, dont les motivations étaient plus politiques et économiques qu'esthétiques, se lancèrent dans la mode pour mettre fin à l'importation de vêtements allemands et pour ressusciter les vieilles traditions italiennes d'élégance et de qualité face à la vogue de la mode française. Pourquoi gaspiller de l'argent à l'étranger quand Gênes fabriquait le plus beau velours du monde ?

A cette époque, les femmes portaient encore des crinolines et la mode était exclusivement féminine. L'habillement masculin avait abdiqué dès le début du XIXᵉ siècle en renonçant aux couleurs et aux fanfreluches pour se cantonner dans la triste uniformité du complet trois pièces, sa seule originalité possible résidant dans la coupe (inspirée du style anglais) et la qualité du tissu.

La mode de cette période a toutefois laissé un autre souvenir : la flamboyante chemise rouge des *garibaldini*, les 1 000 volontaires avec lesquels Garibaldi débarqua en Sicile. A l'origine, cette chemise rouge – qui était, en réalité, une sorte de blouse – avait été conçue comme vêtement de travail pour les bouchers argentins. Un désaccord commercial étant survenu entre Buenos Aires et Montevideo, les fabricants uruguayens des dites chemises se retrouvèrent avec un stock d'invendus. Ils l'offrirent à bas prix à Garibaldi, qui passait par là. Le rouge, couleur révolutionnaire, convenait fort bien à la cause républicaine.

LA PREMIÈRE MOITIÉ DU XXᵉ SIÈCLE

En 1906, une couturière milanaise avisée, Rosa Genoni, fit une nouvelle tentative pour lancer une mode italienne capable de concurrencer l'influence persistante de la haute couture française. S'inspirant de tableaux du Moyen Age et de la Renaissance, ainsi que de l'art grec et égyptien, elle conçut une série de modèles qui lui valurent l'admiration des Français eux-mêmes. L'actrice Lydia Borelli et d'autres élégantes portèrent aux

A gauche et à droite : à Milan, capitale de la mode en Italie.

réceptions, au théâtre et aux courses des robes de Mme Genoni, qui contribua elle aussi à la tendance à la sobriété en créant ses robes fourreaux.

Autre contribution à l'élaboration d'un style italien : la chemise noire des fascistes, portée au lendemain de la guerre par Mussolini et ses partisans en souvenir des *arditi*, les troupes d'assaut de l'armée italienne. Par la suite la chemise noire fut complétée par une culotte en *orbace*, tissu sarde, et des bottes de même couleur.

La mode de l'époque fasciste fut un peu plus variée pour les femmes. En 1930, quand Edda, fille chérie de Mussolini, épousa le beau comte Galeazzo Ciano et que Marie-José de Belgique épousa Humbert de Savoie, l'héritier du trône, les

deux mariées portaient des robes italiennes. Marie-José, conformément aux instructions de Mussolini, soucieux de défendre les produits nationaux contre la « perversité parisienne », n'ouvrit aucune de ses 80 malles remplies de lingerie et de toilettes françaises.

N'ayant plus droit aux robes de fabrication ou d'inspiration française, les élégantes italiennes en furent réduites à s'inspirer des portraits des belles dames de la Renaissance, ou, si elles avaient la fibre démocratique, des costumes folkloriques italiens dont les broderies, les bijoux et les contrastes de couleurs franches – noir, rouge et blanc – ne manquaient pas de charme, mais dont la coupe paysanne convenait mal aux jeunes citadines de Milan ou de Rome.

Quant aux femmes du peuple, leurs robes étaient faites de tissus fabriqués avec les nouvelles fibres synthétiques, notamment la rayonne et une hideuse matière baptisée *lanital*, solution apportée par Mussolini à l'insuffisance de la production nationale de laine. Au contraire des autres fibres synthétiques, celle-ci n'était pas extraite de produits végétaux, mais d'une substance animale, la caséine, résidu du lait après la fabrication du beurre. Le *lanital* présentait plusieurs inconvénients : il sentait mauvais et, si on le mouillait, il commençait par s'allonger, puis durcissait. Les élégantes renâclèrent à l'idée de l'introduire dans leur garde-robe. La dessinatrice Brunetta Mateldi eut beau leur démontrer qu'il était économique,

lienne. Pour ce défilé, le marquis ne fit pas appel aux maisons déjà connues qui s'inspiraient des modèles français, mais à de jeunes stylistes : Jole Veneziani, avec ses époustouflants manteaux de fourrure et ses lunettes excentriques ; Carosa (la princesse Giovanna Caracciolo), avec ses ensembles délicieusement aristocratiques ; la princesse Simonetta Colonna, qui bouleversa les proportions du corps féminin et dessina, avec l'aide du sculpteur Alberto Fabiani, une silhouette d'une grande légèreté ; les sœurs Fontana, couturières dont les longues jupes blanches et les petits chapeaux de paille se répandirent jusqu'à Hollywood ; et Germana Marucelli, la grande prêtresse des beautés plastiques de l'art florentin.

puisqu'un chandail en *lanital* suspendu pendant quelques jours se transformait en robe longue, et le poète futuriste Marinetti eut beau écrire un poème sur le *lanital*, rien n'y fit.

Les magazines de mode critiquèrent les femmes qui imitaient les actrices américaines avec leurs pantalons collants, leurs turbans et leurs ongles vernis.

L'APRÈS-GUERRE

Le 12 février 1951, le marquis florentin Giovanni Giorgini, qui était en relations d'affaires avec les États-Unis, organisa dans sa somptueuse demeure une présentation de haute couture qui allait marquer un tournant dans l'histoire de la mode ita-

La réaction des quelques acheteurs et journalistes américains présents convainquit Giorgini que le moment était venu pour la mode italienne de faire son entrée dans le monde. Des femmes de la haute société abandonnèrent le style français, et celles de la bourgeoisie leur emboîtèrent le pas : elles se précipitèrent chez leur couturière avec des journaux de mode montrant les modèles florentins – épaules tombantes, manteaux flottants, rangées de boutons, foulards, nœuds, rubans et cols montant jusqu'au menton, talons aiguilles et chapeaux-cloches faisant paraître la tête minuscule –, le but étant de faire ressembler la femme à un calice couronné d'un pistil.

Les pionniers furent suivis d'autres acheteurs. *Life* et *Time* téléphonèrent de New York pour réclamer des invitations et demander le voltage du courant pour leurs projecteurs. Dès 1952, la couture italienne avait fait une première percée sur le marché américain. Cette fois, ce fut le triomphe du style si personnel d'Emilio Pucci, l'aristocrate florentin, grand sportif et pilote de guerre couvert de décorations, qui s'était reconverti dans le commerce d'articles de luxe aux couleurs surprenantes : ses chemisiers et ses foulards firent date.

A partir de 1953, la présentation des collections eut lieu dans la Sala Bianca du palais Pitti. Autour du nouveau podium, une plate-forme de 30 m de long recouverte de moquette beige clair, se pressaient les journalistes de mode des quatre coins du monde.

Mais les coups durs étaient proches. Vers 1967, la minijupe arriva d'Angleterre, bientôt suivie du panty. Tous les Italiens ouvrirent des yeux ronds. Ensuite des émeutes d'étudiants éclatèrent à Berkeley, à Paris, à Milan et à Rome. En quête d'un nouvel idéal, les jeunes rejetèrent la cravate et le complet de flanelle grise de leurs parents et s'habillèrent en rebelles : blousons noirs, chemises de *barbudos* cubains, jeans collants, vestes de cuir et moumoutes capitonnées pour affronter la police dans les bagarres de rue.

Décrire ce qui devint la mode dans les années 1970 est impossible. Les tendances étaient fragmentaires, les formes mouvantes. On avait l'impression qu'il n'existait pas de « dernier cri », que

LES TURBULENTES ANNÉES **1960**

L'économie italienne tournait à plein régime et, en 1960, le *Financial Times* de Londres décerna un oscar à la lire pour ses performances. Pendant cette vague de prospérité, les femmes qui travaillaient dans des usines ou des bureaux souhaitèrent être plus élégantes. Stylistes et fabricants de tissus s'employèrent à satisfaire la demande. Le prêt-à-porter gagna du terrain pour servir une nouvelle clientèle, notamment celle des grands magasins américains, qui voulait des robes à des prix plus abordables que ceux de la haute couture.

Gianni Versace au cours d'un défilé de mode en 1991 ; ci-dessus, la Vespa de Piaggio a été créée en 1946.

rien ne se démodait jamais vraiment. La dictature des grands couturiers s'effondra, les jupes connurent toutes les longueurs, des fesses aux talons, la soie indienne triomphait avec la mode hippie, garçons et filles se paraient de bijoux et de couleurs. Le seul impératif était de s'habiller « jeune ». Fiorucci enfourcha allègrement cette nouvelle vague, tandis que le courant du « revivalisme » s'efforçait de ressusciter les styles des précédentes décennies.

Ceux qui aimaient le chic firent fête à Giorgio Armani, qui débuta sans un sou en 1973 après un apprentissage chez Nino Cerruti. Vingt ans plus tard, Armani, comme tous les stylistes et les créateurs aujourd'hui, s'est diversifié dans les accessoires, les parfums, mais aussi les restaurants et les cafés.

Les années 1980

Dans les années 1980, la mode redevint à la mode. Les stylistes jouissaient de la même considération que les peintres et les décorateurs. Le personnage mythique du grand couturier ressuscitait.

Les sœurs Fendi dessinaient les costumes de films de Fellini et les fourrures de *La Bohème* de Puccini mise en scène par Ken Russell ; Krizia, la styliste milanaise d'avant-garde, tenait salon avec Antonioni, Rosi ou Andy Warhol et sponsorisait une tournée du prestigieux Piccolo Teatro de Milan à Los Angeles pendant les jeux Olympiques de 1984 ; Gianni Versace concevait des costumes pour Maurice Béjart ; une grosse usine textile de

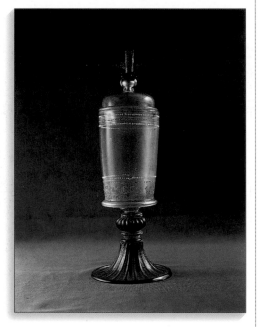

Turin envoyait Lorin Maazel diriger l'orchestre de Bologne ; la pinacothèque milanaise de Brera hébergeait des présentations de collections sur fond de tableaux de Burri ; Renato Guttuso, peintre officiel du parti communiste et populaire interprète du réalisme socialiste italien, dessinait des foulards et des tissus pour le styliste Nicola Trussardi ; les époux Missoni, dont les chandails multicolores figurent dans les collections de plusieurs musées du costume, créaient les habits de scène du ténor Luciano Pavarotti pour *Lucie de Lamermoor* ; Giorgio Armani habillait John Travolta ; l'université de Parme organisait une exposition rétrospective des modèles des sœurs Fontana, et Valentino finançait une « bourse Valentino » destinée aux intellectuels.

Les années 1990

La mode occupe la première place dans les exportations italiennes, devant les automobiles et les produits chimiques. C'est aux États-Unis que les robes de Krizia et de Missoni se vendent le mieux, aussi bien que celles de la maison Saint Laurent.

Valentino, Coveri, Cerruti, Versace, Armani et d'autres ont maintenant droit de cité sur la scène parisienne. Leurs créations sont même considérées comme des objets phares de notre modernité : le Revlon Research Center a récemment fabriqué une capsule capable de résister à d'éventuels conflits atomiques et qui ne sera ouverte qu'en 2453. Elle contient une cinquantaine d'objets sélectionnés pour montrer aux générations futures ou aux créatures venues d'autres mondes ce qu'était la vie à notre époque. On y trouve une maquette du Concorde, un enregistrement de Maria Callas, une cravate de Gucci et un sac de Fendi !

Mais quelle est, aujourd'hui, l'essence de la mode italienne ? C'est une question à laquelle il est impossible de donner une réponse simple, non pas parce que le secteur est actuellement en crise, au contraire, mais parce qu'il se développe dans plusieurs directions à la fois. Une oscillation continue entre différents styles engendre des résultats fructueux et créatifs. La mode d'aujourd'hui entretient des relations étroites aussi bien avec les innovations populaires qu'avec les recherches les plus sophistiquées dans le domaine des arts, et principalement celui des arts visuels.

Trois marques de prêt-à-porter grand public se partagent actuellement le marché italien : Benetton, Stefanel et Sisley. Benetton est la plus ancienne et aussi la plus internationale. Elle a lancé la mode des accessoires maison comme les stylos et les montres, accessibles aux jeunes pour lesquels les marques prennent de plus en plus d'importance.

Mais qu'il s'agisse de s'habiller à petits prix ou avec un gros budget, une chose est évidente : les Italiens ont toujours été remarquablement doués pour jouer avec les matières et les formes. C'est le fondement de l'art des stylistes de mode, qui répond parfaitement au besoin qu'éprouvent les habitants de la péninsule d'exprimer par leur vêtement tout un éventail de sensations de plaisir liées au corps. La mode leur permet de transformer en satisfactions palpables les progrès qu'ils ont réalisés sur le plan social et économique.

A gauche, reliquaire, vers 1500 ; à droite, Giorgio Armani au cours d'un défilé.

L'ESTHÉTIQUE INDUSTRIELLE

En ce qui concerne le mobilier, le vêtement, les automobiles ou encore les machines à écrire, le style italien a modifié l'allure des objets qui nous entourent, à la maison comme sur les lieux de travail. Les stylistes italiens sont réputés pour leur raffinement, pour leur bon goût naturel et pour leur sens de la ligne et de la couleur. Sans doute le riche passé artistique de l'Italie contribue-t-il largement à faire de ce pays une sorte de médiateur entre le passé et le présent.
L'esthétique industrielle a rendu perméables les frontières entre des professions différentes, comme celles d'ingénieur et d'architecte, puisqu'elle s'applique à des domaines aussi divers que la construction des immeubles et la conception de meubles, les lampes de bureau et la décoration proprement dite.

Dans l'air du temps

Milan a tenu le haut du pavé en matière d'esthétique industrielle depuis le début du XXᵉ siècle, pour atteindre son apogée dans les années 1970 et 1980. Dans les années 1930, les Italiens dessinaient des voitures et des lampes, relayées dans les années 1940 par des deux-roues et des radios. C'est dans les années 1950 que Milan s'est lancé dans les produits de grande consommation, avec des objets usuels pour la maison, des cuisinières aux machines à laver en passant pas les ustensiles de cuisine. La chaleur du style italien a supplanté le goût pour les objets scandinaves, centré sur la sécurité, qui étaient en vogue au lendemain de la guerre. Dans les années 1960, les bouilloires et les cafetières devinrent des sortes d'objets de culte, suivies par les meubles inspirés du pop art et les couturiers en vogue dans les décennies suivantes, de Giorgio Armani, caractérisé par sa froideur, à Prada, qui met au point des formes plus élaborées. En tout cas, le style italien aura marqué son siècle et établi pour l'avenir une bonne partie des normes de cette discipline.

▲ *Le Spider de Ferrari (ici, le modèle 1993) fait partie d'une longue lignée de voitures de légende dues au grand Enzo Ferrari (1898-1988), fondateur de la marque.*

Une veste Prada dans une vitrine, à Milan. Prada est peut-être la marque qui a le mieux capté le Zeitgeist (l'esprit du temps) du nouveau millénaire. Ses modèles ont été les plus copiés dans le monde de la contrefaçon. ▼

Zanussi a su concilier une ligne rigoureuse, des formes harmonieuses et un sens du confort du consommateur qui ont fait son succès sur le marché du gros électroménager : machines à laver, réfrigérateurs, etc. ▶

LES ROIS DE L'AUTOMOBILE

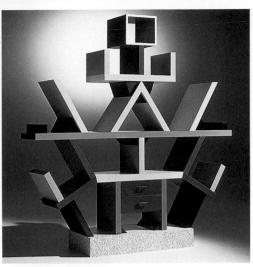

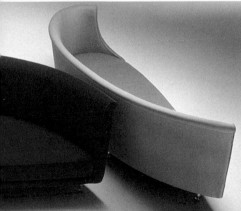

▲ *Étagère en plastique mélaminé, création de Sottsass (1981) pour le studio Memphis. Memphis fut l'événement des années 1980, avec un style inspiré par la chanson de Bob Dylan « Memphis Blues ».*

◄ *Le style italien pousse souvent les idées jusqu'au bout, comme ces canapés aux formes extrêmes d'Atrium, qui semblent inviter à un genre de vie différent.*

Le sac Vespa, à la ligne épurée, s'inspire du style du fameux deux-roues.

Vespa de *aggio, sortie en* *46, fut pour les* *nérations d'après-* *erre le symbole* *la liberté, remis* *l'honneur par* *s difficultés de* *rculation en ville.* ▶

Depuis les années 1930 déjà, les carrossiers italiens se sont signalés par leur style minimaliste, leur versatilité et leur élégance intemporelle. En haut de l'échelle, les Italiens produisent des voitures de légende. Dans les années 1950, les superbes cabriolets Alfa Romeo faisaient les délices des play-boys. Le Spider de Ferrari est resté inchangé de 1966 à 1992, ce qui en a fait la seule voiture de sport à battre le record de la Porsche 911. Mais les Italiens ont aussi su remporter de grands succès avec leurs voitures populaires, celles de Fiat en particulier. Le Topolino, sorti en 1939, poursuivit sa carrière jusque dans les années 1950. Giovanni Agnelli adopta la production de masse et conquit le marché intérieur avec une Fiat 500 très bien adaptée à ses besoins. Fiat est basé à Turin, qui lui doit encore une partie de sa prospérité, Alfa Romeo à Milan et Ferrari à Modène.

GASTRONOMIE

On ne se nourrit plus en Italie comme au temps de Pétrone, et les gastronomes modernes auraient du mal à trouver les ingrédients et les techniques culinaires des grands banquets immortalisés par le *Satiricon*, rédigé au début du Ier siècle apr. J.-C., dont voici un appétissant extrait : « *Il (Trimalchion) n'avait pas encore fini sa tirade qu'un plat supportant un porc énorme fut déposé sur la table. Nous nous récrions sur la rapidité du cuisinier, nous jurons que même un coq n'aurait pu être cuit aussi vite, et cela d'autant mieux que ce porc nous paraissait beaucoup plus gros que ne l'était tout à l'heure le sanglier. Cependant, Trimalchion, le considérant avec une attention croissante : "Quoi ? quoi ? dit-il. Ce porc n'a pas été vidé ? Ah, non ! Par Hercule ! Appelle, appelle, ici le cuisinier." Et comme le cuisinier, l'air funèbre, se tenait debout près de la table, et avouait qu'il avait oublié d'enlever les entrailles : "Quoi, oublié ? crie Trimalchion, on croirait qu'il a oublié d'y mettre du poivre et du cumin ! (...) alors, puisque tu as aussi mauvaise mémoire, vide-le sous nos yeux." Le cuisinier reprit sa tunique et saisit son couteau, puis fendit le ventre du porc çà et là, d'une main hésitante. Aussitôt, par les fentes qui s'agrandissent sous le poids s'effondrent des saucisses et des boudins.* »

Ces méthodes un peu cavalières n'ont plus cours aujourd'hui, mais l'art de la table occupe toujours ici la place d'honneur et le soin qui préside à la préparation des repas n'a pas changé. Les Italiens n'ont pas oublié qu'un repas est un rite communautaire très important pour les relations humaines. Cette ferveur est due en partie à l'habitude d'accorder à chaque mets l'estime qu'il mérite. Le repas est un spectacle dont chaque épisode doit provoquer une surprise et une satisfaction croissantes, et un sacrement dont la convivialité renforce les liens du sang ou de l'amour.

LA SPLENDEUR DES LÉGUMES

Alors que la cuisine française déguise et enjolive à plaisir tous les éléments de son spectacle culinaire, pour les Italiens, un repas est avant tout une image de la vie et doit célébrer, moins que l'art des hommes, l'extraordinaire prodigalité de la nature.

Cortés, après avoir conquis le Mexique, rapporta dans le Vieux Monde toutes sortes de pro-

A gauche, coupe du parmesan dans un restaurant de la région des lacs (le parmesan se fabrique autour de Parme, Reggio nell'Emilia et Modène) ; à droite, l'huile d'olive d'un petit producteur.

duits. Parmi ceux-ci figurait une modeste petite boule jaune, charnue, à peine grosse comme une balle de ping-pong, que les Italiens baptisèrent pompeusement *pomo d'oro*, «pomme d'or». En l'espace de deux siècles, le climat et le savoir-faire des paysans de la péninsule transformèrent ces cerises jaunâtres en gros fruits juteux, renflés, parés des plus belles nuances de rouge. Qui plus est, leur goût assez fade devint une véritable palette de parfums, mêlant l'acide et le sucré.

La tomate n'est pas le seul végétal à avoir atteint son plein développement sur le sol italien, royaume des grains de raisin gros comme des prunes, de toutes les variétés de courges et de poivrons, du poivre corsé, de la reine aubergine, des

pêches gorgées de soleil et des miraculeuses olives, matière première de l'or vert de la Méditerranée, l'huile d'olive.

L'HUILE D'OLIVE

Les olives furent introduites par les Grecs. Les oliviers poussent dans toute l'Italie. L'huile d'olive compte de nombreuses variétés dont les coloris vont d'un or pâle à un vert affirmé. Elle tend à devenir plus épaisse et plus forte au fur et à mesure qu'on descend vers le sud, et son goût dépend à la fois de la région et du temps qu'il a fait pendant le mûrissement.

La meilleure huile est celle qui vient de la première pression, à froid, entre des meules de pierre ou d'acier. On presse ensuite le résidu à chaud pour en extraire le maximum d'huile. On mesure la pureté de l'huile à la proportion d'acide qu'elle contient. La mention « vierge extra » veut dire qu'elle contient moins de 1 % d'acide.

Un passé gourmand

Jusqu'à la Renaissance, l'histoire de la cuisine italienne suivit de près la fortune militaire du pays. Au IXe siècle, les Arabes envahirent l'Italie ; ils la dépecèrent sans ménagements, mais lui offrirent plusieurs compensations gustatives en y introduisant les glaces et les sorbets persans, dont la fameuse *cassata siciliana*, qui marie la *ricotta*, le

cinq ans avant le retour du voyageur vénitien. D'ailleurs, le *timballo* du gastronome romain Apicius n'était-il pas déjà à base de *pasta* ? Au XIVe siècle, en tout cas, elles semblaient une réalité bien installée, et Boccace vante les *maccheroni* au fromage.

Sous la Renaissance, la cuisine, considérée comme un des beaux-arts, commença à ressembler à la gastronomie d'aujourd'hui. Bartolomeo Sacchi, bibliothécaire au Vatican, composa un livre de cuisine savant, *De honesta voluptae ac valetudine* (« Des plaisirs honnêtes et du bien-être »), qui, en trois décennies, connaîtrait six éditions. Les marchands florentins consacrèrent des sommes importantes à la création d'écoles de cuisine.

fromage frais local, la pistache, l'amande et le fruit confit.

Deux cents ans après leur départ, ce sont les Italiens qui partirent guerroyer chez les Sarrasins : ils en revinrent avec la canne à sucre, qu'ils avaient découverte en Tripolitaine. Son jus raffiné, baptisé « sel des Indes », devint un condiment supplémentaire pour les viandes et les légumes, sans qu'on ait soupçonné, près d'un siècle durant, qu'il est le complément naturel des desserts.

Les pâtes ont fait leur apparition vers la fin du Moyen Age. Personne ne sait exactement comment elles ont été inventées, mais la légende qui veut que Marco Polo les ait rapportées de Chine semble démentie par le fait qu'on en parle déjà dans un recueil de recettes rédigé en 1290, soit

La « route des épices » vénitienne fit découvrir à l'ensemble de l'Italie que tous les plats peuvent dégager des fumets aussi riches que ceux émanant du palais d'un pacha. De nouveaux cuisiniers inventèrent de merveilleuses pâtisseries : le macaron, la frangipane et le massepain aux amandes, le *panettone* (brioche moelleuse aux fruits confits), le chou à la crème.

Les conquistadores approvisionnèrent le Vieux Monde en pommes de terre, en poivrons et, bien entendu, en tomates. Lorsque Catherine de Médicis épousa le futur Henri II, elle apporta en France la cuisine italienne, qui servirait de base à la cuisine française : jusqu'à ce que le beau-père de Catherine, François Ier, s'entichât des plats italiens, les Français n'avaient pratiquement aucune cuisine digne de ce nom. Le Larousse gastronomique rend d'ailleurs honneur au pays qui leur a offert un tel cadeau.

SAVEURS RÉGIONALES

La principale caractéristique de la cuisine italienne moderne est d'avoir su conserver de multiples visages. Ce n'est pas une cuisine que l'Italie offre au monde, mais 23, autant que de régions.

La politique et la géographie sont les premières responsables de cet éventail de styles culinaires. Parce que l'Italie n'est unifiée que depuis un siècle et demi environ, chacune de ses provinces s'est nourrie à sa façon pendant la majeure partie de

habituellement soi-même avec des œufs et on les consomme fraîches, toutes simples, mais aussi souvent farcies de viande ou de fromage et d'herbes parfumées. Les sauces sont riches, comme la fameuse *bolognese*, à base de veau, de lard, de carottes, de céleris et de tomates. Dans le Sud, les pâtes sont sans œufs et sèches, tradition née à Naples où elles étaient déshydratées par la brise tiède du golfe. La fabrication industrielle dans les *pastifici* en Campanie remonte au XIXe siècle. Le nombre change énormément suivant la manière dont on classe les diverses variétés de pâtes dans chaque région, mais il semble que le chiffre de 600 soit loin d'être excessif pour l'ensemble du pays.

son existence, de sorte que l'originalité de sa cuisine s'est forgée aussi spontanément que celle de sa peinture ou de son costume régional. Et la nature du sol, le climat, la proximité ou non de la mer ont joué un rôle encore plus important que les frontières politiques.

Une division territoriale reste incontournable, celle entre le Nord et le Sud. Ces deux grandes régions présentent deux différences culinaires fondamentales : dans le Nord, les pâtes sont plates comme des rubans ; dans le Sud, elles sont rondes comme des tubes. Dans le Nord, on les fabrique

A gauche, les denrées abondantes d'un épicier napolitain ; ci-dessus, poisson fraîchement pêché dans la mer Adriatique.

La seconde différence entre le Nord et le Sud réside dans le corps gras employé pour la cuisine. A partir de l'Émilie-Romagne, les Italiens du Nord se servent beaucoup de beurre. Au sud de Bologne, on n'emploie que de l'huile d'olive.

Chaque année, l'Italie extrait plus de 350 000 t de poisson de la mer Tyrrhénienne et de l'Adriatique. La diversité des seuls crustacés rivalise avec celle des pâtes. Dans toute l'Italie, c'est cette variété des produits alimentaires qui frappe le plus l'imagination gourmande. La gamme des épices va du safran à la sauge, et on trouve des fruits et des légumes superbes en toute saison et dans toutes les régions. Ravenne a la réputation de produire les meilleures asperges du monde pratiquement depuis la fondation de Rome. Les énormes bœufs de la race toscane chianina sont blancs comme l'albâtre et pèsent jusqu'à deux tonnes : ce sont eux qui donnent sa noblesse à la *bistecca alla fiorentina*, marinée dans de l'huile d'olive, du vinaigre de vin et de l'ail avant de passer rapidement sur le gril. L'agneau de lait est courant dans les zones de collines. Le gibier à plume abonde : la fauvette, le bruant, l'alouette et le faisan tiennent chacun leur place sur les menus des régions où on les chasse depuis des siècles.

Avec une telle diversité de produits, il n'est pas surprenant que l'Italie, contrairement à la France, n'ait pas éprouvé le besoin de mettre ses spécialités en sauce. La complexité des saveurs est laissée à la nature : elle provient des habitudes alimen-

taires pour les animaux, du sol et du climat pour les végétaux.

De toutes les provinces d'Italie, c'est dans celle de Rome qu'il y a le plus de fêtes, et la cuisine romaine, riche et populaire, contribue à entretenir une ambiance festive : de la *saltimbocca* (« saute-en-bouche », escalope de veau enrobée de jambon) aux abats (*coda alla vaccinara*, queue de bœuf braisée, *trippa alla romana*, tripes avec une sauce à la viande et du fromage de brebis, *animelle*, ris de porc ou d'agneau, *coratella di abbacchio*, poumon d'agneau au vin blanc). Les artichauts entrent beaucoup dans la composition de la cuisine de la capitale ; ils sont présentés notamment sous la forme de *carciofi alla giudia* (artichauts à la juive), écrasés et frits à l'huile.

L'Émilie-Romagne possède de merveilleuses ressources naturelles, dont un remarquable réseau routier a toujours assuré la distribution rapide du producteur au consommateur.

La réputation du *prosciutto*, le jambon cru de Parme, souvent servi avec du melon ou des figues, n'est plus à faire. Le reste de la charcuterie est à la hauteur : saucissons, mortadelle aux pistaches ou *rostello* (jambon cuit aux herbes et au poivre).

Les torrents alpins, qui rendent l'Adriatique nettement moins salée et plus limpide que la plupart des mers, permettent aux habitants de la région de se régaler de turbot, de « faisan d'eau » et de toutes les variétés de gobies, notamment du paganel, *Gobius paganellus* (petit païen), dont le nom vient d'une amusante légende : en 1221, lorsque saint Antoine de Padoue vint prêcher à Rimini, tous les poissons, sauf le gobie, seraient sortis de la mer pour l'écouter.

« *Si le père du genre humain a perdu le paradis pour une pomme, que n'aurait-il donné pour un plat de tortellini ?* » se demandent un poète anonyme et tous les voyageurs qui goûtent à cette spécialité bolonaise. L'origine de ces pâtes farcies a donné lieu à d'innombrables légendes ; la plus communément admise en attribue l'invention au jeune cuisinier d'un marchand bolonais assez fortuné pour avoir épousé l'une des plus jolies femmes du pays. Il en était si jaloux qu'il la cachait à tous les yeux. Un beau jour, son cuisinier pénétra par mégarde dans une pièce où la dame dormait nue. Sachant qu'il n'aurait plus jamais l'occasion d'approcher d'aussi près cette ravissante créature, le cuisinier décida d'inventer un mets qui rendrait justice à sa beauté. Et c'est ainsi que le riche marchand se retrouva attablé devant un savoureux plat de pâtes représentant chacune le nombril de son épouse !

La Lombardie est le pays de la *polenta*. Elle a également la réputation de posséder les industries alimentaires les plus modernes d'Italie. Ses rizières produisent plus de riz que toute autre région d'Europe, et son *risotto alla milanese* le met fort bien en valeur. Le *risotto* est une tradition du Nord. En Vénétie, on le déguste *nero*, coloré au noir de seiche. Dans le Piémont, on le cuit simplement avec du bouillon et on râpe dessus une truffe blanche, rare, chère et extraordinairement parfumée, perle entre les perles dominant sa consœur noire, plus courante en Ombrie.

La pizza, plat sans doute désormais le plus répandu dans le monde, est née à Naples, où elle est cuite au feu de bois. Traditionnellement, elle est toute simple : tomate, anchois, origan. La *margherita* y ajoute la mozzarella. Le reste n'est que broderie sur le thème. La pâte doit être souple et croquante à la fois et le *cornicione*, le rebord, bien gonflé.

LES PAINS

Le pain se mange sans beurre et sert à déguster les sauces et l'huile d'olive. Chaque région a ses variétés. On compte environ 1 000 formes différentes. En Toscane, il est blanc et sans sel pour faire contrepoids aux sauces relevées. Il se consomme par simple gourmandise, comme le pain génois aux olives et la *focaccia*, plate et parfumée à l'huile d'olive et au sel. Dans le Piémont, les *grissini* croquants accompagnent les hors-d'œuvre. La Sardaigne est célèbre pour sa *carta da musica*, des feuilles croustillantes et fines qui se conservent longtemps. Les bergers en emportaient avec eux lors de leurs longues transhumances.

l'heure du déjeuner et de partager dignement le repas en famille.

Nous noterons un second point commun : l'ordonnance de ces repas, remarquablement similaire dans toutes les régions. Ils commencent, si c'est un jour de fête, par des *antipasti*, hors-d'œuvre chauds et froids, parmi lesquels il faut compter les salades. Sinon, ils commencent par le *primo* : pâtes, *risotto* ou potage. Le *secondo* complète ou développe le thème amorcé par le premier plat. Si la farce des tortellini contenait du persil, le second plat, relativement léger (un poulet sauté au citron, par exemple), en contiendra aussi pour amplifier la saveur du premier. Il est habituellement accompagné de légumes. Des *funghi trifolati* (champignons

LE RITUEL DE LA TABLE

La cuisine italienne présente un caractère commun : la façon dont on la mange. Parce que les Italiens considèrent qu'un repas est la meilleure manière de célébrer la vie, l'affection qui les unit et leur reconnaissance envers la nature, celui-ci est toujours empreint d'une certaine piété. Cette dévotion se manifeste par le temps qu'ils passent à table, dans la mesure où la vie citadine le leur permet encore. A la campagne ou dans les petites villes, on prend le temps de rentrer chez soi à

A gauche, confection d'une pizza à Naples, ville natale de ce plat ; ci-dessus, certains disent que c'est à Milan qu'on trouve les meilleurs gâteaux.

frits avec de l'ail et du persil), des *fave in salsa di limone* (fèves au citron) ou de la *cicoria all'aglio* (chicorée à l'ail) enrichiront peut-être la symphonie gustative des tortellini et de la volaille. Le dessert va de la pâtisserie (*dolce*), sèche ou crémeuse, mais toujours raffinée, à l'un des nombreux fromages italiens, servi avec des fruits.

LE MOUVEMENT SLOW FOOD

Slow Food, fondé dans le Piémont par Carlo Petrini, s'oppose au *fast food* en défendant la gastronomie et l'ensemble des rituels qui lui sont attachés. Le mouvement continue (vingt ans en 2006), grossissant ses rangs d'année en année et faisant régulièrement parler de lui dans les médias.

LES VINS

Le vin fait partie du patrimoine italien depuis l'Antiquité, avec l'huile d'olive et le pain. La Gaule a découvert le divin breuvage grâce aux Étrusques, qui l'avaient importé d'Asie Mineure. Et il y aura toujours quelqu'un, chauffeur de taxi ou restaurateur, pour vous conduire dans une petite vigne toute proche qui produit l'un des meilleurs vins du pays ! Il existe en Italie plus de 500 cépages et une quantité incalculable de crus locaux échappant à toute classification.

Un grand désordre continue de régner malgré l'institution, en 1963, de l'appellation d'origine contrôlée (D.O.C., *denominazione d'origine controllata*), qui s'applique à un vin sur huit environ. Malheureusement, la garantie D.O.C. n'est pas synonyme de qualité, mais seulement de conformité avec une réglementation embrouillée et parfois hasardeuse. Si bien que les *vini da tavola* (vins de table) se targuent souvent d'être meilleurs que les D.O.C. locaux. En effet, à côté des vins courants fleurissent de nouveaux mariages entre cépages et de nouvelles méthodes de vinification très réussis, mais rebelles au règlement et donc confondus avec le tout-venant. Dans ce labyrinthe, mieux vaut se fier à son goût.

L'Italie est le premier producteur de vin au monde (environ un cinquième du total), de sorte que la quantité a toujours fait de l'ombre à la qualité. Mais si l'on traite rarement le vin dans la péninsule avec la déférence qu'on lui accorde en France, l'œnologie italienne est en train de redécouvrir depuis une quinzaine d'années l'authenticité de ses produits et de ses terroirs.

LES VINS DU NORD-EST

La Vénétie est la plus grande productrice de vins D.O.C. du pays. Ses *soaves* blancs et ses valpolicellas rouges offrent le pire et le meilleur, produits comme ils le sont à l'échelle industrielle.

Le *soave*, blanc sec D.O.C. le plus vendu du pays, n'est souvent guère plus mémorable que la tapisserie d'une salle d'attente, mais si l'on accepte de payer un peu plus pour un vin fabriqué en petite quantité par des producteurs de première catégorie, il peut être vraiment très bon. Les trois *soaves* les plus chers, *pieropan*, *anselmi* et *tedeschi* (et pour les valpolicellas, *allegrini*, *quintarelli* et *ragose*) font oublier à la dégustation les écarts de prix.

A gauche, la grande variété des vins italiens ; à droite, méthodes de vinification traditionnelles en Toscane.

Les valpolicellas étiquetés *ripasso* ont plus de caractère qu'un simple valpolicella. Le *recioto amarone* et le *recioto amabile*, vinifiés à partir de raisin sec, en sont les versions les plus puissantes, sec le premier, doux et similaire au porto le second. Le *recioto soave* est son équivalent en vin blanc, à la robe dorée et au parfum de miel. Si l'on préfère des versions plus légères encore que le valpolicella et le *soave* ordinaires, mais riches en arômes, il faut aller chercher du côté du bardolino rouge cerise ou des blancs *gambarella*, *lugana* ou *bianco di custoza* chez des producteurs comme Boscaini, Masi, Portalupi ou Podere co de Fer.

Au nord et à l'est de Venise, le Frioul et la Vénétie Julienne produisent de petits blancs vifs

en abondance (à partir d'une grande variété de cépages : tokay, pinot gris, pinot blanc, chardonnay, sauvignon blanc, riesling). *Collio* et *colli orientali* font partie des meilleurs. *Jermann, schiopetto, gravner* et *russiz superiore* représentent la toute première catégorie.

Au-dessus du lac de Garde, là où l'Adige et l'Isarco descendent des Alpes autrichiennes, se situe la belle région du Trentin-Haut-Adige (Tyrol du Sud). Les vins blancs (chardonnay, muscat, riesling, müller-thurgau et gewurztraminer) y sont aussi vifs et frais que l'air de la montagne et légers comme des plumes, jusqu'à friser parfois l'impalpable. Lageder, Tiefenbrunner et la Cantina Sociale di Terlano comptent parmi les meilleurs producteurs.

Les rouges varient du puissant *teroldego rotaliano* au léger et gouleyant *lago di caldaro* (ou *kalterersee*, vin du lac de Garde) en passant par le *lagrein dunkel*, élégant et corsé, et le *marzemino*, délicat et fruité.

LES GRANDS VINS DU PIÉMONT

Le Piémont, l'autre grande région vinicole subalpine, se pare d'un charme magique en automne lorsque les brumes du petit matin accrochées aux vignobles se lèvent lentement et que dans les rues d'Alba flotte le parfum à nul autre comparable de la truffe blanche. C'est la brume, la *nebbia*, qui donne son nom au raisin-roi de la région, le neb-

biolo, qui mûrit très tard et a une peau épaisse capable de résister à l'humidité et à la pourriture qui menaceraient des variétés à la peau plus fine. Cette peau est à l'origine de la couleur profonde et des tanins qui font du *barolo* et du *barbaresco* de grands vins de garde, très structurés et longs en bouche. Tous deux sont des D.O.C.G. (G pour *garantita*), catégorie supérieure aux D.O.C. créée assez récemment pour un très petit nombre de vins. Le degré d'alcool est souvent supérieur à 13°. Un vieux *barolo* (plus puissant) ou un *barbaresco* (plus délicat) provenant d'un bon producteur ont un mélange d'arômes de cerise, de prune, de rose, de fumée, de chocolat, de réglisse et de tabac. Parmi les étiquettes à rechercher en priorité figurent notamment : *ceretto*, *clerico*, *conterno*,

voerzio, *gaja*, mais aussi *prunoto*, *castello di Neive*, *cavalloto*, *giacosa*, *mascarello*, *produttori del barbaresco*, *ratti*, *vietti*. Certains producteurs (dont Ascheri, Chiarlo ou Ceretto) élèvent des *baroli* moins exigeants, tout en restant excellents. Il existe des versions plus légères (élaborées à partir du même cépage) dans la zone de production et dans le reste de la région : *gattinara*, *carema*, *valtellina*, *nebbiolo d'Alba*, *nebbiolo delle Langhe*.

Le *nebbiolo* n'en est pas pour autant le seul cépage du Piémont. Le *dolcetto* donne des vins couleur de betterave violette, suave, mais d'une fraîcheur revigorante, tandis que le *barbera* (le plus largement planté) se prête à tous les styles, jeune et légèrement pétillant ou bien solide et parfois très grand, vieilli en fût de chêne, comme le *barbera* d'Alba de Paolo Scavino. Et puis, il y a les blancs. Le *gavi* (cépage *cortese*) est cher et à la mode, mais ses cousins (*moscato d'Asti*, *moscato spumante*) sont magnifiquement fruités et délicatement mousseux.

LE RENOUVEAU DES VINS DE TOSCANE

La Toscane dispute au Piémont le titre de producteur des plus grands vins d'Italie. Il faut dire que certaines familles (Antinori ou Frescobaldi) sont entrées dans le métier avant la Renaissance ! Le chianti est le rouge italien le plus connu, obtenu essentiellement à partir de cépage *sangiovese*. Ce « sang de Jupiter » se manifeste sous plusieurs formes – il n'y a pas un style de chianti qui soit aisé à définir –, mais toutes se sont améliorées depuis une décennie. Le chianti *classico* D.O.C.G. du Castello di Ama ou de Ruffino est remarquable.

Le *brunello* de Montalcino et le *vino nobile di Montepulciano*, eux aussi des D.O.C.G. à base de *sangiovese*, représentent depuis toujours les sommets que les rouges de Toscane peuvent atteindre. Toutefois ce sont les « super toscans », famille assez informelle de vins brillants aux noms chantants, apparus au cours des années 1980, qui font le plus parler d'eux. Certains sont à base de *sangiovese* (*ceparello*, *fontalloro*, *tignanello*), d'autres de cabernet-sauvignon (*sammaco*, *sassicaia*, *solaia*). Vinification moderne et vieillissement dans de petits fûts de chêne français : telles sont les raisons de leur succès et de leur prix. Le *sassicaia* de la Tenuta San Guido a suscité des louanges.

Les vins blancs de Toscane sont moins célèbres. Le *galestro* est une tentative courageuse de démontrer que le *trebbiano*, cépage omniprésent, à haut rendement et assez fade, peut se transformer en vin goûteux, surtout s'il est associé à du sauvignon blanc ou du chardonnay, par exemple. Le *vernaccia*, originaire de San Gimignano, est fabriqué de façon plus traditionnelle. Toutefois les meilleurs blancs de Toscane sont doux, à base de raisin sec, et baptisés *vin santo*.

LES VINS DU CENTRE ET DU SUD

En Émilie-Romagne, la cuisine riche ne saurait se passer du *lambrusco*, presque toujours rouge, doux ou bien sec. Il sait chatouiller gentiment le gosier ou pétiller avec énergie. Il est en général bien supérieur au liquide doucereux qui a envahi le marché de l'exportation. Si vous ne connaissez que celui-là, le *lambrusco di Sorbara* sera une vraie bonne surprise. A essayer aussi, l'*albana di Romagna*, blanc D.O.C.G. de grande qualité.

grand nombre de plats. L'*orvieto* d'Ombrie sait être sec (*secco*), demi-sec (*abboccato*) et doux (*amabile*). Ailleurs, d'autres vins blancs brodent sur le thème : le *verdicchio* (surtout le *castelli di Jesi*) des Marches, sur la côte est de la péninsule ; le *nuragus* et le *vernaccia* (différent de celui de Toscane) en Sardaigne.

Les blancs doux sont souvent à base de muscat ou de malvoisie et méritent tous qu'on les essaye. Le *moscato* de Pantelleria ou le *malvasia* de Carlo Hauner de l'île de Lipari, ainsi que ceux de Sardaigne, rappellent les vins de l'Antiquité.

Le meilleur raisin rouge du Sud est l'*aglianico*, qui donne un *taurasi* élégant et charnu en Campanie. Pour un vin plus moelleux mais corsé, miser

Si Frascati n'était pas à deux pas de Rome, son vin ne serait pas aussi célèbre. Il est en général produit à partir de *trebbiano* et facile à boire, mais les meilleurs producteurs – à commencer par Fontana Candida et Colli di Catone (en particulier Colle Gaio) – se servent de malvoisie.

C'est un peu la même chose dans tout le pays : la norme est aux vins blancs affables (si le cépage n'est pas mentionné, il est à parier qu'il s'agit de *trebbiano*), souvent égayés par un pétillement artificiel. Ils pallient leur manque de caractère par une versatilité qui leur permet d'accompagner un

A gauche, vignoble et « trulli » près d'Alberobello, dans les Pouilles ; ci-dessus, décantation d'un vieux vin en Toscane.

sur le *montepulciano* (produit dans les Abruzzes, les Marches et le Molise). Le *rosso conero* et le *rosso ciceno* sont les grands rouges des Marches, en particulier ceux des producteurs Umani Ronchi et Villa Pigna.

Le *torgiano* est un vin D.O.C. d'Ombrie élevé exclusivement par la famille Lugarotti ; son *rubesco di Torgiano Riserva*, à base de *sangiovese*, est magnifique. Le vin le plus curieux de la région est produit à partir de *sagrantino* séché : un rouge dense et fruité, sec ou doux, qui fait penser au *recioto* valpolicella. L'appellation d'origine est *sagrantino di Montefalco*, dont le meilleur producteur est Adanti. Le raisin *cannonau* est utilisé de façon analogue en Sardaigne. Enfin, en Sicile, le riche et élégant *regaleali* est de grande classe.

L'OPÉRA

Les trois règles du théâtre lyrique sont, selon Giacomo Puccini, « *intéresser, surprendre, émouvoir* ». C'est à ces caractéristiques que l'opéra italien doit son extraordinaire pouvoir de séduction. Sa forme s'adresse davantage au cœur qu'à la raison, et s'il n'est pas exempt de subtilités (surtout dans les dernières œuvres, plus difficiles, de Verdi), son effet est avant tout émotionnel.

Rossini, Donizetti, Bellini, Verdi et Puccini figurent en tête de la liste des compositeurs dont la musique est inlassablement reprise dans le monde entier. Les bornes de la période la plus faste de l'opéra italien sont précises : d'un côté 1816, avec l'opéra-bouffe classique de Rossini, *Le Barbier de Séville* ; de l'autre 1926, avec l'ouverture de *Turandot*, dernière partition inachevée de Puccini. Entre ces deux dates, plus d'un siècle de triomphes lyriques. L'épanouissement de l'opéra italien au XIXe siècle est une prodigieuse floraison artistique.

Et pourtant l'opéra italien est loin de se limiter aux quelques douzaines d'œuvres classiques qui ont survécu et aux noms des géants qui les ont composées. Le bas-côté de la route est jonché de centaines d'autres opéras perdus ou dont les auteurs sont relégués dans les oubliettes de l'histoire de la musique. En dehors de toute considération de mérite artistique, le rôle social et politique joué par l'opéra dans l'Italie moderne est également important. Dans un monde qui ignorait la télévision, le cinéma et les parties de football, l'opéra fut un spectacle populaire qui polarisait la vie sociale. Jusqu'à un passé récent, son importance dépassait celle d'une simple distraction.

NAISSANCE D'UN GENRE

L'opéra est un genre assez récent. On en fait remonter les sources aux mystères médiévaux et aux madrigaux au début du XVIe siècle. En découvrant que le théâtre grec était toujours accompagné de musique, les humanistes donnèrent un fondement intellectuel et historique à ce nouveau mode d'expression scénique.

Vers 1580, des compositeurs, des poètes et des hommes de lettres se réunirent dans le salon florentin du comte de Vernio pour jeter les bases d'une réforme musicale. Le nouveau style de composition fut d'abord mis à l'essai par Jacopo Peri

Pages précédentes : soirée de gala à la Scala de Milan. A gauche, Giuseppe Verdi, compositeur et symbole du nationalisme italien ; à droite, Claudio Monteverdi, père de l'opéra.

en 1597, avec une représentation privée de *Daphné*. C'est à ce même compositeur qu'on doit la première représentation d'un *opera in musica* (littéralement « œuvre en musique »), *Eurydice*, donné à Florence en l'honneur du mariage d'Henri IV et de Marie de Médicis (1600).

Alors que ces premières œuvres étaient des récitatifs avec une partie instrumentale légère, les opéras de Claudio Monteverdi (1567-1643) exploitèrent toutes les possibilités du nouveau genre en employant un orchestre de 39 cuivres, bois et cordes. Lors de sa première exécution, en 1608, son *Ariane « tira des larmes à toute l'assistance »*. C'est cependant son *Orphée* (1607) qu'on considère en général comme le premier opéra parfait.

L'opéra se tailla vite une place parmi les distractions en vogue et fut régulièrement joué dans toute l'Italie et dans les grandes villes d'Europe. La première salle conçue pour l'accueillir, le théâtre de San Cassiano, ouvrit à Venise en 1637. En 1700, Venise comptait 17 salles dans lesquelles on représentait des opéras. A cette date, la popularité de l'opéra explosa. Près de 2 000 compositions originales furent créées (souvent sans suite) à travers le pays au cours du XVIIIe siècle.

Une telle prolifération était incompatible avec la qualité qu'on attend aujourd'hui d'un opéra, et les deux cents premières années du nouvel art furent effectivement encombrées d'œuvres sans grande valeur. Les compositeurs italiens sombrèrent vite dans le procédé et le conventionnel.

Un public remuant

Que la qualité des opéras fût tombée à un piètre niveau ne semblait guère préoccuper les Italiens du XVIIIe siècle, puisque, soir après soir, ils emplissaient les théâtres pour se distraire en société. *« Chaque petite ville, chaque village a son théâtre,* observait un contemporain. *Les pauvres peuvent manquer de pain, les fleuves peuvent manquer de ponts, les malades peuvent manquer d'hôpitaux... mais les oisifs ne manqueront sûrement pas de Colisées. »* La comparaison avec l'amphithéâtre antique semble assez appropriée : on allait au théâtre avant tout pour manger, boire et jouer de l'argent, le spectacle étant souvent accessoire.

alors qu'au parterre on trouvait surtout des bourgeois.

Les spectateurs étaient turbulents. Le théâtre était le seul endroit où les Italiens pouvaient manifester leur joyeuse exubérance. Ce n'est pas un hasard si sa fréquentation culminait au moment du carnaval, qui s'étendait du lendemain de Noël au Mardi gras. Cette effervescence était illégale (les gouvernements de la péninsule avaient tout réglementé, des rappels aux applaudissements excessifs), mais le public n'en tenait apparemment aucun compte.

A Milan, par exemple, où il était interdit d'applaudir avant que le souverain n'en ait donné le signal, on se rattrapait par des concerts de toux et

Les salles étaient construites sur le modèle des premiers opéras vénitiens : un fer à cheval de loges étagées dominant le parterre dans un auditorium de vastes proportions. Le premier théâtre Saint-Charles de Naples, par exemple, mesurait 30 m de long sur 20 m de haut, avec une scène de 900 m². Les loges, qu'on pouvait acheter, revendre, hypothéquer ou sous-louer comme tout autre bien immobilier, étaient recherchées par les notables locaux. Chacune disposait d'un cabinet privé et souvent d'un balcon fermé par un rideau assurant une intimité complète. Le meilleur emplacement était le deuxième étage, celui de la loge royale (quand il y en avait une). Plus on s'élevait, plus le prestige diminuait. En général, cependant, les loges n'étaient occupées que par des aristocrates,

de bruits de mouchoir. Craignant, non sans quelque raison, que ces manifestations ne dégénèrent, les autorités de Rome allèrent jusqu'à élever une estrade de flagellation à la porte du Teatro Valle, mais dont le rôle a été symbolique.

Certains artistes auraient sûrement préféré que les lois fussent mieux respectées. Lorsque les occupants des loges avaient le temps de détourner les yeux de leur roulette ou de leur souper, ils ne se montraient guère indulgents. Quant aux spectateurs du parterre, qui se munissaient d'une chandelle pour suivre le livret mot à mot, ils ne manquaient pas de hurler *« Brava, bestia ! »* (Bravo, idiot) s'ils surprenaient un chanteur à se tromper dans un vers. Des *prime donne* épuisées recevaient plus de radis et de poireaux que de roses et de sonnets galants griffonnés sur des mouchoirs. Et si une première n'avait pas plu, l'organisateur du spectacle (l'*impresario*) risquait fort en rentrant chez lui de trouver tous ses carreaux cassés. Lorsque l'opéra italien atteignit son âge d'or, certains de ces débordements cessèrent, mais en 1904, la première de *Madame Butterfly* fut encore accueillie par des huées et des sifflets.

L'ÂGE D'OR DE L'OPÉRA

C'est avec les compositeurs du XIXe siècle, Rossini, Donizetti et Bellini, que l'opéra italien se rapprocha de l'idéal « *intéresser, surprendre, émouvoir* ». Ces trois musiciens, nés en l'espace d'une décen-

Rossini et Bellini eurent tous deux pour père un musicien de province, et si ce ne fut pas le cas de Donizetti, il n'en fut pas moins en contact avec le chant et la composition dès son plus jeune âge. Chacun connut très tôt un prodigieux succès. Chacun fut exposé à la boulimie des imprésarios et aux exigences tatillonnes des interprètes, et chacun y fit face grâce à une aptitude à écrire des œuvres en quelques semaines. Chacun poursuivit la fortune et la gloire dans de somptueuses demeures à Paris et dans d'autres villes d'Europe. Finalement, Bellini et Donizetti moururent jeunes, le second de la syphilis qui l'avait rendu fou, et Rossini connut son dernier triomphe avant d'avoir atteint quarante ans.

nie, insufflèrent une telle vitalité à une formule rebattue que ce fut à nouveau de l'Italie que l'Europe attendit des innovations en matière d'opéra. Tous trois furent proches par le style, et leurs carrières foudroyantes suivirent à peu près les mêmes voies. Rossini est avant tout connu pour *Le Barbier de Séville* et *Guillaume Tell*. Donizetti, pour son chef-d'œuvre tragique *Lucie de Lammermoor* ainsi que par *la Fille du régiment* ; Bellini, pour ses œuvres légères, *La Somnambule*, *Norma* et *Les Puritains*. Dans le monde entier, ces opéras sont toujours inscrits à tous les répertoires.

A gauche, représentation animée au théâtre Saint-Charles, à Naples ; ci-dessus, le compositeur Vincenzo Bellini ; à droite, autoportrait de Gaetano Donizetti.

Il n'est pas surprenant qu'ait régné entre eux une rivalité féroce. Apprenant que Rossini avait composé *Le Barbier de Séville* en treize jours, Donizetti haussa les épaules avec dédain et répliqua : « *Pas étonnant... il est si paresseux !* » Bellini en arriva à soupçonner les deux autres de comploter pour lui voler ses occasions de succès. Lorsque leurs étoiles déclinèrent, ils furent remplacés par Verdi, astre le plus brillant de l'opéra italien.

VERDI

Giuseppe Verdi naquit en 1813 (la même année que Wagner) à Roncole, petit village proche de Parme. Son père était un paysan presque illettré. Sa carrière musicale, qui débuta devant l'orgue de l'église de son village, faillit tourner court en 1832, lorsqu'il échoua au concours d'entrée du prestigieux conservatoire de Milan. Mais sa réaction contre l'échec était la ténacité, même s'il lui arrivait souvent de douter de lui-même, et elle fut récompensée. Ses deux premiers opéras, *Oberto* (1839) et *Un giorno di regno* (1840) furent accueillis assez fraîchement à la Scala, mais *Nabucco* (1842) fut un succès délirant, le premier d'une longue et brillante carrière. Verdi marcha ensuite de triomphe en triomphe, dont les plus connus sont *Rigoletto* (1851), *Le Trouvère* (1853), *la Traviata* (1853), *La Force du destin* (1862), *Don Carlos* (1867), *Aïda* (1871) et *Otello* (1887). Verdi cumula les premières à Londres, Paris, Saint-

A la fin de sa vie, Verdi considérait le début de sa carrière, lorsqu'il composait un ou deux opéras par an, comme son « temps de galères », alors que cette cadence de travail aurait été appréciée comme de véritables vacances par un compositeur du XVIIIe siècle ou du début du XIXe. Ensuite, Verdi refusa de se plier aux caprices de telle ou telle cantatrice. L'indépendance de Verdi s'étendait à sa vie privée. Il vécut en concubinage avec la soprano Giuseppina Strepponi pendant plus de dix ans, avant de se repentir de sa mauvaise conduite et de l'épouser en 1859.

Si Verdi pouvait se permettre de telles libertés artistiques et personnelles, il n'en était pas moins soumis aux réalités politiques de son époque.

Pétersbourg et Le Caire, sans parler de celles dans les théâtres italiens. Sa réputation était méritée. Son dynamisme vigoureux, presque brutal, libéra l'opéra italien des dernières conventions qui l'encombraient encore. Ses œuvres, à la fois fraîches et raffinées, « *n'avaient rien à voir avec les théories* », écrivit un critique musical. « *C'était la voix de la nature s'exprimant dans le langage de l'art.* »

Sur deux plans au moins, l'époque de Verdi se prêtait mieux au succès artistique que celle de ses devanciers. D'abord, les compositeurs n'étaient plus soumis à la férule des imprésarios : leur réussite dépendait maintenant de gros éditeurs de musique comme Ricordi et Lucca, qui s'intéressaient beaucoup moins à la quantité qu'à la qualité.

Dans une Italie dominée par des puissances étrangères, la censure était un obstacle omniprésent, ce qui, bien entendu, ne manquait pas de l'irriter. Les corrections exigées étaient souvent ridicules, comme lorsque l'exclamation « *Dieu !* » devait être remplacée par un « *Ciel !* » jugé plus inoffensif (Bellini s'était heurté au même problème : son opéra *Bianca e Fernando* fut rebaptisé *Bianca e Gernando* parce que le prénom du héros se trouvait être celui du roi de Naples). Parfois le censeur s'efforçait de détruire l'essence même d'une œuvre par une accumulation de modifications stupides. En vérifiant un premier manuscrit de *Rigoletto* (dont le livret est tiré du *Roi s'amuse*, de Victor Hugo), charcuté par les autorités autrichiennes, dans lequel on avait changé tous les noms de personnes et de lieux, et où le héros n'avait plus le droit d'être bossu, Verdi n'avait pu que déplorer : « *Réduit de cette manière, cela n'a plus ni caractère ni importance, et les scènes sont finalement devenues très froides.* »

Verdi était un ardent nationaliste. Ses œuvres historiques étaient truffées de références à la condition des Italiens de son temps et d'allusions transparentes pour un public local. Ami intime de Cavour, il contribua à son élection à la nouvelle chambre des députés, après l'unification. Quand il mourut, en 1901, l'Italie ne pleura pas seulement en Verdi le musicien, mais aussi le patriote. On disait que les lettres V.E.R.D.I. voulaient dire : Victor-Emmanuel, roi d'Italie.

PUCCINI

L'âge d'or de l'opéra italien a pris fin avec Giacomo Puccini. Puccini bénéficia de la bénédiction du vieux maître. « *Maintenant, il y a aussi des dynasties dans l'art,* se lamenta son rival Catalani. *Je sais que Puccini doit être le successeur de Verdi... qui, comme tout bon roi, invite souvent son dauphin à dîner !* » Si ce fut une dynastie, elle était sûrement fondée avant tout sur le mérite. *La Bohème* (1896), *Tosca* (1900) et *Madame Butterfly* (1904) figurent parmi les nombreuses contributions à l'art lyrique de ce dauphin.

A gauche, la Scala de Milan ; ci-dessus, Giacomo Puccini, dernier des auteurs d'opéras italiens.

DES SALLES MAGNIFIQUES

De Monteverdi à Puccini, l'Italie demeure, évidemment, le meilleur endroit où faire connaissance avec les grands compositeurs italiens. Des salles lyriques célèbres, telles que la Scala de Milan, le théâtre San Carlo à Naples, le Théâtre royal de Turin, le Teatro Comunale de Florence et la Fenice de Venise offrent un incomparable parfum d'authenticité.

La fameuse Scala de Milan (où est censée se produire la Castafiore elle-même...) est le premier opéra de tous. Rossini, Donizetti, Bellini et Puccini y ont créé des œuvres. Après avoir été le temple des opéras de Verdi, la Scala fut placée pendant les vingt premières années du XXe siècle sous la direction d'Arturo Toscanini. Cet opéra, qui compte 2 800 places et bénéficie d'une acoustique remarquable, fut inauguré en 1778 avec la représentation d'une œuvre d'Antonio Salieri. Et c'est sur un opéra de ce compositeur – *Europa riconosciuta* – que, en décembre 2004, la Scala a rouvert ses portes, après avoir été entièrement rénovée. Mais la Scala peut aussi faire entendre des couacs, comme cela a été le cas, au printemps 2005, lorsque le chef d'orchestre Riccardo Mutti a démissionné de son poste de directeur musical, qu'il occupait depuis 1987.

Le théâtre Saint-Charles (San Carlo) de Naples vient tout de suite après la Scala par la réputation. Reconstruit en 1816, il fut surnommé « *le théâtre des chanteurs* », car les rivalités de prouesses vocales entre chanteurs y étaient vives.

Il y a certes de grands opéras à Rome et à Florence, mais aucun ne jouit du prestige de la Fenice, à Venise, bâtiment rococo rouge et or qui fut restauré à l'identique après avoir été la proie des flammes en 1836 puis en 1996.

L'incendie de l'opéra de Bari pourrait bien être lui aussi le résultat d'une entreprise criminelle, puisqu'on soupçonne la mafia d'en être responsable.

Grèves à répétition et difficultés budgétaires ont conduit le gouvernement à entreprendre en 1997 la privatisation de toutes les salles d'opéra, en commençant (à tout seigneur, tout honneur) par la Scala.

L'Italie est la patrie de l'opéra parce qu'elle a inventé ce genre musical, lui imprimant ainsi une marque indélébile. Et si d'autres pays ont composé des opéras (l'Allemagne en particulier), et si le monde entier apprécie ce genre, il ne faut pas oublier que l'Italie compte certains des plus grands chanteurs de *bel canto* de notre époque, comme Ruggiero Raimondi, Placido Domingo, Luciano Pavarotti (décédé en 2007) ou Marcello Bedoni.

LE CINÉMA

Le cinéma italien a toujours oscillé entre les superproductions et les films intimistes. Avant la Première Guerre mondiale, il avait déjà produit *Le Roman d'un jeune homme pauvre* et plusieurs versions de l'œuvre monumentale d'Edward Bulwer-Lytton, *Les Derniers Jours de Pompéi*. Roberto Rossellini, pape du néoréalisme, s'est fait connaître en filmant, pour Mussolini, un panégyrique à la gloire des pilotes de l'aéronavale. Après avoir montré, dans *Accattone*, des nihilistes s'entre-tuant sur les décombres de la Ville sainte, Pasolini a réalisé *L'Évangile selon saint Matthieu*. Fasciné par les extrêmes, le cinéma reflète le caractère national.

La politisation mélodramatique de la vie quotidienne a rendu le cinéma italien particulièrement sensible au cadre idéologique. Pour les cinéastes, la gageure a toujours été de produire des films montrant à la fois l'extrémisme de certaines options politiques et l'ambivalence des êtres humains, capables d'éprouver en même temps de la nostalgie pour le passé et une conscience aiguë du présent.

Le premier film à grand spectacle fut *La Prise de Rome*, produit en 1905 par la compagnie Alberini-Santoni. Le sujet en est la déroute du pape devant les troupes de Garibaldi en 1870. Ayant été tournée en grande partie en extérieurs, *La Prise de Rome* préfigure les deux courants dominants du film historique italien : réalisme et grand spectacle. En fait, beaucoup de films réalisés pendant la première décennie du XXᵉ siècle laissaient entrevoir les thèmes favoris du cinéma des années à venir.

L'Italie, contrairement à l'Amérique et à la France, ne produisit rien d'important avant les années 1910, ce qui lui permit de sauter plusieurs étapes de l'évolution du cinéma. En Angleterre, en Amérique et en France, la découverte progressive des possibilités artistiques du cinéma incita les premiers réalisateurs à faire appel au vaudeville et au café-concert. Résultat : le cinéma fut considéré, dans ces pays, comme une distraction populaire. En Italie, les premiers cinéastes furent des aristocrates cultivés. A l'époque où la plupart des pays pensaient que le seul avenir du cinématographe était la recherche scientifique et qu'il n'amusait que parce qu'il était nouveau, en Italie, il était déjà un moyen d'exprimer le sens de la vie.

Marcello Mastroianni, l'un des acteurs italiens les plus célèbres et les plus populaires ; à droite, Maciste, séducteur des péplums de l'entre-deux-guerres.

LES PRÉCURSEURS: GUAZZONI ET FOSCO

Peu avant la Première Guerre mondiale, deux réalisateurs, Enrico Guazzoni et Piero Fosco (plus connu sous le nom de Giovanni Pastrone), devinrent célèbres en glorifiant les exploits martiaux de la Rome antique, mais la notoriété de Guazzoni tint autant à son sens inné de la réclame qu'à ses talents artistiques. La première de *Quo vadis ?* (1913) à New York fut un événement mondain dont l'éclat préfigurait l'avènement de l'industrie du cinéma. La perspicacité commerciale de Guazzoni permit aux producteurs qui lui succédèrent de réclamer des aides financières bien plus élevées. Mais *Quo vadis ?* escamotait la psychologie

des personnages sous une débauche de figurants et de costumes, tendance qui a fait bien des émules dans le cinéma italien.

La contribution de Fosco est plus artistique que celle de Guazzoni. Son œuvre maîtresse, *Cabiria* (1913), conte les aventures de jeunes filles pures, de mâles musclés, d'abominables scélérats et de généraux romantiques pendant les guerres puniques. Des éléphants dévalent les raidillons alpins ; des vierges pleurent ; des costauds tordent des barres de fer ; des armées attaquent ; des dictateurs gesticulent ; des foules s'enfuient ; des amoureux s'embrassent. Fosco imagina des procédés pour accroître l'efficacité dramatique du film : longs travellings (les premiers de l'histoire du cinéma), accompagnement de la projection par un orchestre. Surtout, *Cabiria* prouva qu'il était possible de bien camper les personnages dans un film à grand spectacle. Bien que les personnages soient conventionnels, des détails les empêchent d'être de simples fantoches. Maciste (prototype de tous les futurs malabars du cinéma) tempère ses effets de pectoraux par un sens de l'humour inattendu : Scipion, le jeune premier, est sujet à des bouderies prolongées. Le cinéaste américain David W. Griffith, dont *Naissance d'une nation* (1915) est considéré comme un des films fondateurs de l'histoire du cinéma, s'inspira de *Cabiria*. C'est l'Italie qui a donné à Hollywood le goût de l'épopée.

Le succès de *Quo vadis ?* et de *Cabiria* attira l'attention des élites sur les possibilités du cinéma.

CINECITTÀ

Lorsque les fascistes prirent le pouvoir, ils voulurent bien entendu mettre à profit le merveilleux outil de propagande qu'est le cinéma. Mussolini s'empressa de constituer des services destinés à contrôler la production de films. Les réalisateurs pouvaient recevoir jusqu'à 60 % de subventions de l'État, et les productions d'esprit patriotique, comme *Scipion l'Africain*, étaient financées entièrement par le gouvernement. Si ce dernier était satisfait du résultat, les producteurs étaient dispensés de tout remboursement. Un ultime coup de grâce fut asséné à la concurrence par la fondation de la Société nationale d'importation de films

Les industriels y virent un nouveau terrain de chasse à prospecter. L'aristocratie, d'où sont issus nombre des meilleurs cinéastes italiens, fut intriguée, et son engouement pour le cinéma fut en partie responsable du haut niveau de ses premières réalisations.

Alors que Français et Américains continuaient à filmer devant des toiles peintes, les Italiens engagèrent les meilleurs architectes du pays pour concevoir et édifier de véritables décors. Les accessoires des drames historiques provenaient parfois des collections des descendants des héros du film. Les majordomes étaient de vrais majordomes et les nobles étaient invités à jouer leur rôle, fournissant la figuration la plus huppée de tous les temps.

étrangers. Dorénavant, l'État déciderait quels films seraient importés en Italie. Lorsqu'ils avaient reçu le visa d'exploitation, ils étaient aussitôt doublés en italien (aujourd'hui encore, il est presque impossible en Italie de voir un film étranger en version originale).

La période fasciste eut à son actif la construction, en 1936-1937, d'un des lieux de tournage les plus mythiques du monde : Cinecittà, au sud-est de Rome. Cette cité du cinéma est presque le personnage principal du film de Fellini *Intervista*.

LE NÉORÉALISME

En 1944, alors que les Allemands étaient en train d'évacuer Rome, Rossellini tourna *Rome, ville ouverte.* Le film décrit l'existence de quatre résistants qui périssent sous les coups de la Gestapo. Toutes les séquences, sauf celles du quartier général de la Gestapo, furent tournées en décor réel. Certaines scènes semblent extraites de bandes d'actualités ; les acteurs n'en font jamais trop ; la caméra bondit, virevolte ; les séquences s'arrêtent brusquement, sans justification artistique.

En dépit de sa spontanéité, *Rome, ville ouverte* a une structure complexe. Chacun de ses personnages est autant le représentant d'un groupe social de l'époque qu'un individu. Anna Magnani (Pina) compose un personnage authentique et bouleversant dans le rôle d'une mère désespérée entraînant d'autres femmes à piller les boulangeries du

script du film, a résumé l'atmosphère qui, au lendemain de la Seconde Guerre mondiale, engendra le néoréalisme : « *Nous découvrions notre pays... Nous pouvions regarder librement autour de nous, et la réalité nous apparaissait tellement extraordinaire que nous ne pouvions résister à l'envie de l'observer et de la photographier avec des yeux éblouis et vierges.* »

Pendant les six ou sept années suivantes, Rossellini, De Sica, Visconti et Lattuada réaliseront des films caractérisés par des transitions rapides et apparemment spontanées. Le néoréalisme reste, par sa liberté et son sens de l'ellipse, le fondement de la modernité au cinéma. Il fut le fruit de l'homogénéité de vue qui s'était établie au lendemain

quartier. On sait pourtant par les notes de Rossellini que son personnage était une combinaison de différentes facettes destinées à montrer dans quelles conditions vivaient la plupart des mères de famille durant la guerre. *Rome, ville ouverte* élève de pitoyables drogués, des prêtres, des lesbiennes allemandes et des déserteurs autrichiens à la hauteur de symboles sans sacrifier pour autant leur individualité. L'écœurement général pour les panégyriques des conquêtes avait rendu possible un cinéma décrivant la vie quotidienne avec toutes les ressources de l'art. Fellini, qui a collaboré au

de la guerre : l'incertitude de l'avenir n'empêchait pas la conviction presque unanime que le fascisme avait été un mal. Les réalisateurs néoréalistes s'adressaient à une Italie libre de s'abandonner sinon au chaos, du moins aux contradictions.

Mais quand vint la guerre froide, le cinéma recommença à se diviser. Le gouvernement accusa les meilleurs néoréalistes de noircir l'image de l'Italie pour l'ouvrir à l'invasion communiste. Les autres ne s'attachaient qu'aux aspects les plus surannés du paupérisme à l'italienne, fait de linge séchant aux fenêtres et de platées de nouilles, assurés de trouver à l'étranger un vaste public. Et rapidement, la plupart des cinéastes recommencèrent à faire des films montrant combien il était agréable d'avoir de l'argent.

Anna Magnani dans « Rome, ville ouverte », de Rossellini, classique du néoréalisme ; ci-dessus, Fellini en plein tournage.

En partie parce que l'Italie prend toujours son cinéma très au sérieux, tous les films doivent témoigner d'une certaine « conscience politique ». Le plus stupide des péplums, parce qu'il implique une certaine fuite devant la réalité, militerait pour le statu quo. De ce fait, la plus grande qualité du cinéma italien – sa foi dans la capacité des films à exprimer l'essence de l'homme – engendre aussi son pire défaut : la tendance à sacrifier les individus aux intérêts partisans. Les péplums des cinéastes de Mussolini sur Scipion l'Africain ne s'intéressaient pas à Scipion en tant qu'être humain, à supposer qu'on en sût quelque chose : son seul rôle était de satisfaire la soif de conquêtes coloniales de l'Italie moderne. Pour Mussolini, Scipion ne présentait d'intérêt qu'en tant qu'archétype. Mais les réalisateurs ne pouvaient pas conformer leurs personnages à une idéologie sans trahir le sentimentalisme qui est le propre du caractère italien. Vus sous cet angle, les cinéastes fascistes piochant dans l'histoire pour exalter l'impérialisme ne sont pas plus coupables que les néoréalistes mineurs se prosternant devant les icônes du misérabilisme.

Après la guerre froide, la reprise économique provoqua le renouveau du cinéma italien. Cette fois, les réalisateurs s'appelaient Federico Fellini, Michelangelo Antonioni et Francesco Rosi. Parce que la crise morale à laquelle ils étaient confrontés était le déclin de la foi et non plus l'expérience spécifiquement italienne du fascisme, leurs films semblent plus intemporels que ceux de Rossellini ou de De Sica. Le problème de l'existence de Dieu éclipsa les débats politiques.

Par bien des côtés, Fellini est l'aboutissement triomphal et baroque du néoréalisme. Ses personnages sont constamment tiraillés entre le désir de s'épanouir et le besoin de se conformer à un ordre social superficiellement séduisant. Ils sont ballottés entre l'envie d'être uniques et celle d'être comme tout le monde. Dans l'œuvre la plus autobiographique de Fellini, *Huit et demi*, Guido (interprété par Marcello Mastroianni, son acteur favori) est un cinéaste s'apprêtant à réaliser son œuvre maîtresse. Petit à petit, il devient évident qu'il n'a pas la moindre idée de ce que sera son film, bien qu'il ait déjà engagé les plus célèbres acteurs d'Europe en promettant à chacun le rôle de sa vie ! Parfois, Guido se rappelle son enfance misérable, parfois il poursuit une ravissante créature de rêve. Ambigu, titubant entre le réel et l'irréel, hésitant entre la spontanéité et la narration didactique, *Huit et demi* est un hymne à la vie, qu'on peut aimer sans la maîtriser. Cet effort pour représenter la vie comme un tout a toujours été le but des cinéastes italiens les plus inventifs.

LES ANNÉES FLORISSANTES

En 1967, avec *Pour une poignée de dollars* et *Le Bon, la Brute et le Truand*, Sergio Leone inventa un nouveau genre : le western-spaghetti. Ces films stylisés, pleins d'ironie, réalisés avec des budgets étonnamment faibles, connurent le succès dans le monde entier.

D'autre part, les années 1970 renouèrent avec le cinéma politique. Une génération de réalisateurs engagés, parmi lesquels Bernardo Bertolucci, Marco Ferreri, Elio Petri, Pier Paolo Pasolini ou Ettore Scola, produisirent des films très différents, mais tous centrés sur les poncifs de la crise sociale, des rapports de classe, de la prétendue hypocrisie

et de la sempiternelle décadence de la bourgeoisie, mais avec une verdeur revigorante.

LA CRISE

Après vingt ans de glorification des films d'auteur, le cinéma italien des années 1980 subit le contrecoup de l'humeur du pays : l'engagement politique à gauche perdit de son crédit et le public se lassa de films qui oubliaient de le séduire. Les principaux bénéficiaires de cet état d'esprit furent les films américains. La fréquentation des salles chuta en Italie plus que partout ailleurs, fait qui n'était pas sans lien avec l'étonnante quantité de films montrés à la télévision – plus de 5 000 par an rien que sur les huit chaînes principales.

Malgré la crise et le petit nombre de titres produits, quelques noms se font jour. Nanni Moretti renoue dans ses films et dans ceux qui sont financés par sa maison de production, Sacher, avec l'analyse douce-amère de la société italienne. *La messe est finie* a été bien reçu par la critique, son *Journal intime* a rencontré un succès européen et, en mai 2001, *La Chambre du fils* a remporté, à Cannes, la palme d'or.

Giuseppe Tornatore, auteur du nostalgique *Cinema Paradiso*, ne parvient pas à trouver un second souffle. Gianni Amelio, dans la veine du cinéma social, a réalisé des films au vif de l'actualité : *Le Voleur d'enfants*, et *L'America*, sur l'exode albanais vers la « terre promise » italienne.

La Toscane attire surtout les réalisateurs étrangers, comme Merchant et James Ivory, qui tournèrent *Chambre avec vue* (1985) dans des villas de Florence et de Fiesole. *Portrait de femme* (1996), de Jane Campion, fut tourné près de Lucques, et *Nostalgie* (1983), de Tarkovski, à Bagno Vignone, thermes romains proches de Sienne. Plus connu pour *Le Dernier Empereur* (1987), vie du dernier empereur de Chine, Bertolucci a cependant tourné en Toscane *La Beauté volée* (1996), qui se passe dans la région viticole de Chianti. Les frères Taviani, originaires de San Miniato, tirent parti des paysages toscans dans *La Nuit de San Lorenzo* (1982) et *Les Affinités électives*, tournées près de Livourne.

L'ITALIE VUE PAR LE CINÉMA

L'Italie est en elle-même un sujet de film ; Rome, la Toscane, la Sicile et Venise sont des décors de rêve. Fellini, qui s'était attribué un monopole sur Rome, disait : « *Le Romain est comme un enfant turbulent monté en graine qui se plaît à se faire sans cesse morigéner par le pape.* » Dans *La Dolce Vita* (1959) et *Roma* (1972), il montre Rome dans un miroir déformant. Mais d'autres ont su dépeindre la Ville éternelle, comme Peter Greenaway dans *Le Ventre de l'architecte* (1987).

A gauche, un jeune amateur de cinéma dans « Cinema Paradiso », de Giuseppe Tornatore ; ci-dessus, Massimo Troisi dans le rôle-titre du « Facteur » (1996).

En ce qui concerne la Sicile, il suffira de citer *Stromboli* (1950), de Rossellini, et l'inoubliable *Guépard* (1968), de Visconti, d'après le roman de Giuseppe Tomasi di Lampedusa. *Le Parrain*, trilogie de Francis Ford Coppola, qui exploite un autre mythe sicilien, a été tourné en partie en Sicile.

Venise est le décor de la poursuite en gondole de James Bond dans *Moonraker* (1979). D'autres films ne se contentent pas d'un décor de carte postale : *Identification d'une femme* (1982), d'Antonioni, montre Venise sous un jour magique. *L'Été* (1955), de David Lean, montre une héroïne qui tombe amoureuse et fait une chute dans un canal. Mais le film qui participe le mieux du mythe de la cité des doges est *Mort à Venise* (1970), de Visconti, d'après le roman de Thomas Mann.

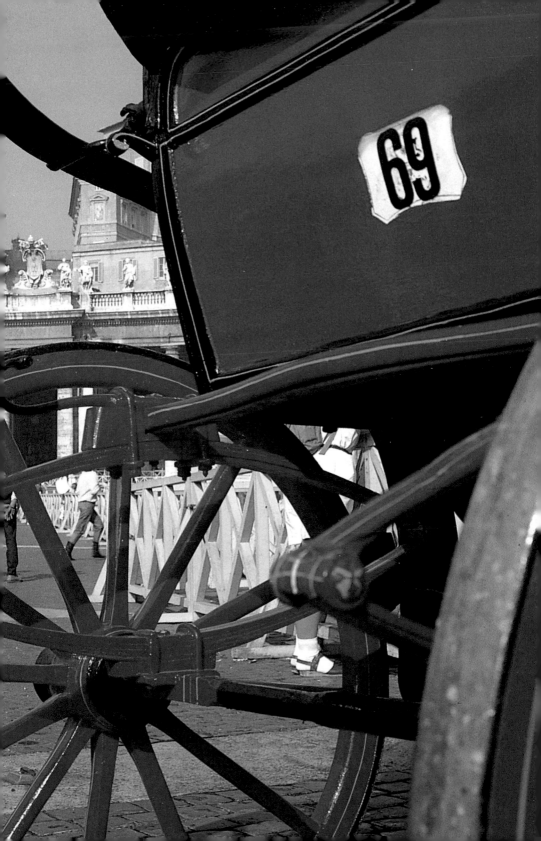

ITINÉRAIRES

Il faut des années pour apprendre à se repérer dans l'embrouillamini des sens uniques des villes italiennes. Mais on y rencontre souvent une âme charitable prête à aider le visiteur à retrouver son chemin, voire même à le conduire jusqu'à son hôtel, son restaurant ou son musée. Toutefois, si aucun sauveur ne se manifeste, pas de panique : il suffit de suivre les panneaux touristiques indiquant *centro storico* (centre historique) et *duomo* (cathédrale), en n'oubliant pas que *senso unico* signifie justement « sens unique ». Il convient de chercher le plus vite possible un *parcheggio* (parc de stationnement), car la plupart des villes italiennes méritent d'être découvertes à pied. Ceux qui voyagent en train doivent savoir que le quartier de la gare est neuf fois sur dix le plus laid de la ville ; mieux vaut donc s'en éloigner bien vite pour les horizons nettement plus séduisants des centres.

La vie moderne a doté le moindre petit village d'au moins un bar et d'une troupe de jeunes gens chevauchant de bruyants deux-roues motorisés. Chaque ville a sa cathédrale, mais quelle différence entre une austère cathédrale romane des Pouilles et le baroque luxuriant de celle de Turin ! Chaque ville a aussi au moins une place : dans l'extrême Sud, on y rencontre surtout des hommes en train de fumer et de jouer aux cartes ; dans le Nord, elles débordent de touristes.

En Italie, les promenades peuvent être tout aussi inoubliables dans les recoins peu fréquentés que dans le très touristique triangle Rome-Florence-Venise. Après avoir visité la capitale, par exemple, la région des Abruzzes ou celle de Molise réservent de belles surprises ; ces régions encore isolées sont riches d'une architecture, de parcs, de monts et de plages qui en font deux destinations de vacances parmi les plus agréables du pays. S'il l'on explore la baie de Naples, pourquoi ne pas louer une voiture pour descendre tout au sud du pays, dans la Basilicate et la Calabre ?

Au nord, il y a bien sûr Florence et Venise, mais également Milan et Turin, deux villes modernes qui ont su marier l'art et l'histoire. Pour retrouver l'émotion du « grand tour », on peut suivre le chemin de générations de voyageurs qui, les œuvres de Dante et de l'Arioste en main, ont parcouru les villes du Piémont, de Lombardie, de Vénétie, d'Émilie-Romagne et de Toscane, avant de descendre vers Rome et le Mezzogiorno. Ou bien, pour reprendre son souffle et se reposer, pourquoi ne pas séjourner sur les pentes verdoyantes de l'Ombrie, province du plus vénéré des saints, François d'Assise ?

Il est impossible de tout voir en Italie ; une vie n'y suffirait sans doute pas. Certains ont consacré tant de temps à la découvrir qu'ils ne l'ont jamais plus quittée !

Pages précédentes : Limone, sur le lac de Garde ; la basilique Saint-Pierre, à Rome ; Tricarico, dans la Basilicate. Ci-contre, le château des comtes de Tyrol, dans le Haut-Adige.

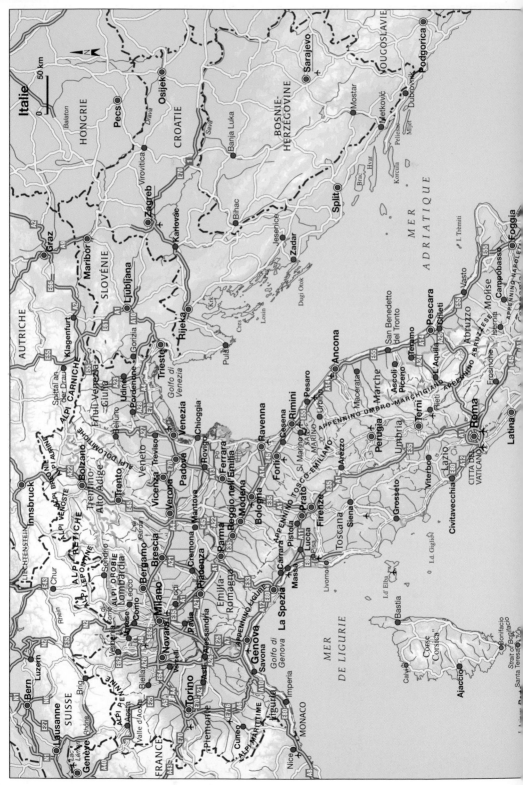

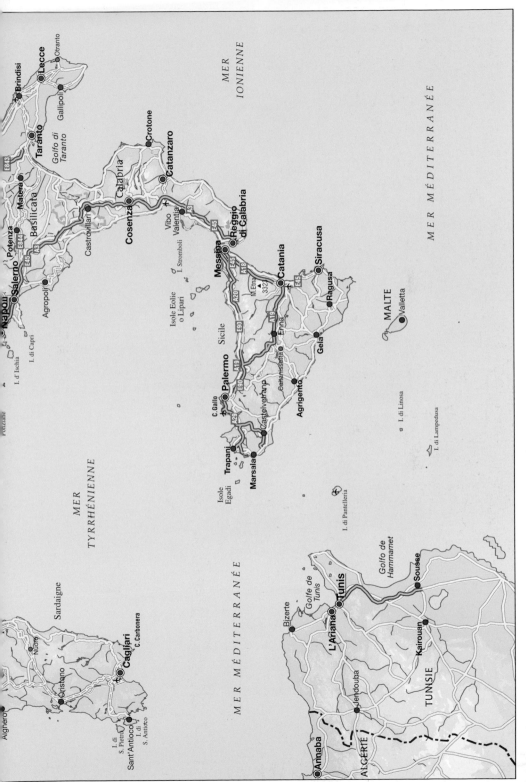

ROME

Lord Byron a appelé Rome la « *Cité de l'âme* », ce qui traduit la complexité et la beauté de la Ville éternelle, dont l'histoire, le peuple et le paysage résument la splendeur et la misère de la civilisation.

LE MONT PALATIN

Le paisible **mont Palatin ❶**, où commence l'histoire de Rome, est une meilleure introduction à la visite de la ville que la Piazza Venezia, où la circulation est effroyable. Les Anciens y situaient la maison de Romulus, fondateur mythique de la ville, dont la légende est corroborée par les habitations du début de l'âge du fer découvertes récemment à l'angle sud-ouest de la colline.

Non loin de là, le **temple de Cybèle**, planté de houx, rappelle le culte de cette déesse orientale de la fertilité, appelée aussi la Magna Mater (Grande Mère), introduit en Italie pendant la deuxième guerre punique (218-201 av. J.-C.). Des pratiques curieuses accompagnaient ce culte mystique : hystérie des orantes, automutilation des prêtres, sacrifices de taureaux, mais il n'en continua pas moins à faire des adeptes pendant toute l'époque impériale.

Le nom du mont Palatin dériverait de celui de la déesse des bergers, et il est à l'origine du mot « palais ». A l'époque romaine, la colline était connue pour ses résidences princières. La plus ancienne et la plus simple était la **maison d'Auguste** (Domus Augustana) dont une partie, appelée à tort **maison de Livie** (femme d'Auguste), est célèbre pour ses peintures murales en trompe l'œil.

Au nord, le long du **palais de Tibère** (en partie recouvert par les jardins Farnèse), se trouve le **Cryptoportique**, passage souterrain voûté orné de stucs raffinés, construit par Néron pour relier les palais d'Auguste, de Tibère et de Caligula à sa somptueuse Domus Aurea, sur l'Esquilin.

Au sud-est de ce couloir s'étendent les vestiges de la **Domus Flavia**, construite à la fin du Ier siècle apr. J.-C.

par Domitien. Cet empereur cruel était obsédé par l'assassinat. Selon Suétone, il avait fait tapisser les murs du péristyle (la salle octogonale) d'une pierre de lune réfléchissante pour éviter d'être surpris au cours de sa promenade quotidienne. Près du péristyle se trouvent les vestiges d'une superbe salle de banquet, surnommée à l'époque « salle à manger de Jupiter ». Son dallage de marbre rose et jaune est gondolé.

Au sud s'étendent les restes de la grande **Domus Augustana** et du **stade de Domitien**.

Les **palais impériaux**, dont le destin fut lié à celui de la ville, cessèrent d'être en usage au Moyen Age. Des moines s'installèrent dans leurs ruines. La puissante famille des Frangipani y construisit une forteresse. A la Renaissance, la ville connut une nouvelle vague de construction : le cardinal Alexandre Farnèse acheta la plus grande partie du Palatin et dessina des jardins sur la pente qui surplombe le Forum.

Les **jardins Farnèse** (Orti Farnesiani) sont connus pour leur symétrie et la

Carte p. 132

ITALIE
• Rome

A gauche, détail de la fontaine de la Piazza della Republica ; ci-dessous, un pin parasol ombrage les ruines du Palatin.

Le mont Palatin est l'une des sept collines de la Rome antique. C'est là que la ville fut fondée par Romulus, au VIIIe siècle av. J.-C. Des vestiges de l'âge du fer ont d'ailleurs confirmé les récits de la mythologie. Le Palatin devint le quartier le plus élégant de Rome et accueillit les résidences des empereurs, si bien que son nom a donné le mot « palais ».

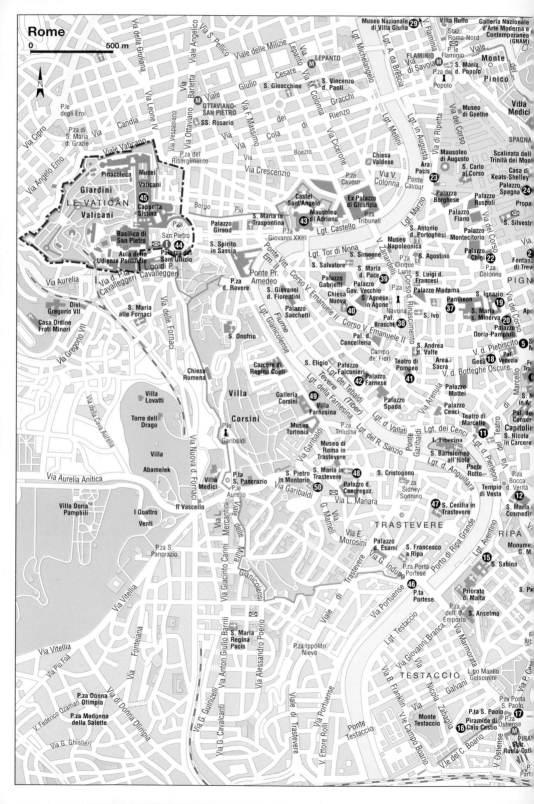

Inscription sur un mur du Forum.

Ci-dessous, vue du Forum.

luxuriance de leur végétation, le chant apaisant de leurs fontaines et des oiseaux et leur belle vue sur la ville.

Le Palatin a conservé tout son pittoresque. En effet, les fouilles archéologiques n'ont pas nui à son charme sauvage. C'est le seul endroit de Rome où l'on puisse encore trouver un paysage digne de Piranèse ou du Lorrain.

LE FORUM ROMAIN

Le Clivus Palatinus descend des palais impériaux au **Forum ❷**, centre de la Rome antique. C'était un marécage qui servait de cimetière aux premiers habitants des collines voisines et qui fut drainé par un roi étrusque au VIe siècle av. J.-C. Jusqu'aux fouilles du XIXe siècle, le Forum, enfoui sous 8 m de terre, s'appelait Campo Vaccino car les troupeaux y paissaient parmi les ruines.

Au pied du Clivus Palatinus, l'**arc de Titus** commémore la prise de Jérusalem et la destruction de son temple. Jusqu'à la fondation de l'État d'Israël, les Juifs pieux refusaient de passer sous cet arc.

La Via Sacra passe devant les trois arcades conservées de la **basilique de Maxence et de Constantin**, qui fut l'un des édifices les plus grandioses de la Rome impériale ; elle a inspiré les architectes de la Renaissance, tel Bramante pour Saint-Pierre.

Le **temple d'Antonin et de Faustine**, devenu l'église San Lorenzo in Miranda, est un exemple de la superposition des architectures à Rome. Le premier temple, élevé en 141 apr. J.-C. par Antonin le Pieux, fut converti en église au Moyen Age et enrichi d'une façade baroque au XVIIe siècle.

De l'autre côté de la Via Sacra s'élève un gracieux édifice circulaire, le **temple de Vesta** (déesse du foyer), où six vestales gardaient à tour de rôle le feu sacré. S'il venait à s'éteindre, le prêtre les fouettait. Elles devaient servir la déesse trente ans et vivre dans la chasteté. Les patriciens qui proposaient leurs filles étaient rares et Auguste dut recruter les vestales par tirage au sort. Les vœux étant souvent rompus, Domitien décida que la vestale coupable

serait enterrée vive et son amant lapidé sur le *comitium*. La charmante **maison des Vestales** laisse penser que cette vie offrait des compensations.

La **basilique Giulia** s'élève à gauche de la Via Sacra, après les trois élégantes colonnes du **temple de Castor et Pollux**. Elle servait de palais de justice et parfois quatre tribunaux y siégeaient en même temps. L'acoustique y était épouvantable : un jour, la plaidoirie d'un avocat tonitruant fut applaudie par l'assistance des quatre chambres à la fois ! Les avocats embauchaient une claque pour soutenir leur cause. Lorsqu'ils ne « travaillaient » pas, les membres de cette claque flânaient sur les marches de la basilique, où l'on voit toujours les échiquiers de pierre grossièrement taillée sur lesquels ils jouaient.

Le sénat se réunissait en face, à la **Curie**, édifice le mieux conservé du Forum, dont l'aspect triste et sérieux illustre bien l'objet.

A l'extrémité ouest du Forum se trouvent les fameux **rostres** d'où Cicéron s'adressait à la foule. Ses mains et sa tête y furent exposées après sa mort, lors des proscriptions d'Octave.

En face des rostres se dresse, solitaire, la **colonne de Phocas**, symbole séculaire du Forum. Byron l'appelait *« la colonne éloquente et sans nom à la base enfouie »*, ce qui n'est plus le cas. A droite s'élève l'**arc de Septime Sévère**.

Au bout de la Via Sacra, les huit colonnes ioniques du **temple de Saturne** s'élèvent au pied du Capitole. Les saturnales, fêtes de Saturne, étaient les jours les plus gais du calendrier romain : on échangeait des cadeaux et toute distinction entre maître et esclave était abolie.

Derrière le temple, on voit de gauche à droite le gracieux **portique des Dii Consentes**, le **temple de Vespasien** et le **temple de la Concorde**.

A l'extérieur de la zone archéologique et face à l'**église Saints-Luc-et-Martin** (Chiesa Santi Luca e Martina) de Pierre de Cortone se trouve la **prison Mamertine** (Carcere Mamertino) ❸, où séjournèrent plusieurs prisonniers illustres. Une plaque sur le mur indique les noms des malheureux et la façon dont ils mou-

Carte p. 132

Au théâtre et au cirque, des places d'honneur étaient réservées aux vestales qui s'y rendaient en chariot alors que la circulation était interdite dans la cité.

L'arc de Titus.

rurent : strangulation, inanition, torture, décapitation. C'est dans ce sombre donjon humide que saint Pierre fut incarcéré et qu'il convertit ses gardes païens. Une fontaine miraculeuse lui permit de baptiser ces nouveaux chrétiens.

LE CAPITOLE

Si le Palatin fut l'embryon de Rome et le Forum le cœur, le **Capitole** (Capitolino) ❹ en est toujours l'âme.

Le superbe **temple de Jupiter Capitolin** (consacré en 509 av. J.-C.) veillait sur la ville. C'est là que les Italiens ont érigé le **Vittoriano**, monument en marbre de Brescia élevé à Victor-Emmanuel II, premier roi d'Italie, qui donna l'ordre d'occuper la Rome pontificale pour en faire la capitale du pays le 20 septembre 1870. Inauguré en 1921 dans le goût pompier du XIXᵉ siècle, il est surnommé la « machine à écrire » ou le « gâteau de mariage ». Pour l'édifier, il a fallu détruire les maisons médiévales et les ruelles qui reliaient la Piazza Venezia au Colisée. On lui a ajouté la tombe du

Ci-dessous, le Vittoriano.

Soldat inconnu. Le Capitole s'est toujours trouvé au cœur des espoirs nourris pour l'avenir de l'Italie. En 1347, Cola di Rienzo y souleva la population lors de son éphémère tentative de ressusciter la république romaine. Au XVIᵉ siècle, Michel-Ange dessina les plans élégants du Capitole et en fit une fois de plus le cœur architectural de la ville. Edward Gibbon y trouva l'inspiration pour son *Histoire de la décadence et de la chute de l'Empire romain* (1776-1788).

Pour monter à l'église médiévale **Santa Maria in Aracoeli** (à Noël, belle messe de minuit), on peut soit gravir les 124 marches, soit emprunter le majestueux escalier de Michel-Ange (la Cordonata), flanqué des statues monumentales de Castor et Pollux.

Au fond de la place, le **palais des Sénateurs** est construit sur les ruines de l'ancien **Tabularium**, un des rares vestiges de la Rome républicaine.

A gauche, le **Palazzo Nuovo**, à droite, le **palais des Conservateurs** (Palazzo dei Conservatori), abritent les musées du Capitole, restructurés pour

le Jubilé 2000 et reliés par une galerie souterraine. Ils abritent de riches collections d'antiques, dont la *Louve du Capitole*, symbole de Rome, la statue de Marc Aurèle et le *Tireur d'épine*, et des œuvres majeures de la peinture européenne des XVIe et XVIIe siècles.

VIA DEI FORI IMPERIALI

La **Piazza Venezia** ❺, centre de la Rome moderne, est bordée sur un côté par le **palais de Venise** (Palazzo Venezia), premier grand palais Renaissance de Rome (1455), quartier général de Mussolini à partir de 1929. C'est de ce balcon qu'il prononça ses discours les plus véhéments. Le palais abrite le **musée du Palais de Venise** et ses belles collections de tableaux, sculptures et tapisseries. A côté se dresse la belle **basilique Saint-Marc** (San Marco), fondée au IVe siècle.

« *Dans dix ans, camarades, personne ne reconnaîtra l'Italie* », déclara le Duce en 1926. Les fascistes transformèrent en effet Rome de fond en comble, notamment par le percement de l'avenue des Forums impériaux, la Via dei Fori Imperiali. Mussolini fit abattre de vieux quartiers pour mettre au jour les forums et percer la rue, créant ainsi un lien symbolique entre la gloire passée de Rome et son propre régime.

Tout à l'ouest des forums impériaux, le **forum de Trajan** ❻, dominé par la **colonne Trajane**, voisine avec les **marchés de Trajan**, remarquablement conservés, dont les cinq étages regorgeaient autrefois de produits exotiques. L'étage supérieur abritait deux viviers, l'un alimenté par un aqueduc, l'autre rempli d'eau de mer amenée d'Ostie.

Auguste et Nerva firent construire leurs forums pour accueillir la population croissante de Rome, passionnée de procès. Les statues des empereurs s'élèvent en face de leur forum.

LE COLISÉE

Au bout de la Via dei Fori Imperiali s'élève le **Colisée** (Colosseo) ❼, entouré d'autocars et de kiosques à sandwichs et pris dans un tourbillon de

Carte p. 132

Après sa défaite à Alésia contre Jules César (52 av. J.-C.), Vercingétorix fut enfermé à la prison Mamertine, où il mourut étranglé. Les apôtres Pierre et Paul y furent aussi enfermés, comme le rappelle cette plaque.

MAMERTINUM
LA PRIGIONE DEI SS. APOSTOLI
PIETRO e PAOLO
IL PIÙ ANTICO CARCERE DI ROMA
XXV SECOLI DI STORIA

Le « Gaulois mourant », au musée du Capitole.

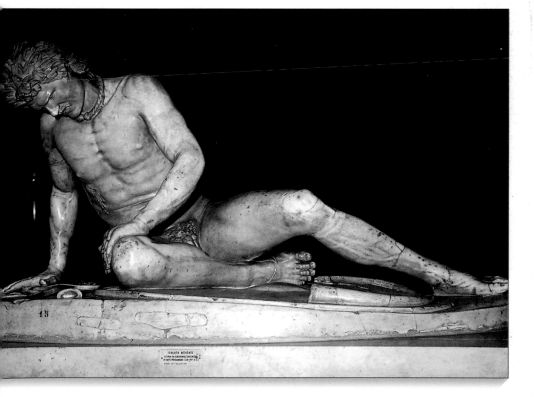

Le marché de Trajan : on y trouvait de tout, du vin, du poisson, des épices, des fleurs, des chaussures, de la soie…

Vue du forum de Trajan. Un escalier permet de monter au sommet de la colonne Trajane, où la statue de saint Pierre a remplacé celle de Trajan en 1587.

circulation. Il était couvert à l'époque impériale d'un revêtement de marbre. Il a été fouillé de manière scientifique et aménagé pour faciliter la visite. Sa restauration, en 2001, lui a redonné l'éclat de ce qu'il continue d'être : l'un des symboles et des hauts-lieux touristiques de Rome. La construction du Colisée fut entreprise en 72 apr. J.-C. par Vespasien, qui fit drainer le lac de la Domus Aurea de Néron : là où Néron avait dépensé sans compter, puisant dans les caisses pour construire son palais, un prince flavien élevait, lui, un monument public. Inauguré en 80 sous Titus par des jeux qui durèrent, dit-on, cent jours, il pouvait accueillir 55 000 personnes. Il fut achevé sous Domitien en 82.

L'extravagante demeure de Néron sur l'Esquilin est ouverte au public (réserver). Lorsque sa **Domus Aurea** (« maison d'or ») ❽ fut achevée, l'empereur aurait déclaré : *« Je vais désormais pouvoir vivre comme un être humain ! »* Près du Colisée se trouve l'**arc de Constantin**, le mieux conservé de la ville.

La colonne Trajane, élevée sur le forum de Trajan en 113 apr. J.-C., commémore les victoires de cet empereur contre les Daces (en Roumanie actuelle) en 101-102 et en 106-107. Ces deux campagnes permirent l'implantation d'une colonie romaine à l'embouchure du Danube. Un immense bas-relief en spirale relate ces campagnes.

LE LATRAN

Du Colisée, la Via San Giovanni Laterano conduit à l'intéressante **basilique Saint-Clément** (Basilica San Clemente) ❾. Les amateurs d'archéologie y découvriront trois niveaux de construction. L'église du XII siècle recouvre une basilique du IV siècle, un palais romain du I siècle et une cour abritant un temple de Mithra, dont le culte était populaire à l'époque impériale.

La Via San Giovanni débouche sur la place du même nom, bordée de monuments qui figurent parmi les plus importants de la chrétienté. L'obélisque le plus haut (plus de 31 m) et le plus vieux de Rome s'élève devant **Saint-Jean-de-Latran** (Basilica San Giovanni in Laterano) ❿, cathédrale de Rome, fondée par Constantin le Grand. Il n'est pas étonnant qu'une église si importante présente les styles les plus variés : baptistère du IV siècle (s'adresser au gardien pour voir les mosaïques), cloître médiéval et intérieur baroque.

Le **palais du Latran** (Palazzo del Laterano) fut la résidence des papes jusqu'à leur exil en Avignon en 1308. A leur retour en 1378, ceux-ci s'installèrent au Vatican car le palais avait brûlé. L'édifice actuel, construit à la demande de Sixte Quint par Domenico Fontana en 1586, est une pâle copie du palais Farnèse. Il abrite le vicariat de Rome. Une légende du XV siècle dit que les marches de la Scala Santa auraient été foulées par le Christ après sa condamnation par Ponce Pilate et auraient été rapportées de Jérusalem par sainte Hélène, mère de Constantin.

LE GHETTO

L'ancien **Ghetto** est à l'ouest du Capitole, près des ruines du **théâtre de Marcellus** ⓫ (13 av. J.-C.) qui devint la maison forte des Savelli au Moyen Age, le palais des Orsini au XVI siècle, et dont le dernier étage abrite aujourd'hui des habitations. La ville avait une communauté juive dès l'époque républicaine, mais c'est le pape Paul IV qui confina en 1556 les juifs dans un quartier à part. Les portes du ghetto étaient fermées du coucher au lever du soleil.

Lorsqu'on se promène aujourd'hui dans les rues étroites ou qu'on visite la synagogue au bord du Tibre, on imagine mal ces années de confinement. Une plaque apposée Via del Portico Ottaviano rappelle que plus de 2 000 juifs romains furent déportés lors de la Seconde Guerre mondiale, malgré les efforts du pape Pie XII.

La Piazza Bocca della Verità, au charme bien romain, est bordée par deux temples antiques (**temple de Portunus** et **temple d'Hercule**, circulaire), une fontaine baroque et l'église médiévale **Santa Maria in Cosmedin**. Le portique de cette église de rite byzantin abrite la **bouche de la Vérité** (Bocca della Verità) ⓬, plaque de marbre en forme de visage. Selon la légende, si l'on mentait en mettant la main dans cette bouche, on se la faisait arracher d'un coup de dents. C'est en fait une ancienne plaque d'égout.

En poussant jusqu'au Ponte Palatino, on voit la **Cloaca Maxima**, le plus vieil égout de Rome, qui daterait de l'époque des rois étrusques, plus précisément du règne de Tarquin l'Ancien.

Le plus ancien et le plus vaste des cirques romains, le **cirque Maxime** (Circo Massimo) ⓭, s'étend dans la vallée qui sépare l'Aventin et le Palatin. Des jeux s'y déroulaient pour 250 000 spectateurs. Des vendeurs, des diseuses de bonne aventure et des prostituées exerçaient sous les arcades. Il y en a toujours quelques-unes.

Les thermes publics n'étaient pas de simples lieux d'hygiène. Commencés sous Caracalla et achevés sous Héliogabale et Alexandre Sévère, les **thermes de Caracalla** ⓮ ont gardé tout leur prestige et restent les plus somptueux de Rome. Outre leurs trois salles (froide, tiède et chaude), les thermes comprenaient un gymnase, un stade, deux bibliothèques (grecque et latine), une galerie d'art et des jardins d'agrément. Ils pouvaient recevoir 1 600 personnes. Les thermes symbolisent l'esprit de citoyenneté des Romains, la propreté n'étant pas l'apanage de ceux qui pouvaient s'offrir des bains privés. Les thermes de Caracalla accueillent la saison d'été de l'opéra.

Carte p. 132

Le Colisée.

L'AVENTIN

*La bouche
de la Vérité.*

L'**Aventin** est l'un des quartiers résidentiels les plus cotés de Rome. On y monte par la Cliva dei Pubblici, où flotte le parfum des roses.

La Via Sabina mène à **Sainte-Sabine** (Chiesa Santa Sabina) ⓯, basilique du Vᵉ siècle parfaitement conservée. L'intérieur est splendide dans sa simplicité : les hautes colonnes antiques de la nef sont baignées par la lumière dorée du soleil. Le portique abrite des portes de bois très anciennes (Vᵉ siècle).

De l'autre côté de l'Aventin, à l'ombre de la **pyramide de Caïus Cestius**, qui jouxte la **porte Saint-Paul** (Porta San Paolo) ⓱, s'ouvre le quartier populaire du **Testaccio**, où jusqu'au XVᵉ siècle se déroulait le carnaval, et où aujourd'hui la vie nocturne bat son plein (avec le Trastevere).

C'est là que se trouve le **cimetière protestant** (Cimitero Acattolico) ⓰, l'un des lieux les plus pittoresques de Rome, où reposent des voyageurs qui ne sont jamais rentrés de leur lune de

*Vue du cirque
Maxime.*

miel ou de leur grand tour d'Italie. La tombe de Keats porte l'épitaphe mélancolique : *« Ici repose un homme dont le nom était écrit sur l'eau. »* Le nouveau cimetière contient la tombe où a été enterré le cœur de Shelley. Son corps fut incinéré sur le rivage près de Pise mais, comme l'a écrit Byron, son ami intime : *« Shelley fut consumé en totalité sauf son cœur, qui ne prenait pas feu et qui est conservé aujourd'hui dans l'alcool de vin. »*

Au-delà de la porte Saint-Paul se trouve la **basilique Saint-Paul-hors-les-Murs** (Basilica San Paolo fuori le Mura), qui abriterait la tombe de saint Paul. Achevée en 400 sur le modèle de l'ancien Saint-Pierre, mais en plus grand, la basilique compte trois nefs ainsi que de très belles colonnes à chapiteaux corinthiens. Dans l'abside, des mosaïques d'inspiration byzantine montrent le Christ entouré des saints Pierre, Paul, André et Luc, et d'Honorius à genoux. Incendiée en 1823, la basilique fut reconstruite et achevée en 1854.

LA SPLENDEUR DU BAROQUE

Certains trouvent le style baroque pompeux et débordant jusqu'à en devenir oppressant, mais son exubérance, voire son extravagance, sont fascinantes. Le spectateur est écrasé par la profusion de détails, de dorures et de marbres, mais c'est un véritable plaisir que de découvrir un angelot juché sur une architrave, de lever les yeux sur un fantastique plafond de Pierre de Cortone ou d'Andrea Pozzo, d'évaluer le temps nécessaire et les richesses déployées pour couvrir d'or ou de marbre le moindre centimètre carré.

La meilleure introduction au baroque qui règne en maître à Rome est l'église du **Gesù** ⓲ (Chiesa del Gesù), commencée en 1568 par les jésuites et qui servit de modèle à toutes les églises de la Contre-Réforme qui suivit le concile de Trente (1545-1563). Austère à l'origine, le Gesù fut doté d'un décor intérieur baroque à la fin du XVIIᵉ siècle. La Contre-Réforme se servait de l'art comme moyen de persuasion, pour donner aux fidèles une image moins abstraite du sacré et exprimer la gloire de Dieu. La **chapelle Saint-Ignace** (Sant'Ignazio), décorée par Andrea Pozzo, est particulièrement opulente. Le plafond du Gesù, orné du *Triomphe du nom de Jésus* du peintre Baciccio, est l'expression par excellence du baroque. Des statues blanches suspendues à la voûte dorée tiennent le tableau central qui déborde de son cadre. L'architecture, la peinture et la sculpture s'associent pour souligner le rôle de l'Église, intermédiaire entre le ciel et la terre. La voûte de l'église semble se fondre dans celle du ciel.

Saint-Ignace (Sant'Ignazio) ⓳, autre église jésuite, a un plafond d'Andrea Pozzo. Pour en apprécier la perspective, il faut lever la tête en se plaçant au centre de la nef : la voûte semble se dissoudre tandis que saint Ignace en extase reçoit de Jésus la lumière qu'il va propager à travers le monde. Andrea Pozzo a aussi peint une fausse coupole car les jésuites n'avaient pas les moyens d'en faire faire une vraie.

Carte p. 132

La pyramide de Cestio.

Au marché du Testaccio.

La **Piazza Sant'Ignazio** témoigne de l'aspect théâtral du baroque. Les palais parfaitement équilibrés dessinés par Filippo Raguzzini constituent les ailes d'un décor dont le pivot est l'église.

LE CORSO ET SON CARNAVAL

La **Via del Corso**, longue de 1,5 km, relie la Piazza Venezia à la Piazza del Popolo. Cette artère centrale bordée de palais et de magasins courus est idéale pour prendre le pouls de la ville. C'était dans l'Antiquité la route principale du nord, la Via Lata (« route large »), ce qui révèle en fait l'étroitesse des rues d'autrefois. Elle doit son nom actuel aux courses qui s'y déroulaient au Moyen Age. Aux XVIIIe et XIXe siècles, un carnaval délirant avait lieu sur le Corso avant le carême : aristocrates et petit peuple se bombardaient de fleurs, de bonbons et de confettis. Les fêtards masqués oubliaient toute discrétion ; on ajoutait même des balcons provisoires aux palais pour surprendre plus facilement les dames et lancer des projec-

La basilique Saint-Paul-hors-les-Murs.

La basilique Saint-Paul-hors-les-Murs, construite en 388 par Valentinien II et Théodose à l'emplacement du tombeau de l'apôtre saint Paul après sa décapitation, succédait à une église plus petite édifiée sur ordre de Constantin. Détruite en grande partie par un incendie en 1823, elle fut reconstruite à l'identique. Les portraits de tous les papes y figurent en médaillon.

tiles. Le carnaval de Rome a disparu depuis que la ville est devenue la capitale de l'Italie.

Sur le Corso, le **palais Doria Pamphilj** ❷⓿ abrite la galerie du même nom et ses superbes collections (tableaux de Titien, du Caravage et de Raphaël) dont la vedette est le maître des lieux, Innocent X, peint par Vélasquez.

La Via delle Muratte relie le Corso à la **fontaine de Trevi** ❷❶, achevée en 1762, la plus grandiose de Rome, due à Nicolo Salvi.

La ville antique transparaît même dans les quartiers les plus modernes. La **Piazza Colonna** ❷❷, qui donne sur le Corso, est dominée par la **colonne de Marc Aurèle** (180-193 apr. J.-C.), que le pape Sixte Quint (1585-1590) fit surmonter d'une statue de saint Paul, comme saint Pierre remplaça Trajan au sommet de la colonne Trajane.

Le **mausolée d'Auguste** et l'**Ara Pacis Augustae** ❷❸ (entre le Tibre et la Via del Corso) sont deux superbes vestiges de l'ère augustéenne restaurés à l'époque fasciste (mais fermés actuellement pour une nouvelle restauration). Le bûcher funéraire d'Auguste se consuma durant cinq jours devant le mausolée. Au Moyen Age, Cola di Rienzo y fut brûlé. L'Ara Pacis, autel construit de 13 à 8 av. J.-C. pour commémorer la paix qui régnait dans l'empire, resta en ruine pendant des siècles. On en trouve des fragments au musée du Louvre, à Paris, et au musée des Offices, à Florence. Il fut enfin reconstitué en 1938 près de son site d'origine avec les blocs subsistants et des moulages des parties manquantes. Le réaménagement, conduit par Richard Meier, prévoit une mise en valeur du site et la suppression des parois de verre qui protègent actuellement le monument.

LA PORTE DE ROME

Bien qu'elle ait été conçue pour être vue du nord, on arrive le plus souvent sur la **Piazza del Popolo** par l'une des trois artères du sud, la Via del Corso, la Via di Ripetta (en venant du mausolée d'Auguste) ou la Via del Babuino (en venant de la Piazza di Spagna). La

Piazza del Popolo (1816-1824), due à Giuseppe Valadier, rompt avec l'espace clos en s'ouvrant sur les pentes boisées du Pincio. En son centre se dresse le plus vieil obélisque de Rome, rapporté d'Héliopolis par Auguste et érigé à cet endroit par le pape Sixte Quint. Derrière, la **Porta del Popolo**, dont la façade sur la place fut ajoutée par le Bernin en 1655, marque la limite de la cité. Des empereurs triomphateurs aux pèlerins venus à pied, tout le monde entrait dans la Ville éternelle par cette porte, appelée alors Porta Flaminia.

À l'est s'élèvent les pentes boisées du **Pincio**, où l'on croyait au Moyen Age qu'errait le fantôme de l'empereur Néron. D'après la légende répandue par l'Église, un noyer infesté de corbeaux poussa sur la tombe de Néron. Au XIe siècle, le pape Pascal II eut un songe dans lequel les corbeaux étaient des démons et où la Vierge Marie lui demandait d'abattre les arbres pour lui élever un sanctuaire. L'**église Sainte-Marie-du-Peuple** (Santa Maria del Popolo) se dresse ainsi depuis la fin du XVe siècle à côté de la porte. Elle contient plusieurs chapelles superbement décorées à différentes époques : œuvres du Pinturicchio, de Raphaël (chapelle Chigi) et du Caravage (*Conversion de saint Paul* et *Crucifixion de saint Pierre*).

La Via del Babuino, à gauche des deux églises baroques au sud de la place, mène à la **place d'Espagne** (Piazza di Spagna) ❷❹, bordée au sud par le **palais d'Espagne** (Palazzo di Spagna), ancienne résidence de l'ambassadeur d'Espagne, et au nord par le célèbre escalier de la Trinité-des-Monts.

C'est l'endroit idéal où contempler le spectacle de la rue : caricaturistes, vendeurs ambulants, jeunes gitans, touristes fatigués, routards, hippies attardés. En bas des marches, les acheteurs se pressent devant les vitrines élégantes. En effet, les rues commerçantes les plus chics de Rome, Via Condotti, Via Frattina et Via Borgognona, donnent sur cette place. Au pied du Pincio, la paisible Via Margutta héberge les antiquaires.

L'église du Gesù.

Rome ne compte plus ses boutiques de haute couture et de prêt-à-porter.

Détail de l'obélisque de la Piazza del Popolo (XIIᵉ ou XIIIᵉ siècle av. J.-C).

La fontaine de Trevi.

La place d'Espagne était autrefois le quartier des expatriés anglais et américains. Keats est mort dans la maison qui donne sur l'escalier de la Trinité-des-Monts et qui contient aujourd'hui des souvenirs hétéroclites. Les amateurs de poésie romantique ne manqueront pas la **Keats-Shelley House**.

Le quartier est riche en plaques commémorant le séjour romain d'étrangers célèbres. Henry James a résidé à l'hôtel Inghilterra ; Shelley, Via Sistina et Via del Corso ; George Eliot, Via del Babuino ; Goethe, a habité au 18 Via del Corso, où la **Casa di Goethe** est consacré à ses voyages en Italie. Une belle plaque, apposée au 50-52 Via Frattina, résidence de James Joyce, indique que l'écrivain irlandais *« a fait de son Dublin notre univers »*. Joyce n'a guère renvoyé le compliment à Rome, dont il aurait dit : *« Elle me fait penser à un homme qui vit en exhibant aux visiteurs le cadavre de sa grand-mère. »*

L'**escalier** (Scalinata), décoré d'une charmante crèche à Noël, aboutit à la **Trinité-des-Monts** (Trinità dei Monti),

La célèbre fontaine de Trevi doit son nom aux trois rues (« tre vie ») qui y aboutissent. C'est dans son bassin que s'ébat Anita Ekberg dans « La Dolce Vita », de Fellini (1960). Pour satisfaire à la tradition, on jettera, dos au Neptune, une pièce dans l'eau, gage d'un retour dans la Ville éternelle.

où Felix Mendelssohn a entendu le célèbre chœur des religieuses cloîtrées. Elle contient des tableaux de Daniele da Volterra, élève le plus doué de Michel-Ange. Louis XVIII répara en 1816 les dégâts commis quand les soldats de Bonaparte y avaient logé.

LA PIAZZA BARBERINI

La rue qui va de la Trinité-des-Monts à Sainte-Marie-Majeure fut percée par Sixte Quint, pape soucieux d'embellir Rome. Elle offre une vue spectaculaire qui aboutit à l'obélisque que Sixte Quint érigea devant Sainte-Marie-Majeure. Appelée jadis Strada Felice, cette rue porte trois noms successifs : Via Sistina, Via Veneto et Via delle Quatro Fontane.

Le premier tronçon, la Via Sistina, mène à la **Piazza Barberini ㉕**, dont le centre est orné de la **fontaine du Triton** (Fontana del Tritone), commandée au Bernin par Urbain VIII en 1643. La créature marine musclée souffle avec vigueur dans une conque d'où jaillit une gerbe d'eau. Le socle porte les trois abeilles qui figurent sur le blason de la famille Barberini. Leur palais voisin est l'œuvre de Carlo Maderno, du Bernin et de Borromini, entre autres.

La **fontaine des Abeilles** (Fontana delle Api), au nord de la place, fut érigée par le Bernin en 1644. Les abeilles qui boivent dans le grand coquillage sont l'emblème des Barberini.

Au XIXᵉ siècle, on pouvait louer au **palais Barberini** une suite de 50 pièces pour une bouchée de pain. Il abrite aujourd'hui la **galerie nationale d'Art ancien**, où l'on peut admirer l'*Allégorie de la Divine Providence*, plafond peint baroque de Pierre de Cortone, qui illustre richement le triomphe du pape Urbain VIII, un Barberini. Ce dernier avait pillé les ruines antiques pour se procurer des matériaux de construction, justifiant la boutade : *« Ce que les barbares n'ont pas fait, les Barberini l'ont fait. »*

De la Piazza Barberini, on poursuit dans la Via Veneto, mais avant d'y flâner ou de s'asseoir à la terrasse d'un café, on s'arrêtera à l'**église des Capucins** (Chiesa dei Capuccini), dont le cimetière est une curiosité. Un groupe de capucins, artistes dans l'âme, décida d'utiliser les ossements des frères décédés à des fins morales et artistiques. C'est ainsi que quatre salles de sculptures rococo présentent des os iliaques, une guirlande de colonnes vertébrales et des crânes empilés avec soin. Quelques dépouilles toujours enveloppées de leur humble robe brune rappellent qu'il s'agit là d'un *memento mori* et non de motifs décoratifs.

LA VIA VENETO

La **Via Veneto**, devenue célèbre après la guerre comme centre de la *dolce vita* romaine, ne jouit plus aujourd'hui d'un grand prestige. Elle est certes bordée des meilleurs hôtels – le somptueux **Excelsior** et le très confortable **Jolly** –, de magasins chics et de beaux cafés, mais cct excès de célébrité a attiré des commerces moins plaisants.

Le très beau parc de la **villa Borghèse** ❷❻, tout proche, dessiné au XVIIᵉ siècle par le cardinal Scipione

Borghese Caffarelli, abrite le **Bioparco**, jardin zoologique présentant dans sa nouvelle aile de très intéressantes collections sur la biodiversité et la reproduction animale.

Près de l'entrée du parc adjacente à la Via Veneto se trouve la **galerie Borghèse** ❷❼, riche en œuvres du Bernin, du Caravage, de Raphaël et de Titien. La galerie a été rénovée et rouverte dans son intégralité au public en juin 1997, après quatorze ans de fermeture partielle.

La **galerie nationale d'Art moderne et contemporain** ❷❽ se trouve non loin de là dans le parc. Une aile de ce musée ouverte en 2003 expose surtout les artistes italiens des XIXᵉ et XXᵉ siècles, mais on peut y voir également des œuvres d'artistes d'autres pays, tels Paul Cézanne, Henry Moore, Paul Jackson Pollock ou Wassily Kandinsky.

Au nord de la villa Borghèse se trouve la **Villa Giulia** ❷❾, autre palais construit pour Jules III et entouré d'un beau jardin Renaissance. Elle abrite le **musée national de la Villa Giulia**, consa-

Carte p. 132

La Via Condotti, qui marque le début de la célèbre Scalinata (l'escalier de la Trinité-des-Monts), demeure la plus chic de Rome, alignant les enseignes des créateurs tels que Armani, Bulgari, Gucci, Prada, Valentino…

L'escalier de la Trinité-des-Monts.

Ci-dessus et ci-dessous, temples du parc de la villa Borghèse.

La villa Borghèse est en fait un parc public de Rome, orné de bosquets, de lacs, de fontaines et de parterres ornés de statues à l'antique. Il fut dessiné au XVIIe siècle pour la famille Borghèse, et abrite le musée et la galerie Borghèse ainsi que le Musée national et la galerie nationale d'Art moderne.

cré à l'art préromain. Les terres cuites étrusques polychromes sont très intéressantes, notamment l'émouvant sarcophage des époux et un superbe *Apollon*.

SAINT-CHARLES ET SAINT-ANDRÉ

Au croisement de la Via delle Quatro Fontane (prolongement de la Via Sistina) et de la Via XX Settembre, on peut admirer la théâtralité de l'urbanisme romain ; dans trois directions, des obélisques se dressent vers le ciel.

La Via XX Settembre est bordée de belles églises baroques, comme **Saint-Charles-des-Quatre-Fontaines** (Chiesa San Carlo alle Quattro Fontane) ❸⓿, appelée aussi San Carlino. Cette minuscule église de Francesco Borromini (1599-1667) a la taille d'un des piliers qui soutiennent la coupole de Saint-Pierre. Sa façade incurvée est typique du style original de l'architecte. L'intérieur immaculé présente un fantastique jeu d'ovales. N'étant pas très riches, les moines qui commandèrent l'église n'eurent pas à regretter le choix de leur

architecte, car Borromini se contenta d'un budget limité et remplaça le marbre et l'or par des stucs raffinés sans nuire à la beauté de l'édifice.

Sur la Via Quirinale, prolongement vers le sud de la Via XX Settembre, se trouve un autre joyau dû au grand rival de Borromini, le Bernin (1598-1680) : **Saint-André-du-Quirinal** (Chiesa Sant' Andrea al Quirinale) ❸❶, de 1658, est à l'opposé de l'église précédente ; le moindre centimètre est couvert d'or et de marbre, et des théories de *putti* grimpent aux murs. L'église a toutefois une certaine simplicité grâce au traitement classique de l'espace.

LE MUSÉE NATIONAL ROMAIN

Au bout de la Via Quirinale, la place du même nom s'orne de la monumentale **fontaine de Monte Cavallo**, surmontée des Dioscures, et héberge le beau palais Renaissance du **Quirinal** (Quirinale), résidence du président de la République.

La **chapelle Cornaro** de **Sainte-Marie-de-la-Victoire** (Chiesa Santa Maria della Vittoria) ❸❷, sur le Largo Santa Susanna, abrite un chef-d'œuvre du Bernin : *L'Extase de Sainte-Thérèse* (1646). L'artiste a représenté sa transverbération, c'est-à-dire l'instant où, transpercée par la flèche de l'amour divin, elle exprime une extase qui confine au ravissement amoureux.

Une rue perpendiculaire à la Via XX Settembre conduit à la Piazza della Repubblica. Au nord-est de celle-ci s'élève la **basilique Sainte-Marie-des-Anges** (Santa Maria degli Angeli) ❸❸, aménagée par Michel-Ange dans le tepidarium des **thermes de Dioclétien** (Terme di Diocleziano), les plus vastes de Rome, élevés entre 298 et 306.

Le **Musée national romain** ❸❹ (Museo Nazionale Romano), l'un des musées d'archéologie les plus importants au monde, conserve la *Vénus* de Cyrène, deux copies du *Discobole* de Myron et le trône Ludovisi. Il est divisé en quatre sites principaux. A l'origine, les grands thermes de Dioclétien étaient le siège du musée. L'**Aula Ottagona** (Via Romita) et une partie des thermes, abrite toujours des sculptures importantes. Mais le gros de la collection se trouve dans le

Carte
p. 132

palais Massimo alle Terme (Largo di Villa Peretti, 1), qui a été rénové. De splendides mosaïques de pavement à motifs floraux ainsi que les peintures murales de riches maisons romaines – dont les délicates fresques de la Villa Livia sont un bel exemple – rendent la visite inoubliable. Le **palais Altemps** (Piazza Sant'Apollinari, 46) construit au XVe siècle au nord de la Piazza Navona, conserve dans sa cour une collection de sculptures antiques. Enfin, la **Crypta Balbi** (Via delle Botteghe Oscure, 31) – vestiges du théâtre construit par Balbus en 13 av. J.-C – retrace l'évolution de Rome au fil de l'histoire.

LA VIERGE ET MOÏSE

Rome compte plus d'églises dédiées à la Vierge qu'à tout autre saint. La plus vaste et la plus belle est **Sainte-Marie-Majeure** (Chiesa Santa Maria Maggiore) ❸, l'une des quatre églises patriarcales de Rome. Le mélange des styles architecturaux est d'une remarquable harmonie : les débuts du chris-

tianisme sont représentés par le plan basilical et les mosaïques du Ve siècle qui ornent la nef et l'arc de triomphe. Au Moyen Age furent ajoutés le campanile (le plus haut de Rome), le pavement cosmatesque et les mosaïques de l'abside, mais le style dominant est le baroque. Le plafond doré à caissons semble suspendu par miracle (il aurait été doré avec l'or rapporté par Christophe Colomb). Les **chapelles Sistina** et **Paolina** sont les deux plus somptueuses de Rome, Paul V n'ayant négligé aucun détail pour surpasser l'œuvre de son prédécesseur Sixte Quint. Le Bernin est inhumé dans la sacristie.

Non loin de là, le Palazzo Brancaccio héberge le **Museo Nazionale d'Arte Orientale**, noble écrin de la plus importante collection d'art asiatique d'Italie.

La **basilique Saint-Pierre-aux-Liens** (Basilica San Pietro in Vincoli) ❸, Via Cavour, fut fondée au Ve siècle par Eudoxie, femme de l'empereur Valentinien III et reconstruite au XVe siècle. Elle abrite la statue de Moïse par Michel-Ange (vers 1514-1516), desti-

Poignée de porte de Sainte-Marie-de-la-Victoire.

Vue des thermes de Dioclétien.

Torse de centurion au Musée national romain.

Le cachet de l'ancien.

née au tombeau du pape Jules II, qui se trouve lui aussi dans cette église abrite le *Moïse* de Michel-Ange. Giorgio Vasari, peintre et biographe des artistes, a écrit de cette statue : *« Aucune œuvre moderne ni aucune œuvre antique n'en égalera jamais la beauté. »* La statue de 3 m de haut dégage une puissance infinie.

LE PANTHÉON

Au Moyen Age, la plupart des Romains se pressaient dans deux parties de la ville : entre la Via del Corso et le Tibre (le Campus Martius des Anciens) ou dans le Transtévère, sur l'autre rive du fleuve. En se promenant dans ces rues pavées, il est aisé d'imaginer la Rome de Cola di Rienzo, de Jules II ou même de Chateaubriand. Les rues étroites et tortueuses sont bordées de magasins sans fenêtres, dont les portes restent ouvertes pour laisser entrer l'air et la lumière. On y voit les boulangers, les restaurateurs de meubles et les cordonniers au travail.

Rome n'a ni le dynamisme économique de Milan, ni l'unité architecturale de Florence et de Venise, mais elle les surpasse par son histoire où passé et présent s'enchevêtrent.

En dégustant un *cornetto* (croissant) et un cappuccino dense et onctueux sur la Piazza della Rotonda, on peut admirer le **Panthéon** ⊛, le mieux conservé des bâtiments antiques de Rome. Il exprime la grandeur de l'architecture latine, qui n'a rien à envier à la grecque. Ce temple rond aux proportions parfaites témoigne du talent des Romains à concevoir l'espace intérieur. Il fut reconstruit par Hadrien dans la tradition des salles circulaires des thermes et non des temples ronds de la république, comme celui du forum Boarium. L'architecture occidentale a hérité des Romains la voûte et la coupole.

Près du Panthéon, **Sainte-Marie-de-la-Minerve** (Chieza Santa Maria sopra Minerva), seule église gothique de Rome, est précédée de l'éléphant favori du Bernin, qui porte le plus petit obélisque de Rome. Elle contient une chapelle décorée par *fra* Filippo Lippi et, à gauche de l'autel principal, la statue du Christ portant sa croix, par Michel-Ange.

Le quartier est riche en œuvres d'art : des tableaux du Caravage ornent les églises **Saint-Louis-des-Français** (San Luigi dei Francesi) : *La Vocation et le Martyre de saint Matthieu, Saint Matthieu et l'ange*, et **Saint-Augustin** (Sant'Agostino) : *La Madone des pèlerins*. A gauche de Saint-Louis, le **palais Madame** (Palazzo Madama), construit au XVIᵉ siècle par Catherine de Médicis et habité par Marguerite d'Autriche, fille naturelle de Charles Quint, abrite le sénat depuis 1871.

Le **palais de la Sapience** (La Sapienza) abrita l'université de Rome jusqu'en 1935. Aujourd'hui y sont conservées les archives de l'État.

La **chapelle Saint-Yves-de-la-Sapience** (Sant'Ivo alla Sapienza), due à Borromini (1660) et située derrière une cour du palais, possède une curieuse lanterne en spirale. Sa nef est d'un blanc immaculé.

LA PLACE NAVONE

La **place Navone** (Piazza Navona) ⊛, aux proportions élégantes, est envahie de promeneurs dégustant des glaces, d'artistes proposant leurs tableaux et de touristes. Cet espace totalement clos, tout en longueur, était autrefois le stade de Domitien, dont les vestiges sont conservés au-delà de l'extrémité nord. La *Légende dorée* raconte que, lorsque la jeune sainte Agnès fut exposée nue dans le cirque sous l'église qui porte son nom, ses cheveux poussèrent par miracle pour voiler sa nudité. Elle avait refusé de se marier car elle avait fait vœu de rester la fiancée virginale du Christ. Selon une autre version de son martyre, elle fut enfermée dans une maison close où sa chasteté fut miraculeusement préservée. Condamnée à mort, elle fut décapitée.

L'**église Sainte-Agnès** (Chiesa Sant' Agnese in Agone), à la façade incurvée, est de Borromini. Les fresques recouvrant la coupole sont l'œuvre de Pierre de Cortone, peintre officiel de plusieurs papes.

Son rival, le Bernin, a élevé en 1651 la **fontaine des Fleuves** (Fontana dei Fiumi), au centre de la place, dont les quatre personnages symbolisent le Rio de la Plata (Amérique), le Danube (Europe), le Gange (Asie) et le Nil (Afrique). On raconte que la statue du Nil, face à l'église, se voile la face parce qu'elle craint que l'édifice ne s'écroule sur elle (en réalité parce que les sources du Nil étaient inconnues).

Au sud de la place Navone, la **Piazza Pasquino** abrite une vieille statue qui servait jadis de « journal » protestataire de Rome. Pour échapper à la censure, les satiristes placardaient leurs pamphlets sur des statues. La plus célèbre, *Pasquino*, a donné son nom à la « pasquinade ». Près de la place se trouve l'élégante petite **église Sainte-Marie-de-la-Paix** (Chiesa Santa Maria della Pace) ❸❾, qui renferme des fresques de Raphaël et un beau cloître dû à Bramante. Édifiée en 1482, elle fut plusieurs fois remaniée, notamment par Pierre de Cortone, à qui l'on doit la façade précédée d'un portique.

LA CHIESA NUOVA

Au nord, la pittoresque Via dei Coronari, bordée de magasins d'antiquités coûteux, reste éclairée toute la nuit. A gauche au bout de cette rue, on arrive à la **Chiesa Nuova** ❹❶, consacrée à saint Philippe Neri. Arrivé à Rome en 1533, celui-ci y passa le reste de sa vie, essayant de remettre les pécheurs dans le droit chemin par la douceur. Il invitait les jeunes gens à venir chez lui parler de l'Évangile et prier. C'est ainsi qu'il fonda l'Oratoire. Saint Philippe refusa de se retirer du monde ou de le condamner, préférant travailler sans relâche à sauver des âmes. Il conseilla un jour à un pénitent trop zélé de porter son cilice par-dessus ses vêtements. Cet homme humble et de caractère enjoué avait souhaité un édifice plus simple que la Chiesa Nuova, consacrée en 1599, quatre ans après sa mort, mais sa volonté ne fut pas respectée. L'intérieur baroque (1647) de Pierre de Cortone est splendide. Trois tableaux de Rubens se trouvent derrière l'autel. Cette église doit son nom de « nouvelle » au fait qu'elle fut construite à la place d'une autre.

De l'église baroque la plus décorée, **Saint-André-de-la-Vallée** (Chiesa Sant' Andrea della Valle) ❹❶, Puccini fit le cadre du premier acte de la *Tosca*.

Carte p. 132

Oculus du Panthéon.

Ci-dessous, ambiance quotidienne sur la Piazza Navona.

L'une des places de Rome les plus photogéniques n'est autre que le Campo de' Fiori, située à l'est de Sant'Andrea della Valle. Ce « champ de fleurs » se pare le jour de mille et une couleurs lorsque s'installent les étals de fleurs, de légumes et de poissons frais du merveilleux marché en plein air ; et la nuit, il revêt sa tenue de fête pour accueillir la jeunesse dorée romaine. Le bar à vins Vineria reste ouvert jusqu'aux premières lueurs.

Carte
p. 132

L'acte II de cet opéra se déroule au **palais Farnèse** (Palazzo Farnese) **42** voisin, le plus beau palais Renaissance de la capitale. Il abrite l'ambassade de France et de superbes fresques d'Annibal Carrache, mais il n'est ouvert au public que sur rendez-vous.

Dans le même quartier se trouve le **palais de la Chancellerie** (Palazzo della Cancellaria), dont l'architecte est inconnu mais la cour intérieure a été attribuée à Bramante.

Le **palais Spada** (1540), qui héberge la belle galerie d'art du cardinal Spada et de sa famille, est connu pour sa perspective en trompe l'œil de Borromini, qui donne l'impression d'une longue galerie qui ne fait que 9 m de long.

L'acte III de la *Tosca* se déroule sur l'autre rive du Tibre, au **château Saint-Ange** (Castel Sant'Angelo) **42**, mausolée d'Hadrien transformé par la suite en forteresse et en prison. Le pont qui y mène est orné de dix anges dus au Bernin portant les instruments de la Passion. Le château est actuellement un musée. La terrasse couronnée d'un énorme ange de bronze d'où se jette la Tosca offre un splendide panorama.

LES CATACOMBES

On aborde la période des débuts du christianisme à **Sainte-Agnès-hors-les-Murs** (Sant'Agnese Fuori le Mura) **51**, à 2 km de la **Porta Pia**, de Michel-Ange, sur la Via Nomentana. Sous l'église se trouvent en effet de vastes **catacombes**, où fut enterrée sainte Agnès, la vierge romaine martyre.

La magnifique église voisine, **Sainte-Constance** (Santa Costanza), était à l'origine le mausolée circulaire des filles de Constantin. Son déambulatoire est décoré de mosaïques qui comptent parmi les plus belles de Rome.

De nombreuses catacombes se situent hors les murs. Dans les parages de la Via Appia Antica se trouvent les **catacombes de Saint-Calixte** (Catacombe di San Callisto), les plus célèbres, formées dès la fin du IIe siècle, de **Saint-Sébastien** (Catacombe di San Sebastiano), avec la basilique attenante qui abrite une des flèches qui frappèrent le martyr, et de **Domitilla**, du IIIe siècle, qui sont creusées sous une propriété de la nièce de Vespasien.

La **Via Appia Antica**, la plus connue des voies consulaires, ouverte en 312 av. J.-C. par Appius Claudius Caecus, court en ligne droite, bordée de verdure, de tombeaux, de monuments et de statues qui font comprendre à quoi devait ressembler la campagne romaine jusqu'à la chute de l'empire. On y voit les vestiges de la **villa de Massenzio**, site monumental d'époque impériale comprenant un cirque de 513 m de long, qui accueillait les courses de chars, spectacle sans doute le plus populaire de l'Antiquité, et un mausolée bien conservé, nichés dans la verdure. Plus loin se dresse la **tombe de Cecilia Metella**, la *« sévère tour ronde »* qui a séduit Byron. La **villa des Quintili**, la plus grande villa romaine des alentours de Rome, date de l'époque de Commode (180-192). Une légère déviation de la Via Appia Antica conduit à la **tombe dite des Curiaces**, tumulus de l'époque républicaine. La légende veut que le combat des Horaces et des Curiaces ait eu lieu à cet endroit.

Ci-dessous, fontaine de la place Navone ; à droite, rue du quartier de Monti.

C'est le pape Innocent X qui chargea le Bernin de la construction de la fontaine des Fleuves, place Navone, ainsi que de l'église Sainte-Agnès, sur la même place. Les quatre fleuves (Danube, Gange, Nil et Rio de la Plata) symbolisent les continents. La fontaine du Maure et la fontaine de Neptune encadrent la fontaine des Fleuves.

LE COLISÉE

« Tant que le Colisée restera debout, Rome restera debout ; quand le Colisée s'écroulera, Rome s'écroulera ; quand Rome s'écroulera, le monde s'écroulera. » Cette prophétie de Bède le Vénérable, au VIIIe siècle, a été prise au sérieux, et on a toujours entretenu le Colisée depuis lors. Celui-ci est

le monument le plus beau et le plus impressionnant de l'Antiquité, par sa taille et par sa majesté. Malgré son aspect massif, il a d'admirables proportions. La construction du Colisée fut entreprise sous Vespasien (69-79), non loin de la Domus Aurea de Néron, et le monument fut inauguré par son fils Titus en 80 apr. J.-C. et achevé sous Domitien (81-96). Le Colisée comptait 80 entrées voûtées numérotées qui permettaient à 50 000 spectateurs de prendre place en dix minutes. Au IIe siècle, Juvénal accusa dans ses satires le peuple romain de se vendre pour « du pain et des jeux », et beaucoup de Romains cultivés désapprouvaient ces spectacles.

LE TEMPS DES RUINES

Après la chute de l'empire, le Colisée tomba en désuétude. A la Renaissance, on en pilla les ruines pour construire des églises et des palais, parmi lesquels le palais Farnèse, qui est aujourd'hui l'ambassade de France. Ce n'est qu'au XVIIIe siècle que le pape Benoît XIV interdit qu'on s'en servît de carrière et le consacra au souvenir des martyrs chrétiens, en installant un chemin de croix que le pape célèbre encore tous les ans. Lors de la visite de Goethe, en 1787, le Colisée était encore bien négligé, puisqu'un ermite et des mendiants avaient trouvé refuge sous ses voûtes. En 1817, lord Byron chanta la « *perfection de ces ruines* ». Sous le gouvernement fasciste, Mussolini, qui voulait remettre à l'honneur le souvenir de l'empire, fit démolir une rangée d'immeubles afin d'en dégager la vue depuis le palais de Venise. Un ambitieux programme de restauration a été mis en œuvre (ainsi que pour des dizaines d'autres sites et monuments de Rome) pour le jubilé de l'année sainte 2000, qui a attiré, dans la Ville éternelle, des millions de pèlerins et de visiteurs.

▲ *Les historiens de la Renaissance croyaient qu'on avait organisé des naumachies (jeux aquatiques) au Colisée, mais cela paraît impossible (il y en a eu, en revanche, au stade de Domitien, actuelle place Navone).*

Gladiateur combattant des lions. Les gladiateurs victorieux sortaient par la porte de la Vie, les vaincus par la porte de la Mort. ▼

▲ *Du point le plus élevé [du] monument, on aperçoit to[ut] un réseau de passages. L'arène était entourée de filets pour empêcher les bêtes de s'échapper. Le plancher amovible éta[it] recouvert de sable. Les sous-sols abritaient les cages des bêtes et des machineries élaborées : treuils, ascenseurs mécaniques, rampes, trappes.*

Monument public par
excellence, le cirque n'en
reflétait pas moins
la hiérarchie de la société.
Le gradin inférieur
était réservé à l'empereur,
aux sénateurs, aux
magistrats et aux vestales.
Au-dessus prenaient place
les patriciens. Les classes
moins élevées et la plèbe
se trouvait reléguée sur
des sièges en bois
aux tout derniers étages. ▼

DU PAIN ET DES JEUX

Les sanglants jeux
du cirque étaient un
héritage corrompu des
jeux du stade des Grecs.
Parmi les animaux, pour
la plupart importés
d'Afrique, on comptait
des lions, des éléphants,
des girafes, des hyènes,
des hippopotames, des
chevaux sauvages et des
zèbres. Ces jeux étaient
aussi l'occasion de se
débarrasser d'esclaves,
de membres de sectes
interdites, des chrétiens
et des criminels de droit
commun, des agitateurs
politiques et des
prisonniers de guerre.
L'équipement des
gladiateurs s'inspirait de
ceux des barbares que
les légions combattaient :
épées courbes, filets
et tridents. On assistait
aussi à des défilés
grotesques, avec des
panthères attelées à des
chars ou des combats
d'estropiés contre
des bouffons. En 248
apr. J.-C. le millénaire
de la fondation de Rome
fut marqué par des
combats opposant plus
de 2 000 gladiateurs et
par le sacrifice de girafes
et d'hippopotames
apprivoisés. Les combats
de gladiateurs furent
prohibés en 404,
et les affrontements
d'animaux prirent fin
au siècle suivant.

◄ Pièce de monnaie
d'époque impériale
à l'effigie de l'empereur
Vespasien. Celui-ci
était un soldat de
métier qui renforça
la mainmise
de Rome sur
la Germanie et la
Grande-Bretagne.
Premier des
empereurs flaviens,
c'est lui qui entreprit
la construction du
Colisée, lequel porta
le nom d'amphithéâtre
Flavien jusqu'au VIIe siècle.

◄ Cette vue du XVIIIe siècle
due à Giovanni Volpato
exprime déjà l'atmosphère
romantique. Au cours du
Grand Tour, il était de bon
ton d'admirer les ruines
baignées par le clair de
lune et de se laisser aller
à la nostalgie au souvenir
de cette civilisation
disparue. Lord Byron
et Chateaubriand
marquèrent Rome de leur
esprit mélancolique.

LE VATICAN ET LE TRANSTÉVÈRE

Cœur de la chrétienté, le Vatican fascine par son importance symbolique et par son rôle sur la scène internationale. Il n'est donc pas une simple curiosité géographique. Avec ses 44 ha, la cité du Vatican est de loin le plus petit État souverain d'Europe, le seul qui ferme ses portes chaque soir à minuit : les portiers ne les rouvrent que lorsque la cloche sonne.

A l'époque impériale, la partie basse de l'actuelle cité du Vatican était un marécage malsain, connu des empereurs et des consuls pour son vin acide. Au Iᵉʳ siècle apr. J.-C., l'impératrice douairière Agrippine fit drainer la vallée pour y planter des jardins impériaux. Sous Caligula et Néron, la place Saint-Pierre était un cirque où se déroulaient des courses de chars et des exécutions, notamment celle de saint Pierre.

Les accords du Latran, signés en 1929 entre Pie XI et Mussolini, ont fixé les frontières actuelles du Vatican. La cité est bordée de remparts médiévaux, sauf à l'entrée de la place Saint-Pierre, qui la relie au reste de Rome. Trois des six entrées du Vatican sont ouvertes au public : la place, l'arc des Cloches (au sud de la basilique) et l'entrée des musées du Vatican.

Le Vatican comprend une prison, un supermarché, une radio et l'imprimerie d'où sort chaque jour l'*Osservatore Romano* ; elle peut traiter toutes les écritures, du copte au géorgien d'église et au tamil. Pie XI fit construire une gare de chemin de fer dans les années 1930, jamais empruntée. Même les papes en ont rarement profité. Un héliport a été aménagé là où les diplomates britanniques confinés dans la cité pendant la Seconde Guerre mondiale s'employaient à tuer le temps.

SAINT-PIERRE

La Via della Conciliazione, percée en 1937 en l'honneur de la réconciliation du pape et de l'État italien, a modifié l'allure de la **place Saint-Pierre** (Piazza San Pietro) **❹**. Auparavant, le pèlerin arrivait par un dédale de petites rues traversant le vieux Borgo et débouchait sur l'immense place enclose de la colonnade du Bernin au fond de laquelle il voyait la plus grande église du monde et, au centre, un énorme obélisque égyptien.

La **basilique Saint-Pierre** (Basilica di San Pietro) est à la fois une église, un musée et un mausolée. Aucun lieu de culte n'a son importance historique et sa splendeur architecturale. Malgré son immensité, la basilique est un authentique lieu de culte, même si architectes et commanditaires ont voulu impressionner les fidèles en matérialisant le pouvoir temporel des papes autant que spirituel. Presque tous les grands architectes de la Renaissance et du baroque à partir de Bramante ont collaboré à Saint-Pierre. L'idée de relever la basilique du IVᵉ siècle date du milieu du Vᵉ siècle, mais la reconstruction totale ne commença que sous Jules II. Il engagea Bramante, à qui succédèrent Raphaël, Baldassare Peruzzi, Michel-

Carte p. 132

A gauche, vue depuis la basilique Saint-Pierre ; ci-dessous, gardes suisses au repos.

La garde suisse, dont l'uniforme passe (à tort) pour avoir été dessiné par Michel-Ange, remonte à Jules II. En 1505, ce souverain pontife obtint une garde permanente de deux cents suisses. Elle se signala en 1527, lors du sac de Rome, et prouva depuis maintes fois sa fidélité au pape. Elle se recrute dans certains cantons suisses catholiques.

Ange (à qui on attribue le dôme), Giacomo Della Porta et le Bernin.

A l'intérieur, l'immensité est compensée par les proportions : les *putti* mesurent 1,80 m de haut, de même que les caractères de la frise de mosaïque qui court autour de l'église. La *Pietà* de Michel-Ange fut exécutée en 1 500, quand il avait vingt-cinq ans. Au bout de la nef, la statue de bronze de saint Pierre a le pied droit usé par les baisers de générations de pèlerins.

Le maître-autel érigé sur la tombe de saint Pierre est surmonté d'un immense baldaquin, œuvre du Bernin, dont le bronze fut arraché au portique du Panthéon. Le Bernin s'est surpassé dans les plans du trône, soutenu par les quatre évangélistes en bronze doré. Au-dessus, la lumière entre à flots par la vitre dorée d'une fenêtre couronnée d'une colombe (symbole du Saint-Esprit). Le trône est orné d'un relief représentant le commandement du Christ à Pierre de *« nourrir ses brebis »*. Le rôle du pape se trouve ainsi justifié par les paroles du Christ et l'enseignement des Évangiles

Ci-dessous, des milliers de fidèles assistent à la messe place Saint-Pierre.

et soutenu par le Saint-Esprit. Les paroles du Christ figurant sur la coupole sont : *« Tu es Pierre et sur cette pierre je bâtirai mon Église, je te donnerai les clefs du royaume des cieux. »*

LES MUSÉES

Les **musées et galeries du Vatican** (Musei Vaticani) ❹❺ sont sans conteste les plus riches du monde, et parmi les plus visités. Le **Musée égyptien**, qui compte huit salles, fut fondé par Grégoire XVI en 1839.

Le **musée Chiaramonti** a pris le nom de son fondateur, Pie VII (1800-1823), et il a peu changé depuis sa conception par le sculpteur Canova. Il abrite des œuvres d'art antiques et la Galerie lapidaire, qui le prolonge (en principe fermée au public), conserve des inscriptions romaines et chrétiennes.

Le **musée Pio-Clementino**, qui porte le nom de ses fondateurs Pie VI et Clément XIV, renferme la collection d'antiquités des papes, surtout en sculpture. La cour octogonale abrite les

LES PAPES

A la mort du pape, les cardinaux du Sacré Collège convoquent en conclave tous les pays du monde. Les cardinaux électeurs (ils étaient 115 en 2005) s'enferment dans la chapelle Sixtine (ni caméra ni magnétophone ne sont autorisés) pour n'en sortir qu'après avoir élu le successeur de saint Pierre. Le scrutin a lieu quatre fois par jour jusqu'à ce qu'un candidat ait obtenu les deux tiers des voix plus une. En dernier recours, on charge une vingtaine de cardinaux d'élaborer une résolution.

Si la plupart des conclaves se sont acquittés assez vite de leur tâche (Jean-Paul II fut élu en deux jours, son prédécesseur, Jean-Paul Ier un jour), des autorités extérieures ont parfois exercé des pressions sur les cardinaux pour accélérer leur choix. A la mort d'Innocent III (1216), le sénateur local Matteo Rosso Orsini imposa aux membres du conclave la compagnie du corps du défunt pape. Grégoire X (1271-1276) ordonna qu'au bout de cinq jours les cardinaux soient mis au pain et à l'eau.

Après chaque vote, on brûle les bulletins. Tant que le scrutin n'a pas abouti, une fumée noire sort de la petite cheminée de la chapelle ; elle devient blanche lorsque le pape est élu. Le doyen des cardinaux annonce aux fidèles : « *Habemus papam* » (en avril 2005, la page d'accueil du site Internet du Vatican annonçait : « Habemus papam Benededictum XVI »), et le nouvel élu apparaît en soutane blanche. Il est intronisé le lendemain dans la basilique Saint-Pierre.

Le plus jeune fut Jean XI, élu à seize ans en 931. Le plus âgé, Grégoire IX, élu en 1227 à quatre-vingt-six ans, vécut encore quatorze ans. Quatorze papes ont abdiqué ou ont été déposés (Benoît IX, au XIe siècle, fut élu et déposé trois fois). Une dizaine ont péri de mort violente, dont trois de suite au début du Xe siècle. Des papes ont été arrêtés, mis en prison et humiliés de mille façons par des souverains temporels, et nombreux sont ceux qui n'ont jamais pu régner à Rome. À l'inverse Pie IX régna trente-deux ans, au XIXe siècle !

Si les 262 papes ont été en majorité italiens, l'Espagne, la Grèce, la Syrie, la France et l'Allemagne (le dernier en date est Josef Ratzinger, devenu Benoît XVI) ont été représentées. Il y a eu au moins un pape africain (Miltiade, 311-314) et un Anglais (Adrien IV, 1154-1159). Jean-Paul II était le premier pape polonais (Karol Wojtyla).

Environ 80 papes ont été canonisés, le dernier étant Pie X (1903-1914). En revanche, Étienne VII (896-897) fit exhumer le corps de son prédécesseur Formose (891-896), le fit revêtir de l'habit papal, juger et condamner pour usurpation du trône. Mais la foule romaine se souleva et l'étrangla.

Alexandre VI (Rodrigo Borgia, 1431-1503), le 212e pape est resté célèbre... par ses scandales – intrigues, débauches –, réputation qu'il avait avant même d'être élu, en 1492. Il accorda des faveurs à ses maîtresses et à ses dix bâtards. Son fils César devint cardinal sans être prêtre. Mais Francisco, arrière-petit-fils du pape, devint général des Jésuites et fut canonisé.

Saint Grégoire Ier le Grand (590-604) vida les caisses du Vatican pour nourrir les milliers de réfugiés des guerres lombardes. Léon IX (1049-1054) combattit la corruption. Jean XXIII (1958-1963) fut l'initiateur du concile Vatican II. « *Nous ne sommes pas sur terre pour garder un musée, mais pour cultiver un jardin* », disait-il.

Une partie des jardins qui s'étendent derrière Saint-Pierre et les musées du Vatican.

Pavage de mosaïque aux musées du Vatican.

Torse romain au musée Chiaramonti.

pièces maîtresses du musée, comme l'*Apollon du Belvédère*, copie romaine de la statue qui ornait l'agora d'Athènes, et dont la gravité s'oppose à la sensualité du *Laocoon*.

Le **Musée grégorien-étrusque**, fondé par Grégoire XVI, est une des plus belles collections du monde sur le sujet, avec en particulier la tombe Regolini-Galassi (VIIe siècle av. J.-C.), découverte près de Cerveteri en 1836.

La **salle du Bige** abrite le char romain (Ier siècle) tiré par deux chevaux, complété au XVIIIe siècle, sans doute consacré à la déesse Cérès.

La **galerie des Candélabres** doit son nom aux candélabres antiques qui l'ornent, et contient aussi de nombreuses statues.

La **galerie des Tapisseries** abrite les tapisseries dites de la nouvelle école pour les distinguer de celles de la Pinacothèque. Toutes furent exécutées à Bruxelles.

La **galerie des Cartes**, voûtée, est ornée de fresques et de cartes de l'Italie.

Les musées du Vatican comprennent, notamment, le Musée égyptien, le musée Chiaramonti, le musée Pio-Clementino, les galeries des Candélabres, des Tapisseries, et des Cartes, les appartements de Pie V, les salles du Sobieski et de l'Immaculée-Conception, les chambres et la loggia de Raphaël, la salle des Palefreniers, la chapelle de Nicolas V, les appartements Borgia, la chapelle Sixtine, la Bibliothèque vaticane et la Pinacothèque.

Dans les **appartements de Pie V** sont accrochées de belles tapisseries de Tournai (XVe siècle).

La **salle du Sobieski** doit son nom au grand tableau de Jan Matejko représentant Jean III Sobieski, roi de Pologne, libérant Vienne des Turcs en 1683.

La **salle de l'Immaculée-Conception** renferme de nombreux livres offerts par Pie X en 1854, à l'occasion de la proclamation du dogme de l'Immaculée Conception, qui affirme que Dieu avait mis la Vierge Marie à l'abri du péché.

Les **chambres de Raphaël**, commandées par Jules II pour ses appartements, qui furent aussi ceux de ses successeurs jusqu'à Grégoire XIII (1572-1585), comprennent quatre pièces. Les fresques de la chambre de l'Incendie (Stanza dell'Incendio) montrent des hauts faits des papes, dont Léon IV éteignant l'incendie du Borgo. Celles de la chambre de la Signature (Stanza della Segnatura di Grazia) sont des allégories de la Théologie, de la Philosophie, de la Poésie et de la Justice, avec la célèbre *École d'Athènes*. Celles de la chambre d'Héliodore (Stanza di Eliodoro) sont consacrées à des interventions divines, comme *La Messe de Bolsène*, qui fut à l'origine de la construction de la cathédrale d'Orvieto ; *Héliodore chassé du temple* s'inspire d'un épisode des Évangiles apocryphes. Certaines fresques de la chambre de Constantin (Stanza di Costantino), qui concernent toutes la conversion et le baptême de l'empereur, furent exécutées après la mort de Raphaël suivant les dessins du maître.

La **loggia de Raphaël**, au centre de trois arcades superposées, porte une série de fresques d'inspiration biblique dites la *Bible de Raphaël*, ainsi que des stucs et des grotesques.

La **salle des Palefreniers** (Sala dei Palafrenieri) ou des Grisailles (Chiaroscuri) à cause de ses fresques du XVIe siècle, abrite une maquette du dôme de Saint-Pierre.

Les murs de la **chapelle de Nicolas V** sont ornés de fresques délicates de Fra Angelico sur les vies de saint Étienne et de saint Laurent.

A l'étage inférieur, les **appartements Borgia**, ceux d'Alexandre VI (1492-1503), sont ornés de fresques raffinées aux couleurs vives du Pinturicchio. La salle des Saints est l'un des chefs-d'œuvre du peintre. Les appartements hébergent une partie de la collection d'Art religieux moderne.

La **collection d'Art religieux moderne**, exposée dans 50 salles (peintures, sculptures et dessins), est l'œuvre de Paul VI.

La **chapelle Sixtine** représente l'apogée de l'art de la fresque. Les murs ont été confiés par Sixte IV aux plus grands artistes de l'époque : Botticelli, le Pérugin, Piero di Cosimo, le Pinturicchio et Ghirlandaio. Le plafond, représentant neuf histoires de la Genèse, et le mur derrière l'autel consacré au Jugement dernier, sont de Michel-Ange, et cette œuvre d'envergure force l'admiration. Restaurés dans les années 1980 et 1990, ces fresques ont pris des couleurs éclatantes. Aucune reproduction ne traduira jamais l'impression que produit la chapelle, resplendissante de beauté. *« Tout le monde se pressa pour contempler cette merveille et, stupéfait, resta muet d'étonnement »*, écrivait Vasari.

La **Bibliothèque vaticane** est ornée du *Mariage Aldobrandini*, fresque romaine du temps d'Auguste.

Le **Braccio Nuovo**, aile du musée Chiaramonti, fut inauguré en 1822. Il conserve des statues antiques, dont l'*Auguste de Prima Porta*.

La **Pinacothèque** (Pinacoteca Vaticana) conserve tant de beaux tableaux qu'il n'est pas facile de choisir : Léonard, Raphaël, Bellini, le Caravage, Guido Reni, Domenichino ou Poussin.

Le **Musée grégorien profane** est une collection d'antiquités païennes, trouvées pour la plupart au Vatican même, rassemblée par Grégoire XVI, et transférée au palais du Latran en 1970.

Le **Musée chrétien**, transféré de même en 1963, comprend des antiquités chrétiennes rassemblées par Pie IX en 1854.

Le **Musée missionnaire ethnologique** ouvrit en 1926 et fut transféré au Latran en 1970.

Le **Musée historique** fut fondé en 1970 par Paul VI pour exposer les carrosses et les voitures des papes et des cardinaux, ainsi que le matériel des forces armées, dissoutes cette année-là.

LE TRANSTÉVÈRE, QUARTIER DES ARTISANS

Au sud du château Saint-Ange se trouve le cœur du **Transtévère** (Trastevere) médiéval (à la lettre « au-delà du Tibre »), avec de nombreux restaurants à prix modiques et un grand marché aux puces le dimanche à la **Porta Portese** ㊻. C'est le quartier « bohème » indispensable à toute grande ville.

Au fil des siècles, le Transtévère s'est séparé du reste de la ville et a ainsi développé ses propres coutumes, traditions et même un dialecte. Il est devenu le foyer d'un peuple fier qui plus d'une fois en est venu aux mains avec les habitants de l'autre rive. Au temps de la Rome antique, le Transtévère était habité par des marchands étrangers, dont les marchandises arrivaient à Rome par le Tibre ; il hébergeait aussi une grande colonie juive qui plus tard migra de l'autre côté du fleuve. Le quartier a

Carte p. 132

La Vierge, vitrail du musée du Vatican.

Dans un atelier de lutherie du Transtévère.

Le Transtévère conserve quelques coins secrets qui offrent au promeneur un certain nombre d'images ou de scènes un peu désuètes et proches du cliché : le linge séchant aux fenêtres, les vieilles personnes bavardant sur le pas de la porte... Les rues tortueuses fourmillant d'ateliers d'artisanat sont le meilleur endroit pour dénicher un cadeau original.

Carte
p. 132

conservé son aspect médiéval jusqu'au milieu du XIXᵉ siècle, époque où, pour percer la Viale di Trastevere et le Longotevere (les quais), beaucoup de monuments ont été démolis et une grande partie du dédale de ruelles anéanti. Malgré ces changements, son embourgeoisement (aujourd'hui les habitants ne sont plus des ouvriers) et sa vocation de plus en plus marquée pour les activités touristiques, le Transtévère a gardé des îlots où l'on respire encore l'atmosphère de ses origines.

Deux églises intéressantes se trouvent au sud du Viale Trastevere. **Sainte-Cécile** (Chiesa Santa Cecilia in Trastevere) ❹ fut construite sur la maison de cette martyre. Condamnée à être décapitée, elle ne succomba pas aux trois coups du bourreau et vécut encore trois jours. L'émouvante statue de Stefano Maderno représente la sainte étendue sur le côté, telle que le sculpteur la vit quand on ouvrit sa tombe en 1599.

Dans l'église voisine, **San Francesco a Ripa**, la statue de la bienheureuse Lodovica Albertoni par le Bernin

Ci-dessous, le château Saint-Ange ; à droite, vue intérieure de la basilique Saint-Pierre.

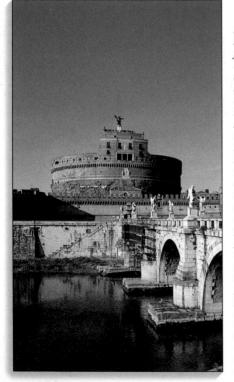

Le château Saint-Ange fut en 130 un mausolée destiné à Hadrien et à sa famille. En 271, Aurélien en fit une forteresse. Lorsqu'en 847 Léon IV fit édifier un mur d'enceinte, le château prit de l'importance et les papes y trouvèrent plusieurs fois refuge. A la Renaissance, il devint une prison. Occupé par les Français en 1849 et 1870, il fut transformé en caserne. Il devint enfin un musée en 1933.

représente une femme à l'agonie. Cette œuvre tardive exprime encore plus violemment que sa *Sainte Thérèse* le conflit entre le plaisir et la douleur qu'éprouve un croyant profondément convaincu de l'existence de la vie éternelle à l'instant de sa mort.

La Piazza Santa Maria in Trastevere est fréquentée par les anticonformistes de Rome. L'**église Sainte-Marie** (Chiesa Santa Maria in Trastevere) ❹ est la plus ancienne des nombreuses églises de Rome dédiées à la Vierge. En fait, ses origines exactes sont inconnues. La façade est ornée de mosaïques représentant la Vierge entourée de dix femmes qu'on a dit être les Vierges folles et les Vierges sages. D'autres mosaïques décorent l'intérieur. On reconnaît le style byzantin de certaines à l'attitude figée des personnages.

La **villa Farnésine** (Farnesina) ❹, plus au nord, donne sur le Tibre. En 1509, le mécène Agosto Chigi commanda cette demeure à l'architecte Baldassare Peruzzi, son compatriote siennois. Elle passa aux mains des Farnèse en 1580. Son plafond est orné d'une fresque de Raphaël représentant les amours de Cupidon et Psyché. Les personnages charnus préfigurent la sensualité de Rubens. Dans une autre salle, la *Galatée* de Raphaël est saisie à l'instant où elle se retourne, dégagée de l'étreinte du cyclope Polyphème. A l'étage, le fantastique trompe-l'œil de Peruzzi ouvre la pièce sur un paysage. La villa conserve *Les Noces d'Alexandre et de Roxane*, œuvre sensuelle de Giovanni Bazzi, dit il Sodoma.

L'église Renaissance **San Pietro in Montorio** ❺ (1484), sur le Janicule, a une jolie façade. La cour du couvent abrite le **Tempietto** (1502) de Bramante, temple rond dorique à l'emplacement présumé du martyre de saint Pierre. La **fontaine Paola** (1612) voisine est un édifice de transition entre la Contre-Réforme et le baroque.

La **promenade du Janicule** (Passeggiata del Gianicolo), qui offre une belle vue sur la ville, est le lieu idéal où conclure un séjour à Rome. La vue s'étend sur le dôme du Panthéon, sur ceux de Sainte-Marie-Majeure et sur le Vittoriano.

LES ENVIRONS DE ROME

En 1936, Mussolini proclama du balcon du palais de Venise que *« l'heure fixée par le destin a enfin sonné »* et que l'aigle impériale brillait de nouveau sur les collines de Rome.

L'E.U.R.

Des mosaïques de style antique ornent le pavement et les murs du **Foro Italico** ❶, ambitieux centre sportif aménagé en 1931 au nord-est de la capitale.

Le **stade olympique** (Stadio Olimpico) du Foro Italico est orné de 60 statues colossales d'athlètes, tandis que l'**église Saints-Pierre-et-Paul** (Santi Pietro e Paolo) de l'E.U.R. se distingue par ses lignes austères et sa masse imposante.

A l'**E.U.R.** (Esposizione Universale di Roma) ❷, au sud de Rome, le **palais de la Civilisation du travail** (Palazzo della Civiltà del Lavoro) est surnommé le « Colisée carré ». Avec sa grande masse blanche rythmée par six étages d'arcatures, il semble tout droit sorti d'une toile « métaphysique » du peintre Giorgio De Chirico (1888-1978).

Dans le centre de la ville, les urbanistes ont percé des rues dans les zones historiques et démoli des quartiers médiévaux, héritage, à leurs yeux, de l'obscurantisme. Ils ont tracé une voie triomphale pour les nouvelles aigles du régime au cœur même de Rome. Dans ce contexte, l'E.U.R. est la plus intéressante des réalisations urbaines du Duce, car elle fut édifiée sur une zone vierge. En 1938 Mussolini entreprit d'y construire, sur des plans de Marcello Piacentini, une troisième Rome rivalisant avec la Rome impériale et celle de la Renaissance. L'exposition devait s'ouvrir en 1942 pour célébrer les vingt ans du fascisme, mais elle n'eut pas lieu à cause de la guerre. Les travaux restèrent inachevés. Dans les années 1950, on ajouta des bâtiments où s'installèrent des ministères et des musées, et l'E.U.R. devint un quartier résidentiel.

Les amateurs d'histoire romaine visiteront le **Musée préhistorique et ethno-** graphique et le **musée de la Civilisation romaine**, où se trouve la maquette de la ville sous Constantin.

OSTIE

La ville fortifiée d'**Ostie** (Ostia Antica) ❸ fut fondée vers la fin du IVᵉ siècle av. J.-C. pour garder l'embouchure du Tibre. Devenue le port commercial et la base navale de Rome, elle assurait le ravitaillement de la capitale (en blé notamment) par la Via Ostiensis. Elle connut son apogée au Iᵉʳ siècle apr. J.-C. Un autre port, plus grand, Portus Augusti, projeté par Auguste, fut construit par Néron au nord-ouest de la ville, et sous Constantin, Ostie était devenue une ville résidentielle pour les classes moyennes et ouvrières. Les ruines d'Ostie, comme celles de Pompéi, offrent un bon exemple de plan de ville antique. On y trouve de remarquables exemples d'*insulae*, ces immeubles de rapport, tournés vers la rue, qui pouvaient comporter jusqu'à sept ou huit étages. Ses nombreuses

Carte p. 164

ITALIE
●Rome

A gauche, le théâtre maritime de Tivoli ; ci-dessous, statue du musée de la Civilisation romaine de l'E.U.R.

Les soixante salles et galeries du musée de la Civilisation romaine de l'E.U.R. illustrent, à l'aide de maquettes, de moulages et de documents, le patrimoine légué par la civilisation romaine antique. On peut y voir par exemple les copies des bas-reliefs de la colonne Trajane et de celle de Marc-Aurèle, et une grande maquette de la Rome impériale.

Sculpture de l'île des Dipinti, à Ostie.

pièces étaient toutes pourvues d'une fenêtre (aux vitres de mica). La *domus*, résidence de plain-pied des riches Pompéiens, était très rare à Ostie.

Le **théâtre romain** à l'acoustique parfaite, agrandi au IIe siècle par Septime Sévère, pouvait recevoir 2 700 spectateurs. Il accueille aujourd'hui la saison d'été du Teatro di Roma.

Lido di Ostia ❹ est la plage de Rome, en général surpeuplée. La mer y étant polluée, les amoureux de la nature iront plus au sud, à **Tor Vaianica**, à 7 km.

PALESTRINA

Palestrina ❺, l'antique Praeneste, est une des villes les plus anciennes du Latium, fondée par Praenestos, fils du roi Latinus, ou par Télégonos, fils supposé d'Ulysse et de Circé. Déjà prospère au VIIIe siècle av. J.-C., la ville ne succomba aux assauts des Romains qu'à la fin du IVe siècle, à l'issue de la guerre latine dont elle avait pris la tête. Lors de la guerre civile entre Marius et

Sylla, Marius s'y réfugia et la cité, assiégée par les armées de Sylla, fut détruite.

Pour se racheter, Sylla fit relever le célèbre **sanctuaire de Fortuna Primigenia**, d'une superficie de 32 ha, l'un des temples les plus sompteux de l'Antiquité. Composé de terrasses reliées par des rampes voûtées au flanc du mont Ginestro, il abritait un oracle, dont le culte se maintint jusqu'au IVe siècle apr. J.-C. La ville médiévale fut construite sur ses ruines.

Les bombardements de 1944 détruisirent la partie de la ville recouvrant la troisième terrasse et mirent au jour le temple. Le **Musée national archéologique** abrite les découvertes locales, notamment l'extraordinaire *Mosaïque du Nil*, qui pavait à l'origine l'abside de la grande salle du Forum.

TIVOLI

A l'apogée de l'Empire romain, le site de **Tibur** ❻, sur les contreforts des monts Sabins, se couvrit de somptueuses villas parmi les bois sacrés et les

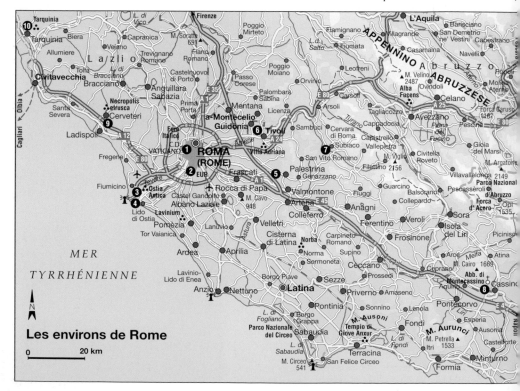

Les environs de Rome

MER TYRRHÉNIENNE

0   20 km

cascades, qui accueillirent Horace, Catulle, Mécène, Salluste et l'empereur Trajan.

En 117 apr. J.-C., Hadrien se fit construire une retraite au pied de la colline. D'une superficie de 73 ha, cette **villa d'Hadrien** (Villa Adriana) est la plus vaste de l'Empire romain. L'empereur y a fait reproduire les monuments et les lieux qu'il avait préférés au cours de ses voyages en Orient. Le projet d'Hadrien, très ambitieux, avec sa succession infinie de terrasses, de bassins et de bains, dépasse la simple imitation. Ce général las de la guerre et du monde, parvenu au terme d'une vie sans amour, ne partageait pas le goût baroque décadent pour l'artifice et le trompe-l'œil. Sa vision architectonique est rigoureuse, géométrique et classique, comme en témoigne l'édifice que les archéologues romantiques ont appelé **théâtre maritime**, édifice circulaire à portique et colonnade avec un étrange fossé entourant une île centrale. Ce « lieu de l'esprit » est une synthèse symbolique de l'espace, territoire d'évasion, de retraite et de contemplation lucide de la mort.

L'esprit qui règne à la **villa d'Este** n'a en revanche rien de métaphysique. Il s'en dégage légèreté et gaieté. L'ancien couvent bénédictin fut transformé au XVIe siècle en résidence somptueuse pour le cardinal Hippolyte d'Este par Pirro Ligorio. Avec ses pièces ornées de fresques et sa façade sur le parc, c'est une demeure princière typique de la Renaissance. Les jardins sont étagés en terrasses symétriques au flanc d'une colline à la végétation exubérante et aux jeux infinis de l'eau, qui est ici l'élément principal. De longs bassins bordés de rangées de cyprès multiplient la distance, suggérant l'infini. Des jets d'eau jaillissent d'un obélisque, de la gueule d'un monstre mythologique caché sous la vase, ou encore des seins de l'Artémis polymaste d'Éphèse. Ce monument dédié à l'éphémère, cette mise en scène triomphale préfigurent le baroque.

SUBIACO ET CASSINO

Subiaco ❼ n'existait pas encore quand Néron fit construire sa **villa** au bord de trois lacs artificiels aménagés en détournant le cours de l'Aniene. La ville fut fondée par les esclaves employés à la construction du barrage et de la villa. Cinq siècles plus tard arriva Benoît, jeune homme riche de Nursie qui cherchait un lieu de retraite. Il vécut trois ans dans la **grotte sacrée** (Sacro Speco). Subiaco est le lieu de naissance du monachisme en Occident. Le monastère se compose de cloîtres, de clochers et d'églises superposées, de chapelles ornées de fresques et de grottes creusées dans la montagne, le tout relié par de pittoresques escaliers.

Vers 529, saint Benoît et un groupe de moines quittèrent Subiaco pour le **mont Cassin** (Monte Cassino) ❽. Ils y fondèrent l'un des centres religieux les plus importants de la chrétienté médiévale. Benoît y mourut en 547. Cinq siècles plus tard, l'abbaye était considérée comme la plus riche du monde. Les manuscrits enluminés, les fresques et les mosaïques réalisés par les moines servirent de modèle au reste de l'Europe.

Carte p. 164

Masque de pierre du théâtre antique d'Ostie.

Mosaïque des thermes d'Ostie.

Ostie compte quatre bains romains. Les grands thermes du Forum, du IIe siècle apr. J.-C., ont été remaniés au IVe siècle. Les thermes de Neptune datent du IIe siècle. Ils sont décorés de pavements en mosaïque représentant le dieu de la Mer entouré de divinités marines secondaires : Amphitrite et des tritons. Les thermes des Sept Sages ont eux aussi de magnifiques mosaïques.

Pendant la Seconde Guerre mondiale, après l'entrée des forces américaines à Naples, les Allemands firent de Cassino le principal point d'appui de la ligne Gustav, destinée à défendre les approches de Rome. Les attaques des Alliés s'y étant brisées, ils la bombardèrent et Cassino fut détruit. L'abbaye, qui n'abritait en fait aucune installation militaire, fut balayée. Celle qu'on voit en est une reconstitution fidèle.

CERVETERI

Cerveteri ❾, petite ville médiévale au nord de Rome, sur la Via Aurelia, fut construite sur l'emplacement de la ville étrusque de Caere. L'établissement antique était bien plus étendu et, aux VIe et Ve siècles av. J.-C. (apogée de sa prospérité et de sa puissance), c'était une des villes les plus peuplées du bassin méditerranéen. Elle avait des liens étroits avec les pays hellénistiques, dont les colonies de marchands et d'artistes firent un foyer de culture. Le déclin commença en 384 av. J.-C.,

quand le port principal de Pyrgi fut détruit par une incursion grecque. Finalement, Rome détruisit cette cité, dont il ne reste que des pans de murs.

La nécropole de Caere, **Necropoli di Banditaccia**, située sur une colline, était visible des remparts de la cité des vivants, aux maisons et aux temples peints. Les plus anciennes tombes (VIIIe siècle av. J.-C.) sont de simples fosses creusées dans la roche, où l'on déposait les urnes cinéraires. Les premières chambres funéraires, creusées dans le rocher et couvertes d'un tumulus, apparaissent au début du VIIe siècle. Les nobles étrusques reposaient soit dans de superbes sarcophages au couvercle à leur effigie, soit sur des lits de pierre dans une chambre funéraire. On déposait près d'eux les trésors dont ils auraient besoin dans l'au-delà : un bateau de bronze miniature pour le voyage, bijoux, plats, statuettes, outils, armes et armures. Les grandes dames, souvent enterrées au côté de leur époux, étaient parées pour le voyage : miroir, peigne, boîte de fards, bijoux.

Mosaïque de l'entrée de la villa d'Este.

Jardins et fresques de la villa d'Este.

Les fouilles effectuées dans les tombes intactes (les Romains furent les premiers collectionneurs d'antiquités étrusques) ont livré de remarquables objets d'or, d'argent, d'ivoire, de bronze et de céramique. La céramique, très influencée par le monde grec, révèle le niveau élevé de l'artisanat étrusque. L'essentiel des trouvailles est exposé au **musée de Cerveteri**, dans le **château de Ruspoli**, au musée de la Villa Giulia et aux musées du Vatican.

LES PROMENADES ÉTRUSQUES

Avant Rome, l'Italie fut le berceau de la civilisation étrusque. Leur apparente joie de vivre et leur vitalité physique offraient, aux yeux de D. H. Lawrence, un heureux contraste avec le « *purita-nisme des Romains* ».

La région des **Promenades étrusques** (titre d'un ouvrage de D. H. Lawrence) se trouve au nord-ouest du Tibre dans l'antique Étrurie qui englobait une partie de la Toscane actuelle (« pays des Étrusques »), de l'Ombrie et du Latium. Vers 500 av. J.-C., à leur apogée, les Étrusques occupaient la majeure partie du Latium et avaient essaimé en Corse, à l'île d'Elbe, en Sardaigne, aux Baléares et sur la côte espagnole. Ils étaient organisés en cités-États dans le cadre d'une confédération unie par des liens religieux et n'obéissant à aucun pouvoir central. Leur puissance provenait en partie de l'exploitation des gisements de fer d'Étrurie.

TARQUINIA

La **Tarquinia** ⑩ étrusque se trouvait sur une colline au nord-ouest de la ville actuelle, fondée au Moyen Age. Elle existait déjà au IXᵉ siècle av. J.-C. et, deux siècles plus tard, elle était à son apogée. Il est difficile de dire si la dynastie des Tarquins prit le pouvoir à Rome par la conquête militaire ou simplement par son influence politique. Au IVᵉ siècle av. J.-C., les rôles s'inversèrent et Tarquinia mourut, comme les autres villes étrusques. Elle ressuscita au Moyen Age, quand une partie de la population, fuyant les invasions barbares, fonda sur la colline voisine

Cornetum, rebaptisée Tarquinia en 1922. Le **musée national de Tarquinia**, fondé en 1924, renferme notamment de célèbres chevaux ailés en terre cuite.

La **nécropole de Tarquinia** est la plus importante, avec celle de Caere. Située sur une colline au sud de la cité antique, elle mesure 5 km sur 1 km. En usage jusqu'à l'époque romaine, elle est couverte de tombes aux formes variées : fosses, tombes à corridor et chambres funéraires avec ou sans tumulus. Les fresques sur les murs sont le meilleur exemple de peinture étrusque, mais aussi un document précieux sur la vie des Étrusques, leurs coutumes et leurs croyances. Les scènes de genre sont encadrées de rubans horizontaux de couleurs vives : banqueteurs et musiciens dans la tombe des Léopards ; chasseurs dans la tombe de la Chasse ; scènes érotiques dans la tombe des Taureaux ; danseurs pétulants, dauphins plongeant et oiseaux en vol dans la tombe des Lionnes ; belle jeune femme nommée Vella dans la tombe de l'Ogre ou de Polyphème.

Carte p. 164

Fontaine de la villa d'Este.

Statue antique au bord d'un bassin, à Tivoli.

La ville de Tivoli (l'antique Tibur) s'étage sur les monts Sabins. Les peintres Fragonard, Hubert Robert et Corot y trouvèrent l'inspiration. Les hommes y ont capté les eaux de l'Aniene afin d'alimenter de nombreuses cascades, fontaines et bassins qui agrémentent les villas et les jardins.

LE NORD

« La diligence me jette à Suse ; il doit y avoir quelques antiquités à observer, qui sont précieuses lorsqu'on va à Rome et que l'on ne regarderait pas au retour. C'est là un des grands principes du voyage d'Italie : il faut voir en allant beaucoup de choses qui feraient hausser les épaules au retour. » (Stendhal, *Rome, Naples et Florence*, 1817.) Comme Stendhal, qui vient de traverser les Alpes plein d'enthousiasme, pendant des siècles, la plupart des voyageurs ont abordé l'Italie par le nord. Franchissant les montagnes qui séparent le pays de la Suisse ou de la France, ils faisaient souvent une partie du voyage à pied, s'ils avaient une bonne résistance physique et un esprit romantique. L'Italie se précisait donc peu à peu, à mesure que, laissant derrière eux le Nord et sa relative froidure, ils gagnaient la région des lacs et Milan. De là, les célèbres villes de la vallée du Pô jalonnaient leur chemin jusqu'à l'Adriatique.

C'est aujourd'hui encore la meilleure façon de parcourir l'Italie du Nord. L'idéal est de ne pas se presser et de ne visiter que quelques villes afin de les voir à fond. Abordées avec la curiosité de Stendhal, elles suffiront à rassasier le voyageur bien avant qu'il n'arrive à Rome. Elles sont toutes si anciennes, si riches de légendes et d'art qu'il faudrait leur consacrer des semaines. Après tout, c'est l'Italie de Shakespeare – *Roméo et Juliette* (Vérone), *La Mégère apprivoisée* (Padoue) –, des communes médiévales, des princes de la Renaissance, des grandes familles – les Visconti de Milan, les Gonzague de Mantoue, les Della Scala de Vérone, les Este de Ferrare – connues pour leurs intrigues, mais aussi pour le raffinement de leurs cours. Sur le plan littéraire, le meilleur aperçu de la Renaissance dans le Nord est le *Roland furieux* de l'Arioste.

Sur le littoral oriental, Venise scintille de tous les ors de Byzance ; à l'intérieur, on visitera les villes sur lesquelles elle exerça longtemps son influence, de Trévise à Trente, en passant par Padoue, siège d'une université prestigieuse depuis le Moyen Age, Vicence et Vérone.

Les Italiens du Nord sont plus posés que ceux du Sud, plus réservés. Mais ils sont toujours disposés à répondre aux questions. Dans les petites villes, surtout, les habitants prendront le temps d'indiquer avec fierté quelque curiosité au touriste. Et il est tout à fait possible que cet interlocuteur ressemble aux personnages des fresques du XVe siècle qui ornent la cathédrale (*duomo*) locale. Car, dans ces régions, le passé est toujours présent.

Pages précédentes : maisons peintes de couleurs vives sur l'île de Burano, près de Venise. Ci-contre, chute d'eau glaciaire dans le Val d'Aoste.

VENISE

Quand lord Byron arriva à Venise, en 1817, la Sérénissime déclinait déjà depuis des siècles, *« ses palais tombant en ruine sur le rivage »*. Même si Venise n'a fait que s'affaiblir depuis la ligue de Cambrai, en 1509, ses cent îlots et ses 400 ponts ont captivé les poètes et les peintres, les romanciers, les dramaturges et tous ceux qui recherchent l'évasion. Henry James, Marcel Proust, Thomas Mann, Ernest Hemingway, Paul Morand figurent parmi les écrivains qui se sont laissé séduire. Aucune ville ne peut se vanter d'avoir produit autant de peintres de génie, de Bellini à Tiepolo en passant par Carpaccio, Giorgione, Titien, le Tintoret, Véronèse, Longhi, Canaletto et Guardi. Le sentiment de fragilité qui plane sur cette centaine d'îlcs reliées par des douzaines de ponts gracieux guide le visiteur d'une merveille à l'autre.

Toutefois, les dommages les plus récents subis par la Sérénissime n'ont pas été causés par les eaux, mais par le feu. La **Fenice**, dans le quartier de Saint-Marc, opéra où furent données les premières représentations de *La Traviata* et de *Rigoletto*, de Verdi, fut dévorée une première fois par les flammes en 1836. En décembre 2003, ce temple de l'art lyrique renaît encore de ses cendres (l'italien *fenice* ne veut-il pas dire « phénix » ?) après le second incendie qui l'a dévasté, en janvier 1996. L'intérieur somptueux, le plafond à dorures et les torchères ont entièrement été recréés. Le premier opéra donné à la « nouvelle » Fenice est... *La Traviata*, en novembre 2004. Dans l'intervalle, la plupart des spectacles avaient pris place sur les scènes de la PalaFenice et du Teatro Malibran.

LA PLACE SAINT-MARC

Le cœur de Venise est la **place Saint-Marc** (Piazza San Marco) ❶, avec ses pigeons, ses touristes, ses pavés inégaux et ses concerts. Les marques blanches sur le pavement indiquent l'emplacement des échoppes qui l'encombraient. A une extrémité de la place s'élève la **basilique Saint-Marc** (Basilica di San Marco) ❷, avec ses cinq portails, ses mosaïques scintillantes, ses dômes en bulbe et ses quatre chevaux de bronze (les originaux, qui ornaient l'hippodrome de Constantinople, ont été pris en butin en 1204 et, après avoir décoré la façade de Saint-Marc pendant de longs siècles, sont conservés au musée Marciano, à l'intérieur de la basilique).

Le plan en croix grecque de la basilique s'inspire sans doute de celui de l'église des Saints-Apôtres de Constantinople. Les colonnes des trois nefs soutiennent les tribunes où les femmes se tenaient à l'écart, selon la tradition de l'Église orthodoxe. La splendeur de l'intérieur est rehaussée par le décor des murs, dont la partie inférieure est revêtue de plaques de marbre et la partie supérieure de mosaïques sur fond or. Ces mosaïques suivent un ordre complexe, sur lequel on obtiendra des explications en suivant une visite guidée. C'est à cause de ces mosaïques, qui couvrent 4 000 m², qu'on appelle parfois Saint-Marc la Chiesa d'Oro,

A gauche, la tour de l'Horloge ; ci-dessous, place Saint-Marc, la basilique et le campanile.

La basilique porte le nom de saint Marc l'évangéliste, dont les reliques furent rapportées d'Alexandrie par les Vénitiens au IXe siècle. L'emblème de saint Marc figure sur les armes de Venise : le lion ailé. Le doge, qui était à l'époque Giustiniano Participazio, fit construire une première église à cet emplacement pour abriter ces reliques. Incendiée cent ans plus tard, elle fut remplacée par l'énorme édifice richement décoré qu'on voit aujourd'hui.

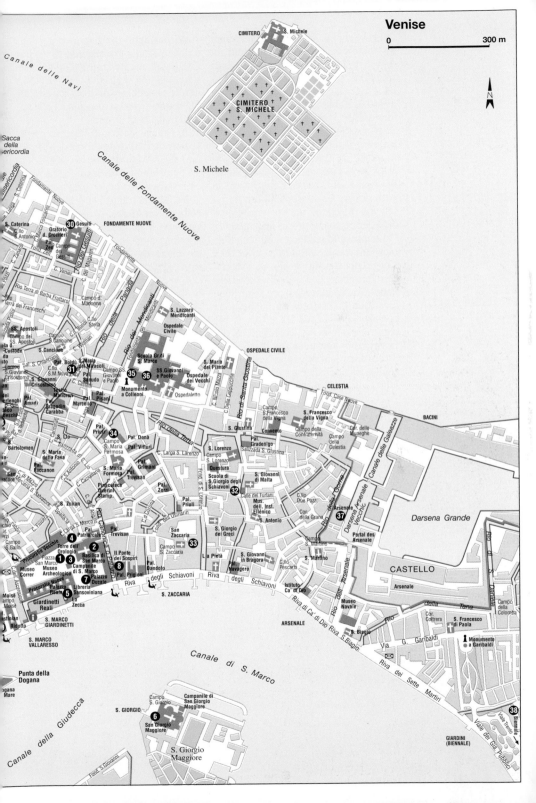

Venise

0   300 m

N

Canale delle Navi

CIMITERO   S. Michele

CIMITERO
S. MICHELE

Sacca
della
Misericordia

S. Michele

Canale delle Fondamente Nuove

FONDAMENTE NUOVE

30 Gesuiti

Oratorio
d. Crociferi
Pal.
Zen   Campo
dei
Gesuiti

S. Caterina
C.llo
S. Antonio

S. Lazzaro
Mendicanti

Campo d.
Madonna

Ospedale
Civile

OSPEDALE CIVILE

SS. Apostoli
Campo dei
SS. Apostoli

S. Canciano

Scuola Gr. di
S. Marco   S. Maria
del Pianto

CELESTIA

BACINI

31   S. Maria
dei Miracoli   35   36   SS. Giovanni
e Paolo   Ospedale
dei Vecchi

S. Francesco
della Vigna

Campo
S. Francesco
della Vigna

Cor. delle
Muneghe

Monumento
a Colleoni   Ospedaletto   Convento   S. Giustina

Campo della
Confraternità

Campo
della
Celestia

Darsena Grande

34   Campo
S. Maria
Formosa   S. Lorenzo   Pal.
Gradenigo

S. Maria
Formosa   Campo
S. Lorenzo

Pinacoteca
Querini
Stamp.   Questura   S. Giovanni
di Malta

S. Giovanni
Scuola di
S. Giorgio degli
Schiavoni   32

CASTELLO

San
Zaccaria   33   S. Giorgio
dei Greci   37   Arsenale

La Pietà   S. Giovanni
in Bragora

Procuratie Vecchie
4   Torre dell'
Orologio   2
1   3   Basilica di
San Marco
Campanile
di S. Marco   Il Ponte
dei Sospiri   8
Museo
Correr   7   Palazzo
Ducale
Procuratie Nuove   Libreria
Sansoviniana
5   La
Zecca

S. ZACCARIA   Arsenale

Museo
Navale

Giardinetti
Reali

S. MARCO
GIARDINETTI

S. MARCO
VALLARESSO

ARSENALE   S. Francesco
di Paola

Punta della
Dogana   Monumento
a Garibaldi

Canale   di   S. Marco

Canale della Giudecca

Campo
S. Giorgio   Campanile di
San Giorgio
Maggiore

S. GIORGIO   6
San Giorgio
Maggiore

S. Giorgio
Maggiore   GIARDINI
(BIENNALE)   38

l'« église d'or ». La basilique renferme de nombreux chefs-d'œuvre, dont un *Jugement dernier* de Titien dans le bas-côté nord. Dans le chœur, derrière l'autel, est conservée l'extraordinaire **Pala d'Oro**, retable en or du XIVe siècle incrusté de 3 000 pierres précieuses et de plus de 80 émaux. Le **trésor**, dans le transept droit, est constitué du butin rapporté de Constantinople après la prise de la ville en 1204. Le **Capitello**, qui donne sur le bas-côté gauche, est un petit édifice en marbre qui abrite un crucifix byzantin de bois richement orné, suspendu au-dessus de l'autel.

Le **musée Marciano** est au bout d'un escalier escarpé partant du narthex. La **Loggia dei Cavalli** permet de contempler l'ensemble de l'intérieur de la basilique et de dominer la place Saint-Marc ainsi que la Piazzeta du même nom, comme le faisaient les doges et les dignitaires lors des célébrations. La Loggia doit son nom aux chevaux de Saint-Marc qui l'ornent et qui sont des copies, les originaux ayant été rentrés à l'intérieur après restauration.

La basilique est flanquée de deux tours : à droite, le **campanile** ❸ est une fidèle réplique de la tour d'origine, qui s'écroula tout d'un coup en 1902. On y monte en ascenseur ou par un escalier. Du sommet (100 m), on a une belle vue sur la ville et la lagune.

A gauche de Saint-Marc se dresse la **tour de l'Horloge** (Torre dell'Orologio) ❹, de Mauro Codussi (1496), dont les deux Maures, de beaux jacquemarts en bronze, frappent les heures.

En face du campanile s'étend la **Piazzetta di San Marco**. A droite, lorsqu'on est face à la lagune, se trouve une ancienne bibliothèque, la **Libreria Sansoviniana** ❺, dessinée par Sansovino (XVIe siècle). Andrea Palladio considérait cet édifice comme l'un des plus beaux depuis l'Antiquité, avec ses arcades finement sculptées et ses statues très fouillées. Il abrite un **musée archéologique**, une **bibliothèque nationale** et la « vieille bibliothèque » de Venise, collection de trésors de l'âge d'or de la ville.

Au bout de la Piazzetta, au bord de la lagune, se dressent deux grandes

La basilique Saint-Marc

colonnes du XIIᵉ siècle surmontées, l'une de la statue de saint Marc sous les traits d'un lion ailé (volé par les Français en 1797 et restitué en 1816), l'autre d'une statue de saint Théodore – premier saint patron de la ville – terrassant le dragon. Les exécutions capitales avaient lieu entre ces deux colonnes.

Deux longs bâtiments délimitent latéralement la place Saint-Marc : les **Procuratie** – Procurate Nuove et Procurate Vecchie, celles-ci abritant le **Musée Correr**. On y entre par l'aile Napoléon, après avoir gravi un escalier majestueux. A sa mort, en 1830, le collectionneur Theodore Correr léguait à la ville sa très précieuse collection. Ici on pourra en effet s'étourdir en contemplant de riches collections d'objets relatant différents aspects de la vie dans la république de Venise (costumes, meubles, cartes – dont le célèbre plan réalisé vers 1500 par Jacopo de Barbari) et de peintures (signées Vivarini, Bellini, Carpaccio…).

De l'autre côté du bassin de Saint-Marc, sur un îlot, s'élève la majestueuse **église Saint-Georges-Majeur** (Chiesa San Giorgio Maggiore) ❻, chef-d'œuvre d'Andrea Palladio, dans le style classique dont il fut le promoteur. L'intérieur lumineux et serein, en pierre d'Istrie et en stucs, conserve des chefs-d'œuvre du Tintoret. Du haut du campanile, par temps clair, la vue embrasse les Alpes dans le lointain.

LE PALAIS DES DOGES

Le **palais des Doges** (Palazzo Ducale) ❼ borde la Piazzetta sur la gauche. Ce monumental exemple du gothique vénitien, jadis résidence officielle des doges et siège du gouvernement sous la république, témoigne avec éloquence du faste et de la puissance de la Sérénissime à son apogée. Ce palais de marbre rose et blanc en forme de fer à cheval jouxte la basilique Saint-Marc. Les trois ailes abritent une succession de salles grandioses.

La **salle du Grand Conseil** (Sala del Maggior Consiglio) était assez vaste pour réunir tous les patriciens de Venise. Les collections de tableaux

Carte p. 174

Le Christ sur une mosaïque de Saint-Marc.

Le palais des Doges.

Adam et Ève, par Antonio Rizzo, sur la façade du palais des Doges.

Le Rio Canonica et le pont des Soupirs.

conservées dans le palais donnent un avant-goût des trésors dont la ville regorge, notamment les œuvres des deux artistes les plus demandés de la ville, le Tintoret et Véronèse. *Le Paradis* du Tintoret serait la plus grande peinture à l'huile du monde (7 m sur 22 m). *L'Enlèvement d'Europe* est l'une des œuvres majeures de Véronèse.

L'ancienne **prison ducale** est attenante au palais. Une fois jugé et condamné au palais, le prisonnier gagnait sa cellule en traversant un gracieux pont couvert d'où il apercevait la lumière pour la dernière fois. Le pont fut donc nommé **pont des Soupirs** (Ponte dei Sospiri) ❽. Malgré ce rôle sinistre, il a une allure délicate et romantique. C'est le lieu favori des amoureux qui, s'ils s'embrassent sous le pont, connaîtront un amour éternel.

Sur la place Saint-Marc, le plus célèbre des cafés de plein air est le **Florian** (Caffè Florian), qui se trouve sous les Procuratie Vecchie (et le Museo Correr). Ancien lieu de rendez-vous des patriotes vénitiens sous l'occupa-

Les gondoles, à l'origine peintes de toutes les couleurs, tombèrent en 1562 sous le coup des lois somptuaires et durent être peintes en noir. Celles qu'on voit dans les tableaux de Guardi ou de Canaletto sont rustiques, comparées aux gondoles modernes, encore perfectionnées à la fin du XIXe siècle. Moyen de transport d'agrément, la gondole sert aussi de navette en six points du Grand Canal.

tion autrichienne, le café est devenu celui des habitués du Carnaval, qui viennent faire admirer leur dernier costume, qu'ils ont souvent conçu et réalisé eux-mêmes. Durant le Carnaval, la mode vestimentaire, tout à fait en accord avec le cadre, est plutôt au XVIIIe siècle, et princes et princesses, accourus en grand nombre, miment ici la séduction. En face, le **Quadri**, tout aussi confortable et élégant, avait été choisi par les occupants. L'un et l'autre ont l'inconvénient d'être onéreux.

LE GRAND CANAL

Le **Grand Canal** (Canal Grande), qu'Henry James appelait « *la grand-rue de Venise* », serpente à travers la ville sur plus de 3 km. Cette superbe artère chatoyante en forme de S inversé est bordée des deux côtés de palais aux couleurs pastel érigés entre le XIVe et le XVIIIe siècle, dans tous les styles, du gothique au baroque en passant par le néoclassique.

C'est en bateau qu'on voit le mieux le Grand Canal. On peut louer une gondole à la station Saint-Marc (à droite de la cathédrale). Thomas Mann, qui disait que les gondoles étaient « *noires comme seuls les cercueils le sont* », trouvait leurs sièges « *les plus doux, les plus luxueux, les plus reposants du monde* ». Le même trajet en *vaporetto* (ligne 1) est moins coûteux, mais plus bruyant et moins confortable.

L'**église Notre-Dame-de-la-Salute** (Chiesa di Santa Maria della Salute) ❾, qui se trouve sur la gauche en venant de Saint-Marc, a été conçue par l'architecte baroque Baldassare Longhena. Elle s'anime tout particulièrement le 21 novembre, lorsqu'une procession commémore l'intercession de la Vierge lors de la grande peste de 1630 : un pont de barques permet alors de franchir le Grand Canal.

Plus loin, sur la même rive, le **palais Venier dei Leoni** ❿ héberge la collection d'art moderne Peggy Guggenheim (Collezione Peggy Guggenheim). S'il n'a qu'un rez-de-chaussée c'est, dit-on, que la famille Corner s'opposa à la poursuite des travaux pour préserver sa vue sur la lagune.

En face, sur la rive gauche, se trouve la **Ca' Grande** ou palais Corner ❶ Renaissance, à trois étages, due à l'architecte Sansovino, aujourd'hui siège du conseil de la province de Venise.

Le premier pont qui enjambe le canal est le **pont de l'Académie** (Ponte dell'Accademia) ❷, auquel les galeries de l'Académie, à gauche, ont donné leur nom. Ce pont en bois avait été construit en 1932 à titre provisoire, mais les citadins refusèrent qu'il soit remplacé. Les **galeries de l'Académie** (Gallerie dell'Accademia) ❸ sont un édifice baroque dont les salles abritent la plus grande concentration au monde de chefs-d'œuvre vénitiens.

Plus bas, sur la même rive, le **palais Rezzonico** (Ca' Rezzonico) ❹ baroque, où le poète Robert Browning mourut en 1889, abrite le **musée du Dix-Huitième Siècle vénitien** (Museo del Settecento Veneziano) dans des salles décorées de fresques des Tiepolo père et fils et de meubles d'époque.

Wagner a séjourné dans le second des deux palais gothiques de la famille **Giustinian**, sur la rive droite. Il y composa l'acte II de *Tristan et Isolde* en 1858-1859. A côté, le **palais Foscari** (Ca' Foscari) ❺ du XVᵉ siècle, de style gothique vénitien, appartenait à la famille du grand doge Foscari, qui entreprit la conquête d'une bonne partie de la Vénétie.

Sur la droite, après le **ponton Saint-Ange** (Sant'Angelo), s'élèvent plusieurs palais dont le **Corner-Spinelli** ❻, construit au début de la Renaissance dans le style lombard par Codussi.

Le **palais Grimani** ❼, siège de la cour d'appel, est un chef-d'œuvre néoclassique (1556-1575) dû à Michele Sanmicheli.

C'est là que le pont voûté le plus célèbre de Venise, le **pont du Rialto**, (Ponte di Rialto) ❽ franchit le canal. Il est bordé de deux rangées de magasins (bijoux, masques, soie, cuir et souvenirs) auxquels les piétons accèdent par trois chemins. Le premier pont fut détruit en 1310 lors de l'insurrection de Bajamonte Tiepolo ; le deuxième s'écroula en 1444 sous le poids des spectateurs lors du mariage de la marquise de Ferrare ; un troisième fut construit en bois ; l'architecte Antonio da Ponte surveilla

la construction du pont actuel, de 1588 à 1592. Son arche unique permettait le passage des galères démâtées.

Le plus bel édifice gothique de Venise, la **Ca' d'Oro** ❾, « maison d'or », due à Matteo Raverti, se trouve à droite, peu après le pont, abritant les collections de peinture et de mobilier du baron Franchetti, léguées à l'État (Galleria Franchetti).

Presque en face, le **palais Pesaro** (Ca' Pesaro) ❿, énorme édifice baroque de Longhena, abrite la **galerie internationale d'Art moderne** (Galleria Internazionale d'Arte Moderna) et le **Musée oriental** (Museo Orientale).

Avant d'arriver à la gare, au bout du Grand Canal, on passe devant le **palais Vendramin-Calergi** ⓴, chef-d'œuvre Renaissance de Mauro Codussi (1440-1504), où Wagner mourut en 1883. Il abrite aujourd'hui le casino d'hiver.

LES SIX QUARTIERS DE VENISE

Il est impossible de présenter tous les trésors artistiques et architecturaux de la

A gauche, l'intérieur de Notre-Dame-de-la-Salute ; ci-dessous, détail du « Repas chez Lévi », de Véronèse (galeries de l'Académie).

Les Bellini, Carpaccio, Titien, Tintoret, Véronèse, Giorgione, avec sa fameuse « Tempête », Tiepolo, Pietro Longhi, Francesco Guardi et Canaletto, les plus grands noms de la peinture italienne sont représentés aux galeries de l'Académie.

cité des Doges, mais la plus belle expérience qu'elle peut offrir au visiteur curieux est son labyrinthe de ruelles secrètes, de petits canaux silencieux et de placettes paisibles irradiant autour du cœur bruyant de Saint-Marc. La ville est divisée en six quartiers, les *sestieri*, symbolisés sur le *ferro* de la gondole.

SAINT-MARC

Saint-Marc (Sestiere di San Marco) est le quartier le plus central : il accumule les sites, les hôtels, les boutiques et les restaurants. Les **Mercerie**, ancienne rue des marchands d'étoffes, commençant juste derrière la tour de l'Horloge et serpentant vers le nord et l'ouest, est une artère commerçante fréquentée par les Vénitiens. Si l'on tourne à gauche sur les Mercerie pour prendre la direction du Campo Sant'Angelo (seule la place Saint-Marc porte le nom de *piazza*, les autres s'appellent *campo*, qui veut dire « champ »), on arrive à l'**église Saint-Étienne** (Santo Stefano), du début de l'époque gothique, à l'élégante façade

Vue du Grand Canal.

de brique. On est au cœur du quartier chic, mais même ici se dissimulent de petits coins tranquilles.

DORSODURO

Le *sestiere* de **Dorsoduro** constitue la façade sud de Venise, lieu idéal où dénicher une pension paisible, facile d'accès à partir du centre.

Au nord-ouest de l'Académie, le quartier de **Saint-Barnabé** (Sestiere di San Barnaba) servait de refuge à la noblesse appauvrie. On y trouve des cafés, des artisans et l'un des derniers marchés flottants de la ville. Plus à l'ouest, **Saint-Sébastien** (San Sebastiano) ㉒, la sobre église paroissiale de Véronèse, conserve l'un des plus beaux cycles d'œuvres de jeunesse de l'artiste.

Le quartier devient de plus en plus pauvre du côté de **Saint-Nicolas-des-Mendiants** (San Nicolò dei Mendicoli) ㉓, autrefois habité par des marins et des pêcheurs. La charmante église Saint-Nicolas, très bien restaurée en 1970, a gardé sa simplicité d'origine.

A l'est des galeries de l'Académie, Dorsoduro vit dans la quiétude et l'intimité, bordé de jolis canaux, de petites boutiques, de galeries et de belles résidences de riches Vénitiens ou étrangers.

Les **Zattere**, long et large quai partant de la **pointe de la Douane** (Punta della Dogana) jusqu'à Sainte-Marthe, marquent la frontière sud du quartier. La **Douane de mer** (Dogana di Mare), située au bout du Dorsoduro, était destinée aux navires qui jetaient l'ancre dans le bassin de Saint-Marc. Cette construction basse est dotée d'un portique et d'une petite tour blanche au sommet de laquelle deux statues de bronze supportent une boule dorée surmontée d'une girouette, statue allégorique de la Fortune.

Ses cafés et ses restaurants contemplent l'**île de la Giudecca**, de l'autre côté du canal du même nom. Cet ensemble de huit îles est devenu au XIXe siècle un territoire de manufactures et de logements ouvriers serrés les uns contre les autres. Il y règne une légère mélancolie car l'histoire des hommes semble ici plus présente que celle des monuments, bien que s'y élèvent deux œuvres d'Andrea Palladio.

La première, l'**église des Zitelle**, tient son nom des jeunes filles pauvres autrefois recueillies dans le couvent voisin.

La seconde, l'**église du Rédempteur** (Redentore) **②**, fut érigée pour remercier le ciel d'avoir délivré la ville de l'épidémie de peste de 1576, qui avait fait 50 000 morts.

SAINT-PAUL

Le quartier de **Saint-Paul** (Sestiere di San Polo) est enclos dans la boucle la plus large du Grand Canal, au nord-ouest de Saint-Marc. La zone entourant le Rialto, la plus anciennement habitée, devint le lieu de rencontre des marchands, et donc l'un des quartiers les plus animés de la ville, ce qu'il est toujours. Fruits et légumes s'exposent sous les arcades des **Fabbriche Vecchie**, tandis que le poisson frais est vendu le matin dans la loggia néogothique de la **Pescheria**, construite en 1907 à l'emplacement d'un marché millénaire. L'église la plus importante de Saint-

Paul est la basilique gothique en brique **Santa Maria Gloriosa dei Frari ②**, appartenant aux franciscains. L'intérieur contient des merveilles, dont une exquise *Vierge à l'Enfant* de Giovanni Bellini, la sublime *Assomption* de Titien, couronnant le maître-autel, et le retable de Ca' Pesaro, autre chef-d'œuvre de Titien.

Près des Frari, **Saint-Roch** (Scuola Grande di San Rocco) **②**, siège d'une confrérie portant assistance aux pestiférés, est célèbre pour les cycles de toiles du Tintoret, exécutés entre 1564 et 1587. Les scènes dramatiques de la vie du Christ culminent dans la *Crucifixion*, célébrée par Henry James, qui estimait que ce tableau possédait « *tout, y compris la beauté la plus exquise* » et qu'aucune autre œuvre d'art ne renfermait autant de vie.

SAINTE-CROIX

Sainte-Croix (Sestiere di Santa Croce) **②**, au nord-ouest de Saint-Paul, est l'un des quartiers les moins touristiques.

Détail d'« Abraham visité par les anges », de Tiepolo (église Saint-Roch).

Les « scuole » de Venise étaient à la fois des guildes de métiers et des sociétés charitables. Certaines recueillirent de grosses sommes, qui leur permirent de faire appel, pour décorer leurs bâtiments, à des artistes de renom tels que Giambattista Tiepolo (1696-1770), natif de Venise, qui a aussi peint le plafond de l'église des Jésuites.

Carte p. 174

Son cœur est un dédale de passages couverts flanqués de façades défraîchies; il est traversé de canaux à peine assez larges pour une barge. Ses places populaires sont accueillantes et grouillantes de vie. La seule concession au tourisme est en réalité le **Piazzale Roma**, immense parc de stationnement pour les autocars et les voitures.

CANNAREGIO

Cannaregio est le *sestiere* le plus excentré, au nord-ouest de la ville, et le plus étendu, de la gare ferroviaire au Rio dei Mendicanti, à l'est. Son nom viendrait de *canne*, roseaux qui abondaient jadis dans ces parages, à moins qu'il ne dérive de Canal Regio (canal royal), indiquant la grande voie d'eau qui prolonge le canal lagunaire parallèle au pont ferroviaire.

Son cœur est constitué par le **Ghetto** ❷❽, dont le nom vient d'une fonderie installée dans les lieux (*getto*, de *gettare*, fondre). Ce fut le premier ghetto d'Europe, où les juifs furent consignés à partir de 1516 et le restèrent jusqu'à l'époque napoléonienne. Peu de juifs y vivent encore, mais les synagogues (**Schola Tedesca, Schola Canton, Schola Italiana, Schola Levantina, Schola Spagnola**), les bâtiments où s'empilent des étages bas et les restaurants kascher perpétuent la tradition. La visite du **musée d'Art juif** (Museo Ebraico), complète celle des synagogues.

Les alentours de la délicieuse église gothique de **Madonna dell'Orto** ❷❾, à l'extrême nord de Cannaregio, sont paisibles et séduisants. C'est là qu'est né le Tintoret et qu'il vécut, au n° 3399, près du Campo di Mori.

Les **Fondamenta Nuove** font face au mur du cimetière de l'**îlot Saint-Michel** (San Michele). Elles sont d'ailleurs le principal point de départ des bateaux vers les îles du nord de la Lagune.

C'est là que se trouve l'**église Sainte-Marie-des-Jésuites** (Santa Maria Assunta ou dei Gesuiti) ❸❿. Ce monument baroque, confié par les jésuites à Domenico Rossi, arbore à l'intérieur une luxuriante décoration de marbres vert et blanc, une *Assomption* du Tintoret et un superbe retable de Titien *Le Martyre de saint Laurent*.

L'extrémité est de Cannaregio est un pittoresque enchevêtrement de ruelles et de canaux. Au détour de l'un d'eux s'élève l'**église Notre-Dame-des-Miracles** (Chiesa Santa Maria dei Miracoli) ❸❶. Élevée entre 1481 et 1489 par Pietro Lombardo pour abriter une *Vierge à l'Enfant* miraculeuse de Nicolò di Pietro, c'est l'un des plus beaux monuments Renaissance de la ville, revêtu à l'intérieur comme à l'extérieur d'une marqueterie de marbres polychromes.

CASTELLO

Le *sestiere* de **Castello** est le plus occidental de la Sérénissime. Le plus vaste et le plus composite, aussi, avec l'Arsenal et les quartiers ouvriers qui l'entourent d'un côté et, de l'autre, l'échiquier de jolis canaux et d'élégants palais qui quadrillent la zone derrière la Riva degli Schiavoni.

Les amateurs d'art trouveront leur bonheur à la **Scuola San Giorgio degli**

Portail Renaissance de l'Arsenal, édifié en 1460 par Antonio Gambello.

Le plus ancien arsenal de Venise daterait de 1104, mais ce n'est qu'en 1320 que commencèrent les travaux du nouvel arsenal, qui ne se contenta plus de l'entretien des navires mais construisit galères de guerre et marchandes. En 1473, le sénat décida la construction d'un nouvel arsenal qui ne fut terminé qu'au XVIᵉ siècle. Il n'est ouvert aujourd'hui que lors des expositions de la Biennale, qui se déroulent dans la Tana, la Corderie.

Schiavoni ⓜ, la confrérie des artisans dalmates qui confièrent à Carpaccio la réalisation d'une dizaine de toiles, et à l'**église Saint-Zacharie** (San Zaccaria) ⓝ, réalisée par Codussi au XVIᵉ siècle, où sont conservées des œuvres de Giovanni Bellini, Andrea del Castagno et Antonio Vivarini.

Le vaste **Campo Santa Maria Formosa** ⓐ compte de riches palais et une belle église Renaissance.

Le cœur spirituel de Castello, à la limite occidentale du *sestiere*, est le Campo Santi Giovanni e Paolo, plus familièrement appelé par les Vénitiens **San Zanipolo** ⓕ. Il est dominé par la statue équestre en bronze du condottiere Bartolomeo Colleoni, par Andrea del Verrochio.

La majestueuse église gothique **Saints-Jean-et-Paul** (Santi Giovanni e Paolo) ⓖ sert de mausolée à 25 doges et à des héros comme Sébastien Venier, vainqueur de Lépante

L'**Arsenal** ⓗ, immense chantier naval de la république de Venise, où ses galères étaient construites et réparées,

occupe une bonne partie de l'est du *sestiere*. Il n'est pas accessible au public, mais on peut visiter l'ancienne Corderie lors des expositions de la Biennale.

A l'est des jardins publics se dresse le **palais de la Biennale** ⓘ, exposition internationale de peinture qui se tient tous les deux ans depuis 1894.

LES ÎLES

Il y a des visites intéressantes à faire au large des îles principales de Venise. La lagune ayant été habitée dès le Vᵉ siècle, mais pas uniformément, on trouve des vestiges de plusieurs époques non loin de la ville.

L'**île Saint-Michel** (Isola San Michele) est occupée par le cimetière de Venise et par l'**église Saint-Michel-en-l'Ile** (San Michele in Isola) de Mauro Codussi. C'est Napoléon qui interdit les inhumations dans le centre et ouvrit un cimetière à cet endroit. Ezra Pound et Igor Stravinsky sont deux des nombreux étrangers célèbres enterrés derrière ses murs.

Carte p. 174

Vase en verre de Murano.

La maison Bepi, sur l'île de Burano.

Carte p. 174

La plage du Lido.

Ci-dessous, l'île de Burano ; à droite, Saint-Georges-Majeur.

MURANO

Murano se compose de cinq îlots sillonnés de canaux et ressemble donc à une Venise en miniature. C'est depuis la fin du XIIIe siècle le centre de l'industrie du verre, qui présentait trop de risques d'incendie pour rester à Venise même.

Le **musée du Verre** (Museo dell'Arte Vetraria), au bord des Fondamenta Giustinian, présente de très belles pièces de verre, et la rue principale de Murano (les Fondamenta dei Vetrai) est bordée de magasins où l'on peut assister à une démonstration de fabrication du verre.

La très belle basilique en brique **Sainte-Marie-et-Saint-Donatien** (Santa Maria e San Donato) remonte au VIIe siècle, mais fut reconstruite au XIIe. Son merveilleux chevet expose sa rondeur délicate au visiteur qui vient de la mer.

BURANO

L'arrêt suivant est **Burano**, île de la dentelle. L'art de la dentelle était prati-

Le projet de l'église Saint-Georges-Majeur est dû à Andrea Palladio. Commencée en 1566, l'église fut achevée par Simone Corella un quart de siècle plus tard. Elle se trouve sur l'île du même nom, aussi appelée « île des Cyprès », arbre qui orne le cloître adjacent. Saint-Georges-Majeur est l'un des principaux monuments du bassin de Saint-Marc. L'île accueille la fondation Cini, qui organise séminaires et expositions temporaires.

qué dès le XVe siècle dans les couvents et les institutions charitables de la Sérénissime, mais c'est au milieu du XVIe siècle que naquit la dentelle à l'aiguille, qui devint la spécialité de Burano. De nombreux petits magasins y vendent des mouchoirs, des châles, des dessus-de-lit et des chemisiers de dentelle. Les prix sont beaucoup plus intéressants que sur le continent. L'île est un kaléidoscope de couleurs et de lumière avec ses maisons de pêcheurs joyeusement alignées, qui la rendent si particulière.

TORCELLO

Torcello, île la plus éloignée, est aussi la moins peuplée et la plus intéressante. C'est là que s'établirent les tout premiers habitants de la lagune. Au VIIe siècle, elle comptait 10 000 habitants et, au Xe siècle, elle était l'île la plus puissante de la lagune. Torcello fut abandonnée à cause de l'ensablement de la Sile, qui forma des marécages où sévissait la malaria. La superbe **cathédrale** véneto-byzantine de Torcello fut construite au VIIe siècle. L'abside est ornée de mosaïques de la Vierge et des saints et le mur occidental d'une mosaïque du Jugement dernier. Ces mosaïques justifient à elles seules une heure et demie de traversée.

LE LIDO

Il reste à explorer le **Lido**, immense cordon sablonneux naturel qui s'étend au sud de Venise et qui a rendu possible l'existence de la ville. C'est là que l'infortuné héros de *Mort à Venise*, de Thomas Mann, Gustav Aschenbach, s'attarde trop longtemps et attrape le choléra, mais c'est là que l'air de la mer apporte un peu de fraîcheur dans la torpeur de l'été.

Il reste enfin, dans la cité des Doges elle-même, quelques lieux mythiques comme le **Harry's Bar**, repaire d'Ernest Hemingway, où les boissons portent les noms des grands artistes de l'histoire de Venise, les palaces comme le **Cipriani**, le **Gritti** et le **Danieli** ou les pensions délicieuses dans les ruelles où ont rêvé nombre de peintres, d'écrivains et de poètes.

LE CARNAVAL

Le carnaval de Venise fut aboli par Napoléon, comme tant d'institutions de la ville, mais il reprit naissance dans les années 1970, à l'initiative de la municipalité. Il dure dix jours, à la veille du carême (le mot vient de *carnem levare*, « délaisser la viande »), et culmine au moment où l'on brûle l'effigie de Carnaval sur la place Saint-Marc, le Mardi gras, veille du mercredi des Cendres. Selon la tradition de l'inversion des rôles, le carnaval est un moment de rébellion sans risque et d'extravagance sans le danger du ridicule. Le carnaval de Venise doit son caractère particulier à la forme même de la ville : les processions traversent la place Saint-Marc ou passent devant des palais graciles, des masques mystérieux font leur apparition au coin des ruelles et des ponts. Tandis que les beaux masques se rassemblent au café Florian, l'air est chargé de l'odeur des beignets et résonne d'une riche musique baroque. Le programme du carnaval comprend des bals costumés, des feux d'artifice et des défilés historiques, le tout organisé par les sociétés de carnaval.

UN ESPRIT DE RÉSISTANCE

On accuse parfois le carnaval d'être une opération commerciale, mais les Vénitiens ne voient pas toujours les choses ainsi. Dans une ville où la vie est onéreuse et malcommode, les sociétés de carnaval expriment le plaisir d'y vivre. Le carnaval a toujours été une forme de résistance : aujourd'hui, c'est une résistance à la tentation de quitter la ville, ce qui la sauve peut-être pour les générations futures.

▲ *Des Vénitiens spécialement désignés apparaissent au carnaval costumés en « tarocchi ». C'est, dit-on, par Venise que les tarots furent importés d'Orient. La carte la plus prisée est la reine de pique, au costume richement orné et chargé de signes cabalistiques.*

A l'origine, les masques permettaient aux gens de qualité de se rendre en toute discrétion à leurs « casini » (cercles). Ils laissent à présent libre cours à la fantaisie. Ceux qu'on trouve dans une boutique comme celle-ci ne sont guère authentiques, mais ils cultivent le mythe. ▼

Tous les masques du carnaval de Venise reçoivent l'appellation de « sior maschera » (gentilhomme masqué), quel que soit leur âge, leur rang ou même leur sexe. Masqués ou grimés, ils préservent ainsi leur incognito et leur mystère. ▼

Au Moyen Age, les fabricants de masques formaient leur propre corporation. Il existe aujourd'hui des masques en cuir, en porcelaine ou en papier mâché – seuls les deux premiers appartiennent vraiment à la tradition. Les masques anciens sont rares, eu égard au matériau dans lesquels ils sont fabriqués – et au climat de Venise. Les fabricants reproduisent ou interprètent les modèles anciens, et créent leurs propres modèles. On fabrique les masques en papier mâché à partir de moules en plâtre sur lesquels on applique le papier mâché. Une fois qu'il est sec, la colle donne au masque une apparence lisse de porcelaine. Après les avoir poncés et blanchis, on découpe les yeux et on peut ajouter des éléments décoratifs, simples ou très recherchés. Les masques en cuir sont difficiles à fabriquer. Ceux en porcelaine se tiennent à la main ou se mettent au mur. Laboratorio Artigiano Maschere (Barbaria delle Tolle), la Ca' del Sol (Fondamenta dell'Osmarin) et Mondonovo (Rio Terra Canal) sont les meilleurs fournisseurs.

▲ *Les costumes sont historiques, traditionnels ou fantaisistes. Le costume vénitien classique est le « maschera nobile » des patriciens.*

◄ *Les membres des sociétés de carnaval portent des costumes Renaissance et rococo.*

Au nombre des déguisements vraiment authentiques se trouvent le « maschera nobile » et les masques de la commedia dell'arte. Dans le costume de pure fantaisie ci-dessous, le masque, bien que moderne, fait partie des éléments qui le rattachent à la tradition. ▼

LA VÉNÉTIE

Sur la terre ferme, derrière **Venise** ❶, alternent les paysages de plaine et les collines. De riches villes s'y sont développées, bordant les fleuves ou coiffant les collines de splendides villas construites entre le XIIIᵉ et le XVIIIᵉ siècle pour les patriciens de la Sérénissime ou les seigneurs locaux. Dans ce paysage où l'industrie fleurit au milieu de la campagne, il n'y a pas un kilomètre sans une merveille ou une curiosité à découvrir.

PADOUE

« Belle Padoue, pépinière des arts », disait Shakespeare à propos de la deuxième ville universitaire d'Italie par l'ancienneté. Les Anglais de la Renaissance venaient s'y *« imprégner des délices d'une douce philosophie »* : dès le XIVᵉ siècle, Chaucer y rencontra Pétrarque ; Dante et Galilée y enseignèrent et, une fois au moins, une femme érudite y obtint son doctorat au milieu du XVIIᵉ siècle. La fille la plus célèbre de Padoue est pourtant sans conteste Katherina, la « mégère apprivoisée » de Shakespeare.

Bien avant la fondation de l'université en 1222, **Padoue** (Padova) ❷ était une importante ville romaine, fondée selon Virgile par le frère de Priam, roi de Troie, après la chute de la ville. En fait, elle était habitée avant les Romains. Tite-Live, né dans les collines voisines, fut toujours fier de se dire originaire de Padoue.

Padoue est aussi le rendez-vous des fidèles. Chaque année en juin, les pèlerins viennent des quatre coins du monde pour honorer saint Antoine de Padoue, prédicateur itinérant né au Portugal en 1195, ascète incorruptible, dont les sermons envoûtants remplissaient les églises d'Italie.

La **basilique Saint-Antoine** (Basilica di Sant'Antonio), construite sur ses reliques entre 1232 et 1307, le glorifie avec des œuvres de Donatello, Sansovino et Menabuoi. Le plan de l'église a

Ci-dessous : le « Gattamelata » de Donatello ; à droite, le café Pedrocchi.

visiblement subi l'influence vénitienne. Avec ses dômes byzantins, sa riche façade et ses deux campaniles élancés, l'extérieur a une allure orientale. Malgré son plan gothique, l'intérieur s'orne de nombreux motifs byzantins. La tombe du saint se trouve derrière l'autel de la **chapelle Saint-Antoine**, exécutée au XVIe siècle par Briosco.

A côté de la basilique, sur la Piazza del Santo, se dresse la célèbre statue équestre de Donatello représentant le grand condottiere vénitien Erasmo da Narni, surnommé Gattamelata. Ce serait le premier bronze monumental coulé en Italie à la Renaissance.

La place abrite aussi l'**oratoire Saint-Georges** (Oratorio di San Giorgio), qui était à l'origine le mausolée de la famille Lupi di Soragna. Il est décoré de belles fresques représentant les Vies des saints exécutées par Altichiero, disciple de Giotto, et Avanzo.

Dans l'angle de la place se trouve l'entrée du **Musée municipal** (Museo Civico), qui conserve des tableaux de Bellini, de Titien et de Giorgione.

La Via Belludi mène à une autre place importante, le Prato della Valle, sur laquelle donne la **basilique Sainte-Justine** (Santa Giustina), où furent enterrés les premiers martyrs. Le petit parc qui occupe le centre de la place est accessible par quatre ponts de pierre qui enjambent un fossé circulaire. Il est orné de statues des Padouans célèbres de jadis.

Le centre de la ville se situe Piazza delle Erbe et Piazza della Frutta, places très animées, où se tient le marché de Padoue. Le **Palazzo della Ragione** les sépare. Appelé familièrement Il Salone, cet énorme édifice médiéval abrite une grande salle ornée de fresques dans laquelle est conservé un immense cheval de bois, copie du chef-d'œuvre de bronze de Donatello.

Derrière Il Salone, le grand **café Pedrocchi** est connu dans toute l'Italie comme le rendez-vous des intellectuels. A l'époque du Risorgimento, les libéraux de l'université voisine s'y retrouvaient pour discuter avec animation de la fondation de la nation nouvelle. En

Carte p. 190

Les salles à l'étage du Caffè Pedrocchi accueillent concerts et événements. Leurs extravagants décors égyptien, grec et mauresque méritent d'être vus.

Le Prato della Valle et la basilique Sainte-Justine.

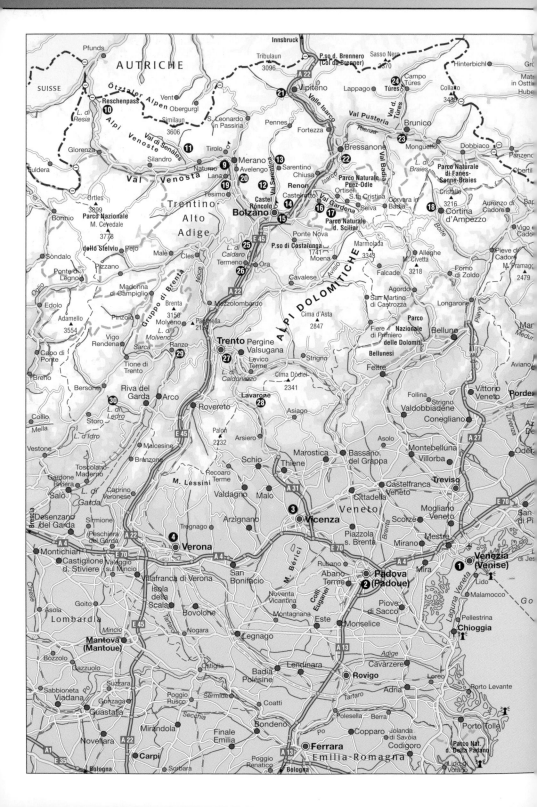

Le nord-est de l'Italie

0   20 km

AUTRICHE

SLOVÉNIE

CROATIE

MER

ADRIATIQUE

Venezia

Golfo di

Trieste

Friuli-
Venezia
Giulia

quelques minutes de marche, on arrive à la **cathédrale** (Duomo) après avoir traversé la Piazza dei Signori. Les plans sont de Michel-Ange, mais ils ont été tant remaniés que le résultat est assez décevant. L'élément le plus intéressant est le **baptistère** orné de belles fresques de Giusto de' Menabuoi.

Au nord de l'**université** se trouve la **chapelle des Scrovegni** (Cappella degli Scrovegni), appelée aussi Madonna dell'Arena à cause des ruines voisines d'un amphithéâtre romain. Enrico Scrovegni commanda cette chapelle en 1303 pour expier, dit-on, la scandaleuse avarice de son usurier de père. Elle renferme un cycle de trente-neuf fresques de Giotto d'une exceptionnelle unité d'exécution, évoquant les vies de Joachim et Anne, de la Vierge et du Christ. Ces panneaux sont considérés comme le chef-d'œuvre de l'artiste, dont le style marque un tournant dans la peinture occidentale : c'est lui qui donne en effet à la figure humaine une solidité physique et une profondeur de sentiments qu'elle n'avait jamais connues depuis l'Antiquité. Giorgio Vasari écrit en 1568 que *« les peintres ont envers Giotto, le peintre florentin, la même dette qu'envers la nature »*. Nature dont Giotto devint un si bon imitateur *« qu'il bannit totalement la maladroite manière grecque, et ressuscita la peinture moderne et de qualité en représentant comme il faut et naturellement des personnes vivantes… »*

Les amateurs d'art se réjouiront que la chapelle des Scrovegni ait échappé au sort de l'**église des Ermites** (Eremitani) voisine, dont l'abside, ornée de précieuses fresques de Mantegna, fut bombardée en 1944. C'est l'une des plus grandes pertes artistiques que l'Italie ait subies pendant cette guerre. Il reste cependant quatre fresques de Mantegna dans la **chapelle Ovetari**, la première œuvre de l'artiste.

Le **musée des Ermites** (Museo Eremitani), installé dans l'ancien couvent des ermites de Saint-Augustin, est le musée principal de Padoue : il comprend le musée Bottacin (numismatique), des bronzes Renaissance, la collection Emo Capodilista et surtout la pinacothèque.

VICENCE

L'ajout de loggias autour de la basilique ne relève pas du caprice esthétique. Palladio les a fait réalisées afin de renforcer la structure d'origine qui menaçait de s'affaisser.

C'est à **Vicence** (Vicenza) ❸ qu'Andrea di Pietro della Gondola, surnommé Palladio (1508-1580), architecte le plus en vue de la fin de la Renaissance italienne et auteur des *Quatre livres de l'architecture* (1570), a vécu et travaillé pendant la plus grande partie de sa vie. La petite noblesse, riche et désireuse d'orner sa ville de nouveaux édifices, donna à Palladio maintes occasions d'exercer son talent. C'est ainsi que presque toutes les rues du centre de Vicence sont ornées de résidences dues à Palladio, bien que quatorze de ses réalisations aient disparu pendant la Seconde Guerre mondiale.

La Piazza dei Signori, au centre de la ville, s'orne de deux de ses chefs-d'œuvre. La **Basilique** (Basilica Palladiana), sa première commande importante, est une « basilique » au sens romain du terme, c'est-à-dire un lieu de rassemblement comprenant un tribunal, une Bourse de commerce, diverses administrations. L'élégante façade

La villa Rotonda, de Palladio, près de Vicence.

arbore l'ordre dorique pour les portiques du rez-de-chaussée et l'ordre ionique pour l'étage.

En face se trouve la **résidence du gouverneur** vénitien (Loggia del Capitaniato), réalisation plus tardive, au style beaucoup plus chargé. Le bâtiment fut commandé à Palladio en 1571 pour commémorer la victoire de Lépante contre les Turcs, événement qui justifie les motifs voyants et les fenêtres triomphales à balustrade.

La **cathédrale** (Duomo), de style gothique, est à deux rues de la Basilique. Bombardée en 1944, elle a été complètement reconstruite. Le portail nord et le dôme qui coiffe l'édifice ont été dessinés par Palladio.

Au nord de la cathédrale se trouve le Corso Palladio, bordé de plusieurs palais. L'architecte n'a jamais habité au n° 163, dans la maison appelée **maison de Palladio** (Casa del Palladio), qu'il a construite pour un marchand de la ville. C'est une œuvre typique de Palladio, aux lignes classiques et aux proportions géométriques précises.

Un autre excellent spécimen du style palladien est le **palais Chiericati**, sur la Piazza Matteotti, au bout du Corso Palladio. Ce bel édifice abrite depuis 1855 le musée municipal, riche de nombreux tableaux, dont *Le Miracle de saint Augustin* du Tintoret, et de belles œuvres de l'école flamande y sont exposées en permanence.

Palladio ne fut pas le seul architecte de renom à travailler à Vicence. Son cadet Vincenzo Scamozzi, qui lui doit beaucoup, est lui-même célèbre. Le **Palazzo del Comune** (1592), sur le Corso Palladio, est un témoignage de son interprétation stricte de l'architecture classique. Dans l'ensemble, il a moins innové que son maître.

Le plus bel exemple de collaboration entre Scamozzi et Palladio est le **Théâtre olympique** (Teatro Olimpico), qui serait le premier théâtre couvert d'Europe (1580-1582). Palladio mourut avant son achèvement et Scamozzi prit la relève. Le théâtre est en bois et en stuc, et la scène s'orne d'un décor permanent représentant une place et une rue dont la perspective fuit en un parfait trompe-l'œil. La première représentation, l'*Œdipe roi* de Sophocle, mis en scène par Scamozzi, eut lieu en 1585. Le théâtre est toujours en usage.

Le **Monte Berico**, colline boisée visible de tous les points de la ville, est très intéressant. On peut y aller en autobus de la Piazza del Duomo ou à pied (environ une heure de marche).

La **basilique Notre-Dame-du-Mont** (Madonna del Monte) a été construite au XVIIe siècle à son sommet, sur l'emplacement d'une chapelle commémorant deux apparitions de la Vierge. Le dernier tronçon du chemin est bordé de 150 arcades et de 17 chapelles. L'intérieur est spacieux et dégagé. Une *Pietà* de Bartolomeo Montagna (1500) orne l'autel à droite, tandis que le réfectoire conserve la *Cène de saint Grégoire le Grand* de Véronèse (1572).

Pendant la Première Guerre mondiale, les montagnes voisines de Vicence furent le théâtre de plusieurs grandes batailles. La Piazza della Vittoria, devant l'église, est un mémo-

Carte p. 190

Vue de Vérone.

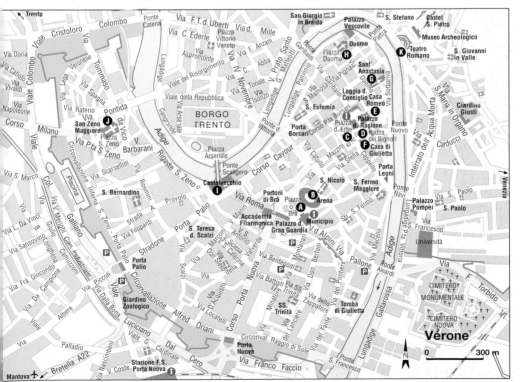

Le jardin Giusti, à Vérone, magnifique jardin Renaissance agrémenté de statues.

Le pont Scagliero, à Vérone.

rial à tous les soldats italiens qui sont tombés dans la région.

Plus bas se trouve la **villa Americo Capra**, dite **Rotonda**, la plus célèbre et l'archétype des habitations construites par Palladio, sur un plan particulier : un cercle inscrit dans un carré. Elle fut commencée vers 1550 et achevée par Scamozzi après la mort de Palladio.

VÉRONE

La ville de Roméo et Juliette est construite presque entièrement dans le marbre rose de la région, si bien qu'elle semble baigner en permanence dans la lumière du coucher de soleil. **Vérone** (Verona) **❶** est une ville industrielle qui n'a toutefois rien perdu de son éclat. Le prospère *castrum* romain est devenu l'une des villes les plus cossues et les plus élégantes d'Italie.

C'est sur la **Piazza Brà ❶** que les Véronais se retrouvent pour bavarder ou prendre un verre à l'ombre de l'illustre **Arène romaine ❶**, troisième amphithéâtre du monde par la taille. Il semble vaste, mais il l'était encore plus autrefois. Les quatre arcades les plus élevées qui subsistent, communément appelées « Aile », indiquent la hauteur originale des arènes. Les Véronais sont soucieux de la conservation du monument depuis le XVIe siècle. Il héberge des foires et, l'été, des opéras.

Le **forum romain ❸** de Vérone se trouvait sur l'actuelle Piazza delle Erbe, près de la via Mazzini. La beauté de cette grande place tient à la variété des palais et des tours qui la bordent de toutes parts. Le plus impressionnant est le **palais Maffei** baroque, près de la **Torre del Gardello**, édifice gothique le plus haut de la place. La maison crénelée aux belles fenêtres cintrées à l'angle de la Via Palladio est la **maison des Marchands** (Casa dei Mercanti), siège des corporations au Moyen Age.

La **Piazza dei Signori ❹**, séparée de sa voisine par le Palazzo del Comune (ou della Ragione), est plus conventionnelle. Le palais est un édifice imposant au décor extérieur très chargé. Sa cour intérieure s'orne d'un escalier gothique

raffiné. De la cour, on a accès à la **tour des Lamberti** (Torre dei Lamberti), haute de 83 m, et la plus élevée de la ville.

La **Loggia del Consiglio**, en face, est considérée comme le plus bel édifice Renaissance de la ville (1476-1493), bâti pour abriter les séances du conseil municipal.

Tout près se trouvent les **tombeaux des Scaliger** ou Della Scala, les anciens seigneurs de Vérone. Les hauts monuments ont été minutieusement sculptés dans le style du XIVᵉ siècle.

William Shakespeare a offert à Vérone Roméo et Juliette, si célèbres qu'ils sont devenus ici de véritables personnages historiques. Un modeste bar sur la Via delle Arche Scaligeri aurait été la **maison de Roméo** (Casa Romeo) **❸**. La **maison de Juliette ❻**, au n° 23, Via Cappello, près de la Piazza delle Erbe, est mieux entretenue. Si la demeure est médiévale, le balcon, lui, date… de 1935. La tombe présumée de l'héroïne est à quelques kilomètres du centre de la ville, sur le Lungadige Capuleti. Pourtant, si les familles Capulet (Capuleti) et Montaigu (Montecchi) ont bel et bien existé, les deux amants sortent de l'imagination du grand auteur dramatique.

Les amateurs de gothique se rendront à **Sainte-Anastasie** (Sant'Anastasia) **❻**, qui, derrière sa façade de brique au beau portail géminé, abrite une superbe fresque de Pisanello montrant saint Georges délivrant du dragon la princesse de Trébizonde, et des fresques d'Altichiero.

La **cathédrale** (Duomo) **❿**, d'origine romane, abrite l'*Assomption de la Vierge* de Titien.

Le **Castelvecchio ❶**, château fort dominant l'Adige, fut commencé en 1354 par Bevilacqua pour le tyran haï Cangrande II Scaliger, pour qu'il pût s'y réfugier en cas de rébellion et prendre la fuite en bateau vers le Saint-Empire. Il mourut poignardé, non par la foule, mais par son frère ambitieux. La forteresse aux souvenirs sinistres est devenue un très beau **musée** abritant des tableaux de Véronèse, du Tintoret, de Tiepolo, de Bellini et d'autres artistes de Vénétie.

Comme toute ville italienne, Vérone a sa grande famille locale, mais aussi son saint patron. On ne sait pas grand-chose de saint Zénon, premier évêque de Vérone en 362, qui trouvait sa nourriture en pêchant. Son miracle le plus célèbre est représenté par Nicola Pisano sur le porche de la **basilique Saint-Zénon** (Basilica di San Zeno) **❾**, la plus belle église de Vérone. Selon la légende, un jour où il pêchait, saint Zénon vit un malheureux entraîné dans l'Adige par ses bœufs pris de panique. Faisant le signe de croix, il exorcisa les démons et l'homme eut la vie sauve. Les superbes portes de bronze de l'église sont l'œuvre d'artistes inconnus qui ont exécuté des scènes un peu frustes mais très évocatrices.

On donne souvent *Roméo et Juliette* l'été dans le **Théâtre romain** (Teatro Romano) **❿**, adossé à une colline face à l'Adige depuis la fin du Iᵉʳ siècle av. J.-C. Son acoustique, ses proportions et son site rendent l'histoire des infortunés amants d'autant plus véridique et dramatique.

Carte p. 193

Bas-relief du Castelvecchio.

La « maison de Juliette », à Vérone.

« Roméo et Juliette », légende siennoise dont Masuccio de Salerne tira un conte, fut repris en 1524 par Luigi da Porto et porté à la scène pour la première fois par Lope de Vega. C'est William Shakespeare qui l'immortalisa, mais de nombreux autres auteurs reprirent ce thème, sans oublier au moins trois grands compositeurs : Bellini, Berlioz et Gounod.

FRIOUL-VÉNÉTIE JULIENNE

Les Romains qui, au IIᵉ siècle av. J.-C., s'emparèrent du nord-est de la péninsule italienne étaient les premiers d'une longue série d'envahisseurs dans le Frioul et la Vénétie Julienne : les Wisigoths en 403 apr. J.-C., Attila en 452, Théodoric et les Ostrogoths en 489. De nombreuses villes sont d'anciens avant-postes barbares. Venise ayant conquis la plus grande partie du Frioul en 1420, Trieste sollicita l'aide des ducs d'Autriche. Les Autrichiens progressèrent, chassèrent les Vénitiens et régnèrent du XVIIIᵉ siècle à l'unité de l'Italie.

TRIESTE

Le jeune James Joyce arriva d'Irlande à Trieste en mars 1905, et y vécut dix ans. C'est là que naquirent ses deux enfants et qu'il termina *Gens de Dublin*, écrivit le projet définitif du *Portrait de l'artiste par lui-même* et conçut son roman

Le Grand Canal de Trieste.

Ulysse. Divisée comme tant d'autres villes italiennes en vieille ville et ville nouvelle, **Trieste** ❺ est élégante, mais défraîchie. Ancienne rivale de Venise dans l'Adriatique, puis façade maritime de l'immense Empire austro-hongrois, c'est maintenant un port sans arrière-pays, une ville oubliée par l'histoire.

Dans la ville nouvelle, le **Grand Canal**, où de gros navires jetaient l'ancre jadis, est bordé de longues avenues rectilignes.

Au sud-ouest du canal, la Piazza dell'Unità d'Italia passe pour la plus vaste d'Italie. L'animation de la ville se concentre au bord de la mer, tout autour de cette place aux agréables cafés à l'atmosphère « mittel-européenne ». Au bout de la place se dresse l'**hôtel de ville** (Palazzo Communale), du XIXᵉ siècle, de style autrichien. Au bas de la place, le **quai** (Riva) s'étire jusqu'à la gare.

Derrière l'hôtel de ville, on accède par des ruelles sinueuses à la vieille ville. Près du **théâtre romain** (fermé au public), un escalier raide monte à la

cathédrale Saint-Juste (San Giusto), du VIe siècle. Elle se compose de deux basiliques réunies au XIVe siècle en un édifice unique à quatre nefs.

Sur la colline San Giusto, du nom du saint patron de la ville, le **Castello** vénitien du XVe siècle abrite les collections d'armes et d'objets d'art du **Musée municipal**.

Au bas de la colline, le **musée d'Art et d'Histoire** conserve des souvenirs de l'histoire du Frioul et de la Vénétie Julienne : sculptures et reliefs romains, vases préhistoriques, bijoux lombards.

Non loin de là, la charmante **basilique Saint-Sylvestre** (San Silvestro), du XIIe siècle, s'accroche à flanc de colline.

Trieste fut touchée par le style Art nouveau, dont les meilleurs exemples sont l'étrange **théâtre Edena**, 35, Viale XX Settembre, et un peu plus loin, le **Politeama Rossetti**.

Près du canal, l'église grecque orthodoxe **Santo Spiridione**, aux plus de cent icônes, conclut la visite de Trieste, ville à mi-chemin entre l'Orient et l'Occident.

AUTOUR DE TRIESTE

La station balnéaire de **Barcola** ❻ est à 7 km à l'ouest de Trieste. Le **château de Miramare** (1856-1860), ancienne résidence de l'archiduc Maximilien, frère de François-Joseph Ier, se dresse sur un promontoire surplombant la mer, mélange de style néoclassique et de détails moyenâgeux. C'est aujourd'hui un musée à la mémoire de l'infortuné archiduc devenu empereur du Mexique et mort fusillé par les révolutionnaires.

Aquileia ❼ était la base de la flotte romaine dans l'Adriatique Nord. La mer ayant reculé, la ville se trouve à plusieurs kilomètres du rivage. Elle compte de nombreux vestiges dont les ruines d'un port du Ier siècle apr. J.-C. C'était aussi une ville importante au début du Moyen Age, comme en témoigne la **basilique** au beau pavement de mosaïque.

Udine ❽, hors des itinéraires touristiques, a un charme certain. La domination vénitienne a laissé partout sa marque : le château du XVIe siècle qui surplombe la ville était la résidence des gouverneurs vénitiens. Endommagé par un séisme en 1976, il est toujours en cours de restauration.

Au pied de la colline du château, d'harmonieux édifices de style vénitien bordent la monumentale Piazza della Libertà : sur le côté nord, l'élégant **Porticato di San Giovanni** (1523) surmonté de la **tour de l'Horloge** (Torre dell'Orologio, 1527), de l'autre côté l'**hôtel de ville** (Loggia del Lionello) du XVe siècle. Cet édifice rose et blanc s'inspire de l'art vénitien, notamment dans ses fenêtres et ses arcs brisés.

Sur la Via Vittorio Veneto, la **cathédrale** s'enorgueillit de trois autels ornés de tableaux aux teintes éclatantes d'or et de rose de Giandomenico Tiepolo (1727-1804), peintre, dessinateur et décorateur baroque, le plus célèbre de Venise, sa ville natale. Fils de Giambattista Tiepolo, il fut son élève, puis son collaborateur, mais il sut se montrer lui-même dans ses tableaux de genre représentant des scènes de saltimbanques, de polichinelles et de pierrots étranges et grotesques.

Carte p. 190

La Piazza della Libertà, à Udine, et l'hôtel de ville du XVe siècle.

Point de rencontre de nombreuses routes venant des Alpes, Udine est le chef-lieu de la province du Frioul depuis le XIIIe siècle. La ville passa sous domination vénitienne en 1420, à l'instigation de la famille Savorgnan. Elle revint à l'Autriche en 1813 et fut réattribuée à l'Italie à l'issue de la Grande Guerre.

LE TRENTIN-HAUT-ADIGE

Les Anglais furent parmi les premiers à découvrir cette région montagneuse, qui s'étire au nord du pays jusqu'à la frontière autrichienne. Et ce grâce à l'éditeur londonien Murray, qui publia en 1837 un guide touristique de l'Italie. La description qu'il donnait des Dolomites suscita l'intérêt des alpinistes qui avaient déjà conquis les Alpes suisses et cherchaient de nouveaux sommets à défier : « *Elles ne ressemblent à aucune autre montagne et on n'en verra de telles nulle part ailleurs dans les Alpes.* » Il en évoquait les pics « *s'élevant parfois en flèches et en obélisques, ou bien formant une rangée de crêtes serrées, dentelées comme la mâchoire d'un alligator* ».

Le Trentin-Haut-Adige (Tyrol du Sud du point de vue autrichien) est un havre fréquenté par les amateurs de randonnées, de ski et de sports nautiques. C'est une terre de contrastes, aussi bien naturels que culturels. On peut arpenter la berge solitaire d'un lac alpin le matin, déguster un *prosecco*, petit vin blanc sec et parfumé, chez un producteur à midi, déambuler le long des palmiers d'une station thermale l'après-midi et se glisser la nuit dans le lit d'un château médiéval.

La région autonome du Trentin-Haut-Adige se compose de deux provinces bien distinctes. Le Trentin a toujours fait partie de l'Italie, sauf de 1816 à 1919, période durant laquelle l'Autriche le rattacha au Tyrol. Le Haut-Adige, au contraire, a appartenu au Tyrol pendant six siècles, ne revenant à l'Italie qu'en 1919, lorsque l'Empire austro-hongrois fut dépecé et la carte de l'Europe redessinée.

Les traditions, la culture et la langue allemandes ont résisté malgré les efforts de Mussolini : non seulement il italianisa les noms des villes, des montagnes et des rivières, mais il obligea la population à adopter des noms de famille italiens. L'enseignement de l'allemand fut interdit dans les écoles. Des Italiens furent envoyés en grand nombre dans la région pour essayer de modifier la population et de prendre les rênes de l'administration et des industries. Les Tyroliens défendirent bec et ongles leur identité. Leur tentative pour obtenir une plus grande autonomie régionale déboucha dans les années 1960 sur une série d'actes terroristes. L'atmosphère est redevenue plus paisible, Italiens et Allemands ayant appris à vivre côte à côte, acceptant mutuellement leurs différences. La province est officiellement bilingue.

Le mélange des cultures n'est qu'un des aspects qui rendent le Trentin-Haut-Adige si particulier. A l'est et au nord, les pics rocheux des **Dolomites** dessinent d'impressionnants paysages, tandis que les collines rondes du Centre-Sud arborent leur mosaïque de vignes et de vergers. Les châteaux (plus de 350) prennent toutes les apparences : des ruines envahies par la végétation évoquant le refuge oublié de la Belle au bois dormant aux palais totalement restaurés, transformés en restaurants, en hôtels ou en musées d'histoire régionale fort bien agencés.

Carte p. 190

A gauche, paysage majestueux des Dolomites ; ci-dessous, les traditions germaniques restent vivaces.

Le Haut-Adige est en fait le Tyrol du Sud, comme le prouvent ses costumes, sa langue (l'allemand) et son architecture. L'Italie l'acquit en 1919 par le traité de Saint-Germain aux dépens de son ancien allié autrichien. En 1939, une partie de sa population fut rapatriée en Allemagne. Ce particularisme justifie le statut d'autonomie régionale dont jouit la province du Trentin-Haut-Adige.

*Beffroi médiéval
à Graun.*

*Vue du col
de Stalvio, près
du val Venosta.*

LE HAUT-ADIGE

La réputation du Haut-Adige doit beaucoup à **Merano** (Meran) ❾, plus grande station de villégiature des Alpes, aux élégantes *passeggiate* bordées de palmiers, de boutiques de luxe, de restaurants gastronomiques et d'hôtels. Bien rénovée, elle accueille depuis le XIXᵉ siècle les grands de ce monde, séduits par son climat quasi méditerranéen. La ville doit sa douceur à sa situation au creux d'un profond bassin, protégé au nord par les crêtes massives des Alpes et ouvert au sud vers la vallée de l'Adige. Merano connut son heure de gloire entre la fin du XIIIᵉ siècle et le début du XVᵉ, lorsqu'elle était la capitale du Tyrol. Elle tomba ensuite dans la somnolence jusqu'au jour où ses vertus thermales y attirèrent les touristes.

À 4 km de Merano, le **château des comtes du Tyrol** (Castel Tirolo), du XIIᵉ siècle, a donné son nom à toute la province. On y assiste à des concerts l'été.

En bas de la colline, le **château de Brunnenburg**, refuge du poète Ezra Pound (1885-1972) durant les dernières années de sa vie, garde l'entrée de la **vallée du Passirio** (Passeier), terre natale d'Andreas Hofer, combattant pour la liberté du Tyrol, qui va vers le nord jusqu'à la frontière autrichienne.

À l'ouest de Merano, le **val Venosta** (Vinschgau) borde les frontières suisse et autrichienne. La route qui franchit le **col de Resia** (Reschen) ❿ fut construite par les Romains pour relier Augsbourg à la vallée du Pô. Le pain de Venosta, cuit en petites miches plates, est délicieusement parfumé aux grains d'anis.

Le **val de Senales** (Schnals) ⓫, qui s'ouvre au nord après **Naturno**, traverse la région des glaciers du **Similaun**. C'est là que « l'homme du Similaun », âgé de 5 000 ans, fut retrouvé dans les glaces en 1991. La « momie » intacte, avec ses outils, ses armes et ses vêtements, a fourni aux archéologues des renseignements sur l'âge du bronze.

Le **val Sarentina** (val du Sarn) ⓬, dans le centre du Haut-Adige, semble s'être figé dans le temps. La vie simple de ses paysans contraste avec l'opu-

lence de Merano. Les vieilles fermes accrochées vertigineusement aux versants, les torrents sauvages courant au fond des gorges profondes qu'ils ont creusées dans la paroi montagneuse, les habitants célébrant leurs fêtes vêtus de leur costume régional, tout concourt à donner l'impression de plonger dans le passé. L'ancien artisanat du *federkielstickerei*, qui consiste à broder avec des plumes de paon, s'y pratique toujours. La plume est divisée sur toute sa longueur en fils très fins avec un couteau aiguisé comme un rasoir. Les fils servent à broder le cuir : chaussures, bretelles, sacs ou couvertures de livres. On peut observer les artisans au travail à **Sarentino** (Sarntheim) ⓭.

BOLZANO

Entre le val Senales et la capitale provinciale, la route serpente sous de nombreux tunnels avant d'émerger au **château de Roncolo** (Runkelstein) ⓮, perché sur une hauteur depuis 1250 et décoré de belles fresques gothiques.

Bolzano (Bozen) ⓯ est un parfait exemple de coexistence entre les cultures allemande et italienne. La vieille ville, autour de la Piazza Walther et des arcades de la médiévale Via dei Portici, mêle ses maisons patriciennes aux racines méditerranéennes et son architecture gothique allemande. Au sud de la Piazza Walther, la **cathédrale**, érigée aux XIIIᵉ et XIVᵉ siècles, dresse son impressionnante silhouette gothique, la plus ancienne du Haut-Adige.

Sur la rive opposée de la Talvera, la ville « nouvelle » se caractérise par les austères édifices de l'époque mussolinienne. Dans le cadre de « l'italianisation » qui a suivi la Première Guerre mondiale, Bolzano fut fortement industrialisée, de sorte que, à l'exception de la vieille ville, le chef-lieu du Haut-Adige n'offre qu'une suite peu attrayante d'usines chimiques et métallurgiques.

De Bolzano, un téléphérique conduit au **Renon** (Ritten). La vue est partout magnifique sur ce plateau couvert de prairies et de forêts, constellé de stations de villégiature. Par temps clair, on

Carte p. 190

Dans le Haut-Adige, les panneaux indicateurs sont bilingues.

Fresque du château de Roncolo.

jouit d'une vue spectaculaire sur les reliefs calcaires des Dolomites façonnés par l'érosion.

A l'est de Bolzano, le **mont Sciliar** (Schlern) se dresse, immense forteresse de pierre, au-dessus du paysage.

Au pied du Sciliar, l'**Alpe di Siusi** (Seiser Alp), le plus grand alpage d'Europe (50 km²), offre de nombreuses pistes de randonnée et de ski.

La ville voisine de **Fié** (Völs) est renommée pour ses « bains de foin » censés soigner toutes sortes de maux.

La route de Scilia à **Castelrotto ⑯** débouche dans le **val Gardena** (val du Grödner) ⑰, égrenant ses stations de ski réputées : **Ortisei** (Sankt Ulrich), **Santa Cristina** (Sankt Christina), **Selva** (Wolkenstein). Cette vallée est aussi celle de la sculpture sur bois.

De Selva, le **col de Sella** (Passo di Sella) serpente entre les pics déchiquetés du **Sassolungo** et le puissant massif de la **Sella**. Du haut du col, on a une vue panoramique sur le massif de la **Marmolada**, le plus élevé des Dolomites (3 342 m).

Cette route rejoint la grande route des Dolomites, qui mène vers l'est à **Cortina d'Ampezzo ⑱**, qui a accueilli les Jeux olympiques d'hiver de 1956, aujourd'hui station élégante et fréquentée, et vers l'ouest, par-delà le **col de Costalunga** (Karer), à Bolzano.

Lana ⑲, entre Merano et Bolzano, est un centre de culture de pommes.

L'église paroissiale de **Niederlana** abrite le plus grand retable gothique du Haut-Adige, dépassant 14 m de haut.

De l'autre côté de la vallée, **Avelengo** (Hafling) ⑳, célèbre pour son élevage de chevaux hafling, coiffe un plateau à 1 290 m d'altitude.

En direction de Bolzano, la route longe le **Catinaccio** (Rosengarten), massif auréolé de la légende du roi Laurin, nain qui changea sa roseraie en pierre lorsque des ennemis attaquèrent son royaume, décrétant qu'elle ne fleurirait jamais plus, ni le jour ni la nuit. Mais au crépuscule, les rayons roses du soleil couchant baignent les sommets, rappelant qu'il s'agit bien d'un « jardin de roses » (*rosengarten*) !

Ci-dessous, la cathédrale gothique de Bolzano ; à droite, le lac de Carezza.

Dans le centre du Haut-Adige, la **vallée de l'Isarco** (Eisach), qui conduit au **col du Brenner**, a servi pendant 2000 ans de voie de communication entre le Nord germanique et le Sud latin.

Vipiteno (Sterzing) ❷⓿, ville la plus au nord, était un carrefour commercial, comme le montrent ses maisons patriciennes.

Bressanone (Brixen) ❷❷ a conservé son siège épiscopal de 990 à 1964, date à laquelle l'évêché fut transféré à Bolzano. Le **palais des princes-évêques** et la **cathédrale** baroque sont intéressants. Les murs de cette dernière sont marquetés de marbre et son plafond est décoré de belles fresques. Le cloître gothique attenant s'orne de fresques réalisées entre 1390 et 1509, chef-d'œuvre gothique du Haut-Adige. La chapelle Saint-Jean, blottie au sud du cloître, est un baptistère peint à fresque datant de la fin de l'époque romane.

Au nord de Bressanone, la **vallée de la Pusteria** s'étire vers l'est. **Brunico** (Bruneck) ❷❸, sa capitale, est traversée par une charmante artère centrale bordée de maisons à pignons des xvᵉ et xviᵉ siècles.

La vallée conduit à **Sesto in Pusteria** (Sexten), où se dressent les majestueuses formations dolomitiques des **Trois Cimes** et du **Cadran solaire**. Ce dernier servait autrefois aux astronomes de point d'orientation.

Légèrement à l'ouest de Brunico, le **val Badia** s'ouvre vers le sud. On y parle encore le dialecte rhéto-roman des Ladins, comme dans le **val Gardena**.

De Brunico, le **val de Turès** conduit au nord vers **Campo Túres** (Sand in Taufers), dominé par son **château** ❷❹ des xiiiᵉ-xvᵉ siècles ouvert au public : il a été restauré avec une grande partie de son ameublement d'origine.

La **vallée de l'Adige**, dans le sud de la province, contraste avec les rudes montagnes du Nord. Les collines sont couvertes de vignes et des vergers quadrillent les plaines. Au début du printemps, la vallée se tapisse de fleurs.

La **route du vin** longe l'Adige en aval, ponctuée d'une série de petites villes pittoresques, toutes renommées

Carte
p. 190

Enseigne à Vipiteno.

A pied du massif de Rosengarten.

pour leurs crus. La dégustation du vin nouveau, accompagnée de châtaignes grillées, de jambon et d'autres spécialités régionales, est une des principales manifestations de l'automne. Des autocars déversent les touristes chez les plus gros producteurs de la région ; les amateurs à la recherche de caves artisanales doivent donc emprunter les chemins de traverse.

Les châteaux forts abondent dans le Haut-Adige, tout comme les résidences aristocratiques de la fin du XVIe et du début du XVIIe siècle, époque à laquelle la noblesse tyrolienne construisait ses maisons de villégiature dans le style des palais de la Renaissance. Beaucoup sont converties en hôtels de charme et en restaurants gastronomiques.

Le **lac de Caldaro** (Kalterer) ㉕, blotti parmi les vignes, est une réserve de faune aquatique et l'un des lacs les plus chauds des Alpes, comme son nom l'indique.

Un peu plus au sud, **Termeno** (Tramin) ㉖ est le pays d'origine du fameux cépage traminer.

LE TRENTIN

Trente (Trento) ㉗, capitale de la province, hébergea le concile qui siégea par intermittence de 1545 à 1563 ; pour répondre à la menace du protestantisme, il sema les graines de la Contre-Réforme. La **cathédrale**, érigée aux XIIIe et XIVe siècles et coiffée d'une coupole octogonale, a la belle austérité du style romano-gothique. Le **château du Buonconsiglio** (« bon conseil »), résidence des princes-évêques qui gouvernèrent la ville pendant des siècles, se compose de plusieurs constructions entourées d'une enceinte à la lisière de la vieille ville. Il abrite un **musée d'art local** et un **musée du Risorgimento**.

La province de Trente est renommée pour son alternance de belles vallées, de montagnes dentelées et de lacs (plus de 300) qui lui valent le surnom de « Finlande de l'Italie ». Touristes et vacanciers la fréquentent assidûment. L'office de tourisme propose un nombre croissant de manifestations estivales : pièces de théâtre, concerts,

Ci-dessous, le jardin de Castelrotto ; à droite, église baroque à Tesido, à l'est de Brunico.

ballets ou expositions, dans plusieurs châteaux de la province. Comme dans le Haut-Adige, ces derniers sont nombreux, agrippés à un rocher ou étendus au bord d'un lac.

La région de **Lavarone** ㉘, au sud-est de Trente, déploie ses forêts vert sombre, ses alpages, ses lacs et ses grottes où fleurissent stalactites et stalagmites. Ses lacs invitent à la méditation ; Sigmund Freud aimait flâner le long du petit **lac de Lavarone**.

Au nord-est de la capitale provinciale, le **val di Cembra**, creusé par l'Avisio, conduit à **Segonzano** et à ses cheminées de fées, coiffées d'une dalle de pierre et forgées par des millénaires d'érosion. Elles peuvent atteindre 40 m de haut.

Au bout de la vallée, **Cavalese** permet de bifurquer vers **San Martino di Castrozza**, importante station de sports d'hiver dominée par les vertigineuses parois dolomitiques des **Pale di San Martino**.

La **Paganella**, considérée par beaucoup comme la plus belle montagne d'Italie, plante son décor panoramique au nord-ouest de Trente. Le pied du massif est baigné par les **lacs de Terlago**, **Lago Santo** et **Lamar**.

Un tout petit peu plus au sud s'étend le **lac Toblino**, d'où un court sentier conduit au village de **Ranzo** ㉙ et à son magnifique panorama sur la vallée des lacs.

Les randonneurs plus ambitieux suivront la *translagorai*, piste qui traverse la chaîne des **Lagorai**, dans l'est de la province, croisant une myriade de paisibles lacs alpins.

Les passionnés d'archéologie visiteront le **lac de Ledro** ㉚, à l'ouest du lac de Garde, où les restes d'un village sur pilotis de l'âge du bronze ont été découverts ; un **musée** conserve les outils, les canots et les autres objets trouvés dans les fouilles.

L'extrémité nord du **lac de Garde** appartient au Trentin. Beaucoup de villes riveraines du lac ont dû fermer leurs plages en raison de la pollution, mais les eaux de la rive nord sont toujours restées pures.

Carte
p. 190

Un bouquet printanier.

Promenade à Termeno.

MILAN

Milan (Milano) est l'une des plus grandes villes d'Europe, capitale de la mode, patrie de la *Cène* de Léonard de Vinci et de la Scala, le premier opéra du monde. Elle est surtout le centre des affaires du pays et l'un des lieux où la demande de fédéralisme (quand il ne s'agit pas du séparatisme de la Ligue du Nord) est la plus forte. Malgré leurs propres scandales politiques, un certain nombre de Milanais considèrent en effet le Mezzogiorno comme un nid de corruption et un fardeau économique insupportable.

Les Milanais sont polis, mais parfois trop occupés par leurs propres affaires pour s'intéresser aux étrangers. Ils ont la réserve des Européens du Nord, ce qui faisait dire à Henry James que Milan est *« la dernière des capitales en prose plutôt que la première des capitales en vers »*. Mais elle est trop inventive pour manquer totalement de poésie.

Milan est une ville active où le tourisme ne tient pas la première place : on y vient autant pour dîner ou faire des courses que pour admirer de belles œuvres d'art ou écouter un opéra à la Scala. En ce qui concerne la cuisine, le restaurant **Savini**, galerie Victor-Emmanuel II, est réputé pour son *risotto alla milanese*.

Un autre restaurant coté de Milan est le **Peck**, Via Victor Hugo, complété par une épicerie fine (fromages, viandes et pâtes) plus accessible à toutes les bourses.

Pour faire ses courses, il existe un quartier qu'on appelle le **Quadrilatero d'Oro** (« quartier d'or »), ainsi que de nombreux magasins de vente à prix d'usine de produits de second choix ou des collections de la saison précédente, surtout dans le nord de la ville.

LA CATHÉDRALE

Le meilleur endroit où commencer la visite de Milan est la **cathédrale** (Duomo) **Ⓐ**, qualifiée par Mark Twain de *« poème de marbre »*. Cette gigantesque cathédrale gothique (la troi-

sième d'Europe), commencée en 1386, ne fut terminée qu'en 1813.

L'extérieur est orné de 135 pinacles et de 2 245 statues de marbre de toutes les époques. Le pinacle le plus élevé porte la Madonnina, belle statue dorée de 4 m de haut. Le romancier anglais D. H. Lawrence décrivait la cathédrale comme *« un hérisson qui se prend pour une cathédrale »*, du fait de son aspect extérieur hérissé.

L'intérieur est en revanche simple, majestueux et vaste. Cinq grandes nefs aux énormes piliers de pierre s'étendent entre l'entrée et l'autel ; elles peuvent abriter 40 000 fidèles. Dans l'abside, trois grands vitraux complexes, attribués à Nicolas de Bonaventure, dispensent une lumière tamisée. La fenêtre centrale porte le blason des Visconti, la famille régnante à Milan aux XIIIᵉ et XIVᵉ siècles. C'est le duc Gian Galeazzo Visconti, prince le plus puissant de la famille, qui entreprit la construction de la cathédrale.

Une terrible statue de saint Barthélemy écorché portant sa peau se dresse

Carte
p. 210

Pages précédentes : deux points forts de Milan : la cathédrale et la mode. A gauche, la galerie Victor-Emmanuel ; ci-dessous, le toit du Duomo.

Milan est la capitale économique de l'Italie, comme le prouve la présence de nombreux sièges sociaux, certains à l'architecture résolument moderne : Pirelli et Montedison ; les assurances Generali ; les banques Ambroveneto, Banca Commerciale, Mediobanca, Popolare da Milano ; Mediaset, siège des trois chaînes commerciales de Berlusconi ; les éditions Rizzoli, Mondadori, Rusconi et Einaudi.

Milan

0   400 m

à gauche dans le transept droit. A droite se trouve un imposant tombeau en marbre du XVIᵉ siècle, exécuté pour Jean-Jacques de Médicis par Leone Leoni dans le style de Michel-Ange. Le transept gauche est décoré d'un beau candélabre en bronze à sept branches, œuvre de Nicolas de Verdun (XIIIᵉ siècle).

La **crypte** abrite le cercueil de cristal de Charles Borromée, le saint de la Contre-Réforme, archevêque de Milan au XVIᵉ siècle, qui incarne les vertus lombardes : énergie, efficacité et discipline. Ascète qui prêchait l'abnégation la plus stricte, il attendait le même comportement de ses ouailles, et sa virulence provoqua souvent des conflits avec les autorités laïques : il essaya, par exemple, de restreindre la danse, le théâtre et le sport. Il mourut en combattant la peste.

Le toit de la cathédrale révèle un côté plus enjoué des Milanais. C'est un monde à part, un trésor en plein air dont les pinacles ornés ressemblent à des stalagmites de pierre et les rosettes sculptées à des bijoux jetés sur le sol. La vue s'étend par beau temps jusqu'aux Alpes.

La **place de la Cathédrale** (Piazza del Duomo) ❸ est animée. Les pigeons tournoient autour des passants qui les nourrissent. Les autobus bondés sillonnent l'esplanade traversée par les Milanais qui, vus d'en haut, semblent plus pressés que les habitants des autres villes. La place de la Cathédrale est le rendez-vous de tous les milieux de Milan. La grande statue équestre qui se dresse à un bout est celle du premier roi d'Italie, l'ancien roi de Piémont Victor-Emmanuel II (les grandes artères des villes italiennes portent souvent son nom). La place est bordée sur deux côtés de portiques où les Milanais aiment à se retrouver.

Au nord se trouve l'entrée de la **galerie Victor-Emmanuel** (Galleria Vittorio Emanuele) ❹, galerie en verre de 1877 qui est parmi les plus élégantes du monde. Ses quatre étages abritent magasins, bureaux, bars et restaurants, mais attention ! si l'on veut s'asseoir dans un café pour observer le spectacle de la rue, les prix sont élevés.

LA SCALA

A l'autre bout, la galerie débouche sur la **Piazza della Scala** ❺, où se trouve le célèbre opéra, le **Teatro alla Scala**. Construit de 1776 à 1778, il a été gravement endommagé par les bombardements de la Seconde Guerre mondiale, puis minutieusement restauré (fin 2004 il rouvrait ses portes après avoir été remis à neuf). C'est là qu'eurent lieu les premières d'*Otello* et de *Falstaff*, de Giuseppe Verdi, et de *Madame Butterfly* (1904), de Giacomo Puccini. Les murs sont recouverts de damas rouge et de boiseries dorées. Des lustres de cristal éclairent la salle de 2 800 places. Le **musée de la Scala** (Museo Teatrale alla Scala) ❻, à gauche de l'opéra, est le paradis des amateurs d'opéra. Il présente les partitions originales de Verdi, le piano de Liszt et des portraits de *prime donne* pulpeuses et de ténors bien en chair.

La Via Verdi va de la Scala au **palais de Brera** (Palazzo di Brera) ❼, qui abrite une des plus belles collections de tableaux d'Italie. La peinture du XVᵉ au

Carte
p. 210

Buste de Verdi au musée de la Scala.

Une diseuse de bonne aventure.

Les rues milanaises n'ont pas la nonchalance de celles de villes plus méridionales. Les passants y sont sans doute aussi nombreux, mais plus pressés par leurs occupations. De même, si la circulation automobile est intense, elle est plutôt moins chaotique que dans d'autres villes du pays.

Boutique de mode de la Via della Spiga.

XVIIIe siècle, notamment, est bien représentée à la **pinacothèque de Brera** (Pinacoteca di Brera), qui doit son statut de musée national à Napoléon. Parmi les œuvres les plus célèbres figurent l'émouvante *Pietà* de Giovanni Bellini, le terrible *Christ mort* de Mantegna, le lumineux *Baptême du Christ* de Véronèse, le poignant *Souper d'Emmaüs* du Caravage, l'harmonieuse *Madone avec des anges et des saints*, adorée par Federico de Montefeltro de Piero della Francesca, le beau *Mariage de la Vierge* de Raphaël, chef-d'œuvre de sa période ombrienne, et l'éblouissant *Miracle de la découverte du corps de saint Marc* du Tintoret.

LE CHÂTEAU DES SFORZA

Ci-dessous, fresques du plafond du château des Sforza ; à droite, l'entrée du château, avec une loggia de Bramante.

De la place de la Cathédrale, la Via Mercanto, puis la Via Dante conduisent au **château de la famille Sforza** (Castello Sforzesco) **G**, ducs de Milan au XVe siècle. Le plus puissant des Sforza fut Francesco, général mercenaire qui devint le quatrième duc de Milan.

Les plans de sa forteresse furent dressés par un architecte local, Giovanni da Milano, mais la décoration de la tour principale fut confiée au Florentin Filarete. Une superbe collection de sculptures, dont la *Pietà Rondanini*, de Michel-Ange, est exposée dans les anciens appartements du château.

A quelques centaines de mètres à l'ouest du château se trouve l'**église Sainte-Marie-des-Grâces** (Santa Maria delle Grazie) **H**, commencée en 1466 et agrandie en 1492 par Bramante, qui construisit aussi le ravissant cloître.

A côté, le **Cenacolo Vinciano I**, ancien réfectoire des dominicains, abrite la *Cène* de Léonard de Vinci (1495-1497). L'artiste n'ayant pas respecté la technique de la fresque, qui consiste à peindre sur un enduit frais, l'œuvre est très dégradée. Les dernières restaurations, fort critiquées, n'ont cependant pas rendu toute sa fraîcheur à ce chef-d'œuvre. La *Cène* est bien plus grande qu'on ne l'imagine (9 m sur 4,50 m). On ne distingue pas l'expression de tous les visages des disciples,

mais la composition de l'œuvre, parfaitement lisible, traduit la gravité de l'instant. Jésus est entouré de part et d'autre par deux groupes de trois apôtres que relient les gestes et les regards de chacun. L'artiste a représenté l'instant où Jésus dit : « *L'un de vous me trahira.* »

LA BASILIQUE SAINT-AMBROISE

De Sainte-Marie-des-Grâces, on se rendra à la **basilique Saint-Ambroise** (Sant'Ambrogio) , le plus bel édifice médiéval de la ville, dans la Via Carducci. L'entrée se trouve en contrebas du niveau actuel de la rue, au-delà d'un austère atrium. L'église est sombre et basse, mais étrangement séduisante dans son antiquité. Fondée entre 379 et 386 par saint Ambroise, évêque de Milan qui devint le saint patron de la ville (c'est lui qui convertit saint Augustin), la basilique fut agrandie au IXe siècle, puis au XIe. Les voûtes d'arêtes qui soutiennent les galeries sont typiques de l'architecture lombarde. La crypte abrite le squelette de saint Ambroise et les reliques de deux martyrs des débuts du christianisme.

De la basilique, la Via San Vittore mène au **musée national des Sciences et Techniques** . La vaste section consacrée à la physique appliquée n'intéressera que les spécialistes, mais il faut voir la grande salle où sont exposées les belles maquettes en bois des inventions les plus ingénieuses de Léonard de Vinci.

En retournant vers la cathédrale, on arrive à la **bibliothèque Ambrosienne** (Biblioteca Ambrosiana) , fondée par le cardinal Federico Borromée au XVIIe siècle abrite le précieux *Codex Atlanticus* de Léonard de Vinci. La **Pinacothèque** abrite aujourd'hui une remarquable petite collection de tableaux du XVe au XVIIe siècle, notamment le *Portrait d'un musicien* attribué à Léonard (salle 8) et la *Corbeille de fruits* du Caravage (salle 11).

VIA MONTE NAPOLEONE

Pour goûter à l'animation de la vie milanaise, il faut se promener dans la **Via Monte Napoleone** , qui donne sur la Piazza San Babila, à l'est de la cathédrale. C'est la rue commerçante la plus élégante de Milan. Tous les grands noms de la mode italienne y tiennent boutique : Giorgio Armani, Moschino, Valentino, Romeo Gigli, Krizia et Gianni Versace, entre autres, ainsi que le dernier cri du style et de l'art contemporains.

Deux autres églises surprendront le visiteur. Sur la Via Torino, près de la place de la Cathédrale, **San Satiro** fut construite par Bramante entre 1478 et 1480. A l'intérieur, l'architecte a s'est servi du stuc avec habileté pour composer un trompe-l'œil qui fait paraître l'église bien plus grande qu'elle ne l'est en réalité.

Plus bas, la **basilique Saint-Laurent-Majeur** (San Lorenzo Maggiore) , sur le Corso di Porta Ticinese, atteste la très longue histoire de cette métropole moderne. Fondée au IVe siècle et reconstruite en 1103, cette basilique fut restaurée par Martino Bassi de 1574 à 1588, mais sa forme octogonale et ses mosaïques du Ve siècle sont d'origine.

Carte p. 210

Fresque de la basilique Saint-Ambroise.

La basilique Saint-Ambroise de Milan, de style typiquement lombard, porte le nom du saint patron de la ville (vers 340-397), qui en fut archevêque après avoir été désigné évêque par acclamation en 374. Ses nombreuses œuvres, qui reflètent ses préoccupations pastorales, lui ont valu les titres de Père et docteur de l'Église.

LA LOMBARDIE

Des sommets des Alpes centrales aux basses plaines de la vallée du Pô, la province de Lombardie, extraordinairement variée, doit son nom aux Lombards, l'une des tribus barbares qui envahirent l'Italie au VIᵉ siècle. On y trouve de petites villes célèbres pour leur beauté depuis la Renaissance, des vues uniques sur les lacs italiens qui pénètrent au cœur de montagnes escarpées, des terres fertiles et des peupleraies bercées par le vent.

LA CHARTREUSE DE PAVIE

Une excursion d'une journée au départ de **Milan** ❶ ou un arrêt sur la route du Sud peut se faire à la **chartreuse de Pavie** (Certosa di Pavia) ❷. Cet ensemble réputé, fondé en 1396, se compose d'une église, d'un mausolée et d'un monastère, chef-d'œuvre de la Renaissance lombarde, qui a conservé la totalité de son décor sculpté et de ses marbres incrustés. L'intérieur de l'église est gothique, rehaussé de motifs Renaissance et baroques. Elle renferme les cénotaphes de Ludovico Visconti et de sa très jeune épouse, Beatrice d'Este, qui n'y sont pas réellement enterrés. Les effigies grandeur nature qui surmontent les cénotaphes les représentent dans toute leur splendeur terrestre.

Derrière la chartreuse se trouve un magnifique **cloître** bordé des cellules où vivaient jadis les chartreux, qui faisaient vœu de silence. Elles ont deux niveaux : deux pièces en bas, une chambre avec loggia en haut. Le moine vivait reclus dans sa maison et on lui passait ses repas par un guichet pivotant à droite de sa porte.

PAVIE

Pavie (Pavia), à 9 km de là, ressemble aujourd'hui à un charmant coin tranquille de campagne, bien que les abords en soient industrialisés. Pourtant, conquise par Alboïn en 572, elle fut la capitale des Lombards du VIᵉ au VIIIᵉ siècle. Sa célébrité s'accrut lorsque l'université fut fondée en 1361, et elle est encore prestigieuse.

La basilique romane **Saint-Michel** (San Michele) se trouve sur la Via Diacono, dans la vieille ville. Elle existait dès le VIIᵉ siècle, mais fut reconstruite vers 1160. Charlemagne, Henri II et Frédéric Iᵉʳ Barberousse y furent couronnés rois de Lombardie. Sur sa sévère façade en grès, trois portails sont surmontés de sculptures représentant à travers des animaux fabuleux la lutte du bien et du mal. L'intérieur est sobre ; seules les colonnes portent un décor sculpté chargé mais élégant.

La Strada Nuova va de Saint-Michel à la **cathédrale**. Celle-ci offre un spectacle étrange car c'est un mélange assez gauche des styles architecturaux de quatre siècles. L'essentiel du plan est Renaissance (Bramante et Léonard de Vinci y ont participé), mais l'immense coupole est de la fin du XIXᵉ siècle, tandis que la façade a été ajoutée en 1933. Le reste de l'extérieur est inachevé.

En continuant sur la Strada Nuova, on arrive à l'**université**, qui compte

Carte p. 216

A gauche, le cloître de la chartreuse de Pavie ; ci-dessous, sculptures de la façade.

La chartreuse de Pavie fut fondée en 1360 par le duc Gian Galeazzo Visconti, et achevée en 1402, peu après la mort du duc, sauf les cloîtres et l'église. La façade, commencée en 1475 et achevée vers 1560, a exercé, par son style décoratif abondant, une grande influence sur l'architecture de la première Renaissance française.

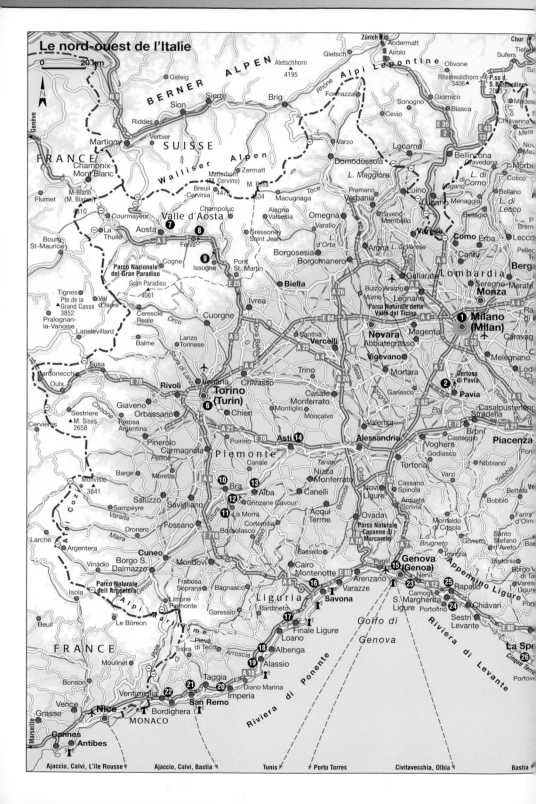

Le nord-ouest de l'Italie

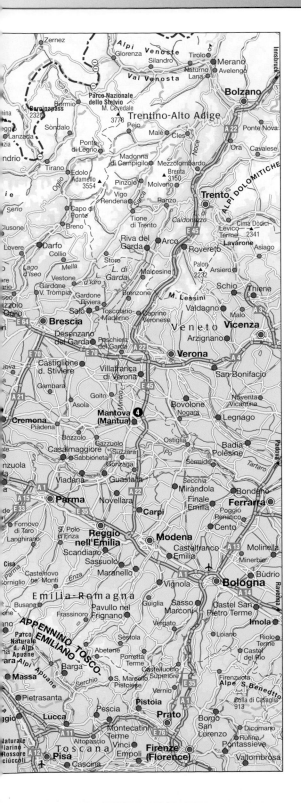

17 000 étudiants. L'un des plus célèbres fut Alessandro Volta, physicien qui donna son nom aux volts. Sa statue se dresse dans la cour de gauche.

Au bout de la Strada Nuova se trouve le **château des Visconti** (Castello Visconteo), imposante place forte carrée érigée de 1360 à 1365, qui abrite le **Musée municipal** (Museo Civico). Ses collections comptent de belles sculptures romano-lombardes et des vestiges de la Pavie romaine : inscriptions, verres et céramiques.

À l'ouest du château se dresse **San Pietro in Ciel d'Oro**, belle église romano-lombarde semblable à Saint-Michel, mais plus petite. Le maître-autel est surmonté d'un somptueux monument gothique qui contient les reliques de saint Augustin.

La *zuppa alla pavese* fut inventée par une paysanne pour François Ier. Le roi de France était à la veille de la bataille de Pavie contre les Espagnols (1525), quand il s'arrêta dans une chaumière pour se restaurer. Pour que son *minestrone* soit digne d'un roi, son hôtesse y ajouta du pain grillé, du fromage et des œufs. Le roi perdit tout à Pavie, « *fors l'honneur* », mais la soupe fut une conquête pour les gourmets.

CRÉMONE

Crémone (Cremona) ❸, ville médiévale à deux heures de route de Pavie, est la capitale mondiale de la lutherie et un agréable marché sur les rives du Pô. Sa très belle Piazza del Comune s'orne du plus haut campanile d'Europe, le **Torrazzo** (111 m), d'où l'on jouit d'une vue magnifique sur la plaine du Pô.

La **cathédrale** de Crémone est un bel édifice de marbre rose de style romano-lombard qui fut consacré en 1190, mais remanié aux XIIIe et XVe siècles. La belle rosace qui surmonte l'entrée est de 1274. À l'intérieur, des tapisseries du XVIIe siècle racontent la vie de Samson.

Le plus grand luthier de Crémone fut Antonio Stradivari (1644-1737), inventeur d'un vernis dont la formule secrète explique le son unique de ses stradivarius. Plusieurs sont exposés à l'**hôtel de ville** (Palazzo Comunale) et à l'**École internationale de lutherie**.

MANTOUE

Mantoue (Mantova) ❶ est sur une péninsule qu'entourent sur trois côtés des lacs formés par le cours du Mincio. C'est pourquoi on l'appelle « petite Venise ». Mantoue, d'abord commune libre, devint ville ducale lorsque les Gonzague prirent le pouvoir. Cette famille qui vivait dans son immense et sombre forteresse la gouverna de 1328 à 1707. Mantoue a toujours eu une atmosphère un peu renfermée. Quand on se promène le soir dans les rues pavées, on s'imagine interpellé par des spadassins sortis tout droit d'une pièce de Shakespeare ou assistant à un des rendez-vous de la malheureuse Gilda et du volage duc de Mantoue dans le *Rigoletto* de Verdi. L'histoire de la ville remonte au Iᵉʳ siècle av. J.-C., à l'époque où une simple paysanne rêva qu'elle donnait naissance à une branche de laurier et mit au monde Virgile, qui considérait Mantoue comme sa patrie.

A la Renaissance, la cour des Gonzague fut l'un des foyers de la culture italienne, notamment sous l'influence de la marquise Isabelle d'Este (1474-1539). Cette grande dame avait pris pour modèle de vie *Le Courtisan*, de Baldassare Castiglione, manuel des gentilshommes et des dames. Elle donna à Castiglione un palais à Mantoue et fit appel à Raphaël, Mantegna et Giulio Romano pour décorer le **palais ducal** (Reggia dei Gonzaga). Elle a laissé plus de 2 000 lettres, mais c'est le palais ducal qu'elle a le plus fortement marqué de son empreinte. On peut visiter une partie de ses 500 pièces. Les neuf tapisseries de Flandre de l'**Appartemento degli Arazzi** ont été exécutées sur des cartons de Raphaël. La **chambre des Époux** (Camera degli Sposi) est ornée de fresques de Mantegna représentant des scènes de la vie du marquis Ludovico Gonzague et de Barbe de Brandebourg.

A l'autre bout de la ville se trouve l'élégant **palais du Te** (Palazzo del Te), résidence d'été des Gonzague, construit en 1525 par Giulio Romano. Il comporte de nombreuses salles

Crémone est la capitale de la lutherie.

Carte p. 216

ornées de fresques estivales. Sa décoration joue avec les trompe-l'œil, mêlant le réel et la fantaisie. Le palais doit son nom à un charmant jardin autrefois planté de tilleuls (*tigli*).

La **cathédrale** (Duomo), près du palais ducal, a une façade baroque ajoutée en 1756. L'intérieur de la cathédrale, de style Renaissance et orné de stucs, est l'œuvre de Giulio Romano.

La **basilique Saint-André** (Basilica di Sant'Andrea), sur la Piazza Mantegna, est intéressante. Elle fut construite à partir de 1472 sur des plans du Florentin Leon Battista Alberti, mais la coupole fut ajoutée au XVIIIe siècle. L'intérieur est à la fois simple et grandiose. Les fresques des murs, conçues par Mantegna, furent exécutées par ses élèves et par le Corrège.

La spécialité culinaire de Mantoue est le *tortello di zucca*, pâte fraîche farcie de courge au goût aigre-doux.

BERGAME

Pour échapper à la chaleur de la plaine lombarde, la ville la plus reposante et la plus pittoresque est **Bergame** (Bergamo) ❺, site habité dès l'âge du bronze, souvent contournée par les touristes qui empruntent l'autoroute Milan-Venise. Bergame se compose d'une ville basse et d'une ville haute. La ville basse moderne, agréable et étendue, est moins spectaculaire que la ville haute, juchée sur un rocher escarpé, à l'ombre de laquelle s'étend la Via Pignola, bordée d'élégants palais du XVIe au XVIIIe siècle.

Le joyau de la ville basse est l'**Accademia Carrara**. Il n'y a qu'en Italie qu'on trouve dans une petite ville une collection de tableaux qu'une capitale serait fière de posséder. Ce musée semble dû au bon goût du comte Giacomo Carrara (1714-1796). Sans faire la queue et sans bousculade, on peut y admirer des tableaux de Pisanello, Lotto, Carpaccio, Bellini ou Mantegna.

Un funiculaire monte à la ville haute, bourg fortifié construit dans une pierre d'un brun chaud, bien entretenu. La visite commence par la Piazza Vecchia, au centre, où l'on déguste la spécialité locale, la *polenta con gli uccelli* (polenta

aux cailles). La place est bordée par le **Palazzo Nuovo** (XVIIe siècle) et le **Palazzo della Ragione** (XIIe siècle).

Derrière l'arcade du bâtiment médiéval, la petite place de la Cathédrale s'étend devant la superbe église romane **Sainte-Marie-Majeure** (Santa Maria Maggiore), qui héberge des stalles de marqueterie du XVIe siècle et le tombeau de Gaetano Donizetti, et la **chapelle Colleoni**, de style Renaissance (conçue par G. A. Amadeo, qui travailla aussi à la chartreuse de Pavie). La chapelle est dédiée au condottiere Bartolomeo Colleoni, qui fit tant pour les Vénitiens que ceux-ci lui donnèrent un domaine dans sa province d'origine, sous domination vénitienne à l'époque. Peut-être cette place a-t-elle accueilli des comédiens, puisque c'est à Bergame que serait née la commedia dell'arte, ou du moins le personnage d'Arlequin.

Les mélomanes visiteront l'**institut musical Donizetti**. Le compositeur naquit en 1797 à Bergame et y mourut de surmenage en 1848, après avoir composé près de 70 opéras.

Rosace de Sainte-Marie-Majeure, à Bergame.

Le palais ducal de Mantoue.

Les souverains de Mantoue appartinrent longtemps à la famille de Gonzague. En 1328, Ludovico (1278-1360) devint capitaine général de Mantoue. Francesco (1382-1407), son arrière-petit-fils, fut créé marquis de Mantoue en 1403. Federigo II (1500-1540) reçut le titre de duc en 1530. Faute d'héritier dans la branche aînée, le duché revint à une branche cadette qui s'éteignit en 1746, puis à l'Autriche.

LES LACS

Entre les Alpes et la plaine du Pô se succèdent sept lacs résultant de l'érosion glaciaire du quaternaire, qui a pris fin il y a 11 000 ans. Quatre sont petits : lacs d'Orta, de Lugano (qui se trouve presque entièrement en territoire helvétique), d'Iseo et d'Idro ; trois sont plus vastes et méritent un peu de temps : le lac Majeur, le lac de Côme et le lac de Garde.

Tous ces lacs bénéficient d'un microclimat, surtout sur la rive sud, où les sommets des Alpes masquent moins le soleil. En raison de la différence de pression entre l'eau et les montagnes, il est fréquent qu'un vent vif, propice à la navigation et à la planche à voile, souffle un peu au large, tandis que les baigneurs en sont abrités sur la rive.

Malgré la fréquentation touristique et la proximité de l'aéroport de Milan (qui n'est qu'à une heure et demie du lac de Côme, par exemple), ces lacs n'ont rien perdu du charme et de la beauté naturelle qui ont attiré sur leurs rives des écrivains comme Pline le Jeune, Shelley, Stendhal et D. H. Lawrence. « *Que peut-on dire du lac Majeur, des îles Borromées, du lac de Côme, si ce n'est plaindre ceux qui n'en raffolent pas ?* » écrivait Stendhal.

LE LAC MAJEUR

Le **lac Majeur** (Lago Maggiore ou Lago Verbano) ❶, le plus occidental, se partage entre le Tessin helvétique, le Piémont et la Lombardie. Sur ce lac se trouvent les **îles Borromées** (Isole Borromee) ❷, qui portent le nom de leurs propriétaires, grande famille milanaise qui a donné en particulier un cardinal, un évêque et un saint.

L'**Isola Bella**, la plus proche de la côte et la plus romantique des trois, était un rocher désolé avec quelques chaumières quand, au XVIIᵉ siècle, le comte Charles III Borromée décida de la bâtir en l'honneur de sa femme Isabella. Assisté de l'architecte Angelo Crivelli, il dessina le spectaculaire **palais** et les jardins à l'italienne, chef-d'œuvre du baroque rocaille, qui se

composent de dix terrasses en gradins plantées de fleurs et d'essences rares.

L'**île des Pêcheurs** (Isola dei Pescatori) abrite, comme son nom l'indique, un village de pêcheurs qui a gardé son allure du XIXᵉ siècle.

L'**Isola Madre** possède un autre **palais des Borromées** et des jardins botaniques où des paons se pavanent. Les trois îles sont desservies par bac au départ des principales villes riveraines du lac.

Sans être la plus importante, la localité la plus connue et la plus animée des rives du lac Majeur est **Stresa** ❸, sur la rive occidentale, citée par Hemingway dans *L'Adieu aux armes*. Stresa compte plusieurs belles villas Belle-Époque en ville mais doit l'essentiel de son charme à ses parcs et jardins fleuris. La perle du lac Majeur accueillit en 1935 une conférence entre l'Italie, la France et l'Angleterre à propos du réarmement allemand. Mais l'accord évitait toute allusion à la question éthiopienne, ce qui en limitait la portée. Depuis les années 1950, Stresa accueille en août et

A gauche, Bellagio, au bord du lac de Côme ; ci-dessous, statue du jardin de la villa Pallavicino.

La villa Pallavicino, au bord du lac Majeur, à l'entrée de Stresa quand on vient d'Arona, est surtout connue pour ses beaux jardins qui abritent en outre un riche parc animalier. Le climat du lac Majeur, protégé des vents froids par les Alpes et les Préalpes, est d'une douceur constante qui permet aux jardins de se parer de plantes exotiques.

Les voûtes peintes de la cathédrale de Côme.

septembre les « semaines musicales », au cours desquelles des musiciens de renommée mondiale donnent des concerts en ville ou sur l'Isola Bella.

A l'extérieur de la ville, les deux villas les plus proches de l'embarcadère sont la **villa Ducale**, résidence du philosophe Antonio Rosmini (1797-1855), et la **villa Pallavicino**, du XIXe siècle, à quelques centaines de mètres de la ville.

De Stresa, il est facile de monter (en voiture ou en téléphérique) au sommet du **mont Mottarone**, d'où l'on a une superbe vue sur les Alpes, le lac Majeur et la ville.

Baveno ❹, au nord-ouest de Stresa, est une petite ville paisible près des îles. Elle abrite plusieurs belles résidences, dont le **Castello Bianca**, où la reine Victoria passa le printemps en 1879.

La route qui longe le lac entre Stresa et Arona, au sud, est très jolie. Elle est bordée d'arbres et ménage de superbes panoramas sur les lacs et les îles. **Arona** ❺ a moins de charme que les stations précédentes, mais elle compte plusieurs beaux édifices du XVe siècle.

LE LAC DE LUGANO

Sur la carte, le **lac de Lugano** ❻ a la forme d'un animal de caricature à très longue queue. Le lac se trouve pour la majeure partie en Suisse : seul le petit bout de la queue, à l'est, est italien. S'y ajoute **Campione d'Italia**, petite ville enclavée en territoire suisse, et où ce sont d'ailleurs la monnaie et les timbres-poste helvétiques qui sont en vigueur.

LE LAC DE CÔME

Le **lac de Côme** (Lago di Como) ❼ est le plus spectaculaire, avec ses 50 km de long sur 5 km de large. C'est aussi le lac le plus profond d'Europe (410 m). Le rivage est par endroits bordé de falaises à pic, et les Alpes forment un véritable mur à l'extérieur nord du lac (on peut d'ailleurs aller faire du ski toute l'année sur les glaciers de la **Valteline**).

Côme (Como) ❽ est une ville industrielle prospère. Le filage de la soie, longtemps à domicile et dans de petits ateliers, est concentré dans des usines.

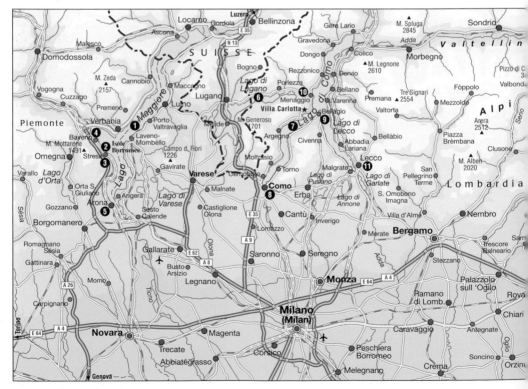

Carte p. 222

Les agréables **jardins publics** (Giardini Pubblici) du bord du lac de Côme abritent le **Tempio Voltiano**, rotonde néoclassique construite en 1927 afin de conserver les instruments expérimentaux d'Alessandro Volta (1745-1827), inventeur de la pile électrique qui a donné son nom à une unité de mesure, le volt.

De là, on se rendra à pied à la **cathédrale Sainte-Marie-Majeure** (Duomo Santa Maria Maggiore), en marbre, commencée en 1396 dans les styles gothique, puis Renaissance lombards mais dotée seulement au XVIIIe siècle de sa coupole octogonale. Le portail aux sculptures complexes est flanqué de statues de Pline l'Ancien (23-70 apr. J.-C.) et de son neveu et fils adoptif Pline le Jeune (61-112), qui comptèrent parmi les premiers admirateurs du lac de Côme. Pline le Jeune se félicitait de pouvoir se livrer à l'étude, à la pêche et à la chasse sur le Larius (nom latin du lac de Côme).

Au sud de Côme, la basilique lombarde **Sant'Abbondio** est peu visitée malgré son abside décorée d'émouvantes fresques du XIVe siècle racontant la vie du Christ.

Bien que la distance à vol d'oiseau ne soit pas grande, il faut une bonne heure pour aller de Côme à Bellagio car les routes sont étroites et sinueuses. Il est beaucoup plus agréable de s'y rendre en bateau au départ de Côme. **Bellagio** ❾ se trouve sur la pointe de terre qui divise le lac de Côme en trois. De là, on voit le lac dans toute son étendue et on jouit d'une superbe vue sur les Alpes. « *Aspects sublimes et gracieux que le site le plus renommé du monde, la baie de Naples, égale mais ne surpasse point !* » écrit Stendhal dans *La Chartreuse de Parme*. Le centre de la ville est délicieux, avec ses ruelles en escaliers.

L'écrivain français situe le début de son roman à la **villa Carlotta** ❿ (de l'autre côté du lac, à **Tremezzo**), où il avait été invité à séjourner. Érigée au XVIIIe siècle pour un maréchal milanais, elle devint au siècle suivant la propriété de Charlotte de Prusse. Elle est aujourd'hui ouverte au public et ses jardins en

Sculptures de Canova à la villa Carlotta.

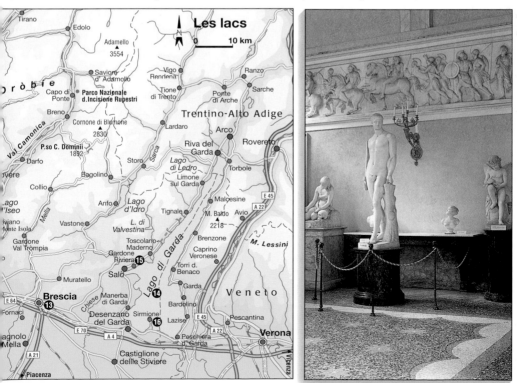

Les lacs

0   10 km

terrasses accueillent des ballets et des concerts. A l'intérieur, la salle des Marbres conserve des sculptures néoclassiques, parmi lesquelles *L'Amour et Psyché*, d'Antonio Canova.

Bellagio compte quelques-unes des plus belles villas d'Italie, perchées au sommet du promontoire, au bout de ruelles en escaliers. La superbe **villa Serbelloni** (XVIIIe siècle), au magnifique jardin, aurait été bâtie à l'emplacement de la villa de Pline le Jeune. Elle est aujourd'hui le siège de la fondation Rockefeller. La **villa Melzi** (1810), au milieu d'un beau jardin à l'anglaise, est décorée de fresques et de stucs et a conservé un mobilier d'époque.

La partie sud-est du lac de Côme est connue sur le nom de **lac de Lecco** (Lago di Lecco). **Lecco** ⓫ est une agréable ville située à l'endroit où le lac se déverse dans l'Adda, plus grand des affluents alpins du Pô. Elle est le cadre des *Promessi Sposi* (*Les Fiancés*), roman du XIXe siècle, classique de la littérature italienne qui brosse un tableau de la société du temps. L'auteur, Alessandro Manzoni (1785-1873), originaire de Lecco, était aussi un militant politique qui a contribué à l'unification de l'Italie. On peut visiter la **villa Manzoni**, édifiée au XVIIIe siècle, où l'écrivain a passé son enfance.

Lecco possède une **basilique** ornée de belles fresques du XIVe siècle représentant l'Annonciation, la Descente de Croix et la vie de saint Antoine.

Le plus ancien monument de la ville est le **pont Azzone Visconti** (1336-1338), qui enjambe le cours de l'Adda de ses dix arches.

LE LAC D'ISEO

Le **lac d'Iseo** (Lago d'Iseo) ⓬ est le cinquième des lacs par l'étendue, avec 24 km de long sur 5 km de large.

De n'importe quel point de la rive, on a une vue sur la grande île qui se trouve au milieu du lac : **Monte Isola**, la plus grande île lacustre d'Europe.

A nord-est du lac, **Capo di Monte** est un bon point de départ pour visiter le **Valcamonica**, vallée baignée par l'Oglio

Ci-dessous, l'église Notre-Dame de Monte Castello, sur la rive ouest du lac de Garde ; à droite, le château de Rocca Scaligera.

Carte p. 222

réputée pour ses gravures rupestres de l'époque néolithique. On a découvert 158 000 gravures, dont les trois quarts se trouvent dans les environs de Capo di Monte, et qui évoquent les mœurs des anciennes tribus locales de chasseurs et d'agriculteurs.

L'office de tourisme vend des guides du **parc national de Naquane**, créé en 1955, qui proposent cinq itinéraires indiqués chacun par une couleur.

Au sud-est du lac s'étend la seconde ville de Lombardie, **Brescia** ⓭, qui est un centre industriel de premier plan. Une colline, le **Cidneo**, est le cœur de la ville : c'est là que sont regroupés le **Musée romain**, qui conserve l'allégorie en bronze de la Victoire qui ornait autrefois le temple Capitolin, un petit jardin zoologique, un château du XVᵉ siècle, la jolie église Saint-Pierre (San Pietro), du XIIᵉ siècle, et le monastère Saint-Sauveur (San Salvatore), qui participe à la vie artistique et culturelle de la cité. Au centre de la ville se trouvent l'ancienne **cathédrale** (Rotonda ou Duomo Vecchio) du XIᵉ siècle et celle du XVIIIᵉ siècle qui l'a remplacée (Duomo Nuovo), avec son dôme et ses marbres blancs. Le **musée d'Antiquités chrétiennes** conserve, entre autres, une magnifique crosse d'évêque du VIIIᵉ siècle incrustée de pierreries. Le **musée des Armes** abrite l'une des plus belles collections du genre en Italie.

LE LAC DE GARDE

Le **lac de Garde** (Lago di Garda) ⓮ est le plus vaste et le plus propre des lacs italiens. Le poète antique Catulle aimait y passer l'hiver parmi les oliviers et les citronniers. Il attire beaucoup de touristes d'Europe du Nord, qui viennent y faire du bateau, du ski nautique et de la natation.

A 1 km au-dessus de **Gardone Riviera** ⓯ se trouve le **Vittoriale**, maison du poète et patriote italien Gabriele D'Annunzio, qui y mourut en 1938. Plus qu'une maison, c'est un sanctuaire délirant et édifiant dédié à ses rêves de triomphe de l'empire italien, avec la proue du navire de guerre *Puglia*, encastrée à flanc de colline. Sur la partie la plus élevée de la colline

s'accroche un gigantesque mausolée à l'antique où repose le poète.

De **Salò**, charmante ville où gouverna l'éphémère république fasciste du même nom, et de Gardone Riviera, encore plus charmante, il n'y a qu'une heure de route jusqu'à Sirmione.

Sirmione ⓰, ville médiévale connue depuis l'Antiquité pour ses eaux à 69 °C, est sur une langue de terre qui s'avance dans le lac. Le château fort, la **Rocca Scaligera**, domine avec une sévère élégance l'entrée de la ville et se reflète dans les eaux du lac. C'était le château de la famille Scaliger, maîtresse de Vérone et de Garde au XIIIᵉ siècle, qui y aurait reçu Dante. On peut passer agréablement une heure ou deux à explorer les boutiques, entrer dans les églises et se rendre au bout de la langue de terre où, perdues dans le bleu du lac à perte de vue, les ruines d'une immense villa romaine des Iᵉʳ-IIIᵉ siècles apr. J.-C., dotée de ruines de thermes romains et dite les **grottes de Catulle** (Grotte di Catullo), a fait rêver maints poètes romantiques.

Lis de la Riviera de Gardone.

Église de Bardolino.

Bardolino est une charmante bourgade animée, riveraine du lac de Garde. Elle est avant tout célèbre pour le vin rouge qui porte son nom, mais elle a aussi une élégante église romane du XIᵉ siècle placée sous le vocable de saint Sévère. La région du vin « bardolino classico » s'étend en forme de croissant le long du lac, du nord de Garde au sud de Pacengo.

Carte
p. 216
et p. 232

*L'église orthodoxe
russe de San Remo.*

*Ci-dessous,
villa à Santa
Margherita ;
à droite, Borghetto
d'Arroscia,
près d'Albenga.*

Le **jardin Hanbury** (Giardino Hanbury), situé à 6 km, dans le village de **Mortola**, est un superbe jardin d'acclimatation en terrasses, où l'on peut admirer la flore des cinq continents.

LA RIVIERA DU LEVANT

Le **Quarto dei Mille**, point de départ de l'audacieuse expédition des Mille de Garibaldi, qui libéra la Sicile et contribua à l'unité italienne, se trouve dans la banlieue est de Gênes.

La ville voisine de **Nervi** ㉓ est la plus vieille station hivernale de la côte orientale. On peut y prendre des bains de mer chauds ou se promener sur les 3 km de falaises.

Après **Camogli**, on quitte la route principale pour bifurquer vers Portofino en passant par **Santa Margherita Ligure** et **Paraggio**.

Portofino ㉔ est la plus intéressante de ces trois stations. Ce minuscule village de bord de mer d'une beauté extraordinaire fut découvert par les millionnaires après la Seconde Guerre

Santa Margherita Ligure est une élégante station balnéaire que fréquenta l'écrivain Valery Larbaud. C'est cette localité qui donne accès à la presqu'île et au bourg de Portofino, cinq kilomètres plus loin, par une route panoramique en corniche qui ménage de très belles vues sur la côte rocheuse de la péninsule.

mondiale. Autrefois, seuls les bateaux de pêche étaient amarrés dans la crique étroite d'un vert intense, bordée sur trois côtés par de hautes falaises, qui abrite aujourd'hui d'innombrables yachts. L'attrait de Portofino tient en partie à sa petite taille. Il n'y a pas de plage et peu de grands magasins et de restaurants. Les maisons aux couleurs vives se reflètent dans les eaux claires du port, et les contours déchiquetés des falaises se détachent sur le bleu du ciel.

Rapallo ㉕ est une station familiale dotée d'une grande plage et de nombreux hôtels. Sa collégiale du XVIIe siècle a un intéressant campanile, et l'**église Saint-François** (San Francesco), du XVIe siècle, abrite de beaux tableaux de Borzone, un artiste local.

La localité voisine de **Chiavari**, opulent chantier naval et charmante station balnéaire, entretenait jadis des liens étroits avec l'Amérique du Sud, si bien que le **Musée municipal** conserve une collection de souvenirs incas.

Le **golfe de La Spezia** a été chanté si souvent par les poètes – Dante, Pétrarque, Byron et Shelley – qu'on l'appelle souvent golfe des Poètes (Golfo dei Poeti).

A l'est, entre **La Spezia** et **Levanto**, cinq ravissants villages accrochés au relief qui surplombe la mer forment les **Cinque Terre** ㉖, hélas trop fréquentés en été. L'approche en bateau, impérative en saison, permettra de lire le paysage en terrasses et de mieux comprendre la construction des bourgs.

A l'ouest, les maisons colorées du minuscule **Portovenere** ㉗ médiéval s'échelonnent sur la montagne abrupte. Au bout du village, la petite église gothique Saint-Pierre (San Pietro) contemple la mer et l'**île Palmaria**.

Les romantiques visiteront la **grotte de l'Arpaia**, en contrebas, d'où lord Byron serait parti pour traverser le golfe à la nage afin de rejoindre Shelley à la **Casa Magni**.

Une excursion en bateau de l'autre côté du golfe, à **Lerici** ㉘, dominée par son **château** des XIIIe-XVIIIe siècles, convaincra le visiteur des talents de nageur du poète. Son ami Shelley, moins chanceux, fit naufrage au large de ces côtes déchirées.

LE CENTRE

Le centre de l'Italie présente de subtiles variations dans l'art, la cuisine et la façon d'être. Ces nuances sont parfois perceptibles d'une ville à l'autre. Aux yeux de nombreux voyageurs, c'est là que se trouve une Italie plus « authentique ». Mais c'est aussi dans le centre de la péninsule que les particularismes locaux sont, dans un sens, les plus marqués. Ainsi, on se dira plus volontiers toscan ou florentin, siennois ou pérugin, que tout bonnement italien. Ce n'est pas une simple nuance de vocabulaire, mais un sentiment hérité d'une longue histoire et visible à l'œil nu.

Et, dans ces régions plus encore qu'ailleurs, l'histoire ne s'apprend pas seulement dans les livres, elle fait partie de la culture vivante. Les rivalités entre les villes ne se règlent plus, par bonheur, sur le champ de bataille, mais elles sont toujours d'actualité. Il suffit de visiter une ville d'Ombrie ou de Toscane à l'occasion de sa fête annuelle – même s'il ne s'agit pas des plus connues : le Palio de Sienne ou le Calcio Storico de Florence – pour percevoir cette atmosphère de rivalité.

Ces « rivalités » se traduisent cependant d'abord par une grande variété dans l'architecture, dans les arts et dans les traditions populaires qu'il est passionnant de découvrir. La cuisine est le signe le plus accessible de cette variété ; les différences, subtiles quand il s'agit des fromages au lait de brebis, se font plus affirmées quand on compare un vin d'Orvieto bien charpenté à un chianti plus fruité. Quant aux restaurants de bord de mer de la Riviera toscane, chacun soutiendra que sa recette est la seule vraie recette de soupe de poisson (*cacciucco*), et qu'elle est bien meilleure que tout ce qu'on fait en France !

Au cours de la visite, on se rendra compte que des termes qui semblaient faits pour rebuter les néophytes, comme école florentine ou école ombrienne, roman lombard ou roman pisan, prennent tout leur sens. On comprend peu à peu qu'il ne s'agit pas seulement de subtiles distinctions réservées aux spécialistes. Au bout de quelque temps, on se surprend à faire la différence entre le style limpide et lumineux du Pérugin et les fresques aux couleurs franches de Benozzo Gozzoli – ce dernier sans conteste florentin, même si l'on trouve ses œuvres dans la petite ville en hauteur de Montefalco, en Ombrie.

Pages précédentes : la Piazza del Campo, à Sienne. Ci-contre, rue médiévale de Pérouse décorée pour une fête.

L'ÉMILIE-ROMAGNE

En Émilie-Romagne, les hivers sont froids, humides et brumeux, les étés longs et chauds. Combiné au sol fertile de la vallée du Pô, ce climat en fait l'une des régions agricoles les plus prospères d'Italie.

A la richesse du présent s'ajoute un remarquable patrimoine. La Via Emilia, ancienne voie romaine, traverse le centre de la région et le relie à l'Adriatique. Elle traverse plusieurs belles villes : Rimini, Bologne, Modène, Parme, Plaisance, relais fondés dans l'Antiquité par les Romains.

Deux autres grandes villes, Ferrare et Ravenne, sont à l'écart de cette artère principale. A la Renaissance, Ferrare était la capitale de la famille d'Este, dont la cour était un foyer d'art et de culture. Ravenne fut une grande capitale du IV\ au VIII\ siècle, d'abord comme dernière capitale de l'empire d'Occident, puis comme résidence des empereurs byzantins.

BOLOGNE

Bologne (Bologna) ❶, capitale de l'Émilie-Romagne, est une ville de 400 000 habitants, célèbre pour son université, sa charcuterie et sa vieille ville merveilleusement conservée. La plupart de ses bâtiments anciens sont en brique rouge pâle (à laquelle elle doit son surnom de « Bologne la Rouge ») et sont bordés d'une galerie de marbre ou de brique. On peut ainsi parcourir à pied de longues distances dans le centre sans craindre la pluie. Au cœur de la vieille ville se trouvent deux vastes places attenantes, la **Piazza Maggiore** ❹ et la **Piazza del Nettuno** ❺.

A l'est de la Piazza Maggiore s'élève la **basilique Saint-Pétrone** (San Petronio) ❻, plus grande église de Bologne. Animés de l'esprit de compétition, les Bolonais, dit la légende, espéraient à l'époque que l'édifice serait plus vaste que Saint-Pierre de Rome, mais les autorités ecclésiastiques décrétèrent qu'il fallait garder de quoi construire l'Archiginnasio voisin. Saint-Pétrone n'en reste pas moins imposante. La

basilique fut commencée en 1390 sur les plans d'Antonio di Vincenzo, mais la façade est restée inachevée. La partie basse est revêtue de marbre rouge et blanc. Le portail central s'orne de scènes d'une grande sensualité tirées de l'Ancien Testament et dues à Jacopo della Quercia. L'intérieur est simple mais élégant. Les murs de brique sont pour la plupart dépouillés, au contraire des nombreuses chapelles. La **chapelle Bolognini** est décorée de fresques (1408-1420) de Giovanni da Modena représentant *Le Voyage des mages* et un impressionnant *Enfer*. La cinquième chapelle à gauche quand on vient du chœur abrite un retable, lui aussi du XV\ siècle, de Lorenzo Costa, représentant la Vierge et les saints. A l'extrémité est de cette nef, un **musée** présente des plans pour la façade et une maquette du projet primitif. La huitième chapelle de la nef sud abrite des stalles marquetées de Raffaele da Brescia.

Derrière Saint-Pétrone se trouve l'**Archiginnasio** ❼, siège de la bibliothèque municipale, qui abritait jadis

ITALIE
● Rome

Cartes
p. 242
et 246

A gauche, la Piazza del Nettuno, à Bologne ; ci-dessous, épicerie bolonaise.

Les grandes spécialités culinaires de Bologne sont les « tortellini in brodo », c'est-à-dire servis dans un bouillon, et les « tortelloni », plus gros et farcis de fromage (ci-contre en bas, au second plan). Citons aussi les pâtes à la bolonaise, servies « in ragù », sauce à base de viande, de tomate, de légumes et de vin blanc sec ; le « panspeziale » aux fruits confits ; les « raviole » farcis à la moutarde ; les « zuccherotti », biscuits à l'anis ; les beignets de carnaval.

Dans la cour de Saint-Étienne se trouve la fontaine dans laquelle Ponce Pilate se serait lavé les mains lors du procès de Jésus.

l'université de Bologne. C'est là qu'eurent lieu les premiers cours d'anatomie du monde. Au premier étage est installé un somptueux théâtre anatomique du XVIIe siècle, salle de dissection au luxe baroque complétée au siècle suivant.

Le centre de la Piazza del Nettuno est occupé par la **fontaine de Neptune** ❺, du XVIe siècle, ornée d'un groupe en bronze de Jean de Boulogne, dit Giambologna, représentant le dieu entouré de tritons et de sirènes.

A l'ouest, l'**hôtel de ville** (Palazzo Comunale) ❻ est un majestueux édifice médiéval remanié à la Renaissance (1444) par Fieravante Fieravanti. La statue de bronze qui surmonte le portail est celle du pape bolonais Grégoire XIII. A gauche, la façade présente une belle Madone à l'Enfant en terre cuite de Nicolo dell'Arcà. L'intérieur contient des fresques, dont deux de Louis Carrache, dans la **salle d'Hercule**, la **chapelle du Légat**, ornée de peintures murales de Prospero Fontana (vers 1562), où Charles Quint coiffa la couronne de fer des rois d'Italie, un

musée consacré au peintre bolonais Giorgio Morandi (1890-1964) et les riches collections communales.

Du **palais du Podestat**, il reste la partie nord et la **tour de l'Arengo** (1212) avec sa grosse cloche dite Campanazzo. Sous la tour, un phénomène de résonance permet aux amoureux de se murmurer des mots doux à distance.

De la Piazza del Nettuno, la pittoresque Via Rizzoli, bordée de cafés, mène à la **Piazza di Porta Ravegnana** ❼, dominée par les deux tours penchées, symboles de Bologne. Au Moyen Age, les familles aristocratiques se faisaient construire des « maisons-tours »; la ville en compta jusqu'à 180, mais il n'en reste qu'une douzaine. On raconte que les deux familles les plus riches de Bologne, les Asinelli et les Garisendi, rivalisèrent pour construire la tour la plus élevée et la plus belle de la ville. Si l'histoire est vraie, ce sont les Asinelli qui l'ont emporté car la **tour Garisenda**, construite sur des fondations instables, ne fut jamais achevée ! Raccourcie entre 1351 et 1360 par souci de sécurité,

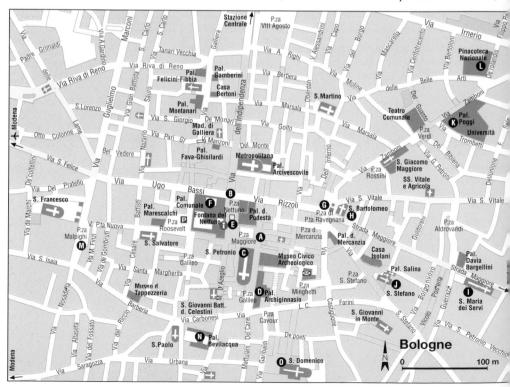

Bologne

elle ne mesure plus que 48 m et présente une inclinaison de plus de 3 m. La **tour des Asinelli** a conservé sa hauteur de 97 m, mais elle s'incline d'un bon mètre par rapport à la verticale.

A l'est des deux tours, la Strada Maggiore suit le tracé de la Via Emilia. A l'angle se dresse la **basilique Saint-Barthélemy** (San Bartolomeo) **❶** : la quatrième chapelle de la nef sud abrite une *Annonciation* de l'Albane, le transept nord une *Madone* de Guido Reni.

Plus bas sur la Strada Maggiore, **Santa Maria dei Servi ❶**, église gothique bien conservée, abrite une émouvante *Vierge à l'Enfant*, attribuée à Cimabue.

L'**abbaye Saint-Étienne** (Santo Stefano) **❶**, ensemble de quatre édifices (sept à l'origine) dédié au premier martyr chrétien, s'élève dans la Via Santo Stefano. La plus intéressante de ces églises est celle du **Saint-Sépulcre** (San Sepolcro), polygonale, où saint Pétrone, le protecteur de Bologne, est enterré près d'une remarquable chaire romane. A gauche, **Saints-Vital-et-Agricola** (Santi Vitale e Agricola), la plus ancienne église de cet ensemble (Ve siècle), comprend plusieurs colonnes et chapiteaux romains. Du Saint-Sépulcre, on passe à la **cour de Pilate** (Cortile di Pilato), du XIIe siècle, ornée de mosaïques de pierre et de terre cuite, et, au fond de cette cour, à la sombre **église de la Trinité**, du XIIIe siècle.

L'**université** de Bologne, la plus ancienne d'Europe, fondée au XIe siècle, a fait sa réputation en rétablissant l'étude du droit romain. Pétrarque et Copernic y ont suivi des études. Pendant des siècles, elle n'a pas eu de siège permanent. Elle est aujourd'hui installée Via Zamboni, dans le **palais Poggi ❶**, qui date du XVIe siècle, mais les facultés sont disséminées à travers la ville.

Après l'université, on rencontre à gauche la **Pinacothèque nationale ❶**, fondée en 1802, qui abrite de belles collections de peinture italienne. Elle met surtout en valeur les artistes bolonais du Moyen Age aux années 1700, mais conserve aussi des œuvres de la Renaissance dues à des artistes invités à venir travailler dans la ville, comme Francesco del Cossa et Ercole de'

Roberti, tous deux de l'école ferraraise, et *L'Extase de sainte Cécile*, de Raphaël.

Les quartiers sud et ouest comptent d'autres édifices intéressants. La Via Ugo Bassi débouche à l'ouest sur la **Piazza Malpighi ❶**, sur laquelle donne l'**église Saint-François** (San Francesco), construite entre 1236 et 1263 sur un plan inspiré du gothique français. Derrière le chevet, les tombeaux des glossateurs rendent hommage aux éminents professeurs de l'université. Très endommagée pendant la Seconde Guerre mondiale, l'église renferme un très beau retable de marbre de 1392 dû aux Vénitiens Jacobello et Pier Paolo delle Masegne.

Vers le sud-est se trouve le **palais Bevilacqua ❶**, monument du XVe siècle de style toscan qui accueillit deux sessions du concile de Trente alors que cette ville souffrait d'une épidémie.

La **basilique Saint-Dominique** (San Domenico) **❶**, dans la Via d'Azeglio, est dédiée au fondateur de l'ordre dominicain, dont le tombeau se trouve dans une chapelle de la nef sud.

Carte p. 242

La basilique Saint-Dominique conserve plusieurs statues de Michel-Ange.

Rue à arcades de Bologne.

Les arcades qui bordent les maisons sont typiques de l'architecture de Bologne. On en a recensé une longueur totale de près de trente-huit kilomètres dans la ville. Ces portiques furent d'abord en bois, puis de plus en plus en pierre, pour plus d'élégance, de solidité et de sécurité. Ils étaient souvent devant les échoppes, mais l'activité des boutiques devait laisser le passage aux piétons.

Bologne s'est vu attribuer plusieurs épithètes : la Dotta (« l'érudite »), la Turrita (« la tourelée ») et enfin la Grassa (« la grasse »), car on y trouve la meilleure cuisine d'Émilie-Romagne. Outre la charcuterie (mortadelle, pied de porc farci ou *zampone*, saucisson), on dégustera les tortellini et les tagliatelles, celles-ci ayant été inventées pour le repas de noces de Lucrèce Borgia et du duc de Ferrare. Ces pâtes longues et blondes auraient été inspirées par les jolies boucles de la mariée. Les Bolonais assaisonnent leurs tagliatelles de *ragù*, sauce très épaisse à la viande de bœuf et au lard, revenus avec des légumes, du lait et du vin blanc.

MODÈNE

Modène (Modena) ❷ est une ville prospère depuis la conquête romaine au IIᵉ siècle av. J.-C. Si sa richesse reposait autrefois sur les terres fertiles de la plaine du Pô et sur la Via Emilia qui la traverse toujours, elle est due aujourd'hui aux usines automobiles **Maserati** et **Ferrari**, qui produisent des voitures de sport.

La **cathédrale** romane, massive et superbe, se trouve sur la Via Emilia. A la fin du XIᵉ siècle, la comtesse Mathilde de Toscane, souveraine de Modène, décréta qu'il fallait construire une cathédrale digne d'abriter les reliques de saint Geminiano, patron de la ville. Elle chargea Lanfranco, le plus grand architecte de l'époque, de dresser les plans de l'édifice.

Le campanile mi-roman, mi-gothique qui s'élève sur un côté est la célèbre **tour Ghirlandina**, où l'on conserve un sceau volé à Bologne en 1325 qui suffit à déclencher une guerre entre les deux villes. Le poète italien Alessandro Tassoni immortalisa l'incident dans un poème héroïco-comique, *La Secchia Rapita* (« le sceau volé »).

En se promenant dans Modène, on rencontre parfois les élégants étudiants de l'**Académie militaire** italienne, dont le siège se trouve au **palais ducal** (Palazzo Ducale) du XVIIᵉ siècle, dans le centre.

Les amateurs de belle mécanique se rendront à la Galleria Ferrari pour tout savoir sur la fabuleuse histoire du cheval cabré. Le musée se trouve Via Dino Ferrari 43 (tél. 0536 943204), Maranello, à 20 km au sud de Modène.

Ci-dessous, lions de pierre devant la cathédrale romane de Modène ; à droite, la grand-place de Modène.

Le **palais des Musées** (Palazzo dei Musei) abrite différentes galeries d'art – dont la **Galleria Estense**, rassemblant l'une des plus importantes collections de peintures d'Italie – et la **Biblioteca Estense Universitaria**, bibliothèque de la famille d'Este, ducs de Modène et de Ferrare, une exposition permanente de manuscrits enluminés, dont la fameuse bible de Borso d'Este, ornée de 1 200 miniatures produites par l'école de Ferrare au XVe siècle.

PARME

Ceux qui pensent que le parmesan ne se consomme que saupoudré sur les pâtes se privent d'un véritable régal. Le vrai *parmigiano* (et non celui qu'on achète déjà râpé dans les supermarchés) se mange en éclats à la fois fermes et moelleux, prélevés dans la masse avec un petit couteau spécial. Où pourrait-on mieux le déguster, avec un très fameux jambon, que sur son lieu d'origine, Parme, agréable ville de taille moyenne qui, grâce aux montagnes voisines, jouit d'un climat plus frais que le reste de la vallée du Pô, chaude et humide ?

L'histoire de **Parme** (Parma) ❸ est peuplée de personnalités intéressantes. La ville fut cédée à l'impératrice Marie-Louise après la mort de Napoléon. Elle y fit construire des routes et des ponts, fonda des orphelinats et d'autres établissements d'utilité publique. Elle fonda la galerie de tableaux du **palais de la Pilotta** (XVIe siècle), qui conserve quatre superbes toiles du Corrège, le grand maître de l'Émilie, jugé « *trop sensuel* » par Bernard Berenson. Au deuxième étage du palais, le séduisant **théâtre Farnèse** (1618), détruit pendant la guerre, a été rouvert au public.

Les plus beaux édifices de Parme sont toutefois la **cathédrale** et le baptistère adjacent. Dans une région déjà célèbre pour ses églises romanes, la cathédrale du XIe siècle se distingue par sa coupole ornée de magnifiques fresques du Corrège. Les contemporains se répandaient en éloges sur ce chef-d'œuvre : Titien disait que si l'on renversait la coupole de la cathédrale pour la remplir d'or, elle ne serait pas aussi précieuse que les fresques du Corrège. Vasari écrivait au sujet de *L'Assomption* : « *Il semble impossible qu'un homme ait pu concevoir une telle œuvre et encore plus impossible qu'il ait pu le faire de ses mains de mortel. Elle est d'une beauté extraordinaire, si gracieuse dans le flot de ses draperies, si exquise par les expressions des visages.* » Le baptistère octogonal en marbre rouge de Vérone est signé Benedetto Antelami, qui est aussi l'auteur des reliefs de l'intérieur et de l'extérieur.

La coupole de l'**église Saint-Jean-l'Évangéliste** (San Giovanni Evangelista) est ornée d'une autre fresque du Corrège, représentant saint Jean en train de contempler le ciel où les autres apôtres sont déjà assis autour du Christ.

Si l'on suit la Via Emilia vers le nord-ouest en direction de Plaisance, il faut s'arrêter quelques instants à **Fidenza** ❹ pour admirer une magnifique cathédrale romane.

Juste après **Fidenza**, une bifurcation conduit à **Roncole** ❺, petite ville qui s'enorgueillit de l'humble chaumière où Verdi est né et a passé sa jeunesse.

Carte p. 246

Le parmesan.

Jambons de Parme.

Le jambon de Parme et le parmesan ont un lien étroit : les déchets de ce fromage servaient en effet à nourrir les porcs. Le vrai jambon de Parme, produit dans les collines de Langhirino, au sud de la ville, est marqué au fer de la couronne à cinq pointes des ducs de Parme. On le laisse sécher naturellement dix mois à l'air, ce qui en affine la saveur.

PLAISANCE

Lors de la révolution de 1848, quand le prince Charles-Albert de Savoie invita les Italiens à se rassembler autour de lui pour former une nation unie, les habitants de **Plaisance** (Piacenza) ❻ furent les premiers à répondre favorablement. C'est le seul événement notable de l'histoire de la ville. Située au croisement de la Via Emilia et du Pô, Plaisance est une ville commerçante animée et un marché agricole depuis sa fondation, en 218 av. J.-C. Il ne reste rien de l'époque romaine, mais Plaisance compte plusieurs beaux édifices du Moyen Age et de la Renaissance.

Giorgio de Chirico estimait que le château des Este, qu'il immortalisa dans Muses inquiétantes *(1917), était le site le plus magique et le plus métaphysique.*

Au centre de la ville s'élève l'immense hôtel de ville (Palazzo del Comune), surnommé **Il Gotico**. Il fut construit durant la période communale de Plaisance (1200-1400 environ), quand la ville était un membre important de la Ligue lombarde, qui écrasa Frédéric II de Hohenstaufen lors de sa tentative de conquête de l'Italie. Commencé en 1280, Il Gotico est un bâtiment de brique, de marbre et de terre cuite remarquablement bien conservé. Il est précédé de deux grandes statues équestres baroques de F. Mochi, représentant les ducs de Parme, seigneurs de la ville au XVIe siècle : à gauche, Alexandre Farnèse, à droite son fils Ranuccio.

Au bout de la Via Venti Settembre se dresse la **cathédrale** romane. Bien que l'intérieur soit assez sombre, on admirera les fresques des colonnes près de l'entrée, montrant des saints qui semblent se mêler aux fidèles.

FERRARE

Marché prospère sur les rives du Pô, **Ferrare** (Ferrara) ❼ semble à première vue une ville de province moderne et paisible, mais elle a un brillant passé et de magnifiques monuments. Au sud s'étend le quartier médiéval, bien conservé, et au nord les quartiers modernes, dont les longues avenues sont bordées de palais Renaissance aux jardins entretenus avec soin.

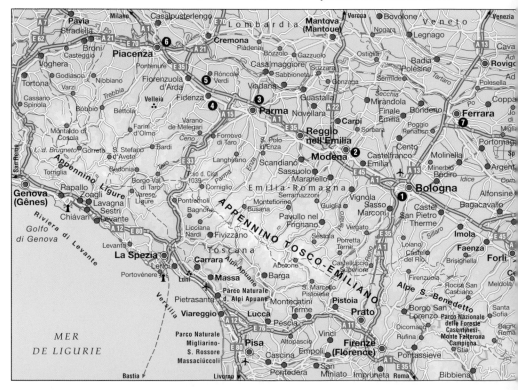

La famille d'Este régna sur Ferrare de la fin du XIIIᵉ siècle à 1598. Les ducs s'entourèrent de poètes, dont l'Arioste (1474-1533), auteur du célèbre *Roland furieux*, de savants et d'artistes, tout en protégeant le commerce sur lequel reposait la richesse de Ferrare. La ville connut son âge d'or à la Renaissance, époque dont tous ses monuments portent l'empreinte. L'énorme **château des Este** (Castello Estense) semble sorti tout droit d'un décor de cinéma, avec ses fossés, ses ponts-levis et ses tours. L'intérieur est décevant, mais les donjons raviront les amateurs de romanesque médiéval.

La **cathédrale** (XIIᵉ siècle) s'élève non loin du château. Avec le **musée** attenant, elle abrite le *Saint Georges* et *L'Annonciation* de Cosme Tura et la *Madone à la grenade* de Jacopo della Quercia.

L'**hôtel de ville** (Palazzo del Comune), en face de la cathédrale, est médiéval, avec un bel escalier Renaissance. La place qui le précède est le centre de la Ferrare moderne. C'est là que se déroule chaque jour la *passeg-giata*, mais tous les Ferrarais ne vont pas à pied : la bicyclette est très prisée dans cette ville sans collines.

La plupart des rues au sud de la cathédrale sont bordées de maisons fortifiées. Plusieurs arcs élégants enjambent la Via delle Volte, rue étroite proche du Pô.

Le beau **palais de Schifanoia**, une des résidences d'été des Este, se trouve de l'autre côté du quartier médiéval. Un escalier raide conduit au salon des Mois (Salone dei Mesi), vaste salle décorée de magnifiques fresques représentant les mois, exécutées pour le duc Borso d'Este par divers maîtres de l'école ferraraise, notamment Ercole de' Roberti.

Du palais de Schifanoia, la Via Mellone conduit à un petit palais de la famille d'Este, le **palais de Ludovic le Maure**, édifié par Biagio Rossetti, célèbre architecte ferrarais de la Renaissance. Le plan du bâtiment est fort simple, mais le décor raffiné donne l'impression d'un palais très orné.

Les quartiers au nord de la cathédrale s'ouvrent en de larges avenues.

Carte p. 246

Le château des Este, à Ferrare, bâti au XIVᵉ siècle.

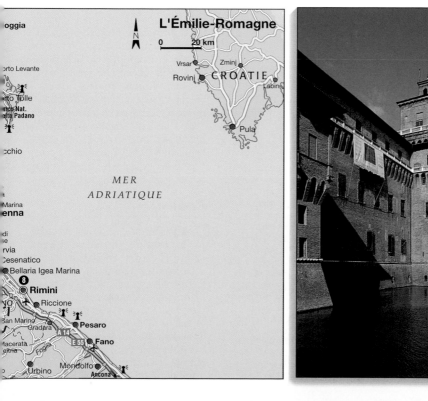

C'est sur l'une des plus belles, le Corso Ercole I d'Este, que se situe le **palais des Diamants** (Palazzo dei Diamanti) de Rossetti, vaste édifice Renaissance dont l'incomparable façade est ornée de 12 600 bossages en pointes de diamant, ce motif étant l'emblème de la famille d'Este.

RIMINI

Rimini ❽ est formé aujourd'hui de deux villes : la vieille ville médiévale et Renaissance et la station balnéaire moderne bien connue, située à 1,5 km. Les hôtels du bord de mer sont des gratte-ciel où l'on entendra parler l'allemand et l'anglais plus que l'italien, mais la vieille ville a conservé son charme de jadis.

Le condottiere Sigismond Malatesta a laissé son empreinte aux quatre coins de sa ville natale. Cet anticlérical fit transformer par Leon Battista Alberti une église franciscaine du XIIIᵉ siècle en l'un des bâtiments les plus spectaculaires de la Renaissance italienne : le

Le réalisateur Federico Fellini (1902-1993) était natif de Rimini. Il a immortalisé sa région sur pellicule dans le film oscarisé Amacord (1973). Aujourd'hui encore, il se dégage des ruelles et des maisons autour du Borgo San Guiliano une atmosphère très fellinienne.

La plage de Rimini.

La station balnéaire de Rimini doit sa réputation à son immense plage de sable fin. Connue dans le monde entier, Rimini compte de nombreux hôtels modernes, un port de plaisance, et un aéroport. Mais le centre de la ville compte aussi des monuments anciens intéressants. Enfin, Rimini est la ville natale de Federico Fellini, et le cinéaste y est enterré.

temple Malatesta (Tempio Malatestiano), qui est un hommage de Sigismond Iᵉʳ à sa maîtresse Isotta degli Atti (qui devint par la suite sa troisième femme), plus qu'un lieu de culte. Cet homme violent et sensuel fut excommunié par Pie II. Sigismond Iᵉʳ fut le mécène de maîtres comme Piero della Francesca et Leon Battista Alberti. Celui-ci établit les plans de l'extérieur du temple en s'inspirant de l'arc romain d'Auguste qui s'élève à l'entrée de Rimini. On notera les grands arcs classiques de part et d'autre de l'entrée. L'intérieur fut remanié sous la direction de Matteo de' Pasti ; il conserva le plan simple à nef unique et le toit à charpente de l'église franciscaine d'origine, mais les opulentes chapelles latérales obéissent à un plan complexe. A droite, près de l'entrée, se trouve le **tombeau de Sigismond Iᵉʳ**, orné de son chiffre enlacé à celui d'Isotta, emblème qui se retrouve partout dans l'église. La **chapelle des Reliques** est décorée d'un très beau *Sigismond orant* peint par Piero della Francesca en 1451. La chapelle suivante abrite le tombeau d'Isotta, face à un crucifix peint du XIVᵉ siècle.

La Piazza Tre Martiri, à gauche du temple, est ainsi nommée en l'honneur de trois partisans italiens pendus ici en 1944. Elle occupe l'emplacement de l'ancien forum romain, dont les colonnes soutiennent aujourd'hui les portiques des deux bâtiments à l'est.

Le Corso di Augusto aboutit à l'**arc d'Auguste**, de 27 av. J.-C., qui marque la jonction de la Via Emilia et de la Via Flaminia, principale route romaine reliant Rome à l'Adriatique.

RAVENNE

Lorsque, au Vᵉ siècle, Rome fut envahie par les barbares, **Ravenne** (Ravenna) ❾ prit le titre de capitale de l'empire d'Occident à l'initiative d'Honorius. Cette ville, qui bénéficie d'un port sur l'Adriatique, **Classis**, demeura la capitale des Ostrogoths et de leurs chefs Odoacre (476-493) et son successeur Théodoric (493-526), qui régnèrent de là sur un vaste territoire. Lorsque l'empereur byzantin Justinien reconquit une partie de l'Italie, il fit aussi de

Ravenne sa capitale, moins à cause de sa tradition impériale à l'époque barbare que de ses liaisons directes avec Byzance par la mer. Sous Justinien, Ravenne commença à prendre l'allure qui la caractérise aujourd'hui. De nouveaux édifices furent élevés, notamment plusieurs églises qui figurent parmi les chefs-d'œuvre de l'art en Italie. Leur modeste extérieur de brique ne laisse pas présager les superbes mosaïques qui décorent l'intérieur.

Saint-Vital (San Vitale), basilique octogonale du VIᵉ siècle, est célèbre pour les mosaïques qui en ornent le chœur et l'abside. Ces *« monuments dont l'esprit ne vieillit pas »*, selon Yeats, attirent le regard par leurs merveilleuses couleurs et le raffinement des détails, qui parviennent même à suggérer la chair et les os sous les vêtements des personnages. Des canards, des taureaux, des lions, des dauphins et un phénix se mêlent aux fleurs et aux angles bizarres des édifices pour encadrer avec humour et précision des scènes de l'Ancien Testament et les portraits des souverains byzantins. Ces œuvres ont un éclat inaltérable en mesure de *« garder éveillé un empereur somnolent »* (Yeats). Les scènes de l'Ancien Testament dans les lunettes du chœur représentent (de gauche à droite) Jérémie et Moïse sur le mont Sinaï, deux scènes de la vie d'Abraham, Isaïe, la vie de Moïse et les offrandes d'Abel et de Melchisédech. Au cul-de-four de l'abside, un Christ imberbe, vêtu de pourpre, trône sur un globe d'azur, encadré de deux anges, de saint Vital et de l'évêque Ecclesius. Le Christ tend au saint patron de Ravenne une couronne triomphale, et l'évêque (qui fonda l'église en 521) offre une maquette de l'édifice tel qu'il prit tournure bien après sa mort. On voit en dessous l'empereur Justinien accompagné de ses courtisans et sa femme Théodora avec ses suivantes.

Le **mausolée de Galla Placidia**, tout proche, abrite les mosaïques les plus anciennes de Ravenne. Galla Placidia était une princesse romaine, sœur de

Carte p. 246

À deux pas de Saint-Vital, Via Barbiani, découvrez la Domus di Tappetti di Pietra (Maison aux Tapis de pierre). Ce site archéologique, récemment ouvert au public, révèle de superbes mosaïques du VIᵉ siècle.

Mosaïque des Rois mages de Saint-Apollinaire-le-Neuf, à Ravenne.

Carte
p. 246

l'empereur Honorius, qui, capturée par les Goths, épousa leur chef Athaulf et régna à son côté. A la mort de ce dernier, elle se remaria avec un général romain à qui elle donna un fils, le futur empereur Valentinien III. En tant que régente de Valentinien et grâce à ses relations parmi les chefs barbares, Galla Placidia joua un rôle capital à l'époque de la décadence et régna avec faste sur la ville. Vu de l'extérieur, le bâtiment est modeste, mais l'intérieur est richement décoré. Au plafond, la croix flotte sur un ciel constellé d'étoiles. Au-dessus de la porte, le Christ en Bon Pasteur est entouré de ses brebis ; en face, on voit saint Laurent et le gril et, tout autour, les apôtres et les évangélistes.

Derrière Saint-Vital se trouve l'entrée du **Musée national**, installé dans deux cloîtres Renaissance. Il conserve des mosaïques et d'autres vestiges romains, byzantins, romans, Renaissance et orientaux du passé de Ravenne, ainsi que des fragments de verre de Saint-Vital.

Ci-dessous, l'église Saint-Vital, à Ravenne ; à droite, mosaïque de l'abside montrant le Christ tendant une couronne à saint Vital.

En empruntant la Via Fanti, puis la Via Barbiani et en tournant à gauche dans la Via d'Azeglio, on aboutit à la **cathédrale**, du Vᵉ siècle, mais remaniée dans le style baroque au XVIIIᵉ.

Son **baptistère de Néon** (Battistero Neoniano), que l'évêque Néon aurait fait décorer, est plus intéressant que la cathédrale. Ce baptistère octogonal du VIᵉ siècle est aménagé dans un ancien bain romain. Les superbes mosaïques byzantines aux couleurs violemment contrastées et les panneaux de marbre de l'intérieur proviennent des thermes antiques.

De la cathédrale, il suffit de traverser la Piazza Cadutti pour aller à **Saint-François** (San Francesco), autre église du Vᵉ siècle presque entièrement refaite dans le goût baroque.

A gauche se trouve la **tombe de Dante**, d'une architecture quelconque, mais d'un grand intérêt historique. L'auteur de *La Divine Comédie*, exilé de Florence pour ses opinions politiques, se réfugia à Ravenne en 1317. Il y passa les quatre dernières années de sa vie et y acheva son chef-d'œuvre. Après sa mort, les Florentins souhaitèrent honorer leur enfant par un tombeau magnifique, mais Ravenne refusa de leur céder la dépouille du poète. La querelle entre les deux villes dura deux siècles. En 1519, les Médicis de Florence envoyèrent leurs représentants à Ravenne, porteurs d'une injonction du pape exigeant le corps. Le sarcophage fut ouvert, mais les ossements n'y étaient plus ! On ne les retrouva qu'en 1865. Ils reposent à présent à Ravenne.

Du tombeau de Dante, une rue rejoint la Via di Roma, dans laquelle donne la **basilique Saint-Apollinaire-le-Neuf** (Sant'Apollinare Nuovo), élevée par Théodoric en 519. Elle est ornée elle aussi de belles mosaïques sur fond or de l'époque de Théodoric et de Justinien, parmi lesquelles le fameux *Cortège des vierges* portant des offrandes à la Vierge.

La coupole du **baptistère des Ariens** (Battistero degli Ariani), du VIᵉ siècle, est ornée de mosaïques.

La **basilique Saint-Apollinaire de Classis** (Sant'Apollinare in Classe) est au bord de la mer, à 5 km au sud.

L'église Saint-Vital, à Ravenne, exprime le goût du faste, l'invention et la recherche de lumière propres à l'art antique tardif. Capitale de l'empire d'Occident, puis siège d'un exarchat byzantin, Ravenne compte de nombreuses mosaïques, non seulement à Saint-Vital mais au baptistère de Néon, au baptistère des Ariens, aux basiliques Saint-Apollinaire-le-Neuf et Saint-Apollinaire de Classis.

FLORENCE

Florence est le berceau de la Renaissance, et beaucoup de visiteurs viennent y chercher la magie de cette incroyable période d'épanouissement artistique et culturel, qui continue de rayonner sur la civilisation européenne. Florence a aussi la chance de s'inscrire dans un cadre serein de collines douces parsemées de villas et de villages.

L'Arno, qui la traverse, coule discrètement (quand il n'est pas pris d'une de ses rares colères destructrices) entre des édifices enchevêtrés coiffés de toits rouges. Cette architecture harmonieuse continue de vivre sa vie glorieuse car un très grand nombre d'œuvres de l'époque ont pu rester à l'endroit pour lequel elles avaient été créées. Quantité de peintures, de statues ainsi que des palais entiers ont été légués à la ville par Anne-Marie-Louise de Médicis, dernière représentante de la famille, dont la mort, en 1743, signifia l'extinction de la dynastie qui avait gouverné Florence depuis 1434.

Ce legs clairvoyant a permis aux richissimes collections des Médicis de ne pas être dispersées aux quatre coins du globe. Napoléon Ier déroba plusieurs pièces de choix lors de ses campagnes italiennes (parmi lesquels une *Vénus* aujourd'hui conservée au musée du Louvre) et les collectionneurs anglais achetèrent à bon marché quelques splendides peintures au XIXe siècle, lorsque les « primitifs » n'étaient plus à la mode. Mais la ville conserve presque toutes les peintures et les fresques décrites par Vasari, premier historien de l'art, dans son très complet *Vies des plus grands peintres, sculpteurs et architectes italiens*, publié pour la première fois en 1550.

Une grande partie de ces chefs-d'œuvre ont été magnifiquement restaurés après la grande crue de l'Arno en novembre 1966, et les vitres pare-balles protégeant les peintures les plus importantes de la galerie des Offices se sont révélées efficaces lors de l'explosion, en mai 1993, d'une bombe posée par la mafia qui a tout de même réduit plusieurs tableaux en lambeaux.

LA CATHÉDRALE

Les amateurs de la Renaissance ont coutume de commencer leur visite par la place de la Cathédrale (Piazza del Duomo), réservée aux piétons depuis 1988. Des rues discrètes bordées de façades austères et fermées y conduisent.

Soudain, la façade de la **cathédrale** (Duomo Santa Maria del Fiore) ❶, terminée au XIXe siècle, apparaît, gaie et flamboyante comme un gâteau avec ses marbres polychromes auxquels cette cathédrale doit une grande partie de sa beauté : marbre vert de Prato, blanc de Carrare et rose de la Maremme.

Le **campanile** raffiné, dessiné par Giotto en 1331, présente un décor analogue. Avec sa polychromie aérée et sa découpe des baies, c'est l'un des plus beaux d'Italie. En haut de ses 285 marches, le dôme révèle sa monumentale architecture et les toits de la ville fuient à l'infini.

Le petit **baptistère** (Battistero) octogonal, à l'ouest de la cathédrale, était à

Carte
p. 254

ITALIE

Florence

Rome

*A gauche,
toutes les merveilles
de la ville ;
ci-dessous,
croquis sur le vif.*

*Florence,
riche d'un
incomparable
patrimoine
artistique, attire
les étudiants
en art de la
Renaissance du
monde entier.
Mais la ville,
trop préoccupée
de la mise en
valeur de ce
patrimoine et de
l'accueil des
touristes, a
négligé
l'industrie, et a
du mal à
soutenir la
concurrence de
villes pourtant
plus petites,
comme Prato,
en tant que pôle
régional.*

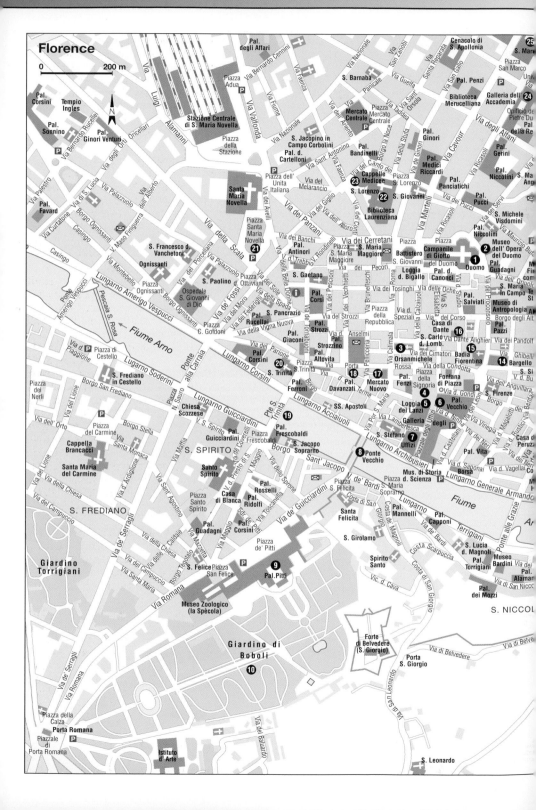

Florence

0   200 m

Pal. Corsini
Tempio Ingles
Pal. Sonnino
Pal. Ginori Venturi
Pal. Favard

Piazza Adua
Stazione Centrale di S. Maria Novella
Piazza della Stazione

Pal. degli Affari

Cenacolo di S. Apollonia
S. Mar.
Piazza San Marco
Pal. Penzi
Biblioteca Merucelliana
Galleria dell' Accademia
Opificio di Pietre Dure
della Re

S. Barnaba

Mercato Centrale

Pal. Ginori
Pal. Gerini
Pal. Niccolini
S. Ma. Ang.

Santa Maria Novella
Piazza dell' Unita Italiana
Piazza Santa Maria Novella

S. Jacopino in Campo Corbolini
Pal. d. Cartelloni
Pal. Bandinelli
Cappelle Medicee
S. Lorenzo

Pal. Medici Riccardi
Pal. Panciatichi
Pal. Pucci

S. Giovanni

S. Michele Visdomini

Biblioteca Laurenziana

Museo dell' Opera' del Duomo
Campanile di Giotto
Duomo

Pal. Niccolini

S. Francesco d. Vanchetoni
Ognissanti
S. Paolino

Pal. Antinori
S. Gaetano

Battistero
Loggia d. Bigallo
Pal. d. Canonci

S. Maria in Campo
Museo di Antropologia

Pal. Salviati

Ospedale S. Giovanni di Dio
Pal. Rucellai
C. Goldoni

S. Pancrazio

Pal. Corsi

Casa di Dante

Pal. Pazzi

Pal. Strozzi
Pal. Giaconi
Pal. Strozzino
Pal. Altovita

S. Carlo d. Lomb.

Orsanmichele

Badia Fiorentina
Bargello

Fiume Arno

Pal. Corsini
Pal. Ferroni

S. Trinita
Pal. Davanzati
Mercato Nuovo

Pal. Fenzi
Pal. della Signoria
Fontana di Piazza

S. Firenze

SS. Apostoli

Loggia dei Lanzi
Pal. Vecchio

S. Frediano in Cestello

Chiesa Scozzese

Pal. Frescobaldi
S. Jacopo
Borgo Soprano

Galleria degli
Uffizi
S. Stefano

Pal. Vita

Cappella Brancacci
Santa Maria del Carmine

Santo Spirito

Casa di Bianca
Pal. Rosselli
Pal. Ridolfi

Ponte Vecchio

Mus. di Storia d. Scienza
Santa Maria Soprarno

S. FREDIANO

Pal. Guadagni
Pal. Corsini

S. Felice

Santa Felicita

S. Girolamo

Pal. Mannelli
Pal. Capponi
S. Lucia d. Magnoli
Museo Bardini
Pal. Torrigiani

Giardino Torrigiani

Museo Zoologico (la Spècola)

Piazza de' Pitti
Pal. Pitti

Spirito Santo

Pal. dei Mozzi

S. NICCOL

Giardino di Boboli

Forte di Belvedere (S. Giorgio)

Porta S. Giorgio

Piazza della Calza
Porta Romana
Piazzale di Porta Romana

Istituto d' Arte

S. Leonardo

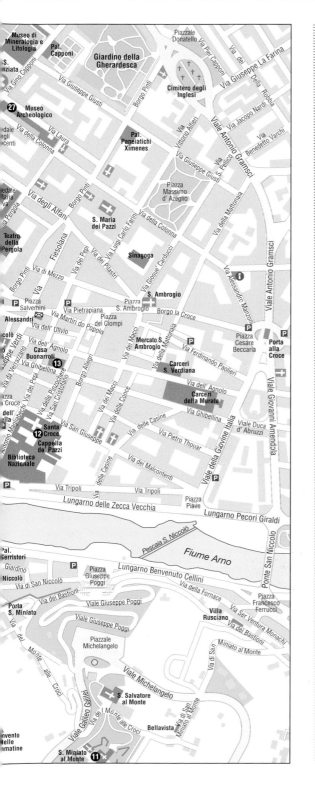

l'origine une basilique, construite peut-être au VIe siècle, mais son plan actuel remonte au XIe et sa fonction de baptistère au XIIe siècle. De cette époque date le revêtement extérieur en marbre blanc et vert. Des artistes vénitiens ont conçu les mosaïques de l'intérieur (*La Création* et *Le Jugement dernier*) au XIIIe siècle.

S'il était possible de faire remonter le début de la Renaissance à un événement particulier, ce pourrait être le concours disputé par six artistes durant l'hiver 1401 pour décrocher la commande de la réalisation du portail nord du baptistère. Lorenzo Ghiberti (1378-1455) et Brunelleschi l'emportèrent conjointement. Mais Brunelleschi, d'un tempérament ombrageux, refusa de travailler avec son confrère et partit pour Rome. Ghiberti, resté seul, ne put terminer son œuvre avant 1424. On y trouve les éléments clefs qui définissent l'art de la Renaissance : une description réaliste des personnages, un rendu parfait de la perspective et une clarté narrative conjuguée avec une tension dramatique. On offrit immédiatement à Ghiberti de réaliser les vantaux du portail est. Ils furent inaugurés en 1452. Michel-Ange, séduit, les déclara dignes d'être ceux de la « *porte du paradis* », nom qui est resté. Le troisième portail, au sud, consacré à la vie de saint Jean Baptiste, patron de la ville, est l'œuvre d'Andrea Pisano (1339). Il était installé au début vers l'est, face à la cathédrale.

Entre-temps, Brunelleschi avait étudié l'architecture antique à Rome. Il retourna à Florence, convaincu de pouvoir réaliser l'exploit que d'autres architectes n'avaient pu accomplir : coiffer la cathédrale d'une coupole monumentale. C'est que les orgueilleux Florentins voulaient ce que personne n'avait : le plus grand dôme du monde, que personne ne savait construire. En entrant dans la cathédrale et en grimpant les 463 marches qui conduisent à son faîte, on se rend compte de la façon dont Brunelleschi a résolu le problème : en construisant une coque interne en brique qui sert de support à la coque extérieure. Brunelleschi fut célébré comme le nouvel Icare, celui qui avait su, à l'instar du héros mythique, défier

La porte du Paradis du baptistère Saint-Jean, par Lorenzo Ghiberti : ici, un combat contre les Philistins.

Statue de saint dans une niche extérieure de l'église d'Orsanmichele.

la gravité, et la cité vota une ordonnance interdisant la construction d'édifices plus élevés que le dôme, qui se dresse toujours sans rival au-dessus des toits, défiant les collines alentour.

Brunelleschi fut enterré dans la cathédrale – honneur insigne et unique. Sa tombe se niche dans la crypte, entre les fondations mises au jour de Sainte-Réparate, première cathédrale de la ville, construite au IVe siècle.

L'intérieur (immense, puisque la cathédrale pouvait accueillir 10 000 personnes) est dépouillé. Le mur de l'aile nord arbore une fresque intéressante de la main de Paolo Uccello (1436), portrait équestre du mercenaire anglais John Hawkwood, capitaine de l'armée florentine de 1377 à 1394. Avec son socle, c'est l'un des premiers effets de perspective de la peinture du XVe siècle.

Les œuvres d'art qu'il abritait sont pour la plupart au **musée de l'Œuvre de la cathédrale ❷**, derrière la cathédrale, à l'est de la place. Il abrite nombre de merveilles : de la *Marie Madeleine* sculptée dans le bois par Donatello vers

Au rez-de-chaussée de l'église d'Orsanmichele, des niches extérieures, dont certaines sont vides, abritent des statues de saints protecteurs des corporations. Celles-ci datent du XVe siècle et ont été offertes par les corporations concernées : Orsanmichele est en effet un ancien marché couvert surmonté d'entrepôts, qui fut consacré au culte en 1347.

1454 aux *cantorie* (tribunes) qui ornaient les portes des sacristies, l'une sage, de Luca della Robbia, l'autre furieuse, de Donatello. La *Pietà* de Michel-Ange, commencée en 1553 et non terminée, devait décorer sa propre chapelle funéraire, à Rome. Le groupe fascine d'autant plus que le Nicodème soutenant le Christ serait, selon Vasari, un autoportrait.

De la place de la Cathédrale, la Via dei Calzaiuoli descend vers le sud. C'était la rue principale de la cité romaine et médiévale. Restaurée à la suite des bombardements de la Seconde Guerre mondiale, elle est bordée de belles boutiques.

Dans sa partie basse, à droite, se dresse l'**église Orsanmichele ❸** (contraction de Orti di San Michele, potagers de saint Michel, qui se trouvaient là autrefois). Les niches extérieures abritent des statues commandées par les corporations, représentant leurs saints patrons. Le *Saint Georges* de Donatello, réalisé pour la guilde des armuriers, est la plus belle ; c'est pourquoi l'original a trouvé une place d'honneur au musée du Bargello et a été remplacé par une copie.

LA PLACE DE LA SEIGNEURIE

Le même sort est échu au *David* de Michel-Ange (1504), qui trônait autrefois sur la **place de la Seigneurie** (Piazza della Signoria) ❹, cœur politique de la ville, où fut brûlé en 1498 Savonarole, le moine visionnaire et puritain, chantre de l'éphémère république florentine. L'original a intégré la galerie de l'Académie en 1873, mais la copie qui contemple le Palazzo Vecchio est fidèle. *Hercule et Cacus* de Bandinelli (1534) et la **fontaine de Neptune** d'Ammanati (1575), qualifiée de « marbre gâché » par Benvenuto Cellini, lui tiennent compagnie.

Tout à côté, au sud de la place, la **Loggia dei Lanzi ❺**, où les hallebardiers montaient la garde, abrite des statues romaines ainsi que des sculptures de Cellini et de Giambologna, dont l'*Enlèvement des Sabines* (1583).

Les statues rassemblées autour de la place de la Seigneurie sont symbo-

Carte
p. 254

liques, à commencer par le *David*, censé représenter les aspirations républicaines des Florentins qui ne voulaient accepter d'autre pouvoir que celui de Dieu. La fragile république se voyait menacée par toutes sortes de puissances, parmi lesquelles le pape, l'empereur germanique et les Médicis. Ces derniers conjuguèrent en effet leurs forces pour assiéger la ville en 1530 et, peu après, Côme Ier coiffa la couronne du duché de Florence.

Ce Côme-là était très différent de son ancêtre humaniste et mécène, Côme l'Ancien, qui avait gouverné la ville de 1434 à 1464 sans s'attribuer aucun titre. Côme Ier était un homme de guerre sans états d'âme. Il entreprit de conquérir toutes les villes de la région qui n'étaient pas gouvernées par Florence. Il donna ses frontières à la Toscane actuelle, qu'il dota d'une administration efficace. Le duché resta en place jusqu'au jour où il se fondit dans le royaume d'Italie unifié en 1870.

Cette administration siégeait au **Palazzo Vecchio** ou **palais de la Sei-** gneurie (Palazzo della Signoria) ❻, érigé au XIIIe siècle mais fort remanié par le duc Côme, et qui est toujours hôtel de ville de Florence. Sa cour d'entrée, délicatement décorée, s'orne d'une fontaine, copie par Vasari du *Putto au dauphin* sculpté par Andrea del Verrochio en 1470. Le **salon des Cinq-Cents** (Salone dei Cinquecento) avait été aménagé pour accueillir les 500 membres du gouvernement de la république. Côme Ier y imprima sa marque en confiant à son fidèle Vasari une série de fresques célébrant ses triomphes militaires. Les autres salles hébergent les souvenirs de Florentins de renom : portraits des papes Médicis, Léon X et Clément VII, ou le bureau dont Machiavel se servait lorsqu'il était chancelier de la ville.

LA GALERIE DES OFFICES

Sous Côme Ier, la bureaucratie grandit au point de nécessiter de nouveaux locaux. C'est ainsi que les Offices furent construits en 1554, à côté du palais de la Seigneurie. Aujourd'hui, la **galerie des**

La réplique du « David » de Michel-Ange, place de la Seigneurie.

La cathédrale.

Le Ponte Vecchio.

Offices (Galleria degli Uffizi) ❼ est l'un des plus importants musées du monde. Vasari en fut l'architecte. Il imagina un dernier étage bien éclairé, se servant d'armatures en fer pour fabriquer un mur de verre presque continu tout autour de la cour intérieure. Cette verrière fit beaucoup de dégâts lors de l'attentat à la bombe, en mai 1993, dans l'aile ouest. Au XVIᵉ siècle, un usage si généreux du verre était une nouveauté, et les héritiers de Côme pensèrent que cette galerie serait un lieu idéal où exposer les statues, les tapisseries et les peintures de la famille. C'est ainsi que naquit le musée. Les trésors s'y sont déployés dans un ordre chronologique, de sorte qu'on peut suivre comme dans un manuel l'évolution de l'art florentin depuis le formalisme de la période gothique (XIIIᵉ et XIVᵉ siècle) jusqu'aux excès colorés du maniérisme (XVIᵉ siècle) en passant par le réalisme lumineux de la première Renaissance (XVᵉ siècle). Outre *Le Printemps* (1478) et *La Naissance de Vénus* (1485) de Botticelli, le musée héberge dans la Tribune octogonale de beaux portraits de la famille Médicis. Les couloirs de la galerie sont bordés de statues grecques et romaines, dont la plus belle représente un jeune *Tireur d'épine*. Célèbres également la *Bataille de San Romano* de Paolo Uccello, la *Sainte Famille* (ou *Tondo Doni*) de Michel-Ange, la *Vierge au chardonneret* de Raphaël ou la *Vénus d'Urbino* de Titien. En 2004, onze ans après l'attentat terroriste qui l'avait endommagée, la Galleria rouvrait ses portes, rénovée et agrandie.

LE PONTE VECCHIO

Lorsque Vasari fit les plans des Offices, il conçut un corridor aérien (le corridor de Vasari) reliant le Palazzo Vecchio au palais Pitti, à travers les Offices et la partie haute du Ponte Vecchio. Les ducs l'empruntaient pour se rendre d'un palais à l'autre sans passer par les rues. En suivant le même chemin au niveau de la rue, on franchit l'Arno sur le **Ponte Vecchio** ❽, envahi par les minuscules boutiques des joailliers, les saltimbanques et les promeneurs. Ce pont fut

construit en 1345, et ses échoppes étaient alors occupées par des bouchers et des tanneurs, jusqu'au jour où une ordonnance de 1593 bannit ces commerces malodorants. Les vitrines arborent des babioles bon marché et des bijoux de luxe (dans les deux cas, beaucoup de corail), des pièces anciennes et des créations modernes.

OLTRARNO

De belles boutiques s'alignent le long de l'itinéraire au sud du pont, dans le quartier de l'**Oltrarno** (la rive gauche de l'Arno). Là se dresse le **palais Pitti ❾**, avec ses allures de forteresse, qui devint la résidence des ducs en 1550. Comme les Offices, il déborde de trésors et abrite huit musées, dont la galerie Palatine, la galerie d'Art moderne, le musée de l'Orfèvrerie et le musée du Costume.

Le plus fabuleux de ces musées est la **galerie Palatine**, dont certains plafonds sont décorés de fresques allégoriques de Pierre de Cortone. Filippo Lippi, Botticelli, Raphaël (*Femme au voile, Vierge du Grand-Duc, Vierge à la chaise*), Andrea del Sarto (*Femme enceinte*), Titien (*La Belle, Le Concert*), Bronzino, le Tintoret, Véronèse y figurent ainsi que de nombreux peintres flamands et espagnols. Rubens y est représenté par *Les Conséquences de la guerre* (1638), allégorie de la guerre de Trente Ans. L'artiste expliquait dans une lettre que la figure en noir représentait « *l'infortunée Europe qui, pendant tant d'années, a souffert de pillages, d'outrages et de misère* ». A côté, Vénus essaie de calmer le dieu de la Guerre, Mars, piétinant des livres.

Le **jardin de Boboli** (Giardino di Boboli) **❿**, derrière le palais Pitti, couvre la colline de Boboli depuis le XVIᵉ siècle. C'est l'un des plus beaux jardins « à l'italienne » : autour d'un amphithéâtre de verdure s'articule une marqueterie de bosquets, d'allées de cyprès, de grottes, de fontaines, de plans d'eau, de statues, de niches et de terrasses, où l'artifice et la nature jouent une partition délicate.

L'Oltrarno abrite aussi deux belles églises. La première est celle du **Saint-Esprit** (Santo Spirito), dont l'élégance dépouillée de l'intérieur est signée Brunelleschi.

La seconde est **Sainte-Marie-des-Carmes** (Santa Maria del Carmine), qui recèle la minuscule mais célèbre **chapelle Brancacci**, décorée de fresques de Masolino da Panicale, de Masaccio et de Filippino Lippi racontant la vie de saint Pierre. Mar son traitement de la perspective et de l'émotion humaine, l'œuvre de Masaccio (1401-1428) marque un tournant dans l'histoire de la peinture.

SAN MINIATO AL MONTE

Toujours sur la rive gauche de l'Arno, en longeant le fleuve vers la droite, on se dirigera vers **San Miniato ⓫**. Cette éminence marque la première halte sur le Piazzale Michelangelo, ouvert au XIXᵉ siècle et véritable balcon sur la ville.

Au sommet de la colline et d'un escalier trône la ravissante église romane **San Miniato al Monte**, évoquée par E. M. Forster dans son roman *Chambre avec vue*. Sa façade est plaquée de

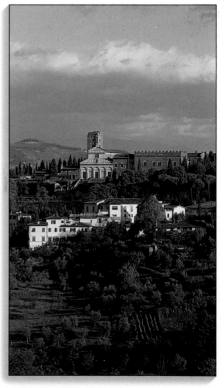

L'église San Miniato al Monte, au-dessus de Florence.

L'église San Miniato est construite sur le tombeau de saint Minias, qui subit le martyre sous Decius. Cette église romane à la façade délicate plaquée de marbre de Carrare et de serpentine verte abrite la chapelle du Crucifix (1448), le tombeau du cardinal de Portugal, une sacristie ornée de fresques de Spinello Aretino (1350-1410). Le campanile (inachevé) date de 1518.

Carte p. 254

Le Bargello, construit en 1255 et devenu un musée national en 1865.

marbre blanc de Carrare et de serpentine vert foncé. La voûte de sa chapelle est recouverte de belles terres cuites émaillées de Luca Della Robbia.

LE QUARTIER DE MICHEL-ANGE

Sur la rive droite de l'Arno, bien visible à l'est du Piazzale Michelangelo, l'**église Sainte-Croix** (Santa Croce) ⓬ dresse sa silhouette massive. L'intérieur s'enrichit de fresques de Giotto et de son école. Panthéon des riches et des glorieux, Sainte-Croix héberge la tombe de Michel-Ange et les monuments funéraires de Dante, de Machiavel et de Galilée. Brunelleschi y a construit la fameuse chapelle attenante de la famille **Pazzi**.

Dans le quartier se trouve la **maison Buonarroti** ⓭, qui fut celle de Michel-Ange. On y a rassemblé des œuvres de jeunesse, parmi lesquelles la statue de la *Vierge à l'escalier*.

Vers l'ouest, la **prison du Bargello** ⓮ n'est pas très loin. Le glas sonnait à chaque exécution. C'est aujourd'hui un musée consacré en particulier à la sculpture : Donatello, Michel-Ange, Benvenuto Cellini, Giambologna...

Le grand poète Dante Alighieri est né dans le quartier. Il venait observer sa bien-aimée, Béatrice Portinari, durant la messe dans la **Badia Fiorentina** ⓯, église abbatiale du Xe siècle qui se trouve en face du Bargello. Derrière, Via Dante Alighieri, la **maison de Dante** ⓰ est une reconstitution – contestée – de la maison dans laquelle l'auteur de *La Divine Comédie* serait né, en 1265.

Toujours plus à l'ouest, la Via Roma, autre belle rue marchande, conduit au sud à la Via Calimala et au **Mercato Nuovo** ⓱. Ce « nouveau marché » et sa loggia sont là depuis 1551. Au XIXe siècle, il était connu comme le « marché de la paille » car on y trouvait des articles de vannerie. On y vend à présent du cuir et des souvenirs. Le **Porcellino**, sanglier de bronze qui orne la fontaine dressée au sud du marché, a le nez brillant car les visiteurs le caressent pour s'assurer un retour prochain dans la ville.

Passer la main sur le sanglier de bronze du Nouveau Marché porte bonheur.

Au nord du marché, la Via Porta Rossa mène au **palais Davanzati** , du XIVᵉ siècle. Les murs peints à fresque et les meubles d'époque donnent une bonne idée de la vie domestique des patriciens à la fin du Moyen Age. Actuellement, le palais est fermé pour restauration.

L'Arno est à nouveau tout proche, ainsi que l'élégant **pont de la Trinité** (Ponte Santa Trinità) ⓳, arborant les statues des quatre Saisons. Il fut détruit par les Allemands en 1944 et reconstruit à l'identique avec les pierres repêchées dans le fleuve. En amont du pont, l'**église de la Sainte-Trinité** (Santa Trinita) ⓴ contient des fresques de Ghirlandaio sur la vie de saint François, non pas à Assise, mais dans un décor florentin. Au nord de la Piazza Santa Trinita commence la Via de' Tornabuoni, rue des cafés et des boutiques chics.

SAINTE-MARIE-NOUVELLE

En poursuivant vers le nord-ouest, l'église gothique **Sainte-Marie-Nou-**

velle (Santa Maria Novella) ㉑, sur la place homonyme, arbore une façade aux belles proportions. Boccace l'a immortalisée dans le *Décaméron*, et Ghirlandaio a décoré l'abside de fresques colorées racontant la vie de la Vierge et de saint Jean Baptiste, qui sont un précieux reflet de la vie élégante et raffinée de la cité. Le bas-côté gauche de l'église s'orne d'une magnifique *Trinité* de Masaccio (1427).

Le **cloître vert** raconte le Déluge et l'histoire de Noé, chef-d'œuvre de Paolo Uccello qui, ô ironie, a été gravement endommagé lors de l'inondation de 1966.

La **chapelle des Espagnols** est tapissée de fresques du XIVᵉ siècle figurant allégoriquement les moines dominicains sous l'aspect de chiens de chasse : en effet, ces derniers étaient quelquefois appelés *Domine cani*, les « chiens de Dieu » en latin.

LES TOMBEAUX DES MÉDICIS

En revenant vers le centre de Florence, les rues autour de la grande halle du

Détail d'une porte de la Sainte-Trinité.

Fresque de Gozzoli au palais Médicis-Riccardi.

Carte
p. 254

*Sculpture de la
galerie de
l'Académie.*

*Ci-dessous, la
colonnade de la
Piazza Santissima
Annunziata ;
à droite, les quais
de l'Arno.*

Marché central, non loin de l'**église Saint-Laurent** (San Lorenzo) **㉒**, sont remplies d'éventaires (sauf le lundi) : victuailles, vêtements neufs et d'occasion, cuirs, souvenirs, c'est l'endroit idéal pour faire ses achats.

Sur l'arrière de Saint-Laurent s'ouvrent les **chapelles des Médicis** (Cappelle Medicee) **㉓**, mausolée de la famille Médicis, pour lequel Michel-Ange a sculpté deux splendides tombeaux ornés des figures allégoriques du Jour et de la Nuit, de l'Aube et du Crépuscule. L'église elle-même, derrière sa façade en pierre nue qui n'a jamais été terminée, est un chef-d'œuvre d'harmonie architecturale de la Renaissance, dû à Brunelleschi. Le jeu sobre et élégant des nervures et des surfaces au crépi clair engendre un sentiment de grandeur sereine. Les deux grandes chaires sculptées par Donatello, au pathétique inégalé chez le vieux maître, créent le contraste, tout comme l'escalier monumental de Michel-Ange conduisant à la **bibliothèque Laurentienne** (Biblioteca Laurenziana).

La Piazza Santissima Annunziata, où se trouve l'église du même nom, est l'une des plus belles places de Florence. Avec ses élégants portiques à fines colonnades, elle est conforme aux idéaux architecturaux de la Renaissance. La place est ornée en son centre de la statue de Ferdinand Ier par Giambologna et de deux fontaines de Pietro Tacca.

LA GALERIE DE L'ACADÉMIE

Le *David* de Michel-Ange est conservé dans la **galerie de l'Académie** (Galleria dell'Accademia) **㉔**, deux pâtés de maisons plus loin dans la Via Ricasoli. La file d'attente a de quoi décourager, mais le géant de marbre au corps velouté et les quatre *Esclaves* inachevés, encore à demi prisonniers de leur gangue, eux aussi de Michel-Ange, sont véritablement envoûtants. Ils dégagent une force dramatique qui inspirera Rodin. Mais le musée présente de nombreux peintres dits mineurs qui permettent de goûter avec plus de finesse le génie des grands.

LE COUVENT SAINT-MARC

Le **couvent Saint-Marc** (San Marco) **㉕**, tout proche, contient la grande majorité des œuvres peintes par le moine dominicain Fra Angelico, le bien-nommé. Le couvent, confié par Côme l'Ancien à Michelozzo, a hébergé des acteurs importants de l'histoire florentine, dont Savonarole et saint Antonin. Guido di Pietro (vers 1400-1455), nom de baptême de Fra Angelico (dit aussi Beato Angelico) y a aussi vécu et peint à fresque les cellules du premier étage avec une sobriété et une fraîcheur paisibles et recueillies (voir la superbe *Annonciation* dans la cellule n° 3). Cette simplicité contraste avec les dorures de ses peintures sur bois. Mais, partout, l'élégance, la délicatesse des couleurs, l'art de la composition, de la profondeur et du paysage, font de ses œuvres un enchantement.

Le **musée** du couvent conserve, entre autres, le très beau retable de la sainte Trinité. Quant à sa **bibliothèque**, la première d'Europe à s'ouvrir alors au public, elle abrite 800 précieux manuscrits rassemblés par un riche marchand, Niccolo de Niccoli (1363-1437).

Toujours dans les parages, la **Piazza Santissima Annunziata ㉖** s'orne des délicates colonnes de l'**hôpital des Innocents**, œuvre de Brunelleschi.

Le **Musée archéologique ㉗** conserve des trésors égyptiens, grecs et surtout étrusques, dont de très beaux bronzes et sarcophages.

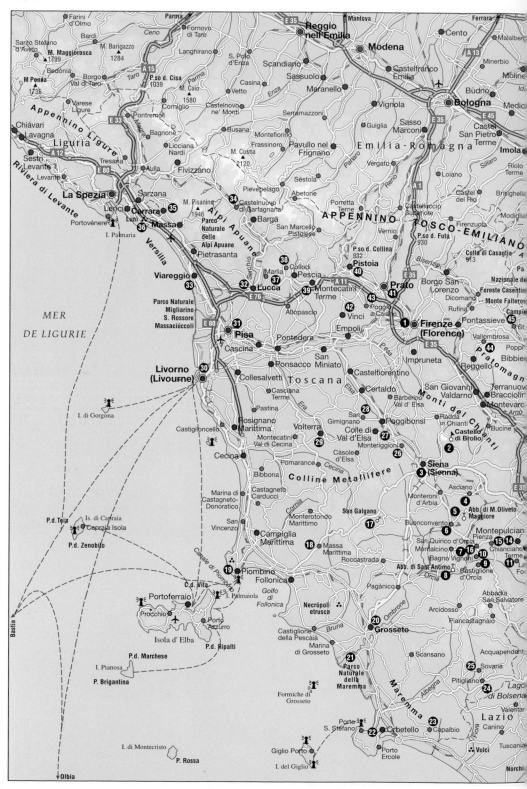

Parma

Farini
d'Olmo
Santo Stéfano
d'Aveto
M. Maggiòrasca
1799
Bardi
M. Barigazzo
1284
Fornovo
di Taro
Reggio
nell'Emilia
Mantova
Ferrara
Cento
Malalberg
Bedònia
Ceno
Langhirano
S. Polo
d'Enza
Scandiano
Modena
Castelfranco
Emilia
Minèrbio
Moline
M Penna
1735
Borgo
Val di Taro
Taro
P.so d. Cisa
1039
M. Caio
1580
Casina
Sassuolo
Maranello
Vignola
Budrio
Medic
Varese
Ligure
Vetto
Enza
Vignola
Bologna
Appennino Ligure
Corniglio
Pontremoli
Parma
Castelnovo
ne' Monti
Busana
Serramazzoni
Pavullo nel
Frignano
Guiglia
Sasso
Marconi
San Pietro
Terme
Imola
Chiávari
Lavagna
Bagnone
Licciana
Nardi
Montefiorino
Frassinoro
Panaro
Vergato
Reno
Loiano
Sillaro
Ríolo
Terme
Sesti
Levante
Riviera di Levante
Aulla
Fivizzano
M. Cusna
2120
Pievepelago
Sèstola
Abetone
Castelluccio
Sup.riore
Castel
del Rio
Brisighella
Modigli
Levanto
Tresana
E 33
La Spezia
Lenci
Luni
Carrara
Sarzana
M. Pisanino
1946
Castelnuovo
di Garfagnana
Porretta
Terme
APPENNINO
P.so d. Futa
930
Firenzuola
Nazionale d
Foreste Casenti
Portovénere
Massa
Parco
Naturale
delle
Alpi Apuane
Barga
San Marcello
Pistoiese
Vernio
P.so d. Collina
932
TOSCO-EMILIANO
Colla di Casaglia
913
I. Palmaria
Pietrasanta
Marlia
Collodi
Pescia
Pistoia
Prato
Borgo San
Lorenzo
Monte Falterc
Viareggio
Lucca
Montecatini
Terme
Poggio
a Caiano
Firenze
(Florence)
Dicomano
Rufina
Pontassieve
Campi
St
Parco Naturale
Migliarino
S. Rossore
Massaciúccoli
Altopascio
Vinci
Empoli
Impruneta
Vallombrosa
Poppi
Bibbie
Pisa
Cascina
Pontedera
San
Miniato
Castelfiorentino
Reggello
Pratomagn
Livorno
(Livourne)
Collesalvetti
Casciana
Terme
Certaldo
San Giovanni
Valdarno
Terranuov
Bracciolir
Castigloncello
Pastina
Era
Barberino
Val d'Elsa
San
Gimignano
Radda
in Chianti
Montevarc
Rosignano
Marittima
Volterra
Poggibonsi
Castello
di Brolio
Montecatini
Val di Cecina
Colle di
Val d'Elsa
Monteriggioni
Bucine
Cecina
Càsole
d'Elsa
Bibbona
Colline Metallifere
Siena
(Sienna)
Asciano
Castagneto
Carducci
Monterotondo
Marittimo
San Galgano
Monteroni
d'Arbia
Marina di
Castagneto-
Donoratico
San
Vincenzo
Campiglia
Marittima
Massa
Marittima
Buonconvento
Abb. di M.Oliveto
Maggiore
Montepulcian
Pienza
Procchio
Piombino
Follonica
Roccastrada
San Quirico d'Orcia
Montalcino
Bagno Vignoni
Chianciano
Terme
Portoferraio
Porto
Azzurro
Golfo di
Follonica
Abb. di Sant'Antimo
Castiglione
d'Orcia
Isola d'Elba
Necrópoli
etrusca
Paganico
Orcia
Castiglione
della Pescàia
Bruna
Grosseto
Arcidosso
Piancastagnaio
Acquapendent
Marina
di Grosseto
Scansano
Sovana
Formiche di
Grosseto
Parco
Naturale
della
Maremma
Pitigliano
Lago
di Bolsena
Porto
S. Stéfano
Orbetello
Capalbio
Canino
Lazio
Giglio Porto
I. del Giglio
Porto
Ercole
Vulci
Norchi
Tuscania
Valentar

MER
DE LIGURIE

Toscana

Monti del Chianti
Arno

Versilia
Alpi Apuane

Maremma
Albegna
Fiora
Ombrone

Canale di Piombino
C.d. Vita
I. Palmaiola

I. di Gorgona

I. di Capraia
Capraia Isola
P.d. Teia
P.d. Zenobito

I. Pianosa
P.d. Marchese
P. Brigantina
P.d. Ripalti

I. di Montecristo
P. Rossa

Olbia
Bastia

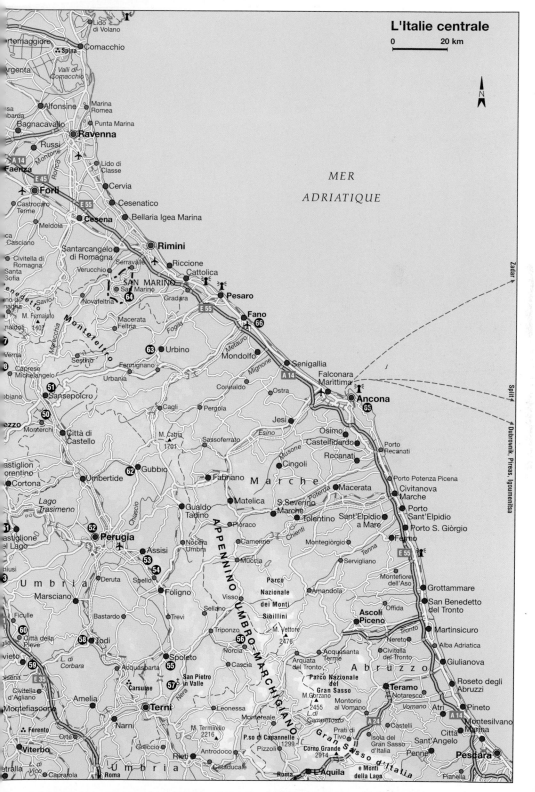

L'Italie centrale

0   20 km

N

MER
ADRIATIQUE

Zadar

Split

Dubrovnik, Piraeus, Igoumenitsa

Lido
di Volano

Comacchio

Spina

Valli di
Comacchio

rtomaggiore

Argenta

barda

Bagnacavallo

Alfonsine

Marina
Romea

Punta Marina

Russi

Ravenna

Faenza

A 14

E 45

Forlì

Castrocaro
Terme

Meldola

Lido di
Classe

Cervia

ca
Casciano

Cesena

Cesenatico

Bellaria Igea Marina

Civitella di
Romagna

Santa
Sofia

Santarcangelo
di Romagna

Serravalle

Rimini

Riccione

Cattolica

Verucchio

Novafeltria

SAN MARINO

San Marino

Gradara

Pesaro

Macerata
Feltria

E 55

Fano

M. Fumaiolo
1407

naldi

Montefeltro

Feltria

Fóglia

63

Urbino

Mondolfo

Metauro

Senigallia

A 14

Verna

Sestino

Fermignano

Mignone

Ostra

Falconara
Marittima

Caprese
Michelangelo

Urbania

Corinaldo

Ancona

61

Sansepolcro

Cagli

Pergola

Jesi

Esino

65

biano

50

Monterchi

Città di
Castello

M. Catria
1701

Sassoferrato

Osimo

Porto
Recanati

astiglion
orentino

Cortona

Umbertide

62

Gubbio

Fabriano

Castelfidardo

Recanati

Lago
Trasimeno

Chiascio

Gualdo
Tadino

Matelica

Cingoli

M A R C H E

Porto Potenza Picena

astiglione
el Lago

52

Perugia

Nocera
Umbra

Pioraco

S.Severino
Marche

Potenza

Macerata

Civitanova
Marche

hiusi

53

Assisi

Camerino

Tolentino

Sant'Elpidio
a Mare

Porto
Sant'Elpidio

54

Spello

Muccia

Montegiòrgio

Tenna

Porto S. Giòrgio

U m b r i a

Deruta

Foligno

Chienti

Servigliano

Fermo

Marsciano

Bastardo

Trevi

Sellano

Visso

Parco
Nazionale
dei Monti
Sibillini

Amandola

Montefiore
dell'Aso

E 55

60

Città della
Pieve

58

Todi

Triponzo

M. Vettore
2476

Offida

Grottammare

Ficulle

vieto

59

L. di
Corbara

Spoleto

55

Acquasparta

Norcia

Cascia

Arquata
del Tronto

Acquasanta
Terme

Nereto

Ascoli
Piceno

Civitella
del Tronto

San Benedetto
del Tronto

Martinsicuro

Alba Adriatica

E 35

sena

Civitella
d'Agliano

57

San Pietro
in Valle

Carsulae

Nera

Parco Nazionale
del
Gran Sasso
d'Italia

Tronto

Giulianova

Amelia

Montefiascone

Ferento

Orte

Terni

Leonessa

Montereale

Arabruzzo

Roseto degli
Abruzzi

Narni

M. Gorzano
2455

Montorio
al Vomano

Notaresco

Atri

Pineto

Viterbo

Greccio

Antrodoco

M. Terminillo
2216

P.so di Capannelle
1299

L.di
Campotosto

Vomano

A 24

Castelli

Isola del
Gran Sasso
d'Italia

Sant'Angelo

A 14

Montesilvano
Marina

tralla

L. di
Vico

Rieti

Pizzoli

Corno Grande
2914

Prati di
Tivo

Penne

Pescara

Caprarola

Roma

Cittaducale

Gran Sasso d'Italia

e i Monti
della Laga

Città
Sant'Angelo

U m b r i a

Roma

L'Aquila

Pianella

LA TOSCANE

Goethe affirmait que la Toscane avait l'aspect que toute l'Italie devrait avoir. La province n'a heureusement guère changé depuis l'époque où le poète allemand y voyagea, voilà deux siècles.

Bien que **Florence** ❶, capitale de la région, soit souvent enveloppée d'un nuage de brouillard et de fumée, le reste de la Toscane offre toujours un air et une lumière purs. L'extension urbaine a été contenue et les villes s'effacent devant de merveilleux paysages.

LE CHIANTI

Au sud de Florence, la N 222, plus connue sous le nom de **Chiantigiana** – la route sinueuse du Chianti –, mène à Sienne en traversant plusieurs charmantes bourgades vinicoles. Les *fattorie* ou fermes viticoles invitent à la dégustation du *chianti classico*, vendu directement par les producteurs.

En quittant la route à **Castellina in Chianti** en direction de l'est, on découvre **Radda in Chianti**, accrochée, comme la précédente, au sommet d'une colline et abritée derrière des fortifications du XVe siècle, avant de repartir vers le sud par la N 408 et la N 484 jusqu'au château de Brolio.

Le **château de Brolio** ❷ appartient depuis longtemps à la famille Ricasoli, qui possède des vignobles dans la région depuis le VIIIe siècle. C'est ici qu'en 1870 le baron Bettino Ricasoli, premier ministre de l'époque, a mis au point la formule du chianti d'aujourd'hui, mélange minutieux de cépages blanc et rouge auxquels on ajoute en cuve du raisin séché pour donner au vin son arôme caractéristique. Non loin de là, à Pievasciata, s'étendent les 13 ha boisés du **Parco Sculture del Chianti** (sculptures d'artistes internationaux).

SIENNE

Sienne (Siena) ❸, la médiévale, ne supporte pas la circulation automobile (interdite au centre). La meilleure place pour les véhicules est à l'entrée de la ville, d'autant que tous les chemins mènent au **Campo** Ⓐ, place inclinée en forme de coquille, cœur de la cité, à la jonction des trois collines sur lesquelles elle est construite. Pour les Siennois, cette forme est celle du manteau de la Vierge, protectrice de la ville. Le Campo est divisé en neuf parties, en souvenir de l'autorité du conseil des neuf « hommes bons » qui gouvernèrent Sienne du milieu du XIIe au début du XIVe siècle, période de stabilité et de construction de la plupart des monuments publics. Deux fois par an, le 2 juillet et le 16 août, se déroule sur le Campo le Palio, une reconstitution des courses de chevaux médiévales. Ce n'est pas une simple attraction touristique : les résidents des *contrade* (quartiers de la ville) se pressent sur la place, tandis que les cavaliers qui les représentent tournent au grand galop autour du Campo. Le vainqueur remporte le *palio* ou bannière héraldique, qui en fait un héros local.

Au pied de la place se dresse l'**hôtel de ville** (Palazzo Pubblico) Ⓑ, à la façade crénelée duquel flottent des oriflammes. Élevé au début du XIVe siècle,

Cartes p. 264 et 268

ITALIE

Rome

A gauche, le Palio de Sienne ; ci-dessous, heurtoir typique du goût de l'aristocratie toscane pour les décors élaborés.

Le Palio de Sienne (à gauche) commence chaque année par des défilés en costumes du Moyen Âge, avant la course de chevaux qui fait trois fois le tour de la Piazza del Campo, puis la fête en l'honneur des vainqueurs, qui anime la ville entière : des tables sont dressées dans le quartier du vainqueur pour des milliers de convives.

Près de la cathédrale, la louve de Romulus et Remus : c'est le fils de ce dernier qui aurait fondé Sienne.

il abritait les bureaux du gouvernement de Sienne. A l'angle gauche s'élève l'élégante **Torre del Mangia**, qui doit son nom à son premier sonneur de cloches aux poches trouées, surnommé Mangiaguadagni (« mange-gains »). Du haut de ses 500 marches, on jouit d'une belle vue sur la ville. Les fonctions actuelles de l'hôtel de ville reflètent les liens qui unissent Sienne à son passé, et son respect pour ce passé. Les bureaux de l'administration municipale y sont installés depuis près de sept siècles, mais la plus grande partie a été cédée au **Musée municipal**, qui abrite les principaux trésors de la ville. Le conseil municipal se réunissait dans la vaste

salle de la Mappemonde (Sala del Mappamondo), d'où l'énorme planisphère qui ornait les murs a disparu. Il reste deux fresques attribuées au maître médiéval Simone Martini : le majestueux *Guidoriccio da Fogliano au siège de Montemassi* et, en face, la *Maestà*, signée de la main de l'artiste. Une querelle a récemment éclaté au sujet de l'authenticité du *Guidoriccio*, jusqu'à présent attribué au maître. Une petite fresque récemment découverte sous le grand panneau serait l'original de Simone Martini alors que le *Guidoriccio* aurait été exécuté bien après sa mort. La **salle de la Paix** (Sala della Pace) ou des Neufs (dei Nove) abrite la

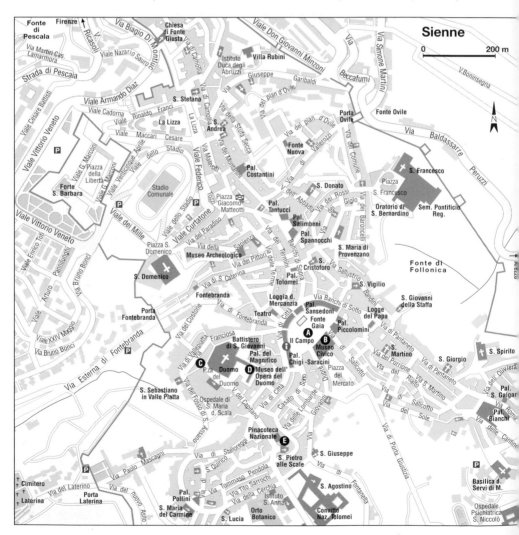

majestueuse *Allégorie du bon et du mauvais gouvernement* d'Ambrogio Lorenzetti. Destinée à rappeler ses responsabilités au gouvernement, c'est un précieux document sur la société médiévale, du seigneur et de sa cour aux paysans qui travaillent sur les collines à l'extérieur des remparts.

Du Campo, on grimpe par les rues sinueuses jusqu'à la **place de la Cathédrale** (Piazza del Duomo) **C**. La façade de la grande **cathédrale** est une féerie de rayures de marbre vert, rose et blanc qui annonce l'étonnant intérieur à motifs géométriques noirs et blancs. Le dallage incrusté de marbre, des xvᵉ et xvIᵉ siècles, représente des allégories et des scènes du Nouveau Testament. La plupart sont recouvertes en permanence afin de les protéger des pas.

On accède par la nef de gauche (avec un droit d'entrée) à l'élégante **bibliothèque Piccolomini**, construite en 1495 pour recevoir les papiers personnels et les livres du pape Pie II. Les fresques du Pinturicchio représentent des scènes de la vie du pape et, au centre de la salle, on voit les célèbres *Trois Grâces*, copie romaine d'une sculpture de Praxitèle.

Sienne possède deux autres grands musées : le **musée de l'Œuvre de la cathédrale D**, à gauche derrière la place, et la **Pinacothèque nationale E** au **palais Buonsignori**, sur la Via San Pietro, à deux rues environ à gauche du Campo. Le point fort du musée de la Cathédrale est la salle consacrée aux œuvres de Duccio, notamment à son émouvante *Maestà*.

A L'EST DE SIENNE

Sienne est au centre de la Toscane et, quelle que soit la direction qu'on prend, la beauté des sites et de la nature est au rendez-vous.

Par la N 438 vers Asciano, on traverse la **région des Crete**, alternance de crêtes blanchâtres et de ravines d'aspect lunaire. Ces collines argileuses offrent leur fascinante nudité, à l'exception de quelques allées de cyprès qui indiquent le chemin d'une ferme isolée, d'une église romane dépouillée ou d'un *borgo*, village fortifié.

La rue principale d'**Asciano** **4**, le Corso Giacomo Matteoti, est bordée de boutiques élégantes et de palais classiques aux jolis balcons. Au sommet se dressent l'**église collégiale** romane et le **musée d'Art sacré**, riche de chefs-d'œuvre de l'école de Sienne.

Dans la Via Mameli, le **musée Amos Cassiolo** est consacré aux peintures d'artistes locaux du xIxᵉ et du début du xxᵉ siècle.

Le monastère bénédictin de **Monte Oliveto Maggiore 5** (xvᵉ siècle), en brique rouge, se détache de la masse des cyprès, des chênes et des oliviers. Son grand cloître s'orne d'un cycle de fresques consacrées à la vie de saint Benoît, commencé par Luca Signorelli en 1497 et terminé par le Sodoma à partir de 1505. Ce dernier, qui aimait les beaux corps masculins et avait placé dans une fresque quelques courtisans nus, fut prié par l'abbé de les vêtir.

Buonconvento 6 s'abrite derrière ses remparts rouges et ses grandes portes de bois. Ses truffes et son gibier ont fait sa réputation.

Cartes p. 264 et 268

Fresque de Monte Oliveto Maggiore.

L'hôtel de ville de Sienne.

L'hôtel de ville de Sienne, sur la Piazza del Campo, est surmonté de la Torre del Mangia. Cette tour de quatre-vingt-huit mètres de haut devait, par décret du gouvernement, égaler en hauteur le campanile de la cathédrale, construit sur un terrain plus élevé. On entendait ainsi affirmer l'égalité entre le pouvoir civil et le pouvoir religieux.

Église dans la ville bien préservée de Buonconvento.

La route traverse une campagne fertile et des vignobles jusqu'au sommet de la colline où s'accroche **Montalcino** ❼, patrie du précieux *brunello*. Le temps semble s'y être arrêté ; les remparts dominent de merveilleux paysages et les vignerons viennent s'abriter du soleil dans les bars lambrissés. La **forteresse** (Rocca) du XIVᵉ siècle, au point culminant, héberge une cave qui propose des dégustations de *brunello*.

En reprenant la direction du sud, on rencontre une autre image de carte postale, mais bien plus belle encore dans la réalité, source d'inspiration de nombreux peintres et poètes : l'**abbaye Saint-Antime** (Sant'Antimo) ❽, en travertin clair contrastant avec l'écrin vert des collines alentour. L'essentiel de l'église a été construit en 1118 dans un style inspiré du roman français. L'intérieur dépouillé s'appuie sur des chapiteaux sculptés de scènes de la Bible. La petite communauté de moines augustins de l'abbaye fait résonner le plain-chant grégorien durant la messe du dimanche après-midi, toute l'année.

Boutique d'antiquités à Montalcino.

Une route escarpée conduit aux châteaux forts médiévaux de **Castiglione d'Orcia** ❾ et **Rocca d'Orcia**, qui dominent la vallée de l'Orcia.

Elle redescend ensuite vers la petite station thermale de **Bagno Vignoni** ❿. En plein centre, une grande piscine de pierre retient les eaux sulfureuses à 52 °C qui surgissent des roches volcaniques souterraines. Le bain y est maintenant interdit, mais un hôtel thermal, le **Posta-Marucci**, permet de profiter de la cure.

Au nord de Bagno Vignoni, une petite route longe vers l'est l'ample val d'Orcia avant de grimper vers **Castelluccio** et **La Foce** ⓫. De là, on a une belle vue sur l'ancienne voie étrusque qui serpente vers le sommet de la colline entre des rangées de cyprès.

L'étape suivante est **Chianciano Terme** ⓬, ville d'eaux déjà connue des Romains et fort à la mode depuis l'après-guerre. Mais elle n'offre guère de distraction en dehors de la cure.

A quelques kilomètres, **Chiusi** ⓭, juchée sur une colline de tuffeau, était

Carte
p. 264

une des douze cités de la confédération étrusque. Son **Musée national étrusque** regorge d'urnes et de sarcophages mis au jour dans la nécropole. On peut demander au gardien du musée de visiter une tombe, mais beaucoup, dont la superbe tombe au Singe (Tomba della Scimmia) sont fermées au public pour empêcher les peintures murales de se détériorer. La **cathédrale** romane de Chiusi, construite avec des colonnes et des chapiteaux romains récupérés et décorée dans sa nef de « mosaïques » peintes par Arturo Viligiardi en 1887, est un ravissement. Le **musée de la Cathédrale** expose de belles sculptures romanes, lombardes et médiévales tardives. On peut demander à visiter une des galeries souterraines creusées sous la ville par les Étrusques et utilisées comme catacombes par les premiers chrétiens du IIIe au Ve siècle.

Chiusi est proche de la frontière avec l'Ombrie. Pour ne pas quitter la Toscane, on remonte vers le nord, le long du fertile **val de Chiana**, où l'on pratique l'embouche et l'élevage de tau-reaux de race *chianina* (pour la *bistecca alla fiorentina*).

A l'ouest de la vallée, au sommet d'une colline, **Montepulciano** ❶ est une cité Renaissance miniature articulée autour de la merveilleuse Via di Gracciano. Elle produit un des grands vins de la péninsule, le *vino nobile di Montepulciano*. La dégustation a lieu dans les caves creusées dans la roche. La Piazza Grande est le centre de la ville, à son sommet. L'**hôtel de ville** (Palazzo Comunale) rappelle le Palazzo Vecchio de Florence. La **cathédrale** voisine conserve un des chefs-d'œuvre de l'école de Sienne, le triptyque de l'Assomption de Taddeo di Bartolo (1410). La route pour Pienza bifurque à droite vers l'**église de San Biagio**, sur une plate-forme au pied des remparts de Montepulciano. Cet édifice en travertin couleur miel est le chef-d'œuvre d'Antonio da Sangallo l'Ancien, entrepris en 1518.

La petite **Pienza** ❶ est un bijou d'une grande importance historique. C'est le premier exemple d'urbanisme

Un paysage toscan.

Avignonesi, Le Casalte et Poliziano sont parmi les meilleurs producteurs de « vino nobile » de Montepulciano.

Les remparts de Pienza.

de la Renaissance. Le futur Pie II (Enea Silvio Piccolomini) naquit en 1405 à Pienza (appelée alors Corsignano). Devenu pape, il chargea Bernardino Rossellino de reconstruire le village médiéval en son honneur. La rue principale aboutit à la Piazza Pio II, avec sa petite **cathédrale** à trois nefs, très lumineuse, pour symboliser les lumières de l'humanisme, flanquée du **palais de l'évêque** et du **palais Piccolomini**, inspiré du palais Rucellai de Florence. L'étage renferme les souvenirs de Pie II tandis qu'une magnifique loggia à l'arrière encadre le paysage de la vallée jusqu'au mont volcanique de l'Amiata. De l'autre côté de la place s'élève l'**hôtel de ville** (Palazzo Comunale) à la tour crénelée.

San Quirico d'Orcia ⑯, à 9 km de là, borde la N 2, qui mène de Florence à Rome en passant par Sienne. Les adeptes du Grand Tour l'empruntaient aux XVIIIe et XIXe siècles, sur les traces des pèlerins du Moyen Age, ce qui explique que San Quirico ait une si belle **église collégiale**, dotée de trois

Pienza, ville natale du pape Pie II, s'appelait à l'origine Corsignano. Au cours d'une visite, ce pontife humaniste eut l'idée de faire de son lieu de naissance une sorte de ville idéale selon les conceptions de la Renaissance, en appliquant les théories de l'architecte Leon Battista Alberti. Les travaux cessèrent à la mort de Pie II, en 1464, mais un bel ensemble monumental avait vu le jour.

portails romans sculptés. Celui de l'ouest est orné de splendides dragons et sirènes.

LA TOSCANE DU SUD

De Sienne, la N 73 serpente vers le sud au pied des vertes et solitaires **collines Métallifères**, où l'on extrait du fer, du cuivre, de l'argent et du plomb depuis l'époque étrusque.

A 20 km de Sienne, une bifurcation conduit à l'abbaye cistercienne de **San Galgano ⑰**, dont il ne reste que les murs. L'immense abbatiale en croix latine est peuplée d'hirondelles qui volent à travers les fenêtres gothiques, tandis que le soleil joue sur les reliefs des chapiteaux de sa très haute nef. Au-dessus de l'église, une chapelle en forme de ruche se dresse depuis 1182 au flanc de la colline. Une épée y est emprisonnée dans la pierre, plantée là par saint Galgano au moment où il renonça à sa carrière militaire pour vivre en ermite. Une boutique voisine vend des herbes locales, du vin et des livres sur l'histoire des lieux.

Massa Marittima ⑱, malgré son nom, est à 19 km de la mer. L'ancienne capitale minière de la région, perchée derrière ses murailles, n'arbore aucune cicatrice industrielle, mais deux **musées** consacrés à l'histoire de ses mines (florissantes au XIIIe siècle) et l'une des plus belles églises romanes de Toscane, décorée de sculptures pleines d'humour illustrant les aventures de saint Cerbone, patron de la ville.

La côte qui descend vers le sud, au bout de la route de Massa, garde de belles plages préservées, contrairement au bord de mer fréquenté plus au nord.

De **Piombino ⑲**, le bac conduit à l'**île d'Elbe**. Napoléon y vécut en exil dans une charmante petite maison, et de nombreux hôtels de luxe offrent des chambres avec vue sur le lumineux paysage méditerranéen de l'île.

La Via Aurelia, la route côtière, ne désemplit pas jusqu'à **Grosseto ⑳**, capitale de la **Maremme** (Maremma) marécageuse. Son **Musée archéologique** conserve les antiquités étrusques et romaines de **Roselle**, **Vetulonia** et des sites de la Maremme.

Carte p. 264

Au sud de la ville commence le **parc naturel de la Maremme ㉑**, ouvert le mercredi et le week-end. Le bureau du parc, à **Albarese**, vend les billets d'entrée et informe sur la faune et les plages sauvages situées dans le parc.

Le Fonds mondial pour la nature gère un autre paradis naturel où viennent hiverner les oiseaux migrateurs : la **lagune d'Orbetello**.

Orbetello ㉒ était au XVIᵉ siècle une ville de garnison espagnole, ce qui explique son architecture baroque. Elle se niche sur une étroite bande de terre qui relie la lagune au **mont Argentario**. Au large de l'Argentario, l'**île du Giglio** est un haut lieu balnéaire.

Dans l'arrière-pays, de petits villages fortifiés comme **Capalbio ㉓** ont gardé leur aspect et leur gastronomie moyenâgeux. C'est la région des collines de tuf tant appréciées des Étrusques.

A **Pitigliano ㉔**, des caves creusées dans le roc abritent le vin et l'huile d'olive.

Sovana ㉕, où le tuf est creusé de tombes étrusques, a vu naître Hildebrand, qui devint le pape Grégoire VII en 1073, et compte deux églises protoromanes de la même période.

AU NORD-OUEST DE SIENNE

En quittant Sienne par le nord-ouest, la N 2 passe par **Monteriggioni ㉖**. Ville de crête construite en 1213 pour veiller sur les frontières nord du territoire siennois, elle est enfermée derrière ses fortifications hérissées de 14 tours.

La route de Volterra traverse la partie moderne de la petite ville de **Colle di Val d'Elsa ㉗**. En montant jusqu'au centre, on découvre une rue centrale bordée de palais Renaissance raffinés, interrompue par un viaduc embrassant le paysage alentour. Boulangeries à l'ancienne, antiquités et musées attirent un tourisme de connaisseurs.

Mais la plus toscane des cités toscanes est sans doute **San Gimignano ㉘**, coiffant une colline tapissée de vigne et d'oliviers et affichant ses tours défensives, telles qu'à son âge d'or médiéval (13 sur les 70 du XIVᵉ siècle). La rue

L'emblème de Massa Maritima.

Le port de Porto Ercole, sur le mont Argentario.

boutiques (artisanat, *vernaccia* – le vin blanc local – et jambon de sanglier). Les hautes tours dominant les deux places au sommet de la ville avaient un but tant esthétique que défensif. La fresque du mariage orne le **Musée municipal** (des jeunes mariés prenant leur bain et s'apprêtant à gagner leur lit), et des fresques recouvrent chaque millimètre de la collégiale, racontant le Jugement dernier et des scènes de l'Ancien et du Nouveau Testament.

Volterra ㉙, à 530 m d'altitude, contemple de toute part un merveilleux paysage : falaises des Balze, vallées de la Cecina et de l'Era, et la mer dans le lointain. L'entrée de la ville est gardée par un château médicéen transformé en prison. Au pied de ses murs, dans la Via Don Minzoni, le **musée Guarnacci**, l'un des plus importants d'Italie en matière de patrimoine étrusque, conserve une fameuse collection d'urnes cinéraires découvertes au XIXᵉ siècle dans la nécropole de Velathri, la Volterra étrusque. Leurs bas-reliefs constituent un fabuleux voyage dans les croyances et la vie quotidienne des Étrusques. Le Sarcophage des époux est un chef-d'œuvre de figuration réaliste, au contraire de l'étonnante Ombra della Sera, statuette masculine en bronze qui s'étire comme une « ombre du soir » et ressemble à un Giacometti, réalisé vingt-cinq siècles plus tôt ! La place principale de Volterra est d'une austérité majestueuse, bordée du **palais des Prieurs** (Palazzo dei Priori), le plus ancien de Toscane (XIIIᵉ siècle). Derrière le palais, la **cathédrale** romane est riche de sculptures anciennes, dont une Déposition de Croix en bois polychrome du XIIIᵉ siècle.

En s'éloignant de Volterra vers le nord à l'ouest, les collines laissent place au paysage plat et marécageux de la côte. Le grand port régional est **Livourne** (Livorno) ㉚, qui a souffert des bombardements de la dernière guerre. Ville industrielle, Livourne a reconstruit à l'identique une partie de son centre, qui conserve une belle statue Renaissance de Ferdinand Iᵉʳ entourée de quatre Maures enchaînés, dite **Monumento ai Quattro Mori**.

PISE

Au nord de Livourne, à 12 km de la mer, **Pise** (Pisa) ㉛ a, elle aussi, beaucoup souffert des bombardements. Située au bord de l'Arno, elle était au XIIᵉ siècle un centre commercial étroitement lié aux ports du Moyen-Orient et de contrées plus lointaines, jusqu'au XVᵉ siècle, où le port s'ensabla.

Le cœur de Pise, la **place de la Cathédrale** (Piazza del Duomo), a échappé aux destructions. On l'appelle le champ des Miracles (Campo dei Miracoli) : c'est en effet un magnifique ensemble d'édifices religieux en marbre blanc, dont le « style pisan » est la synthèse des architectures européenne et orientale avec lesquelles les marchands et marins pisans étaient entrés en contact au cours de leurs voyages. C'est à la **cathédrale** que cette influence est la plus manifeste. Ce fut la première cathédrale de Toscane à façade de marbre ornée de bandes noires et blanches, et elle fut imitée par plusieurs églises de la région.

L'une des tours médiévales de San Gimignano.

Il reste treize tours médiévales à San Gimignano, mais il y en a eu jusqu'à soixante-douze. Destinées à exprimer la richesse des marchands de la ville, ces tours datent du temps de la plus grande splendeur de la ville, époque à laquelle un édit de 1282 avait interdit d'y démolir une maison, à moins d'en reconstruire une plus belle à la place. Des normes d'urbanisme limitaient la superficie constructible.

En face, le **baptistère** abrite une superbe chaire de Nicola Pisano.

Commencé en 1173, le **campanile**, la fameuse tour penchée, s'inclinait déjà au moment où l'on en achevait le troisième étage. D'après certains récits, c'est là que Galilée, l'enfant le plus célèbre de Pise, réfuta les théories d'Aristote sur l'accélération de la chute des corps en lâchant du haut du beffroi des boules de tailles différentes. L'étonnante inclinaison de la tour est aujourd'hui de presque 4,50 m par rapport à la verticale ; elle continue à céder, malgré les efforts pour renforcer le sol sous les fondations. Elle est fermée au public et des travaux doivent être entrepris pour empêcher qu'elle ne s'écroule (vers 2200, selon les estimations).

LUCQUES

Lucques (Lucca) ㉜ n'est pas loin au nord. La promenade ombragée, aménagée sur les remparts du XVIe siècle remaniés au début du XIXe siècle, est la meilleure façon d'aborder cette ville à la beauté sereine. Ces murailles ont protégé Lucques des sièges, et la vieille ville est parfaitement conservée. On y trouve des ruelles médiévales, des rues construites sur le plan en damier des Romains, des loggias Renaissance et des façades rococo. Du haut des remparts, on découvre aussi des contrastes frappants entre les plaines fertiles et les Alpes Apuanes. Ces éléments disparates se combinent pour donner à Lucques une personnalité affirmée.

La façade asymétrique de la **cathédrale**, remaniée aux XIIe et XIIIe siècles quand la prospérité permit d'agrandir et d'embellir les églises, a subi l'influence de celle de Pise. Elle abrite la tombe d'Ilaria del Carretto Guinigi (1408), chef-d'œuvre de Jacopo della Quercia.

Saint-Michel-du-Forum (San Michele in Foro) rappelle la colonie romaine fondée en 180 av. J.-C. L'église, qui occupe l'ancien forum romain, a une façade typique de l'architecture pisano-lucquoise ; ses motifs floraux auraient été inspirés par les soieries de la ville.

Carte
p. 264

Le baptistère de Pise.

A gauche, la tour de Pise ; ci-dessous, une statue voisine.

Natif de Lucques, Giacomo Puccini est enterré dans sa villa de Torre del Lago, convertie en musée dédié à sa vie et son œuvre. Les amateurs de La Bohème, *de* Manon Lescot *ou encore de* Turandot *pourront assister au festival annuel qui s'y déroule en juillet-août (www.puccini festival.it).*

La Via Fillungo passe devant la **Torre dell'Ove**, tour dont l'horloge sonne les heures depuis 1471, et aboutit à l'amphithéâtre romain.

Le tracé de l'ancien **amphithéâtre** du IIᵉ siècle est aujourd'hui bordé de maisons médiévales. L'église voisine de **San Frediano** a une façade ornée de mosaïques dorées éblouissantes.

AU NORD-OUEST DE FLORENCE

Lucques, au nord-ouest de la Toscane et de sa capitale, permet de rayonner vers des sites au caractère marqué.

A l'ouest, la **Versilia** égrène ses villes balnéaires nées au XIXᵉ siècle. Les plages y sont presque toutes payantes.

Viareggio ㉝, célèbre pour son carnaval et son prix littéraire, arbore son architecture Art nouveau et ses restaurants de poisson (le *cacciucco*, la soupe de poisson, est la spécialité locale).

La **Garfagnana** est une région de hautes montagnes sauvages qui semblent recouvertes de neige toute l'année car ses pics sont en marbre. Elle a

été décrétée réserve naturelle, et on s'y promène à poney ou le long de pistes de randonnée. Les informations et les cartes des circuits sont à disposition dans la ville principale, **Castelnuovo di Garfagnana** ㉞.

A l'ouest de cette région, de l'autre côté des Alpes Apuanes, **Carrare** (Carrara) ㉟ scintille dans une poussière de marbre blanc, entourée de carrières dont plusieurs proposent des visites guidées. La remarquable **cathédrale** romano-gothique de Carrare célèbre la pierre reine des sculpteurs.

La cité étrusco-romaine voisine de **Luni** ㊱, dont il reste de belles ruines, a donné son nom à la **Lunigiana**, l'extrême nord de la Toscane, parsemé de châteaux construits par les riches seigneurs Malaspina à partir du XIᵉ siècle.

En redescendant vers Lucques, plusieurs villas aux fresques et aux jardins de rêve témoignent de la richesse de la province, à commencer par la **Villa Reale** (« villa royale »), à **Marlia** ㊲, dont le **théâtre de verdure** (Teatro Verde) accueille des concerts en été.

Ci-dessous, colonnes de la façade de la cathédrale de Lucques ; à droite, carrière de marbre de Carrare.

La **villa Garzoni**, à **Collodi** ㊳, est entourée de jardins spectaculaires qui dégringolent le versant abrupt de la colline. Collodi est le nom de plume de Carlo Lorenzini, auteur des *Aventures de Pinocchio* (1881), qui passa son enfance dans le bourg. Le **parc de Pinocchio** reçoit les enfants ; il est animé de sculptures décrivant les épisodes du livre.

A l'est de Lucques, **Montecatini Terme** ㊴ est la plus élégante station thermale de Toscane, voire d'Italie. Rebâtie au XVIIIe siècle par le grand-duc Léopold, elle déploie ses massifs et ses pelouses où se nichent des établissements luxueux distribuant des eaux chaudes et salines. Une entrée à la journée permet de goûter les eaux et d'admirer les piscines et les fontaines Art nouveau des **thermes Tettucio** (1928).

Pistoia ㊵ et sa voisine Prato n'ont pas autant de charme, entourées qu'elles sont par leur ceinture industrielle (textile et métallurgie). Mais toutes deux ont une vieille histoire et un centre en conséquence. Les habitants de Pistoia étaient si réputés pour leur violence que les premières armes à feu de poing prirent le nom des *pistole* qu'ils portaient. On admirera les vestiges des remparts, l'**hôtel de ville** (Palazzo del Comune) gothique, les terres cuites d'Andrea della Robbia sur la façade de la **cathédrale**, l'élégant **baptistère** octogonal conçu par Andrea Pisano et la chaire de Giovanni Pisano de 1301 dans l'**église Saint-André** (Sant'Andrea). Le **centre Marino Marini**, sur le Corso Silvano Fredi, permet de découvrir l'œuvre de Marini (1901-1966), l'un des plus grands sculpteurs modernes de la péninsule.

Prato ㊶ est la ville natale de Francesco di Marco Datini (1330-1410), richissime marchand qui laissa ses biens aux œuvres charitables de sa ville. Un musée est installé dans le **palais Datini**. Le moine *fra* Filippo Lippi (1406-1469) tomba amoureux d'une novice, Lucrezia Butti, qui servit de modèle à ses portraits de la Vierge et de Salomé et lui donna un fils, Filippino (1457-1504), lui aussi remarquable artiste. Les fresques de Lippi (père) ornent la cathédrale : *Le Banquet d'Hérode, La Danse de Salomé* et des scènes de la vie de saint Étienne et de saint Jean. La **Cappella del Sacro Cingolo** contiendrait la ceinture de Marie offerte à l'apôtre Thomas. En périphérie, les amateurs d'art conceptuel apprécieront le **Centre d'art contemporain Luigi Pecci**.

Au sud de Pistoia, le minuscule village de **Vinci** ㊷ a vu naître Léonard. Le **château** médiéval transformé en musée montre des maquettes en bois réalisées d'après ses notes : une bicyclette, un sous-marin, un hélicoptère…

De Vinci, une petite route serpente jusqu'à Florence, en passant par **Poggio a Caiano** ㊸, villa de Laurent de Médicis, qui deviendra l'archétype de nombreuses villas de la Renaissance et influencera Palladio.

A L'EST DE FLORENCE

Pendant des siècles, **Fiesole**, perchée sur une colline au nord-est de Florence, fut une ville de garnison étrusque et romaine. La **cathédrale**, ornée de sculp-

Carte
p. 264

Terre cuite d'Andrea della Robbia à l'Ospedale del Ceppo, à Pistoia.

Statue à Collodi.

Le bourg de Collodi doit sa célébrité à Carlo Lorenzini (1826-1890), né et mort à Florence, qui prit le nom du village comme nom de plume car sa mère était née à Collodi. Il écrivit beaucoup, mais son seul livre passé à la postérité est « Les Aventures de Pinocchio », chef-d'œuvre de la littérature enfantine, traduit dans toutes les langues et dont le succès ne se dément pas.

Fresque de Nicolò di Pietro Gerini dans la maison du chapitre de l'église Saint-François de Prato.

Jeunes mariés sur la grand-place d'Arezzo.

tures de Mino da Fiesole, s'élève sur la Piazza Mino da Fiesole, l'ancien forum. A gauche de l'église, on monte sur la colline, d'où l'on a une très belle vue sur Florence. Les jardins publics ombragés mènent au **site archéologique**, qui abrite un amphithéâtre romain bien restauré, les ruines de thermes et d'un temple et un petit musée.

La SS 67, à l'est de Florence, rejoint une route de montagne en lacet conduisant au **monastère de Vallombrosa ❹**, à 292 m d'altitude. Les bâtiments du XVIIIe siècle n'ont pas de cachet, mais leur écrin de verdure a séduit bien des poètes romantiques, et avant eux John Milton, qui le visita en 1638 et l'immortalisa dans le *Paradis perdu*.

En poursuivant vers le nord jusqu'à **Consuma** pour prendre la N 70 vers **Stia ❺**, d'autres sites naturels et spirituels attendent le visiteur : bois, ruisseaux et cascades font le bonheur des pèlerins tout au long de l'année et des ramasseurs de champignons en automne. L'**ermitage de Camaldoli ❻** se trouve à 17 km à l'est de Stia.

C'est au **monastère de La Verna ❼**, plus au sud (et plus facile d'accès par **Bibbiena**), que saint François d'Assise reçut les stigmates, en 1224.

En redescendant vers Arezzo, **Caprese Michelangelo ❽**, village natal de Michel-Ange, abrite dans la **Casa del Podestà**, du XIVe siècle, un musée qui a surtout une valeur sentimentale.

AREZZO

Ancienne place forte romaine, **Arezzo ❾** occupait une position stratégique commandant les cols de l'Apennin central. L'**église Saint-François** (San Francesco), dans le centre, a une façade dépouillée de brique brune et une nef austère qui ne laissent pas deviner les superbes fresques de Piero della Francesca (1416-1492), derrière l'autel, représentant la légende de la sainte Croix, de ses débuts mythiques comme arbre du fruit défendu d'Adam et Ève à sa découverte par sainte Hélène. Les historiens de l'art admirent ces fresques pour leur approche géométrique de

Carte
p. 264

l'anatomie et le traitement mathématique de l'espace. Les profanes seront frappés par leur humanité.

En comparaison, la **cathédrale** semble terne. Élevée du XIIIe au XVIe siècle, elle a une façade du XXe siècle, mais l'intérieur contient des tombeaux impressionnants, de superbes vitraux du Français Guillaume de Marcillat (1467-1529), une fresque de Marie Madeleine par Piero della Francesca et, dans une chapelle latérale, de belles terres cuites de Della Robbia.

L'église qu'on remarque le plus est **Santa Maria della Pieve**, construite entre le XIIe et le XIVe siècle, à mi-chemin entre la cathédrale et Saint-François sur le Corso Italia. Son haut campanile percé de 40 fenêtres géminées lui a valu le surnom de « Tour aux cent trous ». Avec sa superbe façade à trois étages d'arcades, c'est un bel exemple de l'architecture romano-pisane.

Sainte-Marie occupe un côté de la Piazza Grande, place en pente qui offre d'étonnants effets de perspective. Elle est entourée d'édifices médiévaux dont la plupart ont conservé leur balcon de bois et abritent des magasins d'antiquités. Le marché d'antiquités s'y tient le premier dimanche de chaque mois, et une joute en costumes du XIIe siècle, le premier dimanche de septembre.

La Renaissance est elle aussi présente sur la place avec l'imposante **Loggia di Giorgio Vasari**, natif de la ville. Sa maison, au décor chargé, est ouverte au public, Via XX Settembre. Arezzo est la patrie du poète Pétrarque, de l'écrivain l'Arétin, du peintre Spinello Aretino et de Guido d'Arezzo, l'inventeur de la gamme, à la réputation duquel on doit le festival international de chorale qui a lieu chaque année.

Sur les traces de Piero della Francesca, la N 73, à l'est d'Arezzo, conduit à **Monterchi** ⑩, où la chapelle du cimetière conserve sa merveilleuse *Madonna del Parto* (Vierge de l'Enfantement).

A **Sansepolcro** ⑪, à 12 km au nord de Monterchi, le **Musée municipal** héberge sa *Résurrection* de 1463, dont Aldous Huxley a dit qu'elle était *« la plus belle peinture du monde »*.

Vue sur les toits d'Arezzo.

LES PAYSAGES TOSCANS

La campagne toscane a toujours été, pour les voyageurs, un lieu de repos après l'agitation des villes. Si merveilleux que soient l'atmosphère des cités et les trésors artistiques qu'elles abritent – qu'il s'agisse de Florence, de Sienne ou de Pise –, l'œil a besoin de retrouver le calme de la campagne,

et l'esprit sa relative fraîcheur.
Les paysages harmonieux de la Toscane se prêtent à merveille à ce repos du corps et de l'âme. Et des petites villes médiévales, juchées au sommet des collines, le regard embrasse à la fois la nature sauvage et les terres cultivées.

DES PAYSAGES CIVILISÉS

Le relief est composé de collines basses qui laissent la vue porter à de grandes distances. Sans oublier les carrières de marbre de Carrare ou la Maremme sauvage. Ajoutés par l'homme au cours des siècles, les vignobles en terrasse et les oliveraies alternent avec les cyprès élancés, souvent plantés afin de faire obstacle au vent. Ces cyprès sont indissociables des paysages toscans, et D. H. Lawrence pensait qu'ils étaient dépositaires des secrets des Étrusques, anciens occupants de cette contrée. La campagne toscane, où tout ce que la main de l'homme a ajouté se fond avec une harmonie incomparable dans l'ensemble, paraît être un complément indispensable aux gracieux monuments du Moyen Age ou de la Renaissance.

L'église Sainte-Marie-Nouvelle (Santa Maria Nuova) s'élève tout près des remparts étrusques de Cortone. On trouve des églises méconnues comme celle-ci un peu partout en Italie, mais, en Toscane, leurs formes simples et élégantes, taillées dans la pierre locale, font partie intégrante des paysages, qui semblent conçus pour les mettre en valeur. ▶

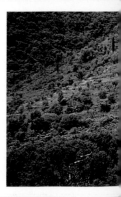

Le paysage sur lequel se détache l'église Sant'Antimo (XIIᵉ siècle) est tout à fait typique. Les fleurs sauvages (qui fleurissent à la fin du printemps) rivalisent avec les vieux oliviers et les buissons. Ce cadre est peuplé de cigales dont le chant retentit l'été, de papillons et de lézards. ▶

LES TOURS DE SAN GIMIGNANO

▲ *Le vert argenté des oliveraies donne sa couleur caractéristique aux collines de Toscane. Certains viticulteurs produisent de l'huile d'olive de qualité. Badia a Coltibuono donne, en outre, des cours de cuisine qui apprennent à apprécier le vin et l'huile.*

Beaucoup d'agriculteurs toscans pratiquent la polyculture. L'olive, les fruits et le tabac sont leurs principales cultures, avec l'orge et le maïs. La vache typique de la région est la « chianina », qui fournit la viande dont on fait la « bistecca alla fiorentina ». ▼

▲ *Au sud de Florence abondent les coteaux de vignobles, pour la plupart plantés de Sangiovese, un raisin utilisé pour le chianti. Certains vignobles dépendent de châteaux médiévaux ; bon nombre d'entre eux se visitent et proposent des dégustations.*

Les collines des environs Sienne sont connues ur leur argile brun- ge, qui a servi a faire briques de la plupart s monuments de la ville. pigment brun de cette gile est connu sous nom de terre de Sienne.

Au Moyen Age, les familles puissantes érigeaient des tours qui leur servaient de refuge en cas de menace. Visibles de loin, ces tours sont devenues la marque distinctive des vieilles villes toscanes. Ainsi, la localité de San Gimignano en possède-t-elle quinze – il fut même un temps où elle en comptait soixante-dix. Ces tours remontent aux XIIe et XIIIe siècles et sont pour la plupart aveugles, sans doute par souci de protection. On pouvait tenir pendant des mois dans les nombreuses pièces qu'elles abritent. Ces édifices étaient aussi un élément de prestige, signe de richesse et de puissance. Ils auraient aussi servi pour le commerce des étoffes, activité pour laquelle San Gimignano était réputé. On y abritait des étoffes de valeur qu'il était difficile de déplier ailleurs, faute de place. La plupart des villes toscanes étant bâties sur des hauteurs, leurs tours offrent des vues magnifiques de la campagne environnante.

L'OMBRIE ET LES MARCHES

L'Ombrie, à 50 km de la mer, est le domaine des hautes terres culminant à 2 478 m au mont Vettore, creusées de larges conches, dépressions autrefois occupées par des lacs. L'ensemble compose des paysages ruraux assez peu peuplés, constellés de petites villes fortifiées, bijoux de l'art médiéval. Communes libres du XIᵉ au XVᵉ siècle, elles protégeaient jalousement leur autonomie contre la convoitise des duchés voisins, grâce à leur implantation sur un site élevé et à leurs remparts.

Les villes d'Ombrie et des Marches sont faites de couches archéologiques qui révèlent l'histoire de l'Italie : il n'est pas rare de trouver un groupe de huttes préhistoriques sous une nécropole étrusque servant de fondations à un village romain, que recouvre une commune médiévale.

PÉROUSE

Pérouse (Perugia) 🟝, centre autour duquel gravitent les autres villes d'Ombrie, était au VIᵉ siècle av. J.-C. une des douze cités-États d'Étrurie ; baptisée Aperusia, elle tomba sous la coupe des Romains trois siècles plus tard. Au Moyen Age, devenue Perugia, elle fut l'une des premières villes à se constituer en commune libre. Elle lutta longtemps contre ses voisines pour défendre l'Église avant de se dresser contre le pape Paul III, au début du XVIᵉ siècle, qui voulait lui imposer une taxe sur le sel. Aujourd'hui encore, les Pérugins font un pain sans sel – croustillant, à manger sans beurre – qu'on trempe dans un verre de *torgiano*.

Le cœur de la ville est la Piazza IV Novembre, rafraîchie par la **Fontana Maggiore** (1278), chef-d'œuvre de Nicola Pisano qui l'a ornée de bas-reliefs représentant les mois de l'année, des scènes historiques et des personnages qui ont fait la gloire de la ville.

Les pigeons et les citadins se donnent rendez-vous au nord de la fontaine, sur les marches de la cathédrale gothique **Saint-Laurent** (San Lorenzo). L'inté-

rieur abrite une belle *Déposition de Croix* du Baroche (1567).

Le Corso Vannucci, envahi de piétons jour et nuit, part de la place. A droite, le **palais des Prieurs** (Palazzo dei Priori), du XIIIᵉ-XVᵉ siècle, est l'hôtel de ville. La salle des Notaires est ornée de fresques à la fin du XIIIᵉ siècle.

Le même bâtiment abrite la **galerie nationale d'Ombrie**, qui conserve une riche collection d'objets religieux romans et gothiques et présente un panorama des grands artistes qui ont vécu en Ombrie. Fra Angelico, Piero della Francesca, le Pérugin et Pinturicchio ont peint les collines qu'on aperçoit des fenêtres du musée.

Le **Collegio del Cambio** (XVᵉ siècle), toujours sur le Corso Vannucci, se distingue par ses fresques du Pérugin et ses marqueteries du XVIIᵉ siècle.

C'est ce soir qu'on apprécie le mieux le reste du Corso Vannucci, assis à la terrasse d'un café pour regarder passer les étudiants. Au bout, les **jardins Carducci** offrent une superbe vue sur les collines scintillant sous les étoiles.

Carte p. 264

ITALIE

Rome

A gauche, Urbin ; ci-dessous, saint François d'Assise.

Fils d'un riche marchand drapier, François d'Assise (vers 1182-1226) fut fait prisonnier dans la guerre entre Assise et Pérouse. A la suite de cette captivité, il rompit avec la jeunesse dorée pour vivre en ermite avant de fonder l'ordre des Franciscains, vers 1210, selon une règle de pauvreté totale. La simplicité, la joie et la proximité de la nature font partie de l'esprit de saint François.

Près de l'**Arco Etrusco** (IIIᵉ siècle av. J.-C.), sous lequel passent voitures et bicyclettes, part un long escalier du haut duquel on domine Pérouse.

De cet observatoire, on aperçoit toutes les églises de la ville : au nord, **Saint-Ange** (Sant'Angelo) est une étrange église circulaire des Vᵉ-VIᵉ siècles.

Au sud, **Saint-Pierre** (San Pietro), du Xᵉ siècle, abrite des stalles du XVIᵉ siècle figurant un étonnant bestiaire ainsi que des œuvres du Pérugin.

Saint-Dominique (San Domenico), plus proche du centre, abrite le beau tombeau de Benoît XI, mort à Pérouse en 1304. Le cloître adjacent est consacré au **musée archéologique de l'Ombrie**, aux riches collections étrusques et romaines.

A l'ouest, **San Francesco al Prato** est gothique (1230). L'oratoire du XVᵉ siècle **Saint-Bernardin** (San Bernardino) attenant a une merveilleuse façade polychrome où dansent des anges et des musiciens de pierre aux robes diaphanes.

ASSISE

Assise (Assisi) ⓼ est un lieu unique, et l'une des rares villes d'Ombrie qui accueillent nombre de touristes. Quand, au fur et à mesure que l'on s'en approche, on aperçoit, à travers la brume, les puissantes arcades de la basilique se détachant des flancs sombres du mont Subasio, le reste du monde semble sans importance. Dans les rues, les fleurs tombent en cascade le long des murs, les jardins profitent du moindre rayon de soleil, l'atmosphère est imprégnée du parfum des roses et de l'odeur du bois brûlé. La façade de la **basilique Saint-François** (San Francesco), dessinée par un architecte militaire, accroche magnifiquement la lumière du couchant. Superbe dans son dépouillement extrême, elle a cependant beaucoup souffert du tremblement de terre de 1997.

On y pénètre par l'**église inférieure** (1228-1230), dont les murs composent un immense puzzle de fresques inspirées de la vie et de l'exemple de saint François. Simone Martini y a composé

Ci-dessous, Saint-Bernardin, à Pérouse ; à droite, la basilique Saint-François, à Assise, avant le tremblement de terre de 1997.

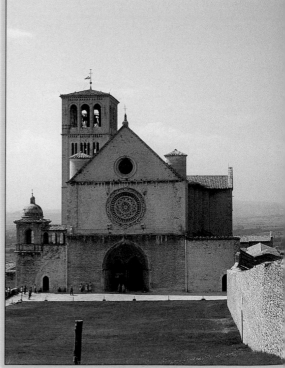

des scènes douces et joyeuses, où même les chevaux semblent sourire. Le maître delle Velle, élève de Giotto, a couvert la voûte des figures sévères de la Chasteté, la Pauvreté et l'Obéissance. La crypte où le Poverello (le « petit pauvre ») est enterré arbore le même ascétisme, mais le visage du petit moine aux oreilles décollées peint dans le transept par Cimabue (et dont on dit qu'il est un portrait fidèle) décrit un homme bien moins austère. Dans l'**église supérieure**, superposée à la première, se déploie le somptueux cycle de Giotto racontant la vie de saint François, terminé par ses élèves en 1295. Ces 28 fresques sont un chef-d'œuvre de réalisme et d'humanité, qui marquera profondément les artistes de la Renaissance et l'art occidental en général. Malheureusement, à la suite de l'effondrement de la voûte, l'église supérieure a dû être fermée à la visite.

La visite du reste de la ville commence par le **forum** que recouvre la Piazza del Comune. La partie visible est le **temple de Minerve**, dont l'intérieur a été restauré sans aucun goût.

Au nord-est d'Assise, l'**amphithéâtre** romain, où se déroulaient de véritables batailles navales ou naumachies, est recouvert de maisons qui suivent le tracé ovale d'origine.

La sombre et hiératique **forteresse** (Rocca Maggiore), qui domine la ville, faisait partie d'un ensemble de tours qui la protégeaient. La **cathédrale** (XIIe siècle), dédiée à saint Rufino, a une belle façade romane.

La façade rose et blanc de l'**église Sainte-Claire** (Santa Chiara) est soutenue par des contreforts en forme d'ailes aux courbes généreuses. Une chapelle renferme le crucifix du XIIe siècle qui aurait parlé au Poverello, une autre abrite les tuniques de François et de Claire. Pour mesurer l'intensité de la vie de ces deux saints, on visitera deux lieux de recueillement aux environs d'Assise. **Saint-Damien** (San Damiano), à 2 km au sud, est le couvent où sainte Claire a passé presque toute sa vie.

L'**Eremo delle Carceri**, à 3 km à l'est, ermitage niché dans les bois qui couvrent les flancs du mont Subasio, fut

Carte
p. 264

« Saint François se dépouille de ses vêtements », fresque de Giotto du cycle de la vie de saint François.

construit par saint Bernardin de Sienne vers 1400 près de la grotte où saint François venait méditer.

Assise borde le lit d'un lac asséché au XVIᵉ siècle appelé **val de Spolète**. Plusieurs bourgs pittoresques en bordent la rive orientale, dont **Spello ㉞**, qui s'enorgueillit de fresques bien restaurées du Pinturicchio, l'un des plus grands artistes de l'école ombrienne.

SPOLÈTE

Spolète (Spoleto) ㉟ s'étend à l'extrême sud de l'ancien lac, passionnante par son raffinement que n'ont pas défiguré des prétentions cosmopolites. Elle accueille chaque été le Festival des deux mondes, qui réunit l'avant-garde artistique européenne et américaine.

Spolète compte un **théâtre romain**. La **Rocca**, ancien château de Lucrèce Borgia, se dresse sur le point le plus élevé de la ville. Elle a servi de prison, notamment pour des membres des Brigades rouges, et elle est maintenant un centre culturel. C'est de l'extérieur qu'on la voit le mieux, notamment du **pont des Tours** (Ponte delle Torri), ancien aqueduc du XIIIᵉ siècle qui a une travée surprenante.

L'édifice majeur de Spolète est la **cathédrale** (XIIᵉ siècle), au porche médiéval surmonté d'une rosace et d'une mosaïque de style byzantin. Le sol est orné d'un motif roman complexe à chevrons et spirales. La **chapelle Eroli**, à droite, est décorée par Pinturicchio. Dans l'abside, une fresque, dernière œuvre de Filippo Lippi (1467-1469), raconte la vie de la Vierge.

Au nord de l'escalier qui mène à la place de la Cathédrale (Piazza del Duomo) surgit l'**église Sainte-Euphémie** (Sant'Eufemia), véritable bijou du XIIᵉ siècle. Le trône de pierre de sainte Euphémie se trouve derrière l'autel.

Spolète est une base pour explorer les montagnes de l'est de l'Ombrie, où d'étroites routes serpentent jusqu'aux pics enneigés des **monts Sibillini**, dans les Apennins. **Nursie** (Norcia) ㊱, ville natale de saint Benoît, est célèbre pour ses truffes et sa charcuterie.

Ci-dessous, le lion endormi d'Assise ; à droite, l'Eremo delle Carceri, sur le mont Subasio, près d'Assise.

La route continue de grimper jusqu'au spectaculaire **Piano Grande**, vaste plateau couvert l'été de fleurs sauvages et d'espèces alpines rares.

Sur le chemin du retour s'élève le charmant **monastère Saint-Pierre-de-la-Vallée** (San Pietro in Valle) ➌, du VIIIᵉ siècle, aux sculptures lombardes et aux fresques du XIIᵉ siècle.

TODI

Todi ➌ coiffe une colline à l'ouest de Spolète. De la Piazza Garibaldi, on jouit d'une belle vue, rehaussée par les senteurs du jardin voisin. Tout près s'étend la grande Piazza Vittorio Emanuele ou Piazza del Popolo.

En face de la cathédrale s'élève le **palais des Prieurs** (Palazzo dei Priori, XIIIᵉ siècle).

A droite, en haut de l'imposant escalier, s'élèvent le **Palazzo del Capitano** et le **Palazzo del Popolo**; le premier, gothique, est percé de triplets, le second, de style lombard, repose sur de puissants piliers.

La **cathédrale**, commencée au début du XIIᵉ siècle, domine la place. Le campanile gothique, de cent ans plus récent, contraste avec le beau style roman de la cathédrale en marbre blanc et rose. La paroi intérieure de la façade est ornée d'une fresque du Jugement dernier de Ferraù da Faenza. A droite se trouve une peinture de la *Madone en majesté* de Giannicola di Paolo (XVIᵉ siècle). La nef est éclairée par de très beaux vitraux.

En contournant la colline, on tombe sur l'**église Saint-Fortuné** (San Fortunato), précédée d'un escalier majestueux. Commencée en 1292 et terminée deux siècles plus tard, elle a un style disparate mais agréable. Les sculptures du portail sont de minuscules représentations d'hommes et d'animaux fantastiques. L'intérieur a de beaux volumes; la pierre coquille d'œuf rehaussée de flots de lumière contraste avec le noir du chœur sculpté et de l'énorme lutrin. La **crypte** abrite la tombe du poète franciscain Jacopone da Todi, auteur présumé du *Stabat Mater*.

Carte p. 264

Vue du haut du mont Subasio.

Au bout du **Parco della Rocca**, qui offre de beaux panoramas, une route descend la colline vers le **temple Notre-Dame-de-la-Consolation** (Tempio di Santa Maria della Consolazione), juché sur une petite plate-forme, construit sur un projet de Bramante entre 1508 et 1617. L'autel peut sembler chargé, mais l'intérieur est sobre et lumineux, et le motif géométrique complexe en forme de roue que les pierres dessinent sur le sol est de toute beauté.

ORVIETO

La colline de tuf volcanique sur laquelle **Orvieto** ❺❾ est bâti est poreuse et menace de s'effondrer. Ses flancs sont couverts de vignes qui produisent le vin blanc bouqueté de la région. En attendant la catastrophe, Orvieto vit en paix dans son site harmonieux.

La **Piazza del Duomo**, au détour d'étroites ruelles, est exquise et inattendue. En fin d'après-midi, le soleil fait scintiller les mosaïques de la **cathédrale** du XIVe siècle, aux marches sans cesse envahies par les citadins, les soldats en permission et les touristes. La cathédrale, commencée en 1290 dans le style roman pour abriter les reliques du miracle de Bolsena (1263), notamment le corporal sur lequel des gouttes de sang tombèrent de l'hostie lors de la célébration d'une messe, fut achevée en style gothique à la fin du XIVe siècle, avec la collaboration de plus de 300 architectes, sculpteurs, peintres et mosaïstes. La façade, entreprise par Lorenzo Maitani, est parcourue de bandes horizontales de basalte et de travertin. A l'intérieur, les bandes noires et blanches soulignent les arcs en plein cintre. Le chœur est décoré de scènes de la vie de la Vierge commencées par Ugolino di Prete Ilario et terminées par Pinturicchio et Antonio Viterbo à la fin du XVe siècle. En face de la cathédrale se tient le **Museo Claudio Faina e Civico**, qui conserve des objets d'art étrusques et grecs.

A gauche de l'autel, la **chapelle du Corporal** (Cappella del Corporale) s'orne de fresques d'Ugolino représentant le miracle de Bolsena.

Ci-dessous et à droite, Notre-Dame-de-la-Consolation, à Todi.

Carte p. 264

La décoration de la **Nouvelle Chapelle** (Cappella Nuova), à droite, fut commencée en 1447 par Fra Angelico et terminée par Luca Signorelli au début du siècle suivant. Les fresques représentent d'horribles scènes de l'enfer profondément influencées par Dante.

Sur la Via Duomo et le Corso Cavour, on voit de nombreux exemples de céramique d'Orvieto, dont les motifs médiévaux très simples sont parmi les plus beaux de la région. Ces rues sont bordées de restaurants chics, de boutiques élégantes et d'ateliers de sculpture sur bois, spécialité d'Orvieto.

On tournera à droite sur le Corso Cavour pour aller au Palazzo et à la Piazza del Popolo, transformée en parc de stationnement. Le Corso Cavour débouche sur la Piazza della Repubblica, où se dressent l'**hôtel de ville** (Palazzo Comunale) et l'**église Saint-André** (Sant'Andrea). A gauche s'étend le **quartier médiéval**, avec ses antiques murs fleuris de géraniums, ses jardins cachés peuplés de chants d'oiseaux et ses minuscules ateliers d'artisans qui ressemblent à des cavernes.

A l'est de la ville s'enfonce le **Pozzo di San Patrizio**, réservoir profond à l'intérieur duquel on peut descendre.

Au pied de la colline, la nécropole du **Crocifisso del Tufo** est un groupe de tombes étrusques construites entre le XIIIᵉ et le VIᵉ siècle av. J.-C. L'intérieur contient les lits funéraires et toute la place voulue pour l'or et le vin du défunt.

En quittant Orvieto par le nord, la route mène à **Città della Pieve** ⑩, ville natale du Pérugin, maître de l'école ombrienne, qui savait si bien capter les bleus limpides et les verts du ciel de sa région. La ville conserve plusieurs de ses œuvres, dont une *Adoration des mages* où l'on aperçoit le lac Trasimène à l'arrière-plan. Aujourd'hui, le lac est fréquenté par les vacanciers et ses rives sont équipées de tennis, de plages et d'écuries pour les promenades à cheval.

Castiglione del Lago ⑩ domine ses rives, embrassant un magnifique panorama du haut de sa forteresse. Dans les restaurants de la bourgade comme dans ceux qui bordent le rivage, on cuisine les poissons du lac : anguilles, brochets, truites.

GUBBIO

La route d'**Umbertide**, au nord du lac, est un chemin des écoliers, tout en virages, vers **Gubbio** ⑫ (la route la plus rapide passe par Pérouse). Accrochée à flanc de montagne, la ville a parfaitement préservé son caractère médiéval.

Elle est dominée par la superbe **basilique Saint-Ubald** (Sant'Ubaldo), qui abrite le tombeau de ce saint. On y accède à pied ou par le funiculaire du **mont Ingino**. Selon la légende, saint Ubald serait intervenu dans une bataille entre Gubbio et Pérouse, permettant à la première de remporter la victoire. La basilique abrite les trois énormes « cierges » que portent les hommes robustes de Gubbio lors d'une course qui s'achève à la basilique le 15 mai, jour de la fête du saint.

La belle **cathédrale** du XIIIᵉ siècle est aussi dépouillée à l'intérieur qu'à l'extérieur. Le chœur abrite des stalles en marqueterie du XVIᵉ siècle.

Un passage près de la cathédrale aboutit au **palais ducal** (Palazzo

Tour médiévale à Orvieto.

Orvieto est une place forte de tuf et de basalte perchée sur un éperon rocheux. Elle appartint aux papes, et Clément VII s'y réfugia à l'occasion du sac de Rome, en 1527. Parcourue d'un réseau de ruelles tortueuses, Orvieto a gardé l'atmosphère de la grande époque communale, le XIIIᵉ siècle, comme en témoignent son hôtel de ville et sa cathédrale.

Ducale), commencé en 1476 par Federigo di Montefeltro, duc d'Urbin, et inspiré du palais de cette ville. La cour Renaissance, tout en colonnes légères, est à couper le souffle. Les salles ornées de fresques présentent des détails architecturaux fort intéressants.

L'horizon de Gubbio est dominé par le clocher du **Palazzo dei Consoli**, chef-d'œuvre du gothique italien. La grand-salle, dotée d'une riche collection d'objets médiévaux, est bordée d'un haut escalier qui produit de remarquables effets acoustiques. Le palais conserve les célèbres Tavole Eugubine, sept plaques de bronze du IIᵉ siècle av. J.-C. sur lesquelles l'ancienne langue ombrienne est traduite en latin.

LES MARCHES

Les monts de l'Ombrie deviennent sans transition ceux des **Marches**, qui jouissent aussi de la présence de la mer. Des vallées ouvertes par des fleuves qui descendent des Apennins vers l'Adriatique facilitent les communications et l'industrie. Les villes n'ont pas le charme de celles de l'Ombrie, mais on y trouve de belles traces d'une riche histoire.

La plus grande, **Pesaro**, est une station balnéaire. Le cœur de la ville, la Piazza del Popolo, comporte un **palais ducal** commencé pour les Sforza et terminé au XVIᵉ siècle pour les Della Rovere. Les **Musées municipaux** conservent des œuvres italiennes, dont un superbe *Couronnement de la Vierge* de Giovanni Bellini, et de superbes mosaïques Renaissance et baroques.

Urbin (Urbino) ❸ est une ville aux bâtiments dorés, haut placés dans un nid de montagnes. C'est une des rares villes perchées presque intactes. Le jour, la Piazza del Popolo est peuplée de touristes et, le soir, de quelques-uns des 16 000 étudiants de l'université. Federigo di Montefeltro était un humaniste ; c'est pourquoi le pavement de marbre de la cour du **palais ducal** s'orne d'un motif central d'où partent des rayons symbolisant la position centrale de l'homme. Conçu par le duc et son architecte, Laurana, le palais fut com-

La fête du Corso dei Ceri, à Gubbio, au mois de mai.

Carte p. 264

mencé en 1465 et achevé en 1482 par Francesco di Giorgio Martini. A la fois palais et forteresse, il fut orné par le duc d'œuvres d'art. La **galerie nationale des Marches**, qu'il abrite, conserve des œuvres de Piero della Francesca, de Giovanni Santi et une de son fils Raphaël. Une marqueterie en trompe l'œil orne le **cabinet** (Studiolo) du duc.

De la **cathédrale**, Piazza Duca Federico, dépend un **musée** éclectique qui conserve des verreries, des céramiques du XVIIᵉ siècle et des objets religieux.

De la **Fortezza Albornoz**, on domine le paysage urbain au sud, inchangé depuis cinq siècles, et au nord, derrière la **statue de Raphaël**, le paysage parsemé de meules de foin et de villas.

En descendant de la forteresse, on voit la **maison de Raphaël**, habitation bourgeoise où le peintre a passé ses quatorze premières années. La cuisine à poutres présente des installations mystérieuses. On voit dans la cour la pierre sur laquelle les Santi, père et fils, broyaient leurs pigments.

L'**oratoire Saint-Jean-Baptiste** (Oratorio di San Giovanni Battista) a des fresques de la vie de ce saint, exécutées par les Salimbeni au XVᵉ siècle.

SAINT-MARIN

La **république de Saint-Marin** (San Marino) ❹ est un minuscule État indépendant depuis plus de seize siècles qui vit du tourisme et de la vente de timbres-poste commémoratifs.

La plus grande partie de ses 61 km² se trouve sur les pentes du **Monte Titano**. Du sommet, la vue est magnifique sur la capitale, **Saint-Marin**, Rimini et la mer. A l'intérieur des remparts, les visites de l'**église Saint-François** (San Francesco) et la **pinacothèque** voisine sont intéressantes.

ANCÔNE

Ancône (Ancona) ❺, port de pêche et de commerce à vocation internationale, se visite en une journée lors d'un séjour sur une plage de l'Adriatique. La ville est dominée par la **cathédrale San Ciriace** (XIIᵉ siècle), construite sur l'emplacement d'un temple païen et dont le

porche repose sur le dos de deux beaux lions. L'intérieur est décevant.

Au pied de la colline, l'**arc de Trajan** (Arco di Traiano) et l'**Arco Clementino** baroque sont englobés dans les quais.

Les magasins chics sont à l'ombre de la galerie marchande bordée d'un côté par **Sainte-Marie-de-la-Place** (Santa Maria Della Piazza), dont le tympan en éventail est sculpté d'animaux parsemés de médaillons de majolique.

Sur le Corso Mazzini, la **fontaine du Calamo**, de 1560, arbore 13 mascarons joufflus en bronze.

Au nord d'Ancône, la jolie **Fano** ❻ a de beaux cafés en bord de mer, des plages de sable et de galets et un quartier médiéval où il fait bon flâner.

Portonovo, au sud d'Ancône, sur la **Riviera del Conero**, a une charmante église romane du XIᵉ siècle, au milieu des bois qui surplombent l'Adriatique, et une tour de guet du XVIIIᵉ siècle.

Sirolo, accrochée au **mont Conero**, vaut par ses panoramas et l'abbaye bénédictine **Saint-Pierre** (Badia di San Pietro), fondée au XIᵉ siècle.

La citadelle de Saint-Marin.

Située sur les pentes du Monte Titano, à une vingtaine de kilomètres de Rimini, la république de Saint-Marin, indépendante depuis seize siècles, est l'un des plus petits États du monde. Elle bat monnaie, émet des timbres et possède ses propres troupes. Tous les six mois, deux capitaines régents sont élus chefs de l'État parmi les soixante membres du conseil, ce qui donne lieu à une grande fête.

LES ABRUZZES ET LE MOLISE

Les Apennins, épine dorsale de l'Italie, se divisent entre Rome et l'Adriatique en trois branches, délimitant une région restée longtemps à l'écart. On désignait autrefois cette région accidentée sous le seul nom d'Abruzzes. La Molise s'est séparée des Abruzzes en 1963 pour devenir une région autonome ; elle a réussi à conserver son caractère sauvage mieux que sa voisine, plus peuplée et plus développée.

Les visiteurs affluent au Gran Sasso, la chaîne centrale, pour pratiquer l'escalade, le ski, la chasse ou observer les oiseaux. Pescara et les autres stations balnéaires de la région sont fréquentées. Pourtant, par son histoire, la région figure parmi les plus anciennes d'Italie, et ses charmantes villes, entourées de sommets enneigés même en juin, sont riches en monuments.

Les Abruzzes sont habités depuis plus de 13 000 ans : des fragments d'ossements de l'homme de Fucin ou de la Marsica ont été découverts dans des grottes. Encouragée par la découverte du fameux «guerrier de Capestrano», conservé au musée national de Chieti, l'archéologie a révélé la présence d'une civilisation locale prospère au VIe siècle av. J.-C. Les Romains lui succédèrent, laissant partout la trace de leur domination, notamment au site archéologique d'**Alba Fucens**, près d'**Avezzano ❶**.

Au Moyen Age, la région passa sous la domination de plusieurs royaumes méridionaux. Les nombreuses places fortes sont, pour la plupart, dues aux Espagnols. Les séismes, notamment celui de 1703, ont causé de grands dégâts, de même que les deux guerres mondiales. A partir de 1945, l'exode rural a entraîné un appauvrissement et un déséquilibre économique entre ville et campagne, mais les efforts pour encourager le tourisme et l'industrie ainsi que la construction d'une autoroute ont permis à la région de se redresser. Le revenu par habitant, inférieur d'un quart à la moyenne nationale, est cependant l'un des plus élevés du Sud.

LE PARC NATIONAL DES ABRUZZES

Les prairies d'altitude, les forêts de hêtres et les pics enneigés des 400 km² du **parc national des Abruzzes ❷** sont protégés de toute construction. On peut avoir la chance d'apercevoir le timide ours brun des Apennins, dont une centaine subsistent dans le parc. Il se nourrit de baies et d'insectes et vit en altitude dans les prairies isolées. Le parc est riche en chamois des Abruzzes à la gorge tachetée de noir et de blanc, en lynx des Apennins, en renards, en loups, en loutres, en oiseaux, en faucons et en aigles. Plus de 150 sentiers balisés permettent d'accéder aux zones les plus élevées, dont la plupart se visitent en une journée de marche.

Pescasseroli ❸, capitale du parc, est la patrie du philosophe Benedetto Croce (1866-1952). C'est aussi une base d'excursions et une station de sports d'hiver équipée de toutes les catégories de logement ; il est facile d'y trouver une chambre, sauf à Noël, à Pâques et en août.

Carte p. 294

A gauche, porte d'une maison à Scanno ; ci-dessous, un coin fleuri.

Scanno (à gauche) est une station de villégiature au milieu des montagnes des Abruzzes, qui domine le lac du même nom. Scanno a su conserver ses rues étroites et escarpées, ses vieilles maisons et ses églises. Le lac de Scanno a été formé par un éboulement qui a obstrué le cours du Sagittario.

« Ici, la nature est protégée », dit ce panneau du parc national des Abruzzes.

Pescasseroli est reliée par autocar à Avezzano, où séjourneront ceux qui n'ont qu'une journée à consacrer à la visite du parc. L'autocar du matin contourne la **Piana del Fucino** ; c'était à l'époque romaine un lac, asséché après plusieurs siècles d'efforts. L'ancien centre du lac abrite aujourd'hui une station téléspatiale à 12 antennes paraboliques de tailles différentes.

L'AQUILA

L'Aquila (« l'Aigle ») ❹, chef-lieu des Abruzzes, est connu pour son histoire mouvementée, la beauté de son archi-tecture et la fraîcheur de ses rues à arcades. Fondée en 1240 par Frédéric II de Hohenstaufen comme avant-poste contre la papauté, la ville passa sous la domination du pape peu après la mort du souverain en 1250. Neuf ans plus tard, son fils Manfred la reprit au terme d'un siège meurtrier. Les remparts furent détruits et la ville désertée pendant sept ans. Charles Ier d'Anjou la releva après sa victoire en 1266 sur Manfred à Bénévent.

D'après la légende, L'Aquila est la réunion de 99 bourgs ayant chacun son château, son église, sa fontaine et sa place ; c'est pourquoi, en 1272, les auto-

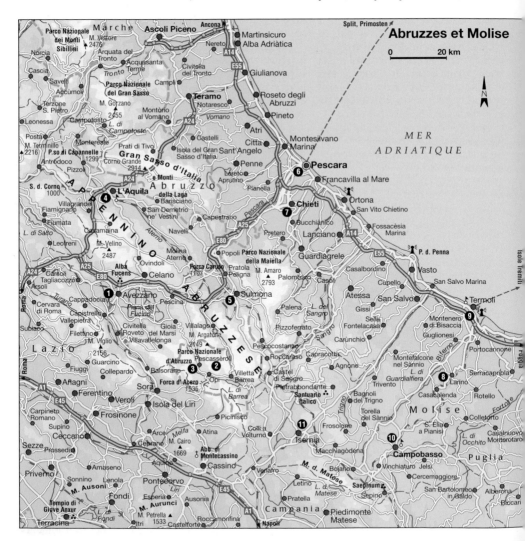

Carte
p. 294

rités construisirent une **fontaine à Quatre-vingt-dix-neuf Bouches** (Fontana delle Novantanove Cannelle) qui est une des curiosités de la ville, même si ses abords sont peu praticables. La cour aux pierres rouges et blanches et le murmure de l'eau jaillissant des 99 masques grotesques accueillaient jadis les voyageurs qui, arrivant de Rome, franchissaient la **Porta Riviera** voisine.

Le monument le plus célèbre de la ville est l'église du XIIIe siècle consacrée à **Santa Maria di Collemaggio**, à l'extérieur des remparts, au sud-est. Sa façade unique de marbre rouge et blanc comprend trois rosaces et un portail central gothique. L'église fut commencée en 1277 à l'initiative de Pietro del Morrone, ermite qui devint pape sous le nom de Célestin V à soixante-dix-neuf ans. Il ne resta sur le trône de saint Pierre que cinq mois, déclarant que son manque d'expérience des affaires ne lui permettait pas d'occuper cette charge. Son gracieux tombeau Renaissance se trouve à droite du chœur. Le décor baroque a été retiré de l'église en 1973. Le long plafond de bois et les murs austères sont éclairés l'après-midi par les rosaces qui filtrent le soleil.

La **basilique Saint-Bernard** (San Bernardino) passe pour le plus bel édifice Renaissance des Abruzzes. Le plafond et les orgues baroques, reconstruits après le séisme de 1703, sont de Ferdinando Mosca, de la ville voisine de Pescocostanza. Dans une chapelle à droite, la tombe Renaissance de saint Bernardin (1488) a une précision classique qu'on retrouve sur sa délicate frise florale. Dans le chœur, le tombeau de Maria Pereira (1496) est d'un artiste local, Silvestro dell'Aquila. Le sol est lui aussi en marbre rouge et blanc.

Un **marché**, chaque jour ouvrable sur la Piazza del Duomo, offre les produits de l'artisanat local : rotin, bois, dentelle et cuivre.

La **cathédrale**, détruite par le séisme de 1703, fut reconstruite au XIXe siècle.

Le **musée national des Abruzzes,** l'un des plus intéressants de la région, est au nord de L'Aquila dans le **château** construit en 1532 par Piero Luigi Scrivà, architecte du château Saint-Elme de Naples. Ses quatre bastions permettaient de couvrir tous les angles d'approche possibles. Au rez-de-chaussée, la section archéologique abrite une amusante frise de têtes de Méduse. La section d'art sacré, au premier étage, conserve des vantaux en bois sculpté de 1131. La section d'art moderne, aux deuxième et troisième étages, contient des tableaux d'artistes locaux contemporains.

Au contraire du parc national, intéressant pour sa faune et ses forêts de hêtres majestueuses et paisibles, le **Gran Sasso d'Italia**, proche de L'Aquila, est surtout connu des alpinistes. Avec 2 914 m d'altitude, c'est le point culminant des Apennins. Les sentiers de randonnée et les pistes de ski qui rayonnent du **Campo Imperatore** ont rendu la région célèbre dans toute l'Europe. On peut se procurer la carte des sentiers à l'agence de voyages Gran Sasso, à L'Aquila. Sous la montagne, un laboratoire européen de physique nucléaire cherche à piéger les neutrinos, particules qui traversent la matière sans l'altérer.

L'entrée de la basilique Santa Maria di Collemaggio, à L'Aquila.

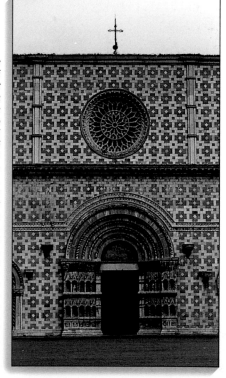

La basilique Santa Maria di Collemaggio fut construite sur la volonté de l'ermite Pietro da Morrone, qui y fut couronné pape en 1294 sous le nom de Célestin V. Mais, au bout de six mois, devant le poids de la charge, il retourna à la vie ascétique. Le 28 août a lieu la fête commémorant l'indulgence plénière accordée par Célestin V à tous ceux qui visitent la basilique.

SULMONA

La route 261, qui relie L'Aquila à Sulmona, est l'une des plus intéressantes des Abruzzes. Suivant la vallée de l'Aterno, elle traverse plusieurs villages médiévaux dotés d'un château en ruine et d'une église.

Sulmona ❺, patrie d'Ovide, est peut-être la plus belle ville des Abruzzes. En fin d'après-midi, les jeunes remontent le Corso en dégustant des *confetti*, pralines fabriquées depuis le Moyen Age. Piazza XX Settembre, des hommes conversent autour de la **statue d'Ovide**. Tout autour des ruelles médiévales, les montagnes enneigées luisent sous le soleil du soir.

L'étonnant **palais de la Très-Sainte-Annonciation** (Palazzo della Santissima Annunziata) s'élève au centre de l'ancienne ville. Plusieurs styles s'unissent en un ensemble homogène pour conférer son harmonie à la façade. Les trois portails de tailles et de formes différentes correspondent aux trois fenêtres qui les surmontent. Celui de gauche est gothique (1415), celui du milieu Renaissance (1483), celui de droite plus récent. Ils sont reliés par une frise florale qui traverse la façade d'un bout à l'autre. Le palais abrite un **musée** qui présente les découvertes archéologiques locales et les tableaux d'artistes du cru. L'**église** adjacente, manifestement reliée au palais à l'origine, a été reconstruite après le séisme de 1703.

Pescara ❻ est la ville natale de l'écrivain Gabriele D'Annunzio (1863-1938), héritier de Carducci et de Nietzsche, dont la **maison**, près de la Piazza Unione, est ouverte au public. Ce n'est pourtant ni D'Annunzio ni le port de pêche, mais la longue plage de sable (16 km) qui attire les foules.

A une demi-heure de Pescara se trouve l'antique **Chieti ❼**, perché sur une colline. Son panorama sur les Abruzzes et la mer est célèbre. On peut y admirer les vestiges de trois temples romains près du Corso Marrucino, derrière la poste moderne.

Le **musée d'Archéologie antique** (Museo Archeologico di Antichità) se

La fontaine aux Quatre-vingt-dix-neuf bouches de L'Aquila.

trouve tout à l'ouest de la ville, dans la **Villa Comunale**. Sa collection de monnaies est l'une des plus intéressantes d'Italie. On peut suivre les anciennes routes commerciales sur lesquelles ces monnaies avaient cours. La vitrine des monnaies d'Alba Fucens montre sur un schéma les tranchées dans lesquelles on les a trouvées. La salle principale abrite un *Hercule* monumental. Le guerrier de Capestrano, statue funéraire italique coiffée d'un étrange chapeau, se trouve à l'étage, ainsi qu'un choix de céramique de plusieurs époques.

A la sortie, les **jardins municipaux** abritent un petit zoo peuplé de pigeons et de singes.

LE MOLISE

Si l'on prend le train de Termoli à Campobasso entre le 25 et le 27 mai, il faut faire halte à **Larino** ❽ pour participer à la Sagra di San Pardo, festival annuel de ce village médiéval. Des chars à bœufs défilent dans les rues en souvenir de l'époque romaine. Il faut aussi visiter la **cathédrale**, dont la façade est superbe, et gravir l'escalier monumental du **palais royal** (Palazzo Reale). Comme la province de Molise, Larino est un lieu trop méconnu.

Termoli ❾, sur l'Adriatique, est une station balnéaire en vogue dont la ville ancienne, perchée sur un promontoire, est connue pour ses panoramas. Abrité par une forteresse construite par Frédéric II, le vieux Termoli, tout en dédales, comprend une belle **cathédrale**.

Termoli est le port d'embarquement pour les **îles Tremiti**, archipel au large du promontoire du **Gargano**, connu pour ses plages, ses mystérieuses grottes et ses cathédrales romanes.

La ville de la Molise qui illustre le mieux la différence entre l'ancien et le moderne est **Campobasso** ❿, chef-lieu de la province. Couronnée par le **Castello Monforte**, du XVᵉ siècle, d'où dévalent les rues et les escaliers raides de la vieille ville, Campobasso a un quartier moderne agréable qui s'étend jusqu'à la gare. La ville nouvelle compte deux curiosités : une prison de haute sécurité et une école de carabiniers. En montant à **Saint-Georges** (San Giorgio), église romane du

XIIᵉ siècle dont les bas-reliefs sont encore visibles, on rencontre les cadets en uniforme flânant dans la rue ou à l'ombre d'un arbre sur la place principale.

Isernia ⓫ est à une heure et demie de train de Campobasso. Riche en traditions locales, c'est une bonne base pour explorer les villes reculées dans les collines. Dans les faubourgs de la ville moderne fut découvert en 1979 l'*Homo aeserniensis*, homme le plus ancien découvert en Europe (plus de 700 000 ans). La présence d'un foyer indique qu'il connaissait l'usage du feu. Les os d'éléphants, de rhinocéros et d'hippopotames trouvés près du foyer prouvent qu'à l'époque ces animaux vivaient dans la région. Isernia, dont la rue unique part de la gare, a un excellent musée archéologique, le **Museo Santa Maria delle Monache**.

La vieille ville (à gauche en sortant de la gare) ayant beaucoup souffert des tremblements de terre, la plupart des bâtiments sont étayés. Les ruelles qui serpentent parmi les maisons médiévales laissent à peine le passage.

Carte p. 294

Villalago, village perché au sud de Sulmona.

Les Abruzzes, qui ont un climat rude, sont la partie des Apennins qui ont le plus l'aspect de véritables hautes montagnes, avec les massifs du Gran Sasso d'Italia et de la Maiella. Le Molise, dont la capitale est Campobasso, a des points communs avec les Abruzzes : un relief montagneux, des vallées sombres et des forêts dans lesquelles vivent des loups.

LE SUD

L'étranger qui visite la Basilicate et la Calabre est souvent dévisagé, non pas avec hostilité ni suspicion, mais avec étonnement. Ces régions reculées, pauvres et brûlées par le soleil sont si rarement visitées par les étrangers et même par les Italiens du Nord que tout visiteur est considéré comme un excentrique. Malgré les efforts redoublés pour encourager le tourisme, la situation ne se modifie que lentement.

Les Pouilles, bien mal nommées car, contrairement à ce qu'évoque cette traduction du mot Apulia, elles sont verdoyantes et riches de superbes monuments, sont curieusement assimilées aux deux premières. A l'instar des Grecs et des Romains, les touristes vont à Pompéi, Cumes ou Capri. Ils affluent en Sicile pour voir les temples, mais les Pouilles, la Basilicate, la Calabre, ou même Naples, et Palerme ? Les préjugés ont la vie dure, qui n'y voient que misère et grande et petite délinquance.

Bien entendu, le Mezzogiorno a encore beaucoup d'efforts à faire. Le taux de chômage dépasse les 20 %, alors qu'il ne dépasse pas 4 % à 5 % en Vénétie ou dans la région de Milan. La population, affaiblie par l'émigration, a vieilli, la rigidité des traditions et la méfiance envers le Nord rendent les progrès difficiles, mais certains pôles sont en train de changer : Naples en tête, mais aussi Bari, dans les Pouilles, ou la Sardaigne, qui a appris à vendre sa beauté en gardant sa qualité de vie.

L'Italie du Sud est l'une des régions les plus intéressantes d'Europe. C'est un pays romantique couvert de châteaux et d'églises, de vastes plaines à blé, de montagnes embrumées que des bergers parcourent avec leurs troupeaux. Les Pouilles sont riches de merveilles architecturales : le roman apulien, le baroque de Lecce, les châteaux de Frédéric II de Hohenstaufen ou encore ces bizarres habitations rurales coniques appelées *trulli*. En Basilicate, les *sassi*, habitations rupestres creusées au flanc d'un ravin, sont souvent ornées de superbes fresques. En Calabre, on redécouvre les Grecs, notamment à travers deux magnifiques statues de bronze remontées il y a quelques années par des pêcheurs au large de Riace. Avec ses châteaux normands, ses églises byzantines, son excellent vin rouge, ses paysages décrits pour la première fois par Homère, le pays regorge d'histoire, de culture et de traditions.

Naples, ses environs et la Sicile étant les régions les plus riches en curiosités, des chapitres plus longs leur sont consacrés. A l'exception de Naples, où il est préférable de se déplacer en autobus ou à pied, les itinéraires s'adressent à l'automobiliste. La voiture est indispensable dans le Mezzogiorno, où les lieux à visiter sont éloignés les uns des autres. Sans véhicule personnel, il faudra attendre des heures dans les gares. Il vaut mieux consacrer son temps à contempler les beautés naturelles et artistiques du Sud, à la baignade ou à la visite d'un monastère.

Pages précédentes : paysage typique de la basilicate, qui n'a pas changé depuis des siècles. Ci-contre, fresque antique du « Printemps », conservée au musée archéologique de Naples.

NAPLES

Naples (Napoli) regroupe 2 500 000 habitants avec son agglomération, qui s'approche de plus en plus dangereusement du pied du volcan. Coincée entre la mer et le Vésuve, la place est limitée et la circulation démentielle. Le chômage, bien plus important que dans le Nord, malgré des efforts, favorise la débrouille, mais aussi la petite délinquance.

Pourtant, Naples est en train de changer : fière d'être l'une des villes les plus animées d'Italie, connue pour son hospitalité et son patrimoine artistique, elle a refait peau neuve pour attirer dignement les touristes et les congrès. La mairie s'efforce de mettre fin à des années de bureaucratie et de fonctionner plus efficacement et écologiquement ; la circulation essaie de se régulariser, à défaut de diminuer ; la Camorra, dont beaucoup de chefs sont en prison, y fait moins la loi qu'auparavant ; et la culture apprend à innover à partir de la tradition.

La forme bien particulière de Naples est due en partie au site, en partie au hasard et en partie à un décret. Pour se faire une idée d'ensemble des lieux, l'idéal est de se promener à pied dans les quartiers. Pour s'orienter, le mieux est de partir de la place de la gare, la **Piazza Garibaldi ❶**, d'où le long Corso Umberto I descend au sud-ouest vers la **Piazza Bovio ❷**. Là, devenu Via Agostino Depretis, il continue jusqu'à la **Piazza Municipio ❸**. Percé en 1888 à travers des rues étroites et noires de monde pour améliorer la circulation après une épidémie de choléra qui avait sévi quatre ans plus tôt, le Corso est une des grandes artères de Naples : à midi, il est encombré d'autobus, de taxis, de voitures et de deux-roues ; le soir, il est fréquenté par les prostituées. A mi-chemin, il est flanqué sur la droite de la masse de l'**université ❹**.

La Piazza Municipio et la **Piazza Plebiscito ❺** voisines sont le pivot autour duquel la ville se déploie en éventail à l'est, au nord et à l'ouest. En remontant la Via Toledo, prolongée par la Via Enrico Pessina, on découvre le bâtiment rouge qui abrite le Musée archéologique national. Le triangle qu'il forme avec la Piazza Plebiscito et la Piazza Garibaldi délimite l'essentiel du vieux Naples, avec ses rues médiévales et ses églises. Au nord du musée, le musée de peinture de Capodimonte s'accroche à une colline. Au sud, sur une langue de terre en saillie dans la baie, se dresse le Castel dell'Ovo, en forme d'œuf. Sur la Via Partenope, plus à l'ouest, les hôtels les plus luxueux de la ville s'alignent au bord la mer.

Puis la côte s'incurve et passe devant la Villa Comunale et son célèbre aquarium pour arriver à la marina de Mergellina, près de la tombe de Virgile. De Mergellina, la vue s'étend sur toute la ville, et le Vésuve se dessine dans la brume à l'arrière-plan.

LES ORIGINES

Le nom de Naples dérive de la Neapolis, ou « ville neuve », fondée au VIIe siècle av. J.-C. par des colons grecs venus de Cumes ; ils avaient déjà fondé

Carte p. 304

ITALIE
●Rome
Naples

A gauche, la Via Tribunali, dans le vieux Naples ; ci-dessous, toast à l'issue d'une cérémonie de mariage.

Naples, tout comme la région qui l'entoure, présente une grande variété. On y voit alterner les châteaux et les palais grandioses avec des ruelles populaires. C'est surtout par la culture populaire que Naples s'est fait connaître dans le monde : les spaghettis ; la pizza « margherita », aux couleurs de l'Italie (tomate, mozzarella, basilic) ; la musique, avec la tarentelle et « O sole mio » ; et le théâtre de Polichinelle.

la ville voisine de Paleopolis (« vieille ville ») au IXᵉ siècle av. J.-C. Les deux villes se développèrent conjointement jusqu'à la conquête par les Samnites, venus de l'intérieur en 400 av. J.-C. Lorsque Rome s'en empara à son tour, après trois ans de siège, en 326 av. J.-C., la vieille ville se confondit avec la nouvelle sous le nom de Neapolis.

Les Romains y affluèrent immédiatement, attirés par la douceur du climat, la baie étincelante et la liberté politique garantie par le maintien de la Constitution grecque. Virgile y écrivit *L'Énéide* et y mourut, les empereurs y construisirent des jardins.

A la chute de l'empire s'ouvrit une période sombre dont on ne sait rien, puis la ville fut gouvernée jusqu'à la fin du Iᵉʳ millénaire par des ducs en théorie vassaux de Byzance. En 1139, le roi normand Roger II fit entrer Naples dans l'orbite de son royaume de Sicile. On doit aux sept dynasties suivantes la plupart des grands monuments qu'on voit aujourd'hui. Les statues de leurs souverains se dressent à côté de celle de Roger (II ?) dans les niches de la façade du palais royal, dans le centre de la ville : Frédéric II de Hohenstaufen (qui fonda l'université, mais ne vécut jamais à Naples, lui préférant les Pouilles), Charles Iᵉʳ d'Anjou, Alphonse Iᵉʳ d'Aragon, Charles Iᵉʳ d'Autriche, Charles Iᵉʳ de Bourbon, Joachim Murat, Victor-Emmanuel II sont alignés sur la longue façade de l'édifice, comme autant de témoins des siècles qui ont forgé la ville.

LA PIAZZA MUNICIPIO

Lorsque Charles Iᵉʳ d'Anjou construisit le **Castel Nuovo ❻** – Maschio Angioino pour les Napolitains – en 1282, il ne savait pas que, sept siècles plus tard, ce serait toujours le centre politique de la ville. Important élément de défense, avec le château Saint-Elme, il correspondait aussi à l'extension de la ville vers l'ouest. Le conseil municipal se réunit dans l'immense **salle des Barons**, aux voûtes octogonales, où ce roi aurait procédé aux plus sanglantes exécutions. Le plus bel élément architectural de cette imposante place forte est son **arc**

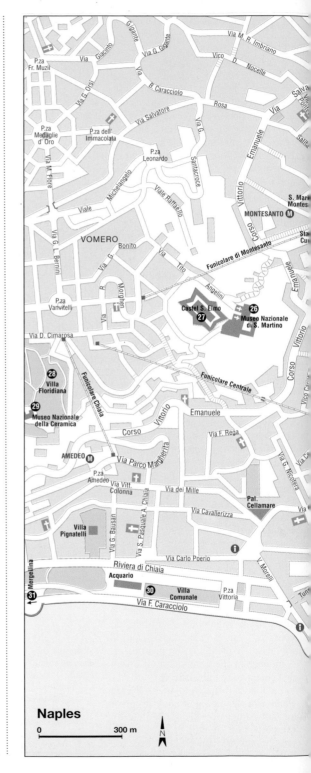

Naples

0   300 m

N

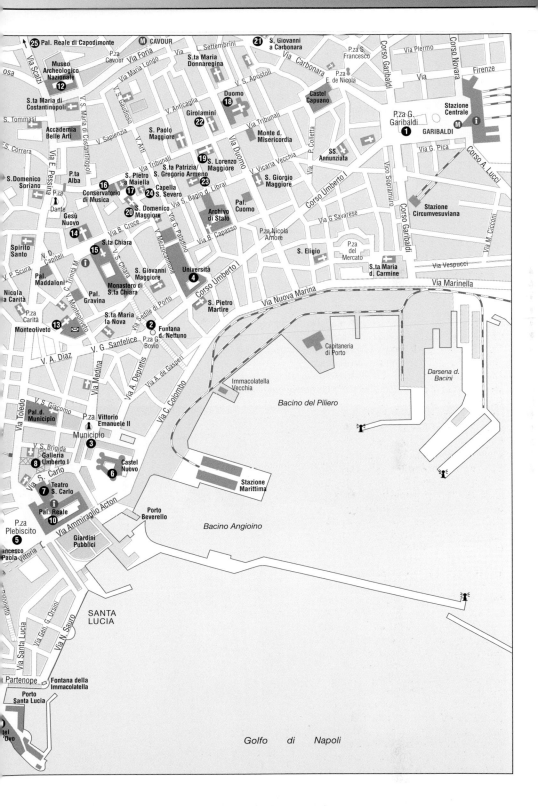

25 Pal. Reale di Capodimonte
M CAVOUR
21 S. Giovanni a Carbonara

Osa
Via Scalzi
P.za Cavour
Via Foria
L. Settembrini
Via Piermo
Corso Novara

Museo Archeologico Nazionale 12
Via Maria Longo
S.ta Maria Donnaregina
Via Carbonara
P.za S. Francesco
Via

S. Tommasi
S.ta Maria di Costantinopoli
V. S. Gaudioso
V. S. Apostoli
P.za E. de Nicola
Corso Garibaldi
Firenze

Accademia Belle Arti
V. S. Maria di Costantinopoli
V. Sapienza
Duomo 18
Girolamini
Castel Capuano
Stazione Centrale
GARIBALDI

S. Correra
V. Anticaglia
S. Paolo Maggiore
Girolamini 22
P.za G. Garibaldi
1
Stazione Centrale M
i

V. E. Pessina
P.ta Alba
V. Arti
Via Tribunali
Monte d. Misericordia
P. Colletta
Via G. Pica
Corso A. Lucci

S. Domenico Soriano
16
S. Pietro a Maiella
S.ta Patrizia/ 19 S. Lorenzo
S. Gregorio Armeno
Maggiore
V. Vicaria Vecchia
SS. Annunziata
Stazione Circumvesuviana
Via M. Cicconi

1 Dante
17
Capella 24 S. Severo
23
S. Giorgio Maggiore
Corso Umberto I
Corso Garibaldi

Gesù Nuovo
Conservatorio di Musica
20 S. Domenico Maggiore
Archivio di Stato
Pal. Cuomo
V. G. Savarese

14
V. B. Croce
V. Mezzocannone
V. B. Capasso
P.za Nicola Amore

Spirito Santo
15 S.ta Chiara
V. S. Chiara
S. Eligio
P.za del Mercato

V. D. Capitelli
S. Giovanni Maggiore
Università 4
S.ta Maria d. Carmine

Pal. Maddaloni
Monastero di S.ta Chiara
Corso Umberto I
Via Nuova Marina
Via Marinella

Nicola a Carità
Pal. Gravina
S.ta Maria la Nova
V. Sedile di Porto
S. Pietro Martire
Capitaneria di Porto

P.za Carità
13
Monteoliveto
2 Fontana d. Nettuno
Darsena d. Bacini

V. G. Sanfelice
P.za G. Bovio

V. A. Diaz
V. A. Depretis
Immacolatella Vecchia
Bacino del Piliero

Pal. d. Municipio
V. S. Giacomo
P.za Vittorio Emanuele II
Via A. de Gasperi

Via Toledo
Municipio 3
Via C. Colombo

V. S. Brigida
Galleria 8 Umberto I
Castel 6 Nuovo
Stazione Marittima

S. Carlo
Teatro 7 S. Carlo
i

Pal. Reale 10
Via Ammiraglio Acton
Porto Beverello
Bacino Angioino

P.za Plebiscito
5
Giardini Pubblici

ancesco Paola
Vittoria

SANTA LUCIA
Via Santa Lucia
V. Gen. G. Orsini
V. N. Sauro

Partenope
Fontana della Immacolatella
Porto Santa Lucia

tel 'Ovo

Golfo di Napoli

Un marchand ambulant.

de triomphe (1445-1468) en marbre blanc, serti entre deux tours, élevé entre 1454 et 1467 pour commémorer la victoire remportée en 1443 par Alphonse Ier d'Aragon, premier roi des Deux-Siciles, sur la dynastie angevine.

De la Piazza Municipio, la Via San Carlo mène au **théâtre Saint-Charles** (Teatro San Carlo) ❼, le plus vaste opéra d'Italie, revêtu de velours rouge et d'ornements dorés, disposé en fer à cheval sur six étages. Construit en 1737 à l'initiative de Charles III de Bourbon, le théâtre, qui était alors le plus grand et le plus beau du monde, a conservé son acoustique parfaite, renforcée par l'insertion de centaines de cruches d'argile dans les murs à la suite de l'incendie de 1816. Le mensuel *Qui Napoli*, distribué dans les offices de tourisme, donne la liste complète des concerts, opéras et récitals. Même au sixième étage, on dispose d'une loge privée et d'un siège de velours, à quelques centimètres du plafond.

Le Castel Nuovo, bâti en 1282.

De l'autre côté de la rue, la **galerie Humbert Ier** (Galleria Umberto I) ❽

fut construite en 1887 en style néoclassique, à l'imitation de celle de Milan. Le plafond de verre, culminant à 57 m, et le sol couvert de mosaïques ont été refaits après les bombardements de la Seconde Guerre mondiale. On peut se reposer dans l'un de ses agréables cafés ou user des services du centre postal.

LA PIAZZA DEL PLEBISCITO

La vaste Piazza del Plebiscito voisine est enserrée entre les deux arcades de l'**église Saint-François-de-Paule** (San Francesco di Paola) ❾, de 1817-1832, inspirée du Panthéon de Rome. Cette imposante église fut construite de 1817 à 1846 en remerciement du retour des Bourbons. La place est bordée d'une colonnade dorique due à l'imagination de Murat, roi de Naples, et entreprise en 1809 par Laperuta. Des autobus relient la place à plusieurs points de la ville.

La longue façade rouge du **palais royal** (Palazzo Reale) ❿, de 1600, surgit de l'autre côté de la rue avec ses huit

statues illustrant les huit dynasties napolitaines. Elle présente des colonnes superposées des trois ordres, dorique, ionique et corinthien. Le palais fut construit sous les Espagnols, agrandi en 1743-1748, embelli par Murat et enfin restauré au XIXᵉ siècle. Au pied du monumental escalier de marbre se dressent les portes de bronze qui ornaient à l'origine le Castel Nuovo. Le boulet de canon logé dans celle de gauche est un souvenir de la tentative manquée du roi de France Charles VIII de les emporter comme butin en 1495. A l'étage se logent une **salle du Trône** imposante, bien que peu confortable, et un luxueux petit **théâtre**. Les autres salles présentent une superbe collection de meubles d'époque et de porcelaines de Meissen.

Le **Castel dell'Ovo** ❶, au bord de la mer, accueille des spectacles, des expositions et des congrès scientifiques. La forme ovoïde qui lui a valu son nom est apparemment due au vice-roi espagnol don Pierre de Tolède, qui le fit reconstruire entre 1532 et 1553. Il fut commencé par Guillaume Iᵉʳ en 1154, terminé par Frédéric II et agrandi par Charles Iᵉʳ d'Anjou, qui entendait ne pas être en reste. Le rivage est bordé d'agréables restaurants, les enfants plongent du haut de la digue et les vedettes de la Guardia de Finanza rôdent le long du quai.

LE MUSÉE ARCHÉOLOGIQUE

Le **Musée archéologique national de Naples** ❷ est un des grands musées du monde : il abrite les objets les plus remarquables trouvés à Pompéi et à Herculanum et de superbes pièces de la sculpture grecque. Il faut une matinée entière pour le visiter.

Le rez-de-chaussée est consacré à la sculpture classique et à l'art égyptien. Dans le vestibule principal, un sarcophage monolithique montre Prométhée façonnant l'homme avec de la terre glaise. Un autre sarcophage impressionnant arbore une tumultueuse bacchanale. A droite, les deux belles statues d'Harmodios et d'Aristogiton, qui tuèrent le tyran Hipparque, sont des copies romaines des originaux qui ornaient jadis l'agora d'Athènes. Une autre salle abrite une copie romaine du *Doryphore* de Polyclète d'Argos (440 av. J.-C.), considéré comme le canon des proportions du corps humain. Cette statue trouvée à Pompéi, ainsi que d'autres de la même époque, témoigne du goût introduit en Italie par les colons grecs.

La riche collection de mosaïques pompéiennes, à l'entresol, provient des sols, des murs et des cours des maisons dégagées à Pompéi. Par leur fraîcheur et leurs coloris, ces œuvres enfouies sous la lave pendant des siècles témoignent de l'habileté des artisans de l'Antiquité. La salle LIX contient deux mosaïques les plus célèbres, signées par Dioscouridès, originaire de Samos. Le numéro d'inventaire 9987 représente pour certains deux femmes consultant une magicienne, pour d'autres, trois femmes bavardant. Cette mosaïque et celle des musiciens ambulants (n° 9985) figureraient des thèmes empruntés à la comédie grecque. Les scènes de la salle LX dépeignent un bestiaire (canards,

Carte p. 304

Bas-relief de la galerie Humbert Iᵉʳ.

Plongeon au pied du Castel dell'Ovo.

Le Castel dell'Ovo s'avance dans la mer, sur un îlot de tuf. Ce site fortifié, le plus vieux de la ville, fut fondé par les Normands, mais son aspect actuel date du XVIᵉ siècle. Il doit son nom de « château de l'Œuf » à un œuf magique que Virgile aurait suspendu dans une cage en fer à la voûte d'une pièce secrète ; si l'œuf s'était cassé, une catastrophe se serait produite.

Fresque conservée au Musée archéologique.

« La Bataille d'Alexandre », au Musée archéologique.

crocodiles, hippopotames et serpents) au bord du Nil et sont d'époque plus tardive. Elles encadraient à l'origine l'extraordinaire *Bataille d'Alexandre*, exposée aujourd'hui dans la salle LXI. Cette scène immense montre la victoire d'Alexandre le Grand sur le roi de Perse Darius, en 333 av. J.-C.

A l'étage supérieur, en traversant le vaste **salon d'Atlas**, on arrive aux salles qui conservent les fabuleuses peintures murales de plusieurs villes campaniennes. A elles seules, elles méritent une matinée entière. Dans la scène du *Sacrifice d'Iphigénie*, du VIᵉ siècle av. J.-C., Artémis, en haut de l'image, apporte une biche pour remplacer Iphigénie à la dernière minute. Le *Concert champêtre* avec Pan et les nymphes accordant leurs instruments pour une joyeuse bacchanale est beaucoup plus gai.

LES ÉGLISES

La visite des églises est une bonne introduction à la vie locale. On y assiste à des mariages, des messes, des enterrements, on voit les riches et les pauvres se côtoyer après l'office.

Sainte-Anne-des-Lombards (Santa Anna dei Lombardi), sur la **Piazza Monteoliveto** ⓮, toute proche de la Via Toledo, regorge de mobilier Renaissance caché dans les recoins les plus étonnants. Au fond de cette église sans bas-côtés, commencée en 1411, se trouve un groupe de huit personnages en terre cuite dû à Guido Mazzoni. Ces statues, qui semblent vivantes dans la pénombre, composent une pietà et seraient les portraits d'amis de Mazzoni. Un couloir latéral descend à la **sacristie**, ornée de fresques de Vasari et de superbes stalles de bois incrustées de scènes bibliques. A l'entrée, à gauche, un autre couloir mène à la **chapelle Piccolomini**, décorée d'un merveilleux relief de la Nativité du Florentin Antonio Rossellino (1475).

Au contraire de celle de Rome, ville principalement baroque, l'architecture religieuse de Naples n'est dominée par aucun style. On passe du gothique à la

Renaissance et au baroque avec une étonnante facilité. L'église du **Gesù Nuovo** (1584-1601), en haut de la Via Trinità Maggiore, est l'exemple le plus harmonieux du baroque napolitain. La façade de pierre à bossages en pointes de diamant était à l'origine le mur du palais Renaissance des Sanseverino. Quand on y célèbre un mariage, le samedi à midi, les grandes portes sont ouvertes et on aperçoit le baroque illuminé dans toute sa splendeur. L'intérieur est presque aussi large que profond. Les marbres polychromes et les fresques aux vives couleurs semblent monter en spirale jusqu'à la coupole. Au-dessus du portail principal, à l'intérieur, une fresque de Francesco Solimena (1725) représente Héliodore chassé du temple. Omniprésent, Solimena a régné sur la peinture napolitaine dans la première moitié du XVIIIe siècle.

L'église gothique **Sainte-Claire** (Santa Chiara) , de l'autre côté de la place, est d'une austérité solennelle. Édifiée de 1310 à 1328 par Robert le Sage pour la reine Sancia de Majorque, cette gigantesque église (la plus vaste de Naples) devint le lieu de culte favori de la noblesse napolitaine. Elle fut gravement endommagée par les bombardements de la Seconde Guerre mondiale. Panthéon de la dynastie angevine, elle abrite, derrière le maître-autel, le tombeau du roi Robert d'Anjou (1343), œuvre des frères Giovanni et Pacio Bertini, de Florence.

En traversant une cour à gauche de l'église, on pénètre dans l'immense **cloître des Clarisses** (XIVe-XVIIIe siècle), dont les allées au décor de majolique se dessinent dans un beau jardin. Le cloître a été entièrement restauré et le jardin replanté comme au temps des Bourbon.

La Via San Sebastiano, puis la Via Santa Maria di Constantinopoli, en pente raide, mènent au **conservatoire de musique** , fondé en 1828 dans un couvent du XVIe siècle. Sa vaste bibliothèque et son musée sont ouverts de 9 h à 13 h, mais il vaut mieux se promener dans la cour au son des violons, des orgues, des harpes et des pianos qui retentit dans les étages.

L'église voisine **Saint-Pierre** (San Pietro a Maiella) , édifiée au début du XIVe siècle, a un beau plafond couvert d'un cycle de toiles du Calabrais Mattia Preti, formé à Rome. Il en commença l'exécution en 1656, à quarante-trois ans, peu après avoir quitté Modène pour tenter sa chance dans le difficile milieu napolitain. Cinq ans plus tard, il avait terminé son œuvre et s'affirmait comme l'un des peintres les plus talentueux de sa génération. Les toiles de la nef racontent la vie de saint Pierre Célestin, et celles du transept la vie de sainte Catherine d'Alexandrie, vierge et martyre décapitée pour avoir mis à bout d'arguments les savants païens.

La **cathédrale** (Duomo) renferme dans son superbe cadre gothique des souvenirs de toutes les périodes de l'histoire de la ville. La **chapelle Saint-Janvier** (San Genaro), dans le bas-côté droit, conserve le crâne de saint Janvier, patron de la ville, et deux ampoules de son sang. La liquéfaction de ce sang se produit tous les ans, le 19 septembre, jour de la fête du saint, et le premier samedi de mai, lors de la fête de la Translation des reliques, depuis que l'évêque Sévère a rapporté le

Carte p. 304

Décor de majolique du cloître de l'église Sainte-Claire.

Autre décor de Sainte-Claire.

Le couvent des clarisses s'élève derrière l'église Sainte-Claire, où elles assistaient aux offices cachées dans le chœur des Clarisses. A l'intérieur du cloître du XVIe siècle, dont subsistent les arcades, Domenico Antonio Vaccaro a aménagé au XVIIIe siècle un jardin rustique aux tonnelles décorées de majoliques bleu, jaune et vert représentant des scènes champêtres, dues à Roberto Massa.

*Choix de liqueurs
et de digestifs.*

*Vue du haut du
château Saint-Elme.*

corps du saint de Pouzzoles, lieu de son martyre, en 305, sous Dioclétien. Si le sang ne se liquéfie pas, une catastrophe est censée frapper la ville. Ce fut le cas en 1944 et en 1980, dernière grande éruption du Vésuve et dernier tremblement de terre…

D'autres églises importantes constellent le centre. **Saint-Laurent-Majeur** (San Lorenzo Maggiore) **❶⑨**, basilique franciscaine – l'une des plus importantes églises médiévales de Naples –, présente le plus bel exemple de superposition archéologique et architecturale de la ville (église gothique englobant une basilique paléochrétienne, construite sur le site de l'agora grecque et du forum romain) ; **Saint-Dominique-Majeur** (San Domenico Maggiore) **❷⓪**, dans le style gothique français ; **Saint-Jean** (San Giovanni a Carbonara) **❷①**, fondée au XIVᵉ siècle, reconstruite au siècle suivant par le roi Ladislas et remaniée au début au XVIIIᵉ siècle ; l'**église des Girolamini** **❷②** et la **pinacothèque** attenante, et **Sainte-Patricia** (Santa Patrizia) **❷③** avec son charmant couvent **Saint-Grégoire-**

l'Arménien (San Gregorio Armeno). La rue qui longe le couvent est bordée d'ateliers où l'on fabrique les *presepi*, crèches napolitaines.

La **chapelle Sansevero** **❷④** (1590), proche de Saint-Dominique-Majeur, abrite un magnifique Christ voilé du sculpteur Giuseppe Sammartino (1753) au réalisme inquiétant. D'autant plus que cette chapelle avait une réputation sulfureuse depuis que le prince Raimondo y avait installé, au XVIIIᵉ siècle, son laboratoire d'alchimiste, activité pour laquelle il fut excommunié.

DES MUSÉES HAUT PERCHÉS

Deux des principaux musées de Naples surplombent la ville au sommet d'un promontoire. La **Galerie nationale** est logée au **palais royal** **❷⑤**, dans le parc ombragé de la colline de **Capodimonte**, juste au nord du musée. Ses collections, de premier ordre, comprennent *La Fondation de Sainte-Marie-Majeure à Rome*, de Masolino da Panicale, *La Transfiguration* de Bellini, des œuvres

de Titien parmi lesquelles l'éblouissante *Danaé*, deux tableaux allégoriques de Breughel l'Ancien (*La Parabole des aveugles*, *Le Misanthrope*) et la célèbre *Flagellation* du Caravage. La Salottina di Porcellano est couverte de magnifiques carreaux de porcelaine Capodimonte faites en 1757 dans la fabrique de porcelaine du roi Charles III.

Le funiculaire de Montesanto mène au sommet du **Vomero**, où s'élève la **chartreuse Saint-Martin** (Certosa di San Martino) ㉖, transformée en musée. Celui-ci compte 90 salles où tableaux, meubles, porcelaines, costumes et crèches illustrent l'histoire et les traditions populaires de Naples. Les meilleurs peintres baroques napolitains y sont représentés, notamment Francesco Solimena et Luca Giordano.

Des belvédères offrent de superbes panoramas, tout comme le **château Saint-Elme** (Sant'Elmo) ㉗, construit au XIVᵉ siècle, qui a longtemps servi de prison politique.

Inscrite dans un parc majestueux accroché à la colline, la **villa Floridiana** ㉘ abrite le **musée national de la Céramique** ㉙, qui conserve l'une des plus riches collections de porcelaines.

LE PORT

Le port de Naples est l'un des plus importants d'Italie. Il date de l'époque grecque et romaine, et a subi ses principales transformations sous Charles d'Anjou, au XIXᵉ siècle et après la Seconde Guerre mondiale. La meilleure façon d'en apprécier la splendeur est d'aller à pied le soir à Mergellina, à l'extrême ouest de la ville, en traversant la **Villa Comunale** ㉚, jardin public de 1,5 km de long doté d'un grand aquarium.

C'est sur la Piazza Sannazaro, centre du quartier de **Mergellina** ㉛, qu'on déguste la meilleure pizza napolitaine. Elle est faite avec de la mozzarella fraîche, mais son secret réside aussi dans la cuisson : au feu de bois dans un four en forme de tertre. Le chef a en général un certain âge, ce qui lui vaut le privilège de ne travailler que le soir. Si bien que, dans les pizzerias renommées, il est difficile de déjeuner d'une pizza !

Il faut se « contenter » d'autres spécialités locales, comme le poulpe (*polipo*), la soupe aux moules (*zuppa di cozze*), les spaghettis assaisonnés d'une sauce au poisson (*alla pescatora*) et la mozzarella sous toutes ses formes : avec du jambon ou de l'espadon, frite ou au four ou encore avec des pâtes.

Comme la plupart des places de Naples, la **Piazza Sannazaro** connaît une circulation intense : les tables bancales des restaurants de plein air ne sont qu'à quelques centimètres du tourbillon des voitures. On voit parfois descendre d'une fenêtre voisine un panier contenant un paquet de cigarettes de contrebande pour des jeunes qui attendent en bas assis sur leur Vespa.

Après le dîner, on peut se promener dans le **port de plaisance** où sont amarrés les yachts.

Des cafés élégants avec vue sur le **Vésuve** drainent une foule hétérogène mais unie par la soif de vivre dans l'instant, comme si chaque minute pouvait être la dernière sous la menace du grand volcan, jamais endormi.

Carte p. 304

Le Napolitain sort volontiers sa chaise devant le pas de sa porte pour assister au spectacle de la rue.

Les Napolitains s'expriment dans un dialecte imagé aux intonations chantantes et ont peur du mauvais œil et du jeteur de sort. Clichés, sans doute ! Mais la manière d'être napolitaine est cependant bien particulière, forgée peut-être par l'ancienneté de la ville, par la succession de dominations étrangères, par la menace permanente du volcan ou par l'ouverture sur la mer.

LA CAMPANIE

Les merveilles dont regorge la Campanie attirent les touristes depuis des générations. *« Que nous parcourions ce splendide amphithéâtre de la mer du côté de Misène et que, passant par la grotte du Pausilippe, nous allions à la grotte du Chien et de là à Baies ; que nous prenions la direction opposée, vers le Vésuve et Sorrente, c'est une même succession de délices »*, s'émerveillait Dickens. Il faut consacrer au moins une semaine à l'exploration de la région en la complétant si possible par une visite du Musée archéologique de Naples, qui abrite la plupart des grandes œuvres d'art découvertes dans les sites.

L'ENTRÉE DES ENFERS

À l'époque grecque, Naples n'était qu'une modeste bourgade éclipsée par la puissante **Cumes** (Cuma) ❶, à 30 km à l'ouest. Fondée par les Éoliens d'Asie Mincure vers 750 av. J.-C., Cumae était au VIe siècle le centre politique, religieux et culturel de la côte, contrôlant toute la baie de Naples et ses îles.

Énée vint y consulter la sibylle avant de descendre aux Enfers. Le célèbre **antre de la sibylle de Cumes**, découvert assez récemment, se compose d'un *dromos* ou couloir trapézoïdal, de 44 m de long, creusé dans le tuf et ponctué de six puits d'aération. Au fond, la salle rectangulaire munie de niches et censée être celle où la sibylle s'asseyait pour formuler ses prophéties. L'écho sinistre des pas dans le couloir rappelle la description de Virgile : *« Une caverne à cent perforations, avec cent bouches déversant des voix, apportant les réponses de la sibylle. »* En fait, cet antre avait sans doute une fonction militaire. De l'entrée de la caverne, on peut monter sur l'acropole et, parmi les temples en ruine, jouir d'une belle vue sur la côte et la mer.

La région qui s'étend de Cumes à Naples, appelée couramment **Campi Flegrei** (du grec *phlegein*, « brûler »), demeure un centre d'activité volcanique. Ses grondements souterrains imprévisibles et les émanations gazeuses qui s'échappent du sol laissaient croire aux Anciens qu'elle était le royaume d'Hadès, dieu des morts.

Le **lac d'Averne** bouillait autrefois dans le cratère d'un volcan aujourd'hui éteint ; c'est le légendaire « bassin sombre » à partir duquel Énée commença sa descente dans le monde souterrain. Les gaz qui en émanaient tuaient tous les oiseaux qui survolaient ce lac. Pendant des années, une expérience cruelle fut répétée neuf à dix fois par jour au profit des touristes à la **grotte du Chien** (Grotta del Cane), sur le **lac d'Agnano** voisin, asséché en 1860 : on exposait un chien à l'oxyde de carbone qui sortait du sol de la grotte jusqu'à ce qu'il perde connaissance ou qu'il meure.

Pouzzoles (Pozzuoli) ❷ était dans l'Antiquité un centre commercial prospère, ravagé ensuite par la guerre et la malaria. Il est aujourd'hui célèbre pour sa **Solfatare**, cratère volcanique dont les fissures laissent échapper des jets de gaz sulfureux. Elle aurait inspiré Milton pour décrire l'enfer dans *Le Paradis*

Carte p. 314

ITALIE
●Rome

A gauche, la côte d'Amalfi ; ci-dessous, l'Arco Felice.

L'Arco Felice se trouve sur la petite route de Naples, quand on vient de Cumes. Cet arc en brique enjambait l'antique Via Domitia, et on peut voir des vestiges de cette ancienne voie romaine.

perdu. Pouzzoles a aussi un magnifique **amphithéâtre**. Un petit parc au bord de la mer abrite un édifice rectangulaire baptisé **temple de Sérapis** (Serapeo), mais qui aurait été en fait un marché. La présence de coquillages autour des bases des colonnes corinthiennes, laisse à penser que le sol s'est jadis affaissé de 5 m sous le niveau de la mer, avant de retrouver son niveau actuel. Ce phénomène de va-et-vient est appelé bradyséisme.

Baies (Baia) ❸, station balnéaire dans l'Antiquité, doit semble-t-il son nom à Baios, timonier d'Ulysse. La ville moderne, d'où la vue s'étend sur le golfe de Pouzzoles, compte de vastes palais romains en ruine dans un pittoresque **parc archéologique** à flanc de colline. Au bas du parc se trouve une piscine rectangulaire d'où l'on accède à un bâtiment à dôme qui était certainement un bain. Les archéologues ont reconnu dans cette structure circulaire le modèle du Panthéon de Rome. La salle, aujourd'hui en partie pleine d'eau saumâtre, présente un écho naturel

PERICOLO DANGER

d'une rare sensibilité. La coupole capte et répercute le moindre bruit de pas.

POMPÉI

Pompéi et Herculanum, les deux villes ensevelies par l'éruption du Vésuve en 79 apr. J.-C., sont des documents irremplaçables sur l'habitat antique. Colonisée par les Osques italiotes avant le VIIIe siècle av. J.-C., gouvernée ensuite par les Étrusques, les Grecs et les belliqueux Samnites, **Pompéi** ❹ était un foyer de commerce prospère administré par les Romains quand elle se trouva enfouie sous les cendres. C'était une ville de magasins, de marchés et de confortables demeures, avec des rues pavées, de larges trottoirs, un stade, deux théâtres, des temples, des thermes et des maisons closes. Elle fut redécouverte au XVIIIe siècle lors d'opérations de défrichement, fouillée d'abord dans l'optique du pillage, puis avec un respect croissant. C'est le meilleur témoin de la vie dans une ville romaine au Ier siècle de notre ère.

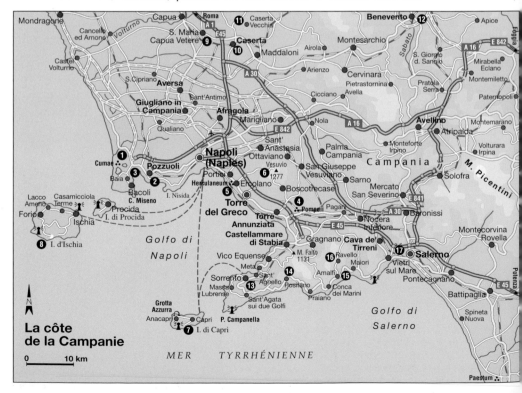

La côte de la Campanie

0   10 km

MER TYRRHÉNIENNE

La maison pompéienne se serait développée à partir du plan assez simple de la ferme étrusque, construite autour d'une cour centrale, l'atrium, dont le toit incliné vers l'intérieur s'ouvrait en un rectangle central appelé compluvium. L'eau de pluie s'écoulait de la sorte dans un bassin rectangulaire placé juste sous l'ouverture et appelé impluvium. L'atrium était entouré des diverses pièces privées : chambres à coucher (*cubicula*), salles à manger (*triclinia*) et, face à l'étroite entrée (*vestibulum*), la salle de séjour (*tablinum*), pièce la plus importante de la maison. Ce plan s'agrandit et une autre cour à péristyle fit son apparition à l'arrière, souvent munie d'une fontaine. La façade sur rue abritait des boutiques ; une partie de la maison était parfois murée et louée, avec une entrée séparée (villa de Julia Felix). Lorsqu'un étage fut ajouté, le prototype étrusque se trouva métamorphosé en résidence urbaine confortable et somptueuse, dont les meilleurs exemples sont la **maison des Vettii** et la **maison du Faune**.

La maison pompéienne se caractérise par les fresques colorées et souvent fort raffinées qui en ornent les pièces. Les plus belles ont été transportées au Musée national de Naples, mais une série de dix scènes a été conservée sur place à la **villa des Mystères** (Villa dei Misteri), juste après la porte d'Herculanum. Le thème en est apparemment l'initiation des mariées aux mystères dionysiaques. On ignore encore le sens exact de ces superbes peintures, qui montrent notamment une jeune mariée fouettée, mais les archéologues voient dans la femme au manteau de la scène finale un portrait de la maîtresse de maison, qui était peut-être prêtresse de Dionysos.

La visite de Pompéi est inoubliable. On se souviendra d'une petite enseigne de magasin, d'un jardin clos, d'une fontaine revêtue de mosaïques. On voit souvent sculptés dans les pavés polygonaux, de petits phallus pointés vers le centre-ville. Certains disent qu'ils repoussaient les mauvais esprits, d'autres qu'ils servaient de points de repère. Les murs des maisons, magasins et édifices publics sont couverts d'ins-criptions : listes des prochains spectacles au théâtre, esquisse griffonnée d'un commerçant, avis électoraux ou déclarations d'amour. *« C'est une merveille, ô mur »*, avait écrit un cynique sur le mur de la basilique, *« que tu ne te sois pas encore écroulé sous le poids de tant de sottises. »*

HERCULANUM

Au contraire de Pompéi, **Herculanum** ❺ était une ville résidentielle où l'on jouissait de la brise marine et d'une belle vue sur la baie de Naples. Le nom dérive de celui d'Hercule, ses fondateurs grecs l'ayant baptisée Herakleia. Les demeures compactes des hommes d'affaires pompéiens sont remplacées ici par les spacieuses villas des patriciens. L'architecture y est plus libre, plus spontanée, et les maisons, enfin dégagées de la bouc qui les a si longtemps recouvertes, sont en meilleur état que celles de Pompéi. Herculanum (moins visitée que Pompéi) possède notamment des fragments carbonisés

Carte p. 314

Faune de la maison du Faune, à Pompéi.

Fresque de la villa des Mystères.

La somptueuse villa des Mystères, à Pompéi, s'ouvrait sur la mer par une vaste terrasse. Plus que pour son architecture, elle est célèbre pour le cycle pictural qui orne les murs du triclinium. Cette fresque, la plus grande qui nous soit parvenue de l'Antiquité, réunit vingt-neuf personnages grandeur nature sur fond rouge. Il s'agit sans doute de la copie d'une peinture hellénistique des IVe-IIIe siècles av. J.-C.

Un taxi sur l'île d'Ischia.

La plage de Maronti, à Ischia.

de meubles, de moulures de portes et de paravents qui sont restés à leur place d'origine dans les maisons. De belles fresques, comme *L'Enlèvement d'Europe*, dans la **maison Samnite**, ornent les murs, et les sols sont couverts de mosaïque. Une remarquable mosaïque noire et blanche recouvre le sol de la **Casa dell'Atrio a Mosaico**. Mais le bâtiment le plus remarquable est la **maison des Cerfs** (Casa dei Cervi), aux superbes mosaïques et statues.

Herculanum est le meilleur point de départ pour l'ascension du **Vésuve ❻**, qui surplombe la ville moderne d'**Ercolano**. La gare est reliée par un service régulier d'autocars à l'entrée du sentier très fréquenté qui conduit au bord du cratère (20 mn à pied, location de chaussures de marche sur place). Depuis la première éruption du volcan, il y a 10 000 ans, les périodes d'activité et de tranquillité alternent. Au moment de l'éruption de 79, le Vésuve était planté d'arbres et d'oliveraies jusqu'au sommet. Au début du XXᵉ siècle, un panache de fumée sortait en perma-

Les îles de la baie de Naples sont Ischia, la plus grande, Procida, la plus petite, et Capri, la plus célèbre. Procida et Ischia sont d'origine volcanique. Sur cette dernière, surnommée « l'île verte » à cause de son abondante végétation, se trouvent des sources thermales. Ainsi, la plage de Maronti, à Sant'Angelo, a été aménagée par des établissements thermaux.

nence d'un cône situé à l'intérieur du cratère, et ce jusqu'en 1944, lorsque la dernière éruption en date détruisit ce cône. Aujourd'hui, seules des fumerolles au bord du cratère indiquent que le volcan est toujours en activité.

CAPRI

Des trois îles à l'entrée de la baie de Naples, c'est **Capri ❼**, à la jonction de la baie de Naples et du golfe de Salerne, qui a toujours été la plus touristique, grâce à la douceur de son climat et à la végétation luxuriante qui pousse dans les recoins rocheux de ses côtes apparemment inaccessibles. C'est là que l'empereur Tibère se retira en 27 apr. J.-C., soit pour trouver l'intimité qu'il avait toujours recherchée, soit pour s'adonner aux orgies secrètes stigmatisées par les historiens Tacite et Suétone, durant les dernières années de son règne. A Capri, écrit Suétone, l'empereur *« avait organisé des coins de luxure dans les bois et les clairières... et il plaçait devant les cavernes ou les grottes, des garçons et des filles habillés en Pan ou en nymphe; si bien que l'île fut ouvertement appelée Caprineum à cause de ses bouffonneries de bouc ».* En fait, *caprios* signifie « sanglier » en grec, et il est probable que l'île ait été habitée par des colons dès cette époque.

On se rend aujourd'hui à Capri par bateau ou par hydroglisseur au départ de Naples ou de Sorrente. On peut visiter les vestiges de la **villa de Tibère**, reliée par autobus à la ville de Capri. Elle se trouve sur la falaise d'où l'empereur aurait fait précipiter ses victimes. La curiosité la plus célèbre de l'île est la **grotte Bleue** (Grotta Azzura), au bord de la mer, qui, grâce à ses curieux effets de lumière, est devenue le site touristique le plus visité de Campanie après Pompéi. D'Anacapri, de l'autre côté de l'île, on peut monter par télésiège au **mont Solaro**, point culminant (589 m), d'où la vue s'étend à 360° sur les Apennins du Sud, Naples, le Vésuve, Sorrente et Ischia.

A **Anacapri** même, l'**église Saint-Michel** (San Michele) est remarquable par son pavement de majolique représentant Adam et Ève chassés du paradis terrestre, d'après un tableau de Solimena.

Ischia ❽, la plus grande des deux îles voisines, entièrement volcanique, est appréciée pour ses sources chaudes. C'est le géant Typhon, foudroyé par Jupiter et enterré sous Ischia, qui serait à l'origine des secousses qui ont ponctué sa longue histoire. Les touristes descendent le plus souvent dans un des confortables hôtels de **Porto Ischia**. Le Jolly est un hôtel moderne très agréable équipé d'un luxueux établissement thermal. La ville de **Lacco Ameno**, sur la route côtière, est connue pour ses bains de boue, dont les eaux sont les plus radioactives d'Italie. Les meilleures plages de l'île se trouvent à **Sant'Angelo**. A **Ischia Ponte**, une chaussée mène au **château Aragonais** (Castello Aragonese), construit en 1438 par Alphonse Ier de Naples. La crypte de la cathédrale en ruine est ornée de fresques dans le style de Giotto, et le couvent voisin a un intéressant cimetière dans lequel on enterrait les religieuses assises sur une chaise.

Procida, la plus petite des îles, surgit entre Ischia et le continent. Calme et peu touristique, elle a de belles plages nichées dans les dentelures de sa côte et jouit d'une pêche prospère.

LA VIEILLE CAMPANIE

A l'intérieur des terres, **Santa Maria Capua Vetere ❾** a les vestiges du plus grand amphithéâtre d'Italie après le Colisée. Ces superbes ruines sont méconnues, bien qu'il s'agisse du seul amphithéâtre du pays où l'on puisse descendre dans les passages souterrains que les bêtes féroces empruntaient.

La basilique de **Sant'Angelo in Formis**, bourg à 6 km au nord de **Capoue** (Capua), est décorée de belles fresques byzantines illustrant la vie du Christ.

Caserte (Caserta) ❿, dont le luxueux **palais royal** dû à Vanvitelli (XVIIIe siècle) est appelé « le Versailles italien », présente par ailleurs peu d'intérêt.

Mais **Caserta Vecchia ⓫**, sur une colline à 10 km au nord-est, est une des plus belles villes de Campanie. Fondée

Carte p. 314

Il aura fallu 22 ans pour achever le palais royal de Caserte. La façade mesure 249 m de long, il y a quelque 2 000 fenêtres et les 1 200 pièces se répartissent sur 5 étages reliés par 34 escaliers. Mais le plus impressionnant sont les 120 ha de jardins magnifiquement aménagés.

Vue de Sant'Angelo, sur Ischia, et d'une île voisine.

La fraîcheur et la qualité des fruits de Campanie sont parfaites.

Vue de Ravello.

au VIIIe siècle, elle a conservé son caractère médiéval avec ses rues pavées, ses maisons de pierre et ses beaux panoramas. La **cathédrale** romane mêle magnifiquement les apports lombards, byzantins, arabes et normands. On voit à l'intérieur deux bénitiers soutenus par des lions et des fonts baptismaux du IVe siècle où l'on pratiquait le baptême par immersion. Les restaurants servent un excellent sanglier, la spécialité locale.

Une des villes les plus importantes de l'histoire de la Campanie est **Bénévent** (Benevento) **⓬**, où le roi Manfred mourut volontairement au combat après la défection de ses alliés, en 1266. Le nom de la ville, qui s'appelait auparavant Maleventum, apparemment à cause de son insalubrité, fut changé en Beneventum lorsqu'elle devint colonie romaine en 268 av. J.-C. Au centre de la ville, sur l'antique **Via Appia** qui reliait Rome à Brindes (Brindisi), s'élève l'**arc de Trajan**, l'un des mieux conservés d'Italie. Les superbes bas-reliefs représentent les épisodes de la vie de Trajan : côté Rome, sa politique intérieure, côté

Brindes, sa politique extérieure. Le **musée du Samnium** est intéressant pour sa collection d'antiquités locales et pour les scènes de chasse figurant sur les chapiteaux des colonnes qui entourent le cloître du XIIe siècle.

LE PARADIS RETROUVÉ

Quand on arrive à **Sorrente** (Sorrento) **⓭** en venant des rues bruyantes de Naples ou des ruines torrides de Pompéi, on apprécie cette ville fraîche et paisible, avec ses citronniers, sa petite plage et sa multitude de cafés. Sorrente se signale aussi par sa loggia du XVe siècle à beaux chapiteaux, sur la Via San Cesareo, et comme le lieu de naissance en 1544 du Tasse, auteur de la *Jérusalem délivrée*. C'est le séjour idéal pour la détente et les excursions à Capri ou sur la côte.

La **côte amalfitaine**, escarpée et sinueuse, qui s'étend de Positano à Salerne, présente les paysages les plus spectaculaires d'Italie. La route de corniche en suit fidèlement le tracé, à une distance respectable de la mer, mais sans en négliger la moindre courbe. Les maisons colorées sont accrochées aux pentes et leurs jardins descendent en terrasses jusqu'à la mer. Avec son climat agréable et ses vues uniques, la région est devenue le séjour favori des artistes et des jeunes couples.

Positano ⓮ s'arrondit en arc de cercle au fond d'une crique. Il compte de nombreux hôtels et lieux de baignade ; ses petites maisons pastel irisées sous la lumière en font le paradis des photographes.

Après avoir emprunté plusieurs tunnels, la route arrive à la **grotte d'Émeraude** (Grotta di Smeraldo), célèbre pour ses reflets verts.

Elle continue vers **Amalfi ⓯**, foyer de commerce à l'époque byzantine devenu un centre touristique. De la place principale ornée d'une fontaine baroque, un escalier mène à la **cathédrale** du XIe siècle, enrichie d'un portail de bronze. La crypte abrite le corps de l'apôtre saint André, rapporté de Constantinople en 1208. Deux intéressants ambons ornés de mosaïques flanquent le maître-autel.

La route en lacet venant d'Amalfi longe la vallée du Dragone jusqu'à Ravello. Là, les ruelles, les escaliers et les passages voûtés sont suspendus à plus de trois cents mètres au-dessus de la mer, le long des pentes abruptes du contrefort qui sépare la vallée du Dragone de celle de la Reginna. Plusieurs de ses villas, comme la villa Rufolo et la villa Cimbrone, jouissent de vues magnifiques.

Carte p. 314

Accrochée au contrefort qui sépare la vallée du Dragone de celle de la Reginna, **Ravello** ⓰ est célèbre pour son architecture et ses jardins. C'est là que Richard Wagner trouva l'inspiration du jardin enchanté de Klingsor, dans *Parsifal*. La **cathédrale** s'orne de magnifiques portes de bronze dues à l'Apulien Barisano da Trani, coulées à Trani en 1179 et apportées par bateau. Le sol de la cathédrale monte en pente douce vers le chœur. Une belle chaire de marbre repose sur des piliers soutenus par six lions affamés. Elle fut offerte à l'église en 1272 par Nicola Rufolo et son épouse Sighelgaida, qui firent construire de l'autre côté de la rue la ravissante **villa Rufolo**, dont les jardins luxuriants et le cloître de type andalou surplombent la mer. Les jardins plus étendus de la **villa Cimbrone** offrent la meilleure vue. Elle fut construite à la fin du XIXᵉ siècle par un Anglais, Ernest William Beckett, dont les cendres reposent sous son temple de Bacchus, au bord de la falaise. Le jardin se termine par un belvédère.

C'est juste au sud de **Salerne** (Salerno) ⓱ que les Alliés débarquèrent en Italie le 9 septembre 1943. Elle s'étend le long du golfe du même nom, dotée d'une belle plage et d'une **cathédrale** parmi les plus charmantes d'Italie du Sud (XIᵉ-XVIIIᵉ siècle). On y accède par un atrium de 28 colonnes provenant de Paestum.

Pour de nombreux voyageurs du XIXᵉ siècle, la cité grecque de Poseidonia (Paestum), fondée au VIᵉ siècle av. J.-C., était le terminus du Grand Tour. Les trois temples doriques de **Paestum**, très bien conservés, sont frappants. Le plus majestueux est le temple de Neptune, du Vᵉ siècle av. J.-C., en travertin rougeâtre. L'édifice voisin, appelé **basilique**, de teinte grisâtre, est plus ancien (VIᵉ siècle av. J.-C.). Le troisième, dit de Cérès, est séparé des deux autres par le **forum** et les thermes romains, l'agora, et par un théâtre grec. En face, le **musée** abrite les célèbres peintures murales de la tombe du Plongeur (480 av. J.-C.), rares et superbes spécimens de peinture grecque.

Le temple de Neptune, à Paestum.

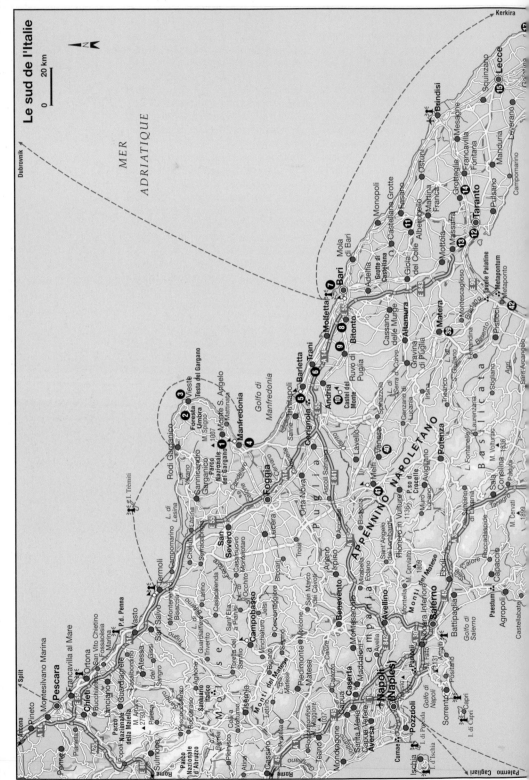

Le sud de l'Italie

N

0   20 km

MER ADRIATIQUE

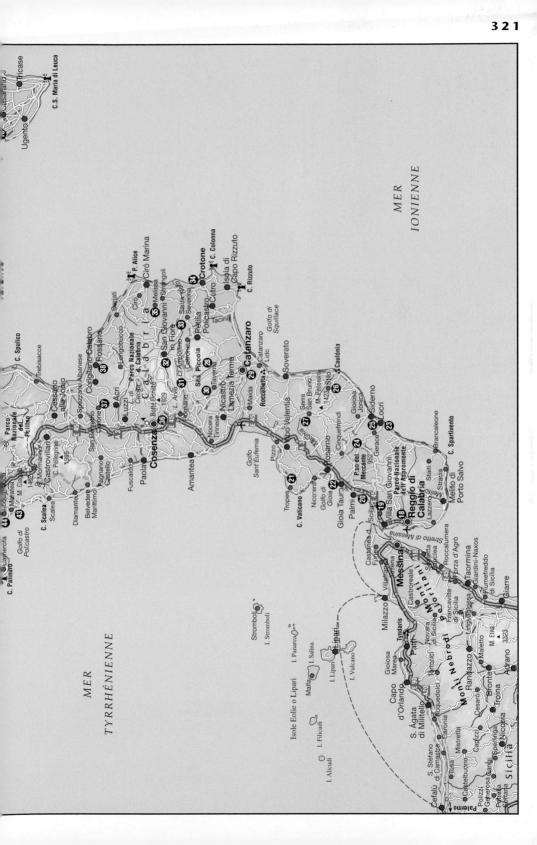

LES POUILLES

On part pour les Pouilles (Puglia) attiré par l'architecture, les paysages, l'archéologie ou la cuisine, mais on en revient hanté par le souvenir d'un homme, Frédéric II de Hohenstaufen. Dante l'appelait le *« père de la poésie italienne »* et ses contemporains du XIIIe siècle *stupor mundi et immutator mirabilis* (« merveille du monde et extraordinaire novateur »). On lui doit la plupart des châteaux dont l'architecture enjolive la région ainsi que les plus belles églises des Pouilles, dans la tradition du style roman apulien lancé par ses prédécesseurs normands un siècle plus tôt. Souverain éclairé dont la lutte acharnée contre les papes de Rome se solda par un échec, il était aussi un chasseur passionné dont le brillant traité de fauconnerie figure toujours parmi les meilleurs ouvrages en la matière. Les habitants des Pouilles n'ont pas oublié ses lois équitables, ni sa tolérance à l'égard des croyances religieuses des Sarrasins.

Après la mort de Frédéric II en 1250 et la défaite tragique de son fils naturel Manfred à la bataille de Bénévent en 1266, les Pouilles entrèrent dans une période de déclin économique et spirituel dont elles commencent tout juste à se relever.

Avec Frédéric II, le roman apulien atteignit son apogée. Ce style, qui mêle les techniques décoratives de Byzance, de l'islam et de l'Italie aux formes de l'architecture française introduite par les Normands, se manifeste pour la première fois en 1087 dans l'église Saint-Nicolas de Bari. La plupart des autres églises de l'époque ont un plan dérivé de celui de cette élégante cathédrale : des transepts courts, trois absides semi-circulaires correspondant à trois nefs et trois portails, une haute façade sobre, et des portails richement sculptés d'animaux, de fleurs et de scènes bibliques. On apprend vite à repérer ces éléments, car ils figurent dans presque toutes les églises de la région.

La gastronomie des Pouilles est simple, à base de produits frais : tomates, huile d'olive et vin y jouent un rôle de premier plan. Des pâtes en forme d'oreille, les *orecchiette*, sont la spécialité locale.

MONTE SANT'ANGELO

Le paysage du nord des Pouilles est dominé par de vastes plaines intérieures productrices de blé. Les seules véritables montagnes sont regroupées sur le promontoire calcaire du **Gargano**, péninsule très boisée creusée de gouffres, qui avance dans l'Adriatique en formant le « talon » de la botte italienne.

La ville médiévale de **Monte Sant'Angelo** ❶ y abrite le célèbre **sanctuaire Saint-Michel** (Santuario di San Michele), grotte où l'archange serait apparu aux évêques de la région en 490, 492 et 493. On y entre par une porte de bronze exécutée en 1076 à Constantinople et dont on heurtait bruyamment les anneaux de bronze pour réveiller l'archange qui dormait à l'intérieur.

Le beau **musée municipal** de cette ville perchée à 796 m d'altitude est

Carte p. 320

ITALIE
Rome●

A gauche, la ville blanche d'Ostun ; ci-dessous, les savoureuses tomates du Sud.

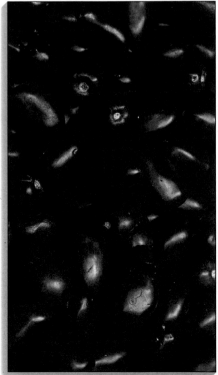

La gastronomie des Pouilles est avant tout à base de produits frais : tomates, huile d'olive et vin y jouent le premier rôle. La saveur des tomates est relevée par le piment. L'huile d'olive est tirée des olives vertes des Pouilles. Les vins rouges sont l'« aleatico », le « negroamaro » et le « primitivo ». Les pâtes « orecchiette » et le pain d'Altamura font partie des spécialités locales.

consacré aux arts populaires du Gargano ; on y voit notamment d'anciens pressoirs à vin et à olives et une meule de pierre actionnée autrefois par des mulets.

A Monte Sant'Angelo, on peut acheter des provisions pour déjeuner dans la **forêt d'Umbra ❷**, dans le centre de la presqu'île, peuplée de hêtres, de chênes et de marronniers centenaires, offrant des sentiers sinueux et d'agréables lieux de pique-nique.

On longe la côte jusqu'à **Vieste ❸**, station animée incrustée dans la falaise blanche, au bout du promontoire, et dominée par un château de Frédéric II.

La route redescend vers le sud en passant devant une étrange formation phallique en calcaire, le **Pizzomunno**, et suit la côte sinueuse parsemée de plages et de grottes. Ces dernières sont indiquées par des panneaux.

Manfredonia ❹, en bas de l'éperon, est un centre industriel prospère dominé par un château érigé en 1256 sous Manfred et agrandi par son adeversaire Charles Ier d'Anjou.

Non loin de Manfredonia se trouvent les belles églises médiévales de **Santa Maria di Siponto**, dont la crypte date du Ve siècle, et **Saint-Léonard** (San Leonardo), à la superbe façade gardée par deux lions de pierre.

EN DESCENDANT VERS BARI

La route côtière qui descend vers Bari est jalonnée de ports plus ou moins importants qui sont aussi de gros centres agro-industriels.

Barletta ❺, où Manfred installa sa cour en 1259, figure parmi les plus anciennes et les plus importantes, mais aussi les moins attrayantes dc ces villes. Elle conserve toutefois un joli centre médiéval. Au carrefour du Corso Garibaldi et du Corso Vittorio Emanuele se dresse le curieux **Colosso**, statue byzantine du IVe siècle qui représenterait l'empereur Valentinien Ier (364-375). Seuls la tête et le buste sont d'origine, le reste ayant été refondu au XVe siècle. Derrière s'élève la **basilique du Saint-Sépulcre** (San Sepolcro), ornée

Ci-dessous, la cathédrale de Trani ; à droite, une rue de Bari.

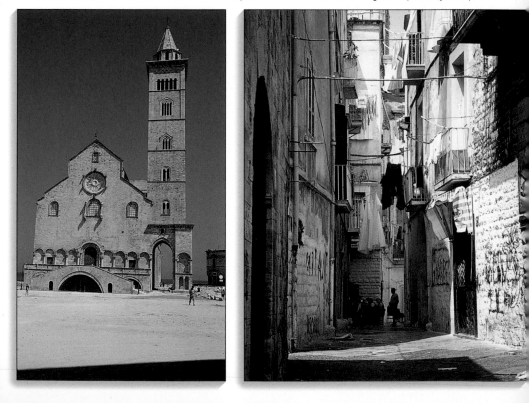

Carte p. 320

d'un beau portail gothique et dont la coupole octogonale évoque les modèles byzantins. La **cathédrale** (Duomo) est un étrange édifice bâti sur un plan roman, avec cinq chapelles rayonnantes de style gothique français et un portail Renaissance. Le **château** à pont-levis de Manfred borde la mer.

Trani ❻, à 13 km au sud de Barletta, est plus pittoresque. Sa **cathédrale** (Duomo) romane, commencée en 1097 et achevée au milieu du XIIIe siècle, est certainement la plus belle église des Pouilles. Une rosace richement sculptée surmonte une petite fenêtre à baie unique flanquée de piliers posés sur le dos d'éléphants. La superbe porte de bronze est l'œuvre de Barisano da Trani, artiste local à qui l'on doit aussi la célèbre porte de la cathédrale de Ravello. L'intérieur, clair et dépouillé, présente les trois absides et les trois nefs habituelles ; les arcades du triforium qui surmonte les bas-côtés reposent ici sur six paires de colonnes de chaque côté. On peut descendre dans l'ancienne cathédrale **Santa Maria della Scala**, du VIIe siècle, et dans la crypte composée d'une forêt de colonnes. Encore plus bas, à 1,50 m sous le niveau de la mer, l'**hypogée de San Leucio** est orné de deux ravissantes fresques primitives.

BARI

Fondée par les Grecs, **Bari ❼**, l'antique Barium, devint un gros centre commercial à l'époque romaine. Elle fut détruite par Guillaume le Mauvais en 1156 et restaurée par Guillaume le Bon en 1169. C'est aujourd'hui le principal foyer de commerce des Pouilles. Elle se compose de deux parties : la vieille ville, labyrinthe inextricable de ruelles médiévales et de maisons blanches étincelantes, et la ville nouvelle aux larges avenues se coupant à angle droit. Les ruelles enchevêtrées jusqu'à l'étranglement de la vieille ville protégeaient les habitants du vent comme de la chaleur et des envahisseurs.

La **basilique Saint-Nicolas** (San Nicola) fut fondée en 1087 pour abriter les reliques de saint Nicolas, que 47 marins de Bari venaient de dérober à Myra, en Asie Mineure. La façade rappelle celle de la cathédrale de Trani, mais avec encore plus de sobriété. Une petite fenêtre ronde, ou oculus, couronne trois fenêtres à baies géminées, une fenêtre à baie unique et un portail richement sculpté flanqué de colonnes reposant sur deux taureaux patients et usés par le temps. Il est préférable de visiter l'intérieur le soir, quand le soleil s'infiltre à travers les fenêtres et crée des effets inattendus sur les trois grands arcs transversaux ajoutés en 1451. On notera les superbes chapiteaux des colonnes de l'iconostase, qui sépare la nef du chœur, et le ciborium du début du XIIe siècle qui surmonte le maître-autel. C'est le plus ancien du genre dans les Pouilles. Derrière le ciborium s'érige l'œuvre d'art la plus célèbre de l'église : un trône épiscopal du XIe siècle reposant sur trois télamons grotesques. Le triptyque Renaissance, à gauche, la Vierge entourée de saints, est du Vénitien Bartolomeo Vivarini. La crypte abritait autrefois les précieuses reliques de saint Nicolas d'où exsudait une huile miracu-

Dans la vieille ville de Bari.

La vieille ville de Bari est ceinte de murailles à l'intérieur desquelles un dédale de ruelles, avec des passages sous arcs, débouche sur de petites places aux formes irrégulières ou sur des cours qui procurent un peu d'air et de lumière aux maisons. Côté cours, on accède aux maisons par des escaliers extérieurs, tandis que les pièces du rez-de-chaussée sur les rues servent de logement, de boutique ou bien d'entrepôt.

Fenêtre du Castel del Monte.

La cathédrale de Bitonto.

leuse. Elles ont été mises à l'abri. L'icône byzantine de saint Nicolas, dans l'abside centrale de la crypte, fut offerte à l'église par le roi de Serbie en 1319.

La **cathédrale** de Bari, à l'ouest de la basilique, fut élevée entre 1170 et 1178 sur les vestiges d'une église byzantine rasée en 1156, en même temps que toute la ville, par Guillaume le Mauvais. De plan basilical, elle ressemble à Saint-Nicolas par bien des détails, avec de profondes arcades sur les deux côtés et un faux mur à l'arrière qui masque l'avancée des trois absides semi-circulaires. La façade arrière est ornée d'une très belle rosace.

Non loin de la cathédrale, près de la Piazza Federico II di Svevia, se trouve le **château** de Bari, d'époque normande, remanié par Frédéric II et considérablement agrandi au XVIe siècle par Isabelle d'Aragon. Sa **glyptothèque** conserve les moulages de beaux éléments décoratifs romans des Pouilles.

La **Pinacothèque provinciale** de Bari, sur le Lungomare Nazario Sauro, dans la ville nouvelle, conserve des tableaux

Les imposantes cathédrales blanches des Pouilles mêlent dans leurs rosaces les motifs normands, byzantins et même sarrazins ; arcades, chapiteaux et colonnes sont ornés d'animaux emblématiques et fantastiques. Avec celle de Trani, la cathédrale de Bitonto est l'une des expressions les plus achevées du roman apulien ; elle a pour modèle Saint-Nicolas de Bari.

du XIe siècle à nos jours. Son chef-d'œuvre est *l'Annonciation* de Bartolomeo Vivarini (salle II). On admirera aussi l'étonnant *Saint Pierre Martyr* de Giovanni Bellini et de nombreuses œuvres de peintres baroques napolitains, comme Bernardo Cavallino, Luca Giordano et Andrea Vaccaro. Francesco Netti, l'impressionniste italien, né à Bari, est bien représenté.

Sur la Piazza Umberto I, le **Musée archéologique**, petit mais fort intéressant, possède une riche collection de vases attiques à figures noires, à figures rouges et polychromes.

AUX ENVIRONS DE BARI

Une excursion d'une journée permet de découvrir quelques merveilles de l'architecture des Pouilles.

A 18 km à l'ouest de Bari, le centre médiéval de **Bitonto** ❸ s'enorgueillit d'une **cathédrale**, édifiée entre 1175 et 1200. La façade haute et sobre, au décor raffiné, est dominée par une rosace et un portail aux sculptures élégantes, flanqué des lions caractéristiques. Le pélican qui surmonte le porche symbolise le Christ. A l'intérieur, le plus grand des ambons, sous la dernière arche de la nef de droite, est un chef-d'œuvre signé du prêtre, architecte et sculpteur local *Nicolaus sacerdos et protomagister* (1229), appelé « Maestro Nicola ». Un relief latéral représente Frédéric II et sa famille. A l'avant de l'ambon, un atlante à la tête courbée soutient un aigle qui porte lui-même un lutrin de marbre.

Dans l'Antiquité, **Ruvo di Puglia** ❾, à 18 km à l'ouest, s'appelait Rubi et était connue pour ses céramiques. La cathédrale du XIIe siècle fut agrandie au XVIIe siècle par l'adjonction de chapelles latérales baroques. Lors de restaurations ultérieures, l'intérieur a retrouvé ses proportions romanes d'origine, mais, la large façade ayant conservé ses dimensions baroques, l'église a un aspect assez trapu. Le personnage assis en haut de la façade serait Frédéric II. L'église voisine du **Purgatoire** (Purgatorio) repose sur des vestiges romains récemment mis au jour : maisons, citerne, sols de mosaïque. Le

Carte
p. 320

musée **Jatta** est consacré aux céramiques antiques (v^e-iiie siècles av. J.-C.) trouvées dans les nécropoles voisines.

Le **Castel del Monte** ⑩ se dresse, solitaire, sur une colline à 30 km à l'ouest de Ruvo. On le compare souvent au Colisée de Rome, car il constitue le meilleur exemple de l'idéal architectural de son époque. Frédéric II aurait fait élever cette petite forteresse comme pavillon de chasse ou comme avant-poste militaire (les avis divergent), mais c'est bien là que sa fille Violanta épousa Riccardo, comte de Caserte, en 1249 et qu'en 1266 l'implacable Charles Ier d'Anjou emprisonna les infortunés fils de Manfred, après la tragique défaite et la mort de leur père à Bénévent. Le château servit de refuge aux familles nobles de la ville voisine d'Andria pendant la peste de 1665, puis fut abandonné et devint un repère de brigands et d'exilés politiques. Restauré à partir de 1876, l'impressionnant édifice, vide et isolé, domine la plaine couverte de blé.

Alberobello ⑪, à 50 km au sud-est de Bari, est peuplée de *trulli*, étranges habitations rurales au toit conique, qui rappellent les maisons « en pain de sucre » de la région d'Alep, en Syrie. On ignore leur origine exacte, mais leur forme originale en a fait une des plus grandes attractions touristiques de la région. Toutefois, le visiteur se demandera si ces *trulli* (dont certains remontent au xiie siècle) n'ont pas été construits uniquement pour abriter des magasins de souvenirs !

Les **grottes de Castellana**, à 20 km d'Alberobello sur la route de Bari, sont elles aussi entourées de magasins de souvenirs, mais ces galeries découvertes en 1938 sont vraiment intéressantes, avec leurs bassins et leurs plafonds hérissés de stalactites.

La route côtière de Bari à Brindes bifurque sur la droite vers **Ostuni**, à l'extrémité du plateau calcaire des Murge d'où elle domine la plaine où dansent les oliviers à perte de vue. Le bourg médiéval superbement conservé est d'une blancheur éblouissante et la **cathédrale** du xve siècle s'orne d'une rosace élégamment sculptée.

Si vous souhaitez descendre dans un trullo, *contactez Trullidea, une société basée à Alberobello (tél. 0804 323860 ; info@trullidea.it)*

Les bâtiments de ferme d'un trullo.

Décor de la façade de Saint-Irénée, à Lecce.

La Piazza Sant'Oronzo, à Lecce.

TARENTE

Tarente (Taranto) ⓬, l'ancienne Taras fondée par les navigateurs spartiates en 706 av. J.-C., était au IVᵉ siècle av. J.-C. la plus grande cité de la Grande Grèce, avec 300 000 habitants protégés par une enceinte de 15 km de pourtour. Située dans le golfe éponyme, elle fut, comme bien des villes de cette côte, un centre de philosophie pythagoricienne visité par Platon et Aristoxène. Prise par Hannibal, Tarente fut mise à sac par Fabius Cunctator, connut une suite d'envahisseurs (lombards, sarrasins) et de dynasties (Normands, Angavins, Aragonais) et fut une principauté sous les Orsini. La vieille ville et la ville moderne sont séparées par un canal et Tarente abrite l'une des plus grandes aciéries d'Europe (Italsider).

Le **Musée national** est le deuxième musée d'antiquités d'Italie du Sud après le musée archéologique de Naples. Ses collections comprennent des statues grecques et romaines et une remarquable série de mosaïques romaines,

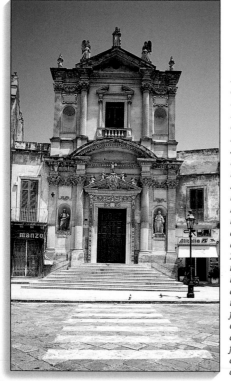

Lecce est la ville de l'architecture baroque comme Florence est celle de la Renaissance. Au centre d'une région agricole renommée pour son huile, son blé et son vin, Lecce connut un bel essor du XVᵉ au XVIIIᵉ siècle, et se couvrit au XVIIᵉ siècle de monuments baroques ornés de colonnes torses, de frontons capricieux, de grappes de fleurs, de masques, de statues.

notamment un superbe fragment représentant un combat de lion et de sanglier. La collection de céramiques antiques (salles V à VIII) est inégalée : boîtes à onguents protocorinthiennes, vases corinthiens, une rare coupe laconienne du VIᵉ siècle av. J.-C. ornée d'un motif rayonnant de poissons et de nombreux vases attiques à figures noires ou rouges.

Dans la vieille ville, l'église **Saint-Dominique-Majeur** (San Domenico Maggiore), fondée en 1223 par Frédéric II, reconstruite en 1302 par Giovanni Taurisano et remaniée au XVIIᵉ siècle, abrite plusieurs autels baroques intéressants.

La **cathédrale** (Duomo) a un beau sol de mosaïque et des colonnes antiques provenant de temples païens. Elle date du XIᵉ siècle, mais la façade est baroque.

MASSAFRA

A 21 km au nord de Tarente, **Massafra** ⓭ est connue pour ses églises rupestres des débuts du christianisme creusées au flanc d'un profond ravin qui traverse le centre de la ville. L'église-crypte **Saint-Marc** (San Marco), en bas d'un escalier non signalé sur la Via Scarano, juste sous le Ponte Nuovo, a une fresque du XIIIᵉ siècle montrant saint Marc. Étant donné l'atmosphère du fond du ravin, il est miraculeux que les peintures rupestres soient restées si fraîches. Un magnifique escalier baroque conduit à l'**église de la Madonna della Scala**, représentée dans une belle fresque du XIIᵉ siècle. Tout au fond du ravin se cache la **Farmacia del Mago Gregorio**, dédale de grottes et de galeries dans lesquelles les moines conservaient leurs herbes médicinales. Il faut s'informer en ville pour l'accès à ces lieux et à d'autres similaires.

Grottaglie ⓮ est accessible de Massafra par des routes secondaires (37 km) ou de Tarente par la *super-strada* (22 km). Ses potiers rivalisent d'adresse pour fabriquer les belles céramiques qu'on trouve dans les magasins de souvenirs de la région. Habiles et rapides, ils produisent les assiettes à spaghettis décorées qui font la renommée de la ville dans toute l'Italie.

Carte
p. 320

LECCE

Lecce ⑮ est célèbre pour sa profusion de maisons et d'églises baroques, qui lui a valu le surnom de « Florence du baroque ». *« A Lecce, il faut s'arrêter plus longuement, pour savoir véritablement qui elle est, comme une personne »*, écrivait Alfonso Gatto. La ville doit son aspect au grès local tendre, facile à travailler quand on vient de l'extraire mais qui durcit avec le temps. Les nombreux édifices construits aux XVIIe et XVIIIe siècles présentent une unité architecturale unique en Italie du Sud. Les églises regorgent d'autels au décor exubérant et de colonnes tourbillonnantes. Les rues sans ombre serpentent parmi les palais jaunes éclairés par les massifs de bougainvillées.

Au centre, sur la Piazza Sant'Oronzo aux pavés ronds, se dresse une colonne romaine volée à Brindes. C'est l'une des deux colonnes qui marquaient autrefois le terminus sud de la Via Appia reliant Rome à Brindes. Une statue de bronze de saint Oronce, patron de la ville, se trouvait jadis au sommet de la colonne, d'où elle fut retirée en 1985 à cause de la pollution. La place est dominée au sud par les vestiges d'un **amphithéâtre** romain du IIe siècle apr. J.-C.

L'harmonieuse place de la Cathédrale, voisine du Corso Vittorio Emanuele, est encadrée par les façades de la cathédrale, du **palais Vescovile** et du séminaire, construits ou remaniés au XVIIe siècle. La **cathédrale** a deux façades : l'une, somptueuse et ornée d'une statue de saint Oronce, face au Corso ; l'autre, plus austère et plus ancienne, face au palais Vescovile.

L'église Saint-Irénée (Sant'Irene) est d'allure générale assez classique et lumineuse, mais avec des autels aux sculptures exubérantes, et, sur la façade, un étonnant balcon soutenu par des chevaux.

La **basilique Sainte-Croix** (Basilica di Santa Croce), plus au nord, est moins sage que la précédente. Commencée par G. Riccardi en 1548, elle fut achevée par Giuseppe Zimbalo en 1646. Les plans des chapelles intérieures sont aussi exubérants que la façade. Une chapelle du transept gauche est ornée d'une série de 12 bas-reliefs représentant la vie de saint François de Paule, dus à l'artiste local Francesco Antonio Zimbalo.

Le **Musée provincial**, moderne et pédagogique, se trouve à la lisière de la vieille ville. Dans la section archéologique, les vases attiques à figures noires ou rouges sont présentés autour d'outils de bronze et d'armures complètes. La pinacothèque conserve des tableaux d'artistes d'Italie du Sud, notamment du Calabrais Mattia Preti. La troisième section est la section topographique.

Les amateurs de baroque visiteront aussi **Nardo** et **Martina Franca**, qui sont tous deux des ensembles architecturaux bien conservés et très évocateurs.

LA CÔTE

Les Pouilles ont les côtes les plus longues d'Italie. Lecce est proche de plages célèbres comme **Gallipoli** ⑯, sur la mer Ionienne, et **Otrante** (Otranto) ⑰, sur l'Adriatique, villes qui valent d'ailleurs la visite pour elles-mêmes.

Détail de la façade de la basilique Sainte-Croix, à Lecce.

A quelques rues de la Piazza Sant'Oronzo s'élève la basilique Sainte-Croix (1548-1646), qui est l'expression la plus illustre du baroque de Lecce. L'exubérante façade de cette église arbore des colonnes corinthiennes surmontées d'un long balcon soutenu par des personnages grotesques et zoomorphes (à droite).

LA CALABRE ET LA BASILICATE

Par l'esprit, la Calabre est la région qui se rapproche le plus de l'Italie de Byron et de Shelley : terre de ruines romantiques recouvertes par la vigne, qui séduisit les voyageurs du XIXᵉ siècle assez curieux pour dévier de l'itinéraire du « grand tour ». Grâce à l'achèvement de l'autoroute de Salerne à Reggio de Calabre, au soutien apporté par le gouvernement au logement et à l'industrie et à l'amélioration sensible de la qualité des hôtels, cette région longtemps isolée commence à attirer les entrepreneurs du Nord et les touristes. Toutes les villes importantes ont leur zone industrielle et tous les villages leurs adolescents rebelles qui font vrombir leurs deux-roues le soir, mais l'industrie du tourisme y est encore jeune. Les efforts tentés pour exploiter les ressources culturelles et artistiques de la région n'ont rien changé aux traditions, ni malheureusement à la pauvreté des habitants.

Le paysage est dominé par des montagnes dont les contreforts descendent jusqu'à la mer. Les plaines ne représentent que 9 % du territoire. C'est par la mer que sont arrivés les Grecs, premiers envahisseurs de la région au VIIIᵉ siècle av. J.-C., en provenance de Sicile par le détroit de Messine ; il est donc naturel que proviennent aussi de la mer les impressionnants guerriers de bronze découverts par les pêcheurs au large de Riace en 1972, qui évoquent si bien le souvenir des premiers colons. Ces deux statues grecques colossales, qui seraient tombées d'un navire dans la mer Ionienne il y a deux mille ans, ont fait l'objet d'une lutte acharnée de la Calabre contre les musées du Nord. Ils sont exposés, à la grande satisfaction des autorités locales, au **musée national de la Grande Grèce** de **Reggio-de-Calabre** (Reggio di Calabria) ❿ parmi bien d'autres antiquités grecques de la région. ce musée est le site le plus intéressant de la ville, et le plus complet qui soit concernant la Grande Grèce.

La côte qui s'étend juste au nord de Reggio a été décrite pour la première fois par Homère au chant XII de *l'Odyssée*. C'est là qu'était tapi le monstre Scylla à *« six cous, d'une longueur singulière, et sur chacun une tête effroyable, à trois rangées de dents, serrées, multiples, pleines des ténèbres de la mort »*, qui engloutit six des meilleurs hommes d'Ulysse. Le rocher de Scylla héberge aujourd'hui une auberge de jeunesse. La ville moderne de **Scilla** ⓳ jouit d'une belle vue sur le **détroit de Messine**.

Plus au nord, **Palmi** ⓴ mérite une visite pour son **musée ethnographique** qui conserve plusieurs collections : vie des marins et des paysans, musique religion, sans oublier ses masques de céramique terribles et grotesques destinés à éloigner le mauvais œil. Le musée se trouve dans un complexe moderne à la périphérie de la ville.

Tropea ㉑, suspendue à une falaise au-dessus d'une plage, est la station la plus pittoresque de la côte. La **cathédrale** normande de la vieille ville abrite, derrière le maître-autel, la Madonna di Romania, portrait de la Vierge d'influence byzantine attribué à saint Luc.

Carte p. 320

A gauche, portail de Saint-Jean, à Matera ; ci-dessous, l'un des bronzes de Riace.

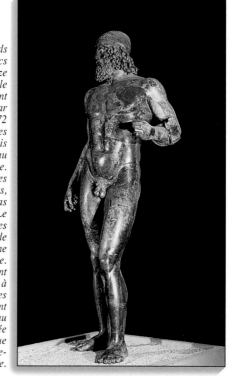

Deux grands guerriers grecs en bronze du Vᵉ siècle av. J.-C. furent découverts par hasard en 1972 par huit mètres de fond, à trois cents mètres au large de Riace. Ils sont d'élèves de Phidias, voire de Phidias lui-même. Le navire qui les transportait de Grèce à Rome fit naufrage. Longuement restaurées à Florence, ces statues sont exposées au musée archéologique de Reggio-de-Calabre.

GERACE

La N 111, route la plus isolée de Calabre, traverse les montagnes du centre de la région en suivant le tracé présumé d'une ancienne route commerciale qui reliait **Gioia Tauro** ㉒, sur la mer Tyrrhénienne, à **Locri** ㉓, sur la mer Ionienne. Sur des kilomètres, aucune habitation ne trouble le souvenir des brigands qui régnaient jadis sur ces forêts.

Du **Passo del Mercante** ㉔, point le plus élevé et le plus solitaire de la route, on aperçoit les deux mers, puis la route descend vers **Gerace** ㉕, jolie ville située sur la bosse d'un rocher escarpé presque inaccessible. L'idéal est de visiter Gerace le soir et à pied pour apprécier, des ruines du château, les paysages au coucher du soleil. On raconte qu'au Xᵉ siècle les habitants survécurent à un siège des Arabes en se nourrissant de fromage de ricotta fait avec du lait de femme. A une époque encore plus reculée, saint Antoine du Château aurait fait jaillir une source dans une grotte de la falaise qui entoure le château. On peut voir la trace de ses genoux sur le sol de la grotte. La **cathédrale** de Gerace, la plus vaste de Calabre, fut fondée en 1045 par Robert Guiscard sur une église antérieure (transformée en crypte) qui contenait des colonnes de la colonie grecque de Locri, un autel à sacrifices romain et de nombreuses fresques byzantines. Toute la ville est ainsi faite de couches superposées, d'où le dicton : *« Qui connaît Gerace connaît la Calabre. »*

A **Stilo** ㉖, à 15 km à l'ouest de Monersterace Marina, l'église byzantine de la **Cattolica**, rappelle qu'au Moyen Age, l'intérieur de la Calabre était un foyer religieux, bastion des moines basiliens. L'église s'accroche au flanc du **mont Consolino**, juste au-dessus de Stilo. L'intérieur lumineux est décoré de fresques et de colonnes antiques de marbre dont les chapiteaux très ornés ont été placés la tête en bas pour symboliser le triomphe du christianisme sur le paganisme.

Un autre centre religieux important, plus loin à l'intérieur des terres, est la **chartreuse de Serra San Bruno** ㉗, dont seul le **Museo della Certosa** se visite. Dans ce paisible sanctuaire, édifié sur les ruines d'une ancienne abbaye détruite en 1783 par un séisme, 16 moines barbus vêtus de blanc vivent dans le silence, la solitude et la pauvreté prescrits par le fondateur de leur ordre, saint Bruno de Cologne, au XIᵉ siècle. Ils ne mangent pas de viande mais fabriquent un excellent fromage qu'on trouve dans les épiceries de la ville.

LA SILA

La Calabre compte quatre principaux massifs : l'Aspromonte, la Sila Piccola, la Sila Grande et la Sila Greca. Le plus agréable à visiter est la **Sila Piccola** ㉘, au cœur de la région, dont les pinèdes denses et les fraîches prairies d'altitude sont toujours parcourues par de jeunes bergers avec leurs troupeaux, dans une atmosphère alpestre rafraîchissante après la chaleur sèche de la côte.

La route sinueuse qui grimpe de **Catanzaro** ㉙ arrive d'abord à **Taverna** ㉚, ville paisible à flanc de colline dont

La Cattolica de Stilo (Xᵉ siècle).

La Cattolica de Stilo, qui se niche sur le versant rocheux d'une vallée profonde, est l'une des églises byzantines les mieux conservées. En dépit de sa petite taille, cette minuscule église a des proportions parfaites. En forme de croix grecque, comme il se doit dans le style byzantin le plus pur, elle est surmontée de cinq petites coupoles à très haut tambour.

Carte p. 320

le nom indique qu'il s'agit d'un ancien relais sur le chemin muletier qui montait dans la montagne. C'est là que naquit en 1613 le peintre baroque Mattia Preti, qui devint l'un des artistes les plus influents de Naples. L'**église Saint-Dominique** (San Domenico), près de la place principale, contient les meilleures œuvres locales de Preti, dont on peut aussi admirer les tableaux dans les églises Sainte-Barbe (Santa Barbara) et Saint-Martin (San Martino).

Les rares « villages touristiques » qui se sont développés dans les vastes forêts de la Sila n'ont pas effacé le sentiment d'isolement qu'on ressent en parcourant les routes désertes et sinueuses, fermées l'hiver quand la neige est trop abondante. Même le **lac Ampollino** ❸, aménagé au XXᵉ siècle pour promouvoir le tourisme et produire de l'électricité, ignore les foules.

San Giovanni in Fiore ❸, la plus grande bourgade de la Sila, échelonne ses maisons sévères à flanc de rocher. Elle doit sa beauté aux costumes austères, noir et violet, que portent les femmes.

Santa Severina ❸, charmante ville perchée sur un promontoire, est connue pour sa tradition scolastique. Le **baptistère byzantin** circulaire des VIIIᵉ-IXᵉ siècles, jadis isolé, est contigu à la cathédrale. C'était à l'origine un martyrium, abri pour les reliques des martyrs. A l'entrée de la ville, l'église byzantine **Sainte-Philomène** (Santa Filomena) est coiffée d'une coupole cylindrique d'inspiration arménienne et se partage en trois minuscules absides qui semblent annoncer les plans romans (la clef se trouve chez la personne demeurant en face de l'église). La longue Piazza Vittorio Emanuele, au centre de la ville, conduit au château (fermé au public). Elle est bordée de vénérables palais du XIᵉ siècle.

La ville côtière de **Crotone** ❸ est l'antique Croton fondée par les Grecs en 710 av. J.-C., où deux siècles plus tard le mathématicien mystique Pythagore de Samos découvrit le théorème des angles droits et enseigna la doctrine de la métempsycose, selon laquelle l'âme se réincarne dans des corps humains ou animaux. La ville moderne,

sur son promontoire encombré, n'a guère à offrir que le vin du village voisin de **Melissa** ❸, un petit **musée archéologique** qui conserve des objets préhistoriques, des statuettes votives et des céramiques, et des hôtels sans charme particulier.

LA CALABRE DU NORD

La partie moderne de **Cosenza** ❸, humide, très plate et très vaste, entoure la vieille cité accrochée à sa colline. La belle **cathédrale** gothique de la vieille ville fut consacrée en 1222 en présence de Frédéric II. Derrière (s'adresser au bureau des mariages), le trésor du **palais de l'Archevêque** conserve une croix-reliquaire byzantine offerte par Frédéric II. Le **château** en partie en ruine qui couronne la vieille ville semble être en restauration constante.

Les Albanais, qui se réfugièrent en Calabre en 1448 pour échapper aux persécutions des Arabes, constituent la minorité ethnique la plus nombreuse de la région. Ils ont leur propre langue,

Réparation des filets dans un village de pêcheurs.

Bien que cernée par la mer, la Calabre vit surtout à l'intérieur des terres, bien que les villages de pêcheurs fassent de l'espadon une des spécialités locales. La Calabre a longtemps souffert de l'isolement, et le « grand tour » s'arrêtait en général à Naples. Mais une meilleure desserte par route a permis aux petites stations balnéaires de prospérer.

*Les Tavole Palatine
de Metaponto
(VIᵉ siècle av. J.-C.).*

Vue de Matera.

leur littérature, leur costume et leur évêque grec orthodoxe.

San Demetrio Corone ③⑦, isolé dans les collines reculées de la **Sila Greca**, a été un grand centre culturel. Son célèbre collège albanais est abandonné, mais le poète révolutionnaire Girolamo De Rada y enseigna longtemps. Il faut s'armer de patience pour convaincre la police locale de téléphoner à la personne qui détient la clef de la petite **église Saint-Adrien** (Sant'Adriano), à l'intérieur du collège. Elle a des fonts baptismaux normands et un superbe pavement de mosaïque.

Rossano ③⑧, ville isolée de la côte ionienne, qui surplombe la mer, possède le célèbre *Codex Purpureus*, rare manuscrit grec du VIᵉ siècle orné de 16 miniatures tirées de la Bible, conservé au **musée diocésain**, près de la cathédrale du XIᵉ siècle refaite au XVᵉ siècle sous les Anjou. La ville de pierre grise est couronnée par l'église byzantine du XIᵉ siècle **Saint-Marc** (San Marco) à cinq coupoles, d'où la vue sur la vallée voisine est remarquable.

LA BASILICATE

La Basilicate, région la plus pauvre et la moins développée du Sud, présente un grand intérêt historique et sociologique ainsi que des paysages fort variés. Ses plages baignées par les deux mers, Tyrrhénienne et Ionienne, figurent parmi les plus belles du Sud.

Matera ③⑨, la plus grande ville après **Potenza**, offre un déroutant exemple du conflit entre le passé et le présent en Italie du Sud. Jusqu'à une date assez récente, les gens de Matera vivaient littéralement dans des cavernes. Leurs habitations rupestres (*sassi*) datent de l'époque byzantine. Ce sont d'anciennes églises transformées en logements à cause du surpeuplement. Hommes et animaux s'y entassaient dans l'humidité, au pied des fresques byzantines peintes sur les parois rocheuses. La meilleure façon de les visiter est d'engager un des jeunes garçons qui assaillent les voitures des touristes à l'entrée de la ville. Ils en savent autant que les guides officiels et sont

Carte
p. 320

bien moins chers. De riches vacanciers italiens rachètent les *sassi* et les restaurent pour en faire de fraîches maisons d'été. L'**église Sainte-Lucie** (Santa Lucia), dans le centre, contient les deux fresques les plus célèbres de Matera, la *Madonna del Latte* et *Saint Michel Archange*, de la seconde moitié du XIIIᵉ siècle. La **cathédrale** (Duomo), de style roman apulien (1270), s'orne d'une superbe rosace ; la **chapelle de l'Annonciation** est du XVIᵉ siècle.

De l'autre côté de la vallée se trouve l'église rupestre de la **Madonna delle Tre Porte**, avec sa délicieuse fresque de la Vierge.

Venosa ⓰, dans le nord de la Basilicate, est la patrie d'Horace et de Manfred. On y voit les vestiges de la **Trinità**, abbaye bénédictine inachevée du XIᵉ siècle. Construite avec les pierres d'un temple romain, elle abonde en inscriptions, portails, sarcophages et fresques, dans un parc entouré d'oliveraies.

Melfi ⓱ possède un beau château normand qui abrite le **Musée national** et ses intéressantes collections archéologiques. C'est là que Frédéric II promulgua ses *Constitutiones Augustales*, code de lois qui a rendu son règne inoubliable auprès des habitants de la région.

Metaponto ⓲ est la plus connue des jolies villes côtières de la mer Ionienne, grâce à ses **Tavole Palatine**, temple dorique du VIᵉ siècle av. J.-C., probablement consacré à Héra, dont il subsiste 15 colonnes.

L'ancienne ville grecque de **Metapontum**, fondée au VIIᵉ siècle av. J.-C., est devenue un centre archéologique doté d'un bel antiquarium.

Maratea ⓳, sur la côte tyrrhénienne, rappelle Ravello, en Campanie, par ses rues agréables et ses superbes vues sur la mer. La ville médiévale abandonnée (Maratea Superiore) est couronnée par une étrange statue monumentale du Rédempteur, exécutée en 1963 par le sculpteur Bruno Innocenti.

Dans la station voisine d'**Acquafredda** ⓴, un charmant hôtel, appelé Villa Chieta et situé juste sur la plage, accueille chaleureusement ses hôtes.

Le château normand de Melfi.

LA SICILE

Située en plein milieu de la Méditerranée, dont elle est la plus grande île, la
Sicile a été pendant des siècles le centre
du monde connu. Sa situation géographique l'a rendue vulnérable aux invasions étrangères, mais en a fait le carrefour des civilisations méditerranéennes,
un pont entre l'Orient et l'Occident.
Elle connut ainsi ses heures de gloire
lors de la colonisation grecque (VIIIᵉ-IIIᵉ
siècle av. J.-C.), des invasions arabes
(IXᵉ-Xᵉ siècle) et de la domination normande (XIᵉ-XIIᵉ siècle), durant lesquelles des villes commerçantes furent
fondées et prospérèrent sur ses côtes.
Les étrangers ne sont guère allés au-
delà des régions côtières, rebutés par
l'intérieur de l'île montagneux et acci-
denté. Le volcanisme de l'Etna et des
îles Éoliennes atteste une origine géologique récente. L'île subit parfois de
violents tremblements de terre ; en
contrepartie, la plaine qui s'étend au
pied du volcan est très fertile.

LA CÔTE IONIENNE

De **Villa San Giovanni**, en Calabre, le
bac traverse le **détroit de Messine** en
une demi-heure.

En arrivant à **Messine** (Messina) **❶**,
on est souvent surpris de trouver une
ville moderne aux constructions basses
et aux larges avenues, mais émerveillé
par le cadre superbe des **monts Pelo-
ritani**, qui dégringolent vers la mer. Si
Messine, fondée à l'époque classique
par des colons grecs et agrandie surtout
du XVᵉ au XVIIᵉ siècle, n'a pas conservé
son aspect d'origine, c'est à cause de ce
matin fatidique de 1908 où de terribles
secousses telluriques, suivies d'un violent raz de marée, ont presque entièrement rasé la ville. Longtemps après la
catastrophe, on hésita à la reconstruire
et, en 1911, on décida finalement de
bâtir une nouvelle Messine.

Il est difficile de trouver des traces de
la ville antique que Cicéron décrivait
comme une cité riche et remarquable
(« *civitas maxima et locupletissima* »),
mais il reste quelques vestiges médiévaux tels que la **basilique Santissima**

Annunziata dei Catalani (XIIᵉ siècle) et
la **cathédrale** (Duomo) voisine. Malgré
les remaniements, ces églises ont
conservé leur structure originaire, qui
date de la brillante époque des Normands, où la ville fut dotée de beaux
monuments et de remparts en raison de
son importance stratégique.

Le **Musée régional**, sur la route
côtière menant au phare, abrite le polyp-
tyque de San Gregorio, chef-d'œuvre du
grand maître de la région, Antonello de
Messine (v. 1430-1479). Après un arrêt
chez **Billè**, sur la Piazza Cairoli, pour
goûter une pâtisserie sicilienne, on pren-
dra la route qui longe la côte ionienne
en direction de Taormine.

TAORMINE

A 45 km de Messine, **Taormine** (Taormina) **❷** est la quintessence de l'idée
qu'on se fait de la Sicile. « *C'est la plus
grande œuvre de l'art et de la nature* »,
s'exclamait Goethe dans son *Voyage en
Italie*. Taormine doit sa beauté à la
lumière, à l'intensité de ses couleurs et

Carte
p. 340

ITALIE
●Rome

*Pages précédentes :
Calascibetta, ville
perchée dans le
centre de l'île.
A gauche, cloître
arabo-normand
de Monreale ;
ci-dessous,
sous les amandiers,
au pied de l'Etna.*

*Les amandiers
de Sicile
permettent de
fabriquer la
« pasta reale »,
ces fruits en
pâte d'amande
de toute beauté,
comme ceux de
Marciante à
Syracuse, de
Chemi à
Taormina et de
Costanzo à
Noto. Les
enfants les
trouvent au pied
de leur lit,
offerts « par les
âmes de leurs
aïeux ».
On les trouve
aujourd'hui
dans le
commerce toute
l'année.*

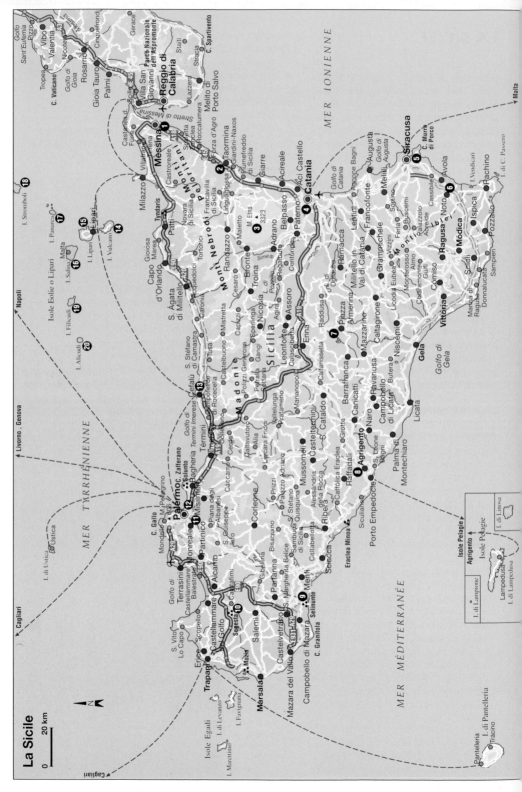

La Sicile

0 20 km

à son site. Adossé à la montagne sur une petite terrasse, e village se détache sur la masse de l'Etna.

Le **théâtre grec**, monument le plus célèbre de Taormine, chanté par de nombreux écrivains pour sa situation exceptionnelle, se trouve à flanc de colline. Construit au IIIe siècle av. J.-C. et presque entièrement rebâti par les Romains, il montre que les Grecs savaient choisir les sites où la nature mettrait le mieux l'art en valeur. La côte déchiquetée présente une suite spectaculaire de rochers, de strates et d'éperons entrecoupés de criques, de ravins et d'anses.

Le Corso Umberto, artère centrale de la vieille ville, est la rue des magasins, de la *passeggiata* et des bars remplis de visiteurs des quatre coins du monde. Les étrangers sont majoritaires, mais Taormine a gardé l'aspect d'un village avec ses églises (comme la **cathédrale** massive et harmonieuse) et ses résidences aristocratiques (**palais Corvaia**, **palais Ciampoli**, **palais du duc de Santo Stefano**) arborant leurs fenêtres à meneaux, leur dentelle de marbre, leurs volutes et leurs balcons bombés.

Après Taormine, l'autoroute A18 longe la côte vers le sud. Le paysage est dominé par l'**Etna ❸**, dont le sommet enneigé culmine à 3 323 m. C'est l'un des rares volcans du monde en activité quasi perpétuelle. Il occupe une superficie de 1337 km² pour un périmètre de 165 km. Ses flancs sont parsemés de 200 cônes, de cratères secondaires, de couches de lave accumulées, de fissures et de vallées. L'Etna a connu de nombreuses éruptions plus ou moins dévastatrices : celle de 396 av. J.-C. arrêta les Carthaginois, celle de 1981 détruisit le téléphérique, et celle de 1992, pourtant moindre, nécessita le secours des Marines américains. La plus récente date de septembre 2006.

Pour savoir comment effectuer des treks sur l'Etna, contacter Etna Natural Touring (Via Marconi 98, Linguaglossa ; tél. 095 643613) ou les offices du tourisme de Catane et Taormine.

CATANE

La magnifique ville de **Catane** (Catania) ❹ se trouve dans la plaine fertile qui s'étend au sud de l'Etna.

Importante colonie grecque et romaine, elle fut dominée par les envahisseurs qui se sont succédé sur l'île. Elle fut détruite deux fois par des tremblements de terre (1169 et 1693) et envahie en 1669 par un torrent de lave, qui s'enfonça dans la mer sur une longueur de 700 m.

Catane est la capitale économique de la région la plus riche de Sicile, dont la prospérité repose sur les agrumes, le vin et les cultures maraîchères, ainsi que sur des entreprises industrielles et commerciales. C'est pourquoi on l'a surnommée le « Milan du Sud ». La ville a une allure moderne avec son plan aux larges avenues dessiné au XVIIIe siècle par G. B. Vaccarini.

L'artère principale est la Via Etnea, où l'on se retrouve pour flâner et faire du lèche-vitrines. Au début de la rue, la Piazza dell'Università est entourée d'édifices du XVIIIe siècle : à droite, le **palais San Giuliano**, à gauche le **palais de l'Université** (Palazzo dell'Università) et un peu plus loin l'**église collégiale** (Chiesa Collegiata) à la façade

Carte p. 340

Marionnettes traditionnelles représentant des croisés.

Pied de vigne sur le flanc de l'Etna.

Parmi les vins de Sicile, ceux de l'Etna, qui bénéficient pourtant de toutes les conditions favorables à la production d'excellents crus de rouge, déclinent. Ceux qui rencontrent néanmoins du succès sont les blancs et les rouges de Murgo. En revanche, le marsala sicilien, doux et sec, a gagné en qualité depuis quelques années.

Le pain sicilien présente de nombreuses variétés.

Religieuses dans le parc archéologique de Syracuse.

élégante. Le génie baroque de Catane s'apprécie surtout dans la petite Via dei Crociferi, où églises et bâtiments monastiques s'ouvrent comme les ailes d'un théâtre. Un très bel arc baroque traverse la rue, reliant la **grande abbaye** (Grande Badia) à la **petite abbaye** (Piccola Badia) des bénédictins.

L'**église Saint-Nicolas** (San Niccolò), proche de la Via dei Crociferi, est un autre jalon de l'histoire du baroque. C'est la plus vaste église de Sicile ; sa façade inachevée annonce la décadence, mais reste impressionnante. De la coupole, la vue s'étend sur l'Etna et la ville.

On verra le **théâtre romain** et le **château d'Ursino**, construit par Frédéric II de Hohenstaufen et restauré à plusieurs reprises, puis on se reposera dans le grand jardin de la **villa Bellini**.

SYRACUSE

La route de **Syracuse** (Siracusa) ❺ traverse des régions de très vieille civilisation, ponctuées de vestiges archéolo-

giques. Construite en 734 av. J.-C. par des paysans corinthiens qui s'installèrent sur la petite île d'Ortygie, Syracuse s'étendit si vite qu'elle fonda bientôt de nouvelles colonies sur les côtes siciliennes. En 485 av. J.-C., la ville offrait un butin qui excita la convoitise du tyran Gélon, qui en fit la conquête. Syracuse parvint alors à son apogée politique, économique et artistique et devint l'un des grands centres de la Méditerranée. Elle infligea plusieurs défaites aux Carthaginois, aux Étrusques et même aux Athéniens avant de dominer presque toute la Sicile. Après des intermèdes démocratiques brefs mais houleux, elle connut plusieurs tyrans plus ou moins éclairés, dont les plus célèbres sont Thrasybule et le grand Denys. La gloire et la richesse de l'époque s'expriment dans de beaux monuments.

Ortygie (Ortigia), cœur antique tragiquement secoué par le tremblement de terre de 1989, conserve des temples exceptionnels : le **temple d'Apollon** (Tempio di Apollo), du VIIe-VIe siècle

av. J.-C., et le grandiose **temple d'Athéna** (Tempio di Atena), du Ve siècle av. J.-C., devenu une cathédrale, dotée d'une façade baroque en 1754.

En quittant Ortygie par le Ponte Nuovo, on gagne **Neapolis** (la « ville nouvelle » des Grecs). Son **théâtre** est le plus vaste de Sicile et l'un des plus grands du monde grec, avec 138 m de diamètre. De bonnes représentations classiques s'y donnent en mai et en juin.

Près du théâtre se trouve la zone des latomies, vastes carrières de pierre dans l'Antiquité qui servirent par la suite de prison aux condamnés aux travaux forcés. La **Latomia del Paradiso** renferme une grotte artificielle étrange baptisée Oreille de Denys, dont les murs amplifient et répercutent le moindre murmure. On raconte que le tyran Denys, très méfiant, pouvait ainsi surprendre les conversations de ses prisonniers.

Les amateurs de légendes antiques se rendront à la **fontaine d'Arétuse** (Fontana di Aretusa), à Ortygie, où surgit une source entourée de papyrus. Elle ne paie pas de mine mais évoque le mythe de la belle nymphe Aréthuse, qui, pour échapper au fleuve Alphée, plongea dans la mer et fut transformée en fontaine.

La petite ville de **Noto ❻** est facile d'accès de Syracuse. S'étageant sur les pentes d'une colline, au flanc des **monts Iblei**, elle présente une merveilleuse unité architecturale. Une avenue rectiligne la traverse, offrant à intervalles réguliers de superbes vues sur ses ruelles en escalier. C'est le triomphe de l'architecture baroque espagnole : églises, palais, monastères, places et escaliers de pierre blonde et dorée. Le monument le plus intéressant est le **couvent Saint-Sauveur** (Santissimo Salvatore), avec ses pilastres, ses fenêtres ornées, ses loggias, ses terrasses et ses campaniles. Le **palais Villadorata** est le plus étrange, avec sa façade ornée de colonnes ioniques et de balcons baroques, de lions, de chérubins, de têtes de Méduse et de monstres. Les travaux traînant en longueur depuis le dernier tremblement de terre, presque toute la ville est étayée et sa magnifique

Carte p. 340

Mosaïques de la villa romaine de Piazza Armerina.

L'un des cent neuf chapiteaux doubles du XIIᵉ siècle du cloître de Monreale.

cathédrale (Duomo) s'est récemment écroulée.

LE CŒUR DE L'ÎLE

L'intérieur de l'île présente des étendues pelées, des mines de soufre rougeâtre et des villages accrochés aux collines, comme **Piazza Armerina ❼**, célèbre dans le monde entier pour la **villa de Casale**. Cet édifice complexe fut construit aux IIIᵉ et IVᵉ siècles apr. J.-C., quand les familles nobles de l'empire romain, fuyant l'agitation sociale, se réfugièrent à la campagne. La villa comprend un ensemble extraordinaire de mosaïques exécutées par des artistes africains et représentant des scènes de chasse, des créatures fantastiques et des paysages, tout l'univers fabuleux de l'Antiquité.

Le poète grec Pindare avait surnommé **Agrigente** (Agrigento) ❽, sur le versant ouest du triangle sicilien, *« la plus belle cité des mortels »*. Une extraordinaire série de temples y occupent toute une vallée. Les origines d'Agri-

Le temple de la Concorde, à Agrigente.

L'excellent état de conservation du temple de la Concorde est dû à sa transformation en église chrétienne, au VIᵉ siècle. Cet édifice devint en effet une basilique à trois nefs, qui resta ouverte au culte jusqu'en 1748. Elle fut alors rendue à son état d'origine. Les nombreux autres temples d'Agrigente lui ont valu le surnom de « ville des temples ».

gente (Akragas pour les Grecs) remontent à 581 av. J.-C. Elle connut son apogée au Vᵉ siècle av. J.-C. (dont datent les principaux temples), avant d'être prise par les Carthaginois et les Romains. Son importance diminua sous les occupations byzantine et arabe, mais elle connut une nouvelle expansion à l'arrivée des Normands. Ses monuments antiques font l'objet d'une extraordinaire promenade archéologique : le **temple de Zeus Olympien** (480 av. J.-C.), le **temple de Junon**, avec sa vue impressionnante sur la vallée, le **temple de la Concorde**, l'un des mieux conservés du monde antique, le **temple d'Hercule** et le **temple de Castor et Pollux**. A côté de sa splendeur de jadis, la ville moderne paraît insignifiante ; les seuls centres d'intérêt sont la **cathédrale** (Duomo) du XIᵉ siècle et l'église gothique **Notre-Dame-des-Grecs** (Santa Maria dei Greci).

On aperçoit de loin les temples de **Sélinonte** (Selinunte) ❾, sur un promontoire. Leurs colonnes à la fois massives et élancées jaillissent d'un amas de rochers posés sur le sol rougeâtre. Sélinonte ressemble à un puzzle de pierre : tambours de colonnes, chapiteaux ébréchés, cubes blancs et gris gisent entassés les uns sur les autres. Leur langage est pourtant clair : entrepôts, bibliothèques, tribunaux et temples attestent la prospérité de la ville antique au milieu des terres fertiles. Parmi les pierres pousse le sélinon, persil sauvage qui a donné son nom à la puissante colonie grecque. Elle fut détruite lorsqu'elle tenta de s'étendre au détriment de Ségeste, l'antique Egesta : en 409 av. J.-C., 16 000 de ses habitants furent massacrés par les Carthaginois, auxquels les Égestains avaient fait appel.

A **Ségeste** (Segesta) ❿, malgré les destructions dues aux guerres entre Grecs et Carthaginois, un imposant **temple** dorique dresse toujours ses 36 colonnes sur une colline aride battue par le vent.

Du **théâtre** du IIIᵉ siècle av. J.-C., situé sur le **mont Barbaro**, on a une vue superbe sur le golfe de Castellamare.

Non loin de Ségeste, **Trapani**, à l'extrême ouest de l'île, a une saveur orientale avec ses maisons blanches aux-quelles la blancheur des salines fait écho.

C'est le point de départ pour les charmantes **îles Egades**, habitées par des pêcheurs de thon.

Erice, la médiévale, toute proche de Trapani, se perche sur un rocher, entou-rée de toutes parts par la mer. L'**église Matrice**, au très beau campanile, est un lieu de pèlerinage pluriséculaire à la Vierge.

LA CONCA D'ORO

Sertie au pied d'une chaîne de mon-tagnes, la **Conca d'Oro**, sur la façade

nord de l'île, est une vallée verdoyante qui s'élargit en approchant de la mer. Les méthodes d'irrigation et de culture y sont les mêmes qu'autrefois.

La vallée est dominée par **Monreale** ⓫, fondée au XIᵉ siècle autour de la célèbre **abbaye bénédictine** du même nom. La cathédrale contiguë au monas-tère, chef-d'œuvre de l'art normand, est célèbre pour ses mosaïques, sans doute dues à des artistes orientaux. Le thème en est l'histoire du monde, de la créa-tion aux apôtres. Leurs superbes ors se teintent de gris pour donner un « éclat triste » que résument le geste et le regard de l'immense Christ Panto-crator. Le cloître doit sa beauté aux 109

Carte p. 340

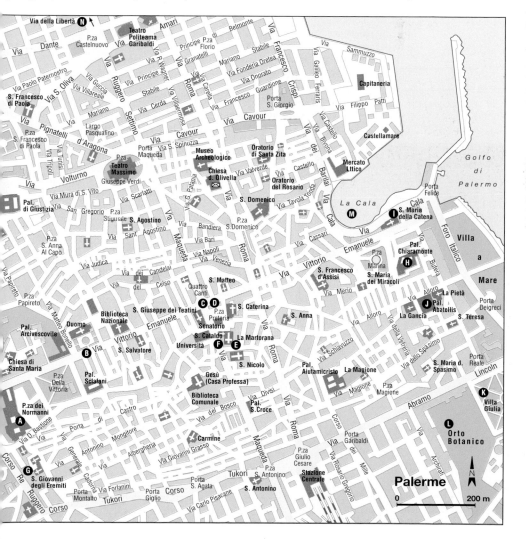

Palerme

Depuis des siècles, les théâtres de marionnettes évoquent les exploits des paladins de Charlemagne contre les Sarrazins.

Les jardins de la villa Giulia, à Palerme.

Les jardins publics de la villa Giulia, aménagés en 1778, marquent l'extrémité de la promenade du bord de mer de Palerme.
Le jardin botanique, ouvert en 1785, avec ses pavillons et ses serres, est l'un des plus importants d'Europe.
A peine plus tardif, le parc de la Favorite fut créé en 1799 par Ferdinand III au pied du mont Pelligrino ; la Palazzina Chinese y ajoute une note exotique.

groupes de chapiteaux dont les sculptures révèlent une rare liberté d'exécution, typique du style roman.

Des **terrasses** de l'église (il y a 180 marches à monter), on a une belle vue sur la Conca d'Oro.

PALERME

Palerme (Palermo) **⑫**, capitale et premier port de la Sicile, est au fond d'une large baie fermée à l'est par le cap Zafferano et à l'ouest par le mont Pelligrino, décrit par Goethe comme *« le plus beau promontoire du monde »*. De prime abord, on a du mal à croire que Palerme a été un carrefour de cultures. Mais il faut partir à la découverte de la ville sans préjugés.

Le **palais des Normands** (Palazzo dei Normanni) **Ⓐ** renferme la **chapelle Palatine**, *« merveille des merveilles »* selon Maupassant, et la **salle du Roi Roger**, toutes deux décorées de mosaïques d'inspiration orientale.

Il se situe à l'embouchure de la **Via Vittorio Emanuele ⑬** (ancien Cassaro Vittorio Emanuele), plus vieille artère de la ville, dont on imagine aisément le commerce pittoresque et animé aux époques musulmane et normande. Plus bas, l'ancien Cassaro borde la place de la Cathédrale, beau mélange de styles, du gothique espagnol au baroque.

L'ancien Cassaro descend ensuite aux **Quattro Canti ⓒ**, au cœur de la vieille ville, carrefour animé traversé par la Via Maqueda, l'autre axe de Palerme. Le génie baroque de la Sicile s'exprime ici par les quatre monuments décorés de fontaines et de statues.

Jadis surnommée la Piazza Vergogna (place de la Honte) à cause des nus cabriolant dans l'eau de sa fontaine, la **Piazza Pretoria ⓓ** a célébré le 500e anniversaire de cette œuvre sculpturale en inaugurant en 2004 la fontaine restaurée. Trois autres monuments ont fait peau neuve : **La Magione** (l'église cistercienne de la Piazza Magione), l'**Oratorio di Santa Zita** (près du marché Vuccuria) et l'**Oratorio del Rosario di San Domenico**.

Deux édifices voisins datent de l'époque normande, quand le géographe Idrisi voyait en Palerme *« la ville qui fait tourner la tête de ceux qui la regardent »* : la **Martorana ⓔ** et ses mosaïques byzantines et **San Cataldo ⓕ**, qui a conservé trois curieuses petites coupoles peintes en rouge. Les religieuses de la Martorana sont bien connues pour avoir inventé les pâtes d'amande en forme de fruits.

Le quartier pauvre de l'**Albergheria** s'étend entre la Via Maqueda et le palais des Normands. A côté des façades des bâtiments modernes, on y découvre encore le vieux Palerme près d'un marché central de plein air. La petite **église Saint-Jean-des-Ermites** (San Giovanni degli Eremiti) **ⓖ** est un chef-d'œuvre de l'architecture médiévale isolé dans un cadre de végétation exotique. Ses cinq coupoles évoquent les 500 mosquées dont parlait au Xe siècle le voyageur Ibn Hawqal.

Le quartier sud-est de la vieille ville, **Kalsa**, est lui aussi en bien mauvais état, endommagé par la guerre et la pauvreté. Il est dominé par la forme massive du **palais Chiaramonte ⓗ** ou Steri, forteresse gothique catalane qui devint le siège de l'Inquisition en 1598. Non loin de là, l'église **Santa Maria della Catena ❶** est une synthèse de l'art gothique et de l'art Renaissance.

La Via Alloro conduit au **palais Abatellis ❷**, du XVᵉ siècle, restauré pour abriter la **galerie régionale de Sicile**.

On peut se reposer dans le parc de la **villa Giulia ❸**, jardin à la symétrie rigoureuse. Tout près se trouve le **jardin botanique** (Orto Botanico) **❹**, avec ses plantes exotiques, ses pièces d'eau, ses arbres rares parmi lesquels Goethe aimait se reposer.

La **Marina**, promenade en bord de mer, mène à la **Cala ❺**, le vieux port. Il n'est plus utilisé comme tel, mais abrite toujours des bateaux de pêche, régal pour l'amateur de couleur locale.

Le véritable centre de Palerme est la Via Ruggero Settimo et la première partie du **Viale della Libertà ❻**, où se trouvent les meilleurs magasins, les librairies, de nombreux cinémas, mais peu de cafés, qui ne font pas partie de la tradition de la ville.

Palerme révèle son côté pittoresque au **marché de la Vucciria ❼**, coloré, animé et bruyant.

Quant au **palais de la Zisa**, construit vers 1150 par Guillaume Iᵉʳ, il évoque la grandeur passée de Palerme.

LA CÔTE TYRRHÉNIENNE

La route sinueuse qui longe la mer Tyrrhénienne est fleurie et bordée de plantations d'agrumes et d'oliviers. Elle permet seulement d'apercevoir **Cefalù ❽**. C'est de la mer qu'on peut avoir une vue complète – et extraordinaire – sur la petite ville accrochée à un promontoire au pied d'un énorme rocher et, à l'ouest, sur sa belle plage de sable. Cefalù est célèbre pour sa beauté naturelle et pour le charme médiéval de sa cathédrale.

LES ÎLES ÉOLIENNES

Les sept petites **îles Éoliennes** (Isole Eolie) s'égrènent face au **golfe de Patti** (Golfo di Patti). Leur nom évoque Éole, dieu des vents, qui y avait élu domicile. L'amateur de nature y trouvera sous des formes exceptionnelles les quatre éléments : air, eau, terre et feu. **Vulcano ❾**, première île où le bac fait escale, a été le lieu du tournage du film du même nom, *Vulcano*, de Roberto Rossellini. C'est **Lipari ❿**, la plus étendue, qui a la géologie la plus complexe, l'histoire la plus riche – et une falaise de pierre ponce d'un blanc éclatant. Son **Musée archéologique** conserve des outils préhistoriques en obsidienne locale. **Salina ⓰**, la plus haute et la plus verdoyante, est la seule à posséder des sources et deux volcans symétriques aux contours doux et élégants. **Panarea ⓱**, aux petites maisons blanches nichées dans une végétation luxuriante, est une île souriante qui dissimule son origine volcanique. C'est la plus élégante et le refuge des riches milanais. Le **Stromboli ⓲** est au contraire en activité constante. Toutes les 5 mn, 15 mn ou 25 mn, on entend au loin ses grondements dans le silence de l'île. Stromboli n'est que laves, cendres et scories. C'est la plus jeune des « Sept Sœurs », elle n'a que 40 000 ans ! **Filicudi ⓳** et **Alicudi ⓴** sont les îles les plus sauvages. Elles sont un paradis pour les plongeurs et les pêcheurs, mais aussi pour les amateurs de vie en plein air et de solitude.

Carte p. 340

Après plus de 40 années passées à fuir la police, l'homme le plus recherché d'Italie, le "Parrains des parrains", Bernardo Provenzano, est arrêté le 11 avril 2006, près de sa ville natale, Corleone.

Espadon fraîchement pêché dans les îles Éoliennes.

L'espadon, qui peut mesurer cinq mètres de long et peser six cent cinquante kilos, se pêche d'avril à juillet à bord de la « lontra », embarcation dotée d'un mât de trente mètres de haut du sommet duquel la vigie peut repérer les bancs de poissons et les signaler au harponneur, qui prend place sur la passerelle télescopique qui se déploie jusqu'à dix mètres au-delà de la proue.

LES VOLCANS

Qu'ils soient grondants, fumants et rougeoyants ou bien enveloppés d'un silence majestueux, les volcans façonnent le mode de vie de ceux qui se sont installés à leur pied. La région qui s'étend de la Sicile au nord de la Campanie est instable du point de vue géologique. La croûte terrestre est agitée de tremblements de terre et d'activité volcanique. Qu'il s'agisse du Vésuve, qui domine la baie de Naples, à l'Etna, en Sicile, la présence des volcans a une grande importance pour ceux qui vivent à leur pied depuis des siècles. Certes, les éruptions entraînent des destructions qui poussent les populations à l'exode, mais le legs du volcan, ce sont aussi des terres fertiles enrichies par les déjections : ainsi, au pied du Vésuve poussent les vignes qui produisent le vin « lacryma Christi ».

Beaucoup d'écrivains ont parlé des volcans, à commencer par Virgile et Pline le Jeune. Pline le Jeune a laissé en particulier un récit détaillé de l'éruption du Vésuve de 79 apr. J.-C., au cours de laquelle mourut son oncle, Pline l'Ancien, asphyxié par les gaz pour avoir voulu s'approcher trop près, et périrent les villes de Pompéi et Herculanum. En recouvrant ces deux cités d'une épaisse couche de cendres, le volcan nous a laissé un témoignage inestimable sur la vie des Romains de l'époque impériale. Quant au Stromboli, on se souviendra que c'est par son cratère que les héros de *Voyage au centre de la Terre*, de Jules Verne, reviennent à la surface.

Le Sromboli, l'un des volcans des îles Éoliennes (ou Lipari), au nord-ouest de la Sicile, était, selon les anciens Grecs, l'asile d'Éole, dieu du vent. Les eaux qui entourent l'île sont riches en minéraux et sont connues pour leurs propriétés curatives, qui attirent des baigneurs. Certaines de ces eaux sont même radioactives. ▼

▲ C'est au XIXe siècle que le Vésuve, puis l'Etna (ci-dessus) commencèrent à figurer dans l'itinéraire des voyageurs, dont les plus paresseux se faisaient monter en chaise à porteurs, sous la conduite de guides professionnels.

Le Vésuve n'a guère don[né] signe de vie depuis 19[..]. L'Etna, lui, demeure [une] menace constante : [en] 1992, l'aéronavale [a dû] larguer des blocs de bé[ton] pour empêcher les coul[ées] de lave d'atteindre [les] villes voisines. ▶

Les eaux des îles Éoliennes sont chauffées par endroits par des jets de vapeur souterrains. Les bassins de boues sulfureuses sont recommandés pour le traitement des rhumatismes. Les Éoliennes comptent aussi les sources chaudes de San Calogero, dont la température peut atteindre 60 °C. ▶

LA PUISSANCE DES DIEUX

Dans les temps anciens, la puissance des volcans en activité défiait toute explication. Les Romains associaient la fureur des éruptions à la colère de Vulcain, dieu du feu ct des forgerons, qui était censé vivre dans les entrailles de l'île de Vulcano, qui fait partie des îles Éoliennes. Quant à Virgile, il raconte que le géant Enceladus avait été enterré sous le mont Etna, et que c'étaient ses grognements et ses soubresauts qui provoquaient les tremblements de terre et les éruptions. En 253, l'ostension du linceul de de sainte Agathe arrêta les laves qui menaçaient d'engloutir Catane. Quant aux Napolitains, c'est vers leur saint patron, saint Janvier, qu'ils se tournent lorsque le Vésuve se met à cracher de la fumée, ce qui ne s'est plus produit depuis 1944. Les explications scientifiques n'ont pas non plus toujours brillé par leur exactitude : ainsi, un Romain anonyme attribuait l'activité volcanique aux vents qui, après avoir amassé des rochers, les projetaient vers le ciel.

◀ *L'Etna est le plus grand volcan en activité d'Europe et le sommet le plus élevé d'Italie en dehors des Alpes. Bien qu'il soit sujet aux éruptions et que les barrières du cratère principal aient disparu, il reste en général possible de l'escalader, avec toutes les précautions d'usage.*

▲ *La Valle del Bovo (vallée du Bœuf), faille rocheuse large de 5 km sur le flanc oriental de l'Etna, a été formée par une explosion volcanique, et des fumerolles s'élèvent encore du sol. Les stratifications de la roche sont parfaitement visibles le long des parois.*

es coulées de lave, comme celle-ci, jaillie de l'Etna, forment parfois de véritables fleuves de feu. Dans « le Spéronare », Alexandre Dumas décrit l'immense cratère de Etna, « grondant, plein de flammes et de fumée ; le paradis au-dessus de la tête, l'enfer sous les pieds ». ▶

ITALIE

●Rome

LA SARDAIGNE

La Sardaigne (Sardegna) est le vestige d'une terre sortie de la mer il y a plus de 600 millions d'années, avant la formation de la péninsule italienne, quand les eaux recouvraient la majeure partie de l'Europe et de l'Afrique. C'est la région d'Italie qui a l'histoire géologique la plus riche pour un espace aussi limité. C'est la région la plus sauvage d'Italie.

La Sardaigne est habitée depuis le paléolithique (200 000 ans av. J.-C.), mais elle a surtout connu une civilisation mégalithique apparue à la fin du IIIe millénaire et sachant travailler le bronze. En témoignent près de 7 000 nuraghes, hautes tours tronquées en pierres sans mortier, qui servaient sans doute de refuge aux paysans des alentours.

Olbia, sur la côte nord-est, est bien desservi par le bateau et l'avion. On peut y visiter la sobre église romano-pisane San Simplicio (XIIe siècle).

LA GALLURA

Au nord d'Olbia s'étend la **Gallura**, région granitique où se succèdent collines et montagnes aux formes variées ; des rochers pittoresques se dressent sur fond de pâturages et de chênes-lièges.

La côte orientale de la Gallura, la **côte d'Émeraude** (Costa Smeralda) ❶, est un littoral granitique aux superbes arbustes méditerranéens, découpé de plages immaculées.

Une route panoramique suit le rivage du **golfe d'Aranci** à la baie de **Cala di Volpe**, que surplombe un élégant hôtel moderne de style méditerranéen.

Plus au nord, on arrive à **Capriccioli** et à la célèbre plage de **Romazzino**, point de départ d'une excursion aux îles voisines de **Montorio** et **Soffi**, aux criques enchanteresses.

Sur la route de **Porto Cervo**, station la plus courue de la côte, qui cache ses boutiques de luxe derrière des façades villageoises, on longe le **golfe de Pero**, aux vastes plages désertes.

Cala di Volpe, hôtel de luxe qui imite un château médiéval.

Puis viennent **Liscia di Vacca**, **Baia Sardinia** et **Porto Quato**, agréables stations balnéaires très sélectes.

Palau, petite ville habitée par des officiers de l'Otan, est le point de départ du bac pour les **îles de la Maddalena ❷**, parmi lesquelles se trouve l'**îlot de Caprera ❸**, à la végétation et aux plages superbes, où Garibaldi vécut de 1856 à sa mort, en 1882 ; sa **maison** se visite.

Porto Rafael, avec ses villas, ses beaux jardins et sa Piazzetta qui avance sur la plage, est un but d'excursion au départ de Palau.

Le **cap de l'Ours** (Capo d'Orso) est connu pour le rocher de l'Ours, sculpté dans le granit par le vent, déjà cité au IIe siècle par Ptolémée. D'autres rochers ont des formes de tortue, d'aigle, etc.

Les rochers granitiques les plus étonnants sont à l'ouest de **Santa Teresa di Gallura ❹**, port qui assure les liaisons avec la Corse, près du **Capo Testa** solitaire, à la plage de **Cala Spinosa**.

La route de Santa Teresa à **Castelsardo** serpente entre calanques et maquis avant d'aborder la **Costa Paradiso**, dont les résidences touristiques se fondent dans le paysage.

La côte nord-ouest héberge une pittoresque place forte espagnole accrochée à une petite péninsule, **Alghero ❺**, cité catalane au XIVe siècle, où l'on parle encore dans cette langue. Cette jolie ville a une cathédrale dont le chœur et le campanile du XVIe siècle sont de style gothique catalan tardif.

La plus jolie plage proche est la **Spiaggia di Maria Pia**, d'où l'on peut aller en bateau à la **grotte de Neptune** (Grotta di Nettuno) **❻**, au pied d'une falaise penchée aux étranges formations rocheuses.

Sassari ❼, à 45 mn de route dans les terres, est la seconde ville de l'île, dont les petites rues s'étagent entre la Piazza d'Italia néogothique et le **Musée archéologique**, le meilleur après celui de Cagliari pour la culture nuragique.

LA BARBAGIA

La **Barbagia**, cœur de l'île à tous les sens du terme, est la région la plus impénétrable de Sardaigne : hauts plateaux dolomitiques, pinèdes verdoyantes, parois monumentales et amphithéâtres de granit. Dans cette région inaccessible, Carthaginois, Romains et autres maîtres de l'île ont laissé peu de traces. Une population de bergers y a constitué une société fière et farouche qui a conservé son artisanat, ses fêtes, sa cuisine rustique et ses magnifiques costumes.

La seule ville intéressante est ici **Nuoro ❽**, la « capitale », avec 38 000 habitants, dans un site magnifique au pied du mont Ortobene, avec un passionnant **musée de la Vie et des Traditions populaires** qui compte 21 salles, et une gastronomie de renom. Une route panoramique mène au sommet du **mont Ortobene** (955 m), que couronne une statue du Christ (1901).

A **Oliena**, l'**hôtel Su Gologone** initie à la cuisine sarde et organise des randonnées dans les montagnes.

Orgosolo ❾, dont la grande rue est couverte de peintures murales anticapitalistes, est la « capitale des bandits ».

Carte p. 352

Oliveraies et « macchia » dans les monts Gennargentu, au sud de Nuoro.

Au centre de la Sardaigne s'élève le vaste massif de Gennargentu, montagnes pelées aux sommets arrondis qui culminent au pic La Marmora (1 834 m). L'isolement de cette région, qui comprend la Barbagia, que les Romains ne parvinrent jamais à soumettre complètement, a permis aux habitants de conserver leur caractère farouche et de préserver en partie leurs mœurs et leurs costumes.

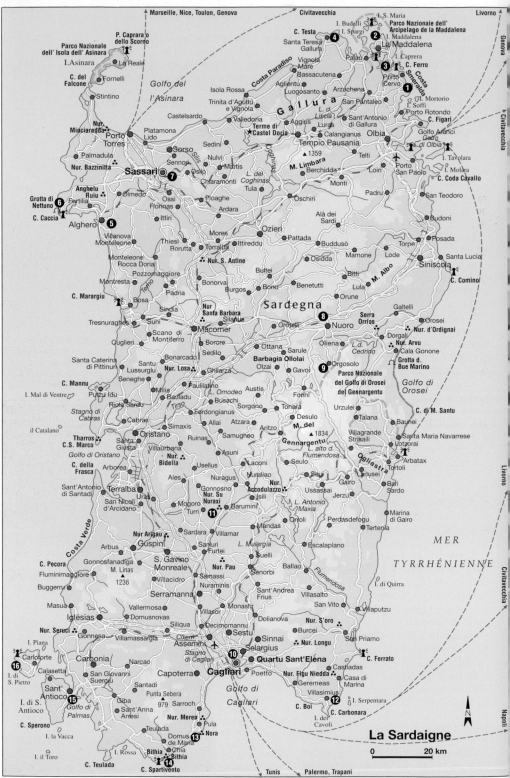

La Sardaigne

0   20 km

Dorgali est intéressant pour son **musée archéologique** et ses églises rustiques, surtout Sainte-Catherine (Santa Caterina).

De **Cala Gonone**, petit port et station balnéaire en plein essor, on peut aller en bateau à la **grotte du Bue Marino**, avec ses stalactites éclairées se reflétant dans ses lacs. Elle fut le dernier refuge en Méditerranée du phoque moine.

Au sud de Dorgali, le **Supramonte** est une masse rocheuse inhabitée, occupée par des grottes, des canyons, des bois et des animaux sauvages.

Les points les plus intéressants de la côte de la Barbagia, qu'il faut découvrir à partir de Cala Gonone, sont le **golfe d'Orosei**, avec 40 km de falaises de calcaire blanc qui s'élèvent jusqu'à 500 m, et la région d'**Ogliastra**. Il est rare que le littoral méditerranéen soit si sauvage et si surprenant.

Plus au sud, **Santa Maria Navarrese** est un autre coin de paradis, d'où l'on a une superbe vue sur l'**île d'Ogliastra**.

La N 125 longe la côte trop capricieuse à une certaine distance ; il faut donc bifurquer pour découvrir les **falaises d'Arbatax**, hauts rochers de porphyre rouge sur fond de ciel bleu et de mer violette et transparente.

CAGLIARI

Cagliari ❿, capitale de la Sardaigne, domine de ses collines une large baie pittoresque et peu profonde appelée **golfe des Anges** (Golfo degli Angeli). Elle conserve des souvenirs carthaginois, romains et espagnols. Le **Castello**, autour de la Piazza Palazzo, a par exemple gardé son caractère espagnol. Le **Musée archéologique** est surtout consacré à la période préromaine. La **cathédrale** du XIIIᵉ siècle, remaniée au XVIIᵉ, a une façade de 1933 peu heureuse. Louise de Savoie, femme de Louis XVIII, morte en exil à Londres en 1810, y repose.

Derrière les pyramides blanches des salines commence la seule plaine de Sardaigne, celle de **Campidano**, fertile et hospitalière. C'est un ancien bras de mer bordé de vieux rochers qui vont jusqu'à la **baie d'Oristano** en passant

par le plus beau nuraghe, celui de **Su Nuraxi ⓫**, tout près du village de Barumini. Avec ses couleurs vives et tranchées, le paysage paraît presque africain.

Villasimius ⓬ et la **Costa Rei** n'ont guère d'autres attraits que leurs plages.

La côte est plus intéressante au sud-ouest. **Nora ⓭** est un site romain et punique, avec ses villas, un temple, un petit théâtre et des mosaïques.

Forte Village est superbe et bien équipé pour l'accueil des familles et a une belle plage, mais la meilleure station balnéaire est **Chia ⓮**, avec ses hautes dunes.

Sur la route de **Sant'Antioco ⓯**, île reliée à la terre ferme par un ancien gué, la route longe la **Costa del Sulcis**, découpée de caps qui s'avancent dans les eaux bleues. Dans la ville qui porte le même nom que l'île, des catacombes se trouvent sous l'église principale.

Des bacs mènent à l'**île de San Pietro ⓰**, montagneuse (211 m d'altitude) et troisième île sarde par la superficie, connue pour l'abattage des bancs de thons au début de l'été.

Carte
p. 352

Le costume national se porte à l'occasion de fêtes.

Ci-dessous, la plage de Nora ; page suivante : la porte Saint-Zénon, à Vérone.

C'est dans le nord de la Sardaigne qu'on trouve la meilleure infrastructure touristique. Mais la mise en valeur progressive des côtes du sud de la Sardaigne en fera certainement plus en plus une rivale de la Costa Smeralda, dans le Nord, dont la mer et le vent ont fait la première région de l'île pour le tourisme balnéaire, avec des stations élégantes entre Olbia et Palau : Rotondo, Cala Volpe, Porto Cervo, Baia Sardinia.

INFORMATIONS PRATIQUES

AVANT LE DÉPART

FORMALITÉS

Les ressortissants des pays de l'Union européenne ont besoin d'une carte d'identité en cours de validité ou d'un passeport. Les automobilistes doivent se munir de leur permis de conduire et de la carte grise du véhicule.

AMBASSADES D'ITALIE

France
– Ambassade
47, rue de Varenne, 75007 Paris,
tél. 33 (0)1 49 54 03 00
– Consulat
5, boulevard Émile-Augier, 75116 Paris,
tél. 33 (0)1 44 30 47 00
Belgique
Rue Émile-Claus 28, 1050 Bruxelles,
tél. 32 (0)2 643 38 50
Canada
275 Slater St (21ᵉ étage), Ottawa K1P 5H9,
tél. 1 613-232 2401
Suisse
– Consulat
Rue Ch. Galland 14, 206 Genève,
tél. 41 (0)22-839 67 44

MONNAIE ET DEVISES

L'unité monétaire est l'euro (€), entré en vigueur en janvier 2002. L'euro est divisé en 100 centimes.

En 2009, le dollar canadien s'échangeait à 0,64 € (1 € = 1,56 $CA), et le franc suisse à 0,65 € (1 € = 1,52 CHF). Toutes les banques changent les devises. On peut aussi changer de l'argent dans les aéroports (notamment les jours fériés) et dans les principales gares. Avec une carte à puce et un code PIN, il est possible de retirer de l'argent aux DAB.

OÙ SE RENSEIGNER

Italiatour
126, boulevard Haussmann, 75008 Paris,
tél. 33 (0)1 42 93 29 67

Office national italien du tourisme (ONIT / ENIT)
Tous les renseignements sur le site :
www.enit.it
France
23, rue de la Paix, 75002 Paris,
tél. 0 800 00 48 25 42, 33 (0)1 42 66 66 68
Belgique
176, av. Louise, Bruxelles 1050,
tél. 00 800 00 48 25 42, 32 (0)2 64 71 741

Canada
175 Bloor Street East, South Tower (Suite 907),
Toronto M4W 3R8, tél. 1 416-925 4882
Suisse
Uraniastrasse, 32, 8001 Zurich,
tél. 41 43 466 40 40

ALLER EN ITALIE

EN AVION

En dehors d'Alitalia, on compte beaucoup de vols réguliers et de vols charters qui desservent l'Italie.

Compagnies aériennes nationales
Alitalia   *www.alitalia.com*
Air Canada   *www.aircanada.com*
Air France   *www.airfrance.com*
Brussel Airlines *www.brusselairlines.com*
Swiss   *www.swiss.com*

Principales compagnies aériennes low-cost
Meridiana   *www.meridiana.it*
Blu Express   *www.blu-express.com*
Easyjet   *www.easyjet.com*
Ryanair   *www.ryanair.com*
Transavia   *www.transavia.com*
Vueling   *www.vueling.com*

De France
Alitalia et Air France assurL'ent des liaisons avec toute l'Italie (Rome, Bologne, Gênes, Milan, Naples, Turin, Venise, Vérone…) au départ de Paris (aéroport Roissy-Charles-de-Gaulle) et d'autres villes (Bordeaux, Clermont-Ferrand, Lyon, Marseille, Nantes, Nice, Strasbourg et Toulouse).

De Belgique
Alitalia rallie Milan et Rome. SN Brussels Airlines dessert Milan, Bologne, Turin, Venise et Rome au départ de Bruxelles. Consulter également les offres *low-cost*.

De Suisse
Swiss International Air Lines propose des vols pour Rome au départ de Bâle, Genève et Zurich, qui est reliée aussi à Milan et Venise. Alitalia propose les liaisons Zurich-Rome, Genève-Rome, Genève-Milan.

Du Canada
Air Canada ne proposant pas de vols directs pour l'Italie, renseignez-vous sur les conditions d'un vol pour une ville européenne et la correspondance pour la ville italienne de destination.

Aéroports

L'Italie compte deux aéroports internationaux – Roma Leonardo da Vinci (ou Fiumicino) et Milano Malpensa 2000 – et de nombreux aéroports nationaux. Toutefois, certains vols internationaux atterrissent sur des nationaux tels que ceux de Naples et Pise.

Aeroporto Leonardo da Vinci di Fiumicino
www.adr.it
Situé à 35,5 km de Rome, il est relié à la Stazione Termini par une navette ferroviaire (tlj. 6h-23h30). Le trajet dure 35 min et coûte environ 11 €. Les billets sont en vente à l'aéroport, aux machines automatiques et dans les stations. D'autres trains, plus lents (comptez environ 40 min pour Trastevere) mais moins chers (5,50 €), relient l'aéroport aux gares de Trastevere, Tiburtina et Ostiense avec des départs toutes les 15 min. De ces gares, il vous suffira de prendre un bus ou un taxi pour rallier votre destination finale.

Vous pourrez également prendre un taxi officiel de couleur blanche si vous êtes chargé. Vérifiez qu'il soit correctement équipé d'un compteur. Depuis le 1er octobre, le prix de la course est fixé à 40 € en journée. Évitez de prendre les taxis non officiels qui chargent, en général, un tarif plus élevé.

Aeroporto di Ciampino
www.adr.it
Cet aéroport accueille principalement les compagnies aériennes low cost. Si vous avez préalablement acheté votre billet (4 €) sur le site *www.terravision.eu*, vous pourrez embarquer sur les bus privés Terravision et rallier le centre-ville jusqu'à Stazione Termini en 40 min. Sinon vous pouvez également prendre une navette Cotral (1,30 €) qui vous déposera à la station Anagnina du métro qui part environ toutes les 25 min pour rejoindre la Stazione de Termini en 30 min. En taxi officiel, le prix de la course est fixé à 30 €. Sachez que si vous atterrissez après 23h, vous n'aurez le choix qu'entre Terravision ou un taxi.

Aeroporto Milano Malpensa 2000
www.aeroportomalpensa.it
L'aéroport international de Milan se situe à quelque 45 km au nord-ouest de Milan. Pour rallier le centre-ville, le train Malpensa Express assure une liaison en 40 min entre le T1 et la gare de Cadorna, tandis que le bus Malpensa Shuttle vous conduira à la Stazione Centrale Milan. Les billets (7,50 € aller simple, 12 € AR) sont en vente en ligne ou à bord du bus moyennant une surtaxe.

Si préférez un transport plus privé ou plus grand que les taxis (comptez à peu près 70 €), stationnés au niveau Arrivée des 2 aérogares, n'hésitez pas à faire appel aux Milan Airport Shuttles (*www.milan.air ports-shuttle.com*, coût entre 90 € et 110 €).

EN TRAIN

Contactez la compagnie nationale, Trenitalia : *tél. 892021 (d'Italie seulement) ; www.trenitalia.it*

De France
Les trains de nuit au départ de Paris-Bercy desservent Rome, Milan, Turin, Venise, Bologne et Florence. Au départ de province, des trains relient Dijon à Venise, Rome, Florence et Milan, Nice à Milan, Gênes, Venise et Rome, et Lyon à Turin. Renseignements : SNCF, *tél. 3635, www.voyages-sncf.com, www.artesia.eu*

De Belgique
Il existe une liaison Bruxelles-Milan, mais Bruxelles n'étant pas reliée à Rome, le mieux, pour effectuer ce voyage, est de passer par Paris. Renseignements : *tél. 02 528 28 28, www.b-rail.be*

De Suisse
Les trains Cisalpino desservent toute l'Italie du Nord jusqu'à Florence au départ de Bâle, Berne, Genève, Lausanne et Zurich. Le train de nuit Euronight rallie Zurich, Bâle et Genève à Rome, Florence et Venise. Renseignements : *tél. 0900 300 300, www.cff.ch*

EN VOITURE

De France
Au départ de Paris, prendre la direction de Lyon (A 6). Un premier itinéraire consiste à suivre ensuite l'A 40 en direction de Genève et Chamonix pour traverser le tunnel du Mont-Blanc, puis à gagner Turin sur l'A 5 ou Milan sur l'A 4. Le second itinéraire passe par Lyon et Chambéry (*via* l'A 43), d'où l'on prend la direction de Turin en passant sous le tunnel du col de Fréjus. Pour faire Paris-Rome (compter 14 heures), le plus simple est de suivre le premier itinéraire signalé et, après Turin, de prendre la direction de Florence (A 121-A 11) puis celle de Rome (A 1).

De Belgique
Le mieux est de commencer par gagner Paris, ce qui se fait, au départ de Bruxelles, en prenant l'A 8 pour Lille puis l'autoroute du Nord pour Paris.

De Suisse
L'itinéraire varie selon la ville de départ. De Genève, on suivra la direction de Chamonix et on traversera le tunnel du Mont-Blanc. De Berne ou de Zurich, on gagnera l'Italie en prenant la direction de Lugano *via* le tunnel de Saint-Gothard ; la N 2 mène à Milan et les A 9, A 8 et A 4 à Turin. De Lausanne, on suivra les routes N 9 puis S 27 pour atteindre le tunnel du Grand-Saint-Bernard, puis l'A 5 pour Turin.

En car

De France

Eurolines relie la majorité des grandes villes des deux pays.

Eurolines
*Route routière internationale de Paris-Galliéni
28, avenue du Général-de-Gaulle, BP 313,
93541 Bagnolet,
tél. 0892 89 90 91, www.eurolines.com*

De Belgique

Au départ de Bruxelles, des autocars Eurolines traversent d'autres villes belges et gagnent de nombreuses villes italiennes, de Milan à Palerme.

Eurolines CNN Gare du Nord
*Place Solvay 4, 1030 Bruxelles,
tél. 32 (0)2 274 13 70, www.eurolines.be*

De Suisse

Pour tout renseignement sur les transports internationaux au départ de Genève, joindre la gare routière :

Gare routière de Genève
*Place Dorcière, case postale 2149, 1211 Genève 1,
tél. 41 22 732 02 30 (de l'étranger seulement),
0900 320 230 (de Suisse), www.gare-routiere.com*

En bateau

Les compagnies maritimes Corsica Ferries, Moby Lines, SCNM, CMN-La Méridionale et Saremar proposent des liaisons entre la Corse (Ajaccio, Bastia, Bonifacio, Piombino et Propriano), le continent italien (Gênes, Livourne et Marsiglia) et la Sardaigne (Porto Torres et Santa Teresa di Gallura).
Renseignements : *www.traghettionline.it*

A SAVOIR SUR PLACE

Heures d'ouverture

Banques Elles ouvrent du lundi au vendredi de 8h30 à 13h ou 13h30. L'après-midi, leurs horaires d'ouverture varient d'une région à l'autre.
Magasins La plupart des commerces ouvrent de 9h à 12h30 et de 15h30 ou de 16h à 19h30 ou 20h. Dans les endroits touristiques et le centre des grandes villes, ils ouvrent souvent en continu. Les magasins sont fermés le dimanche et, en général, le lundi (ou sinon le samedi), sauf dans les villes très touristiques comme Taormina ou Venise.
Poste Les bureaux de poste sont ouverts du lundi au samedi midi. Dans beaucoup de villes, la poste principale est ouverte toute la journée, sinon les horaires des bureaux en semaine sont de 8h à 13h30.

Jours fériés

1er janvier Nouvel An (*Capodanno*)
6 janvier Épiphanie (*Epifania*)
Lundi de Pâques (*Lunedi dell'Angelo*)
25 avril jour de la Libération (*Anniversario della Liberazione*)
1er mai fête du Travail (*Festa del Lavoro*)
15 août Assomption (*Ferragosto*)
1er novembre Toussaint (*Ognissanti*)
8 décembre Immaculée Conception (*Immacolata Concezione*)
25 décembre Noël (*Natale*)
26 décembre Saint-Étienne (*Santo Stefano*)
Certaines villes fêtent leur saint patron d'un jour férié.

Poste

La poste propose une gamme de services tels que *raccomandata* (recommandé) ou *espresso* (urgent). En général, le délai d'expédition du courrier est assez long : une semaine minimum, pour une lettre normale. La plupart des bureaux de tabac (*tabacchi*) vendent des timbres.
Il est possible de recevoir du courrier en *Posta Restante* (poste restante) qu'il vous faudra retirer uniquement –avec une pièce d'identité–, au guichet *Fermo Posta* de la poste centrale.

Téléphone

Il y a des téléphones publics à peu près partout. On peut passer des communications dans de nombreux bars ; il suffit de demander un *scatti* et de payer après l'appel.
La plupart des cabines téléphoniques fonctionnent avec des *carte telefoniche* ou *schede telefoniche* (cartes téléphoniques) que l'on peut acheter dans les bureaux de tabac et les bars.
Pour appeler d'Italie à l'étranger, composer le *00* (code international), puis l'indicatif du pays demandé (*33* pour la France, *32* pour la Belgique, *1* pour le Canada et *41* pour la Suisse) et le numéro du correspondant (sans le *0* initial). Pour appeler en Italie de l'étranger, composer le *00* (international), le *39* (Italie), puis le numéro demandé.
Indicatifs régionaux

Bologne	051
Florence	055
Gênes	010
Milan	02
Naples	081
Palerme	091
Pise	050
Rome	06
Turin	011
Venise	041

Renseignements téléphoniques
National *tél. 12*
International *tél. 176*
PCV *tél. 170*

MÉDIAS

Presse

Les grands quotidiens nationaux sont le *Corriere della Sera* (libéral) et *La Repubblica* (centre gauche). Il existe aussi des quotidiens régionaux : *Il Mattino* pour Naples, *Il Giornale della Sicilia* pour la Sicile… On trouve la presse internationale dans les gares et certains kiosques à journaux de toutes les grandes villes.

SANTÉ ET URGENCES

Les citoyens de l'Union européenne doivent, avant de partir, se procurer une carte européenne d'assurance maladie (valable un an) pour bénéficier de la prise en charge des soins médicaux. Le rapatriement sanitaire n'étant pas pris en charge par la Sécurité sociale, il est conseillé de contracter une assurance voyage complémentaire (certaines cartes bancaires incluent ce service).

La plupart des hôpitaux ont un *Pronto Soccorso* (service d'urgence) fonctionnant 24h/24. Pour des soins légers, se rendre dans une *farmacia* (pharmacie), signalée par une croix verte. Les pharmacies sont généralement ouvertes de 9h à 13h et de 16h à 19h30 ou 20h.
Ambulances
Tél. 118
Carabinieri (police)
Tél. 112
Urgences
Tél. 113
Pompiers
Tél. 115
Ces services fonctionnent tous les jours 24h/24.

OFFICES DE TOURISME

Dans chaque agglomération importante on trouve une agence du tourisme, Azienda Provinziale per il Turismo (APT) et des bureaux annexes (IAT). La plupart des APT offrent un plan de la ville, une liste d'hôtels et des informations sur les musées. On peut aussi s'adresser au Touring Club Italiano (TCI), qui informe gratuitement et édite de bonnes cartes.

APT des principales destinations touristiques
APT Bologne
Via de'Castagnoli, 3,
tél. 051 659 8757, www.provincia.bologna.it

IAT Bologne
Piazza Maggiore 1e, Palazzo del Padestà,
tél. 051 239660, http ://iat.commune.bologna.it
APT Florence
Via Manzoni 16, tél. 055 23320,
www.firenzeturismo.it
APT Florence et sa province
Via Cavour 1, tél. 055 290832
APT Gênes
Stazione Principe, Piazza Acqua Verde,
tél. 010 246 2633, www.turismoinliguria.it
APT Milan
Via Marconi 1, tél. 02 7252 4301
IAT Milan
Via Marconi 1, tél. 02 7740 4343,
www.milanoinfotourist.com
APT Naples
Palazzo Reale, Piazza Trieste e Trento,
tél. 081 252 5711, www.inaples.it
APT Palerme
Piazza Castelnuovo 34,
tél. 091 605 8351, www.aapit.pa.it
APT Pise
Galleria Gerace 14, tél. 050 929777,
www.pisaturismo.it
APT Rome
– Via Parigi, 5, tél. 06 488991,
www.romaturismo.com
– Stazione Termini, tél. 06 4890 6300
APT Sienne
Piazza del Campo 56, tél. 0577 280551,
www.terresiena.it
APT Turin
Piazza Castello 161, tél. 011 535181,
www.turismotorino.org
APT Venise
Tél. 041 529 8711, www.turismovenezia.it
– Castello 5050
– 71F Piazza San Marco

COMMENT SE DÉPLACER

EN AVION

Rome, Milan, Florence, Venise, Naples et les villes touristiques sont desservies par des vols intérieurs assurés, pour la plupart, par Alitalia, mais aussi par AirOne (*www.flyairone.it*), Alisarda pour la Sardaigne (*www.alisarda.it*) et Blu Express pour Rome, Milan et Bari (*www.blu-express.com*). L'avion coûte plus cher que le train, mais reste intéressant sur les longues distances. En réservant en Italie, certaines réductions sont disponibles à certaines dates. Les bébés de moins de 2 ans, accompagnés par un adulte, ont 90 % de réduction, et ceux, entre 2 et 12 ans, 33 %.

En train

En Italie, le train est le moyen de transport le plus rapide, pratique et économique. En outre, les jeunes voyageurs ainsi que les groupes peuvent bénéficier de réductions intéressantes. Sur les grandes lignes, les trains InterCity (IC), EuroCity (EC), Eurostar (ES) et Pendolino sont plus chers mais plus rapides et plus confortables. Réservation obligatoire.

Les trains régionaux, beaucoup plus lents, sont appelés Regionale, Diretto ou Espresso. Les billets sont valables 2 mois. Dans le Sud, particulièrement en Sicile, la qualité des services ferroviaires étant relativement médiocres, il est préférable d'opter pour le car. Seules exceptions, le train Circumetnea qui fait le tour de l'Etna, et le Circumvesuvio de Naples qui demeure le meilleur moyen pour voir Pompéi, Heraculanum et autres principaux sites de la ville.

Pour toute information, consultez le site : *www.trenitalia.com*

En bateau

Tous les jours, des ferries font la navette entre Reggio di Calabria, Villa San Giovanni, Naples et la Sicile ; entre Civitavecchia, Livourne et la Sardaigne ; entre Naples et les îles de Capri et Ischia. Des lignes régulières relient également Gênes, la Sardaigne, Naples à la Sicile, et le continent à beaucoup de petites îles. Enfin, des bateaux relient les villes bordant les lacs du Nord : de Côme, Majeur et de Garde. Renseignements dans les agences de voyages et sur les sites suivants : *www.traghetti.com*, *www.fun.informare.it* et *www.viamare.com*

En car

Les cars sont bon marché et souvent plus ponctuels, rapides et confortables que les trains, notamment la liaison Sienne-Florence. Chaque province a sa compagnie indépendante d'*Inter-city*, ce qui n'est guère pratique pour connaître les correspondances.
Rome
Cotral
www.cotralspa.it
Efficace, la compagnie dessert toute la région du Lazio au départ des stations de métro.
Milan
Autostradale
Piazza Castello 1, tél. 02 7200 1304
Sillonne la Lombardie et la région des lacs jusqu'à Venise et Turin. Propose aussi des circuits organisés.
Florence
Lazzi
Via Mercadante 13/N, tél. 055 363041, www.sad.it
Couvre la Toscane ainsi que toute l'Italie.

En voiture

Le réseau routier et autoroutier est très étendu et bien entretenu. Les autoroutes, payantes, sont peu encombrées. Les limitations de vitesse et les règles générales de conduite sont conformes aux normes européennes ; cependant, les feux de croisement sont obligatoires de jour comme de nuit sur les autoroutes ainsi que sur les routes principales. La police fait enlever très vite les véhicules stationnés sur une zone d'enlèvement (*Zona Rimozione*), et les frais de fourrière sont élevés. Par ailleurs, selon la législation européenne, les contraventions sont applicables à tout automobiliste, qu'il soit étranger ou italien. La nuit en ville, il est conseillé de mettre sa voiture dans un parking gardé. En hiver, renseignez-vous auprès de l'office du tourisme ou appelez l'Automobile Club Italien (ACI, *tél. 803116*) pour connaître l'état des routes de montagne.

Location de voitures
Comme le carburant, la location d'un véhicule est onéreuse en Italie. Les compagnies Avis, Hertz et Europcar, ainsi que le loueur italien Auto Maggiore, sont représentés dans tous les aéroports et la plupart des villes. La liste des agences est répertoriée dans les pages jaunes de l'annuaire sous la rubrique *Autonoleggio*. Le forfait de location comprend en général une assurance collision et dépannage, mais il est préférable de se renseigner sur les dommages qu'elle couvre. On s'assurera aussi que la TVA (19 %) est bien comprise dans le prix affiché. Le locataire doit avoir 21 ans révolus et présenter son permis de conduire.

En transports en commun

Florence
L'ATAF gère l'ensemble des transports en commun. On trouve des billets de bus – valables 1 heure, 2 heures ou 24 heures sur l'ensemble du réseau – dans les cafés, les bureaux de tabac et les kiosques à journaux affichant l'enseigne ATAF.
ATAF
Tél. 800 424500, www.ataf.net

Milan
Le service de bus et de tramways, ATM, est efficace et rapide. Les billets, valables 75 min après compostage, s'achètent dans les bureaux de tabac et les kiosques.

Les 4 lignes – MM1 (rouge), MM2 (vert), MM3 (jaune) et Passante Ferroviario (bleue) – du Metropolitano Milanese (MM) desservent bien la ville et sa banlieue. Les billets – validation 75 min, 24 heures, 2 jours, ou 1 semaine – sont en vente aux distributeurs de chaque station ou dans les bureaux de tabac.
ATM
www.atm-mi.it

Naples

Les transports napolitains ont fait d'énormes progrès en termes d'efficacité et de sécurité. Étroitement surveillée par la police, la gare centrale, Napoli Centrale, est très sûre. Les bus couvrent la plupart des quartiers et sont le seul transport en commun desservant le front de mer. La ligne principale du métro, Metropolitana FS, relie les lieux importants de la ville – Piazza Garibaldi, Piazza Cavour, Monte Santo, Mergellina, Campi Flegrei, Bagnoli – et dessert la banlieue. On peut acheter des tickets valables dans le métro et le bus. Il existe 2 circuits ferroviaires touristiques : le Circumvesuviana (Piazza Garibaldi, Pompéi, Herculanum) et le Circumflegri (Piazza Montesanto, Cumes).

Rome

Pour visiter le centre de Rome, les visiteurs dépendent entièrement des transports en commun, des taxis ou de leurs pieds, car seuls les Romains ont le droit d'y circuler en voiture. Les cars et voitures stationnent en général dans le parking souterrain sous Gianicolo.

Les bus circulent de 5h30 à 0h, puis en fréquence de nuit de 0h à 5h30. Le terminus de la plupart des lignes est la Stazione Termini. Les titres de transport sont disponibles dans les stations, les bureaux de tabac et certains cafés : tickets standards à l'unité (*biglietto a tempo*), valides 75 min, pass journaliers pour le métro et les bus (*Metrebus* ou *biglietto integrato giornaliero*), pass hebdomadaires ou mensuels, valables sur l'ensemble du réseau ATAC (bus oranges).

Bus 64 Il relie la Stazione Termini à la Piazza Venezia et au Vatican.

Bus 119 Ce bus électrique opère entre Piazza Venezia et Piazza del Popolo via la fontaine de Trevi et Piazza di Spagna.

Bus Turistico (ligne 110) Ce bus à impériale ouvert propose une tournée des principaux centres d'intérêt de la ville en 3 heures.

Major Basilicas Cet autre bus touristique mène à la plupart des églises et basiliques.

Stazione Termini est la grande gare ferroviaire de Rome. S'y croisent les deux lignes A et B du métro, Metropolitana (*voir 3e de couverture*). Service de dim. à ven. de 5h30 à 11h30, le sam. de 5h30 à 0h30.

Transports publics romains
Tél. 06 57003, www.atac.roma.it

Venise

Venise se découvre surtout à pied, et le transport en bateau revient vite cher. Il y a trois sortes de *vaporetti* : le *vaporetto*, gros bateau omnibus et plutôt lent, le *motoscafo*, plus effilé, plus rapide et marquant moins d'arrêts, enfin le *motanave*, sorte de bac desservant les îles éloignées. Les lignes 1 et 2 desservent le Grand Canal et le Lido et la ligne 5 (*circolare*) fait le tour de la ville dans les deux sens.

On peut également louer une gondole (*gondola*) à l'heure (prolongation possible), ou emprunter une gondole collective, *traghetto*, pour traverser le Grand Canal aux endroits dépourvus de pont.

ACTV Informations
Tél. 041 272 2111, www.actv.it

EN TAXI

Le plus simple est de se rendre à une station de taxi. En montant, vérifier que le compteur est remis à zéro et qu'il tourne correctement. Les prix des suppléments doivent être clairement affichés. Le pourboire est de mise. Voici quelques compagnies :

Milan

Les taxis, de couleur blanche, se prennent à l'une des nombreuses stations, telle Stazione Centrale ou San Babila. Sinon, appeler l'un des numéros suivants :
Tél. 02 8383
Tél. 02 6767
Tél. 02 8585

Naples
Tél. 81 556 0202
Tél. 81 556 4444

Rome

Les stations de taxis ne manquent pas, mais vous pouvez appeler également l'un de ces numéros :
Tél. 06 8822
Tél. 06 4994
Tél. 06 3570

CULTURE ET LOISIRS

FÊTES ET FESTIVALS

Aux innombrables fêtes religieuses (chaque localité honore son saint patron) s'ajoutent des festivals à thème, des reconstitutions historiques, des foires agricoles, artisanales ou artistiques. La liste est trop longue pour figurer dans ces pages. L'ENIT édite chaque année le calendrier et le programme détaillé de ces manifestations. En voici quelques-unes :

Arezzo

Giostra del Saracino Dernier dimanche d'août et premier dimanche de septembre. Évocation des Croisades en costumes d'époque.

Florence

Gioco del Calcio Les 19, 24 et 28 juin. Le *gioco del calcio* est une forme ancienne et assez brutale de football. La partie se dispute en costumes du XVIe siècle.

Scoppio del Carro Le dimanche de Pâques. Cette « explosion du char », manifestation haute en couleur (feux d'artifice) célèbre la Résurrection.

Rome

Festa di Noiantri Du 15 au 31 juillet : musique, feux d'artifice et repas conviviaux au Trastevere.
Rome Film Festival Ce nouveau festival du cinéma ce déroule en octobre.

Spolète

Festival dei Due Mondi De la fin juin à la mi-juillet, festival international de musique, de danse et de théâtre.

Sienne

Palio Les 2 juillet et 16 août. Course de chevaux et procession en costumes du XVᵉ siècle sur la Piazza del Campo.

Turin

Salone del Gusto Tous les 2 ans, la ville organise en octobre ce festival gustatif, créé par le Slow Food Movement.

Venise

Biennale De juin à octobre, les années paires. Exposition internationale d'art contemporain.
Carnavale : juste avant le Carême.
Festa del Redentore La nuit du 3ᵉ samedi de juillet, un pont de bateau est constitué entre l'île de Giudecca et l'église Redentore, de l'autre côté du canal. Cette fête commémore la fin de la grande peste de 1567. Une occasion de pique-niquer sur l'eau tout en admirant le grand feu d'artifice.
Mostra Fin du mois d'août. Festival international de cinéma au Lido.

MUSÉES

Les monuments historiques sont souvent en restauration, aussi leurs jours et horaires d'ouvertures font-ils l'objet d'incessantes modifications. Il est conseillé de se renseigner sur place. Dans les églises l'éclairage des peintures est souvent tarifé.

Florence

Galleria dell'Accademia
Via Ricasoli, 60, tél. 055 294883
Ouv. lun. 8h15-14h, mar.-dim. 8h15-18h15 ; droit d'entrée. Œuvres de Michel-Ange, en particulier *David* et les *Quatre Esclaves*.

Galleria degli Uffizi
Piazzale degli Uffizi, tél. 055 238 8651
Ouv. oct.-juin : mar.-dim. 8h15-18h50 ; juil.-sept. mar.-mer. 8h15-22h, jeu.-dim. 8h15-18h50, dernière

entrée 45 min avant fermeture ; droit d'entrée. L'un des plus beaux musées du monde : Botticelli, Léonard de Vinci, Raphaël, Piero della Francesca, Le Caravage, Giotto… et de grands artistes étrangers.

Museo archeologico Nazionale
Via della Colonna, 38, tél. 055 294883
Ouv. lun. 14h-19h ; mar., jeu. 8h30-19h ; mer., ven.-dim. 8h30-14h, droit d'entrée. Art étrusque, grec et romain.

Museo dell'Opera del Duomo
Piazza del Duomo
Ouv. lun.-sam. 9h-19h30 ; dim. 9h-13h45 ; droit d'entrée.

Museo di San Marco
Piazza San Marco, 3, tél. 055 246 6105,
www.polomuseale.firenze.it
Ouv. lun.-jeu. 8h15-13h15, ven. 8h15-18h, sam.-dim. 8h15-19h ; fermé 1ᵉʳ, 2ᵉ et 3ᵉ dim. du mois ct 2ᵉ et 4ᵉ lun. du mois ; droit d'entrée. Superbes fresques et peintures de Fra Angelico.

Palazzo Pitti
Piazza Pitti, 1, tél. 055 238 8614
Cet immense palais abrite plusieurs établissements :
– Galleria d'Arte Moderna
Peinture toscane des XIXᵉ et XXᵉ siècles. Ouv. lun.-dim. 8h15-13h50.
– Galleria del Costume
Histoire du costume du XVIIIᵉ au XXᵉ siècle. Ouv. lun.-dim. 8h15-13h50.
– Galleria Palatina
Ouv. mar.-dim. 8h15-18h50, dernière entrée 45 min avant fermeture ; droit d'entrée. Œuvres de Rubens, Van Dyck, Vélasquez, Raphaël, Titien…
– Museo degli Argenti
Ce musée du Trésor expose les effets personnels des Médicis et des Habsbourg-Lorraine.

Milan

Castello Sforzesco
Piazza Castello, tél. 02 875851
Ouv. tlj. : été 7h-19h ; hiver 7h-18h ; droit d'entrée pour le musée. Ancienne forteresse militaire du XIVᵉ siècle, qui fut la résidence des ducs de Milan, le musée présente des sculptures et peintures des grands maîtres lombards.

Cenocolo Vinciano
Piazza Castello, tél. 02 8942 1146
Ouv. mar.-dim. 8h15-19h30 sur RDV uniquement 7h-19h ; hiver 7h-18h ; droit d'entrée pour le musée. Abrite la *Cène* de Leonardo da Vinci.

Galleria d'Arte Moderna (Villa Reale)
Via Palestro, 16, tél. 02 7600 2819
Ouv. mar.-dim. 9h-17h30. Peintures, sculptures des XIXᵉ et XXᵉ siècles.

Museo del Duomo
Piazza del Duomo, 14, tél. 02 860358

Ouv. tlj. 10h30-13h15, 15h-18h. Histoire de la cathédrale de Milan.

Museo Nazionale della Scienza e della Tecnologia Leonardo da Vinci
Via San Vittore, 21, tél. 02 485551,
www.museoscienza.org
Ouv. mar.-ven. 9h30-17h, sam.-dim. 9h30-18h30 ; droit d'entrée. Histoire des sciences et des techniques, dont la collection des inventions de Vinci.

Museo Poldi-Pezzoli
Via Alessandro Mazoni 12, tél. 02 794889,
www.museopoldipezzoli.it
Ouv. mar.-dim. 10h-18h ; droit d'entrée. Collections d'art d'un banquier dans son hôtel du XVIIIᵉ siècle.

Museo Teatrale alla Scala
Piazza della Scala 1, tél. 02 4335 3521
Ouv. tlj. 9h-12h30, 13h30-17h30 ; droit d'entrée. Verdi, Puccini, Toscanini… à l'honneur.

Pinacoteca Ambrosiana
Piazza Pio XI, 1, tél. 02 806921,
www.ambrosiana.it
Ouv. mar.-dim. 10h-17h30 ; droit d'entrée. Peintures du XIVᵉ au XIXᵉ siècle.

Pinacoteca di Brera
Via Brera, 28, tél. 02 722631,
www.brera.beniculturali.it
Ouv. mar.-dim. 8h30-19h15 ; droit d'entrée. Peinture italienne (écoles vénitienne et lombarde).

Rome

Casa di Goethe
Via del Corso 18, tél. 06 3265 0412
Ouv. mar.-dim. 10h-18h ; droit d'entrée. Retrace les séjours de Goethe en Italie.

Colosseo
Ouv. tlj. 9h-1 heure avant le coucher du soleil ; droit d'entrée (billet jumelé avec le Palatin et le Foro).

Foro Romano
Ouv. tlj. 8h30-1 heure avant le coucher du soleil ; droit d'entrée. Centre civique de la Rome antique.

Galleria Borghese
Via Prenestina 685, tél. 06 841 3979,
www.ticketeria.it
Visites sur RDV seulement mar.-dim. 8h30-19h30 ; droit d'entrée.

Galleria Doria Pamphilj
Piazza del Collegio Romano 2, tél. 06 679 7323,
www.doriapamphilj.it
Ouv. ven.-mer. 10h-17h ; droit d'entrée. Superbe collection des XVIᵉ et XVIIᵉ siècles.

Galleria Nazionale d'Arte Antica
Palazzo Barberini 13 Via delle Quattro Fontane,
tél. 06 482 4184
Ouv. mar.-dim. 8h30-19h30, dernière entrée 30 min avant fermeture ; droit d'entrée. L'art italien et européen du XIIIᵉ au XIXᵉ siècle.

Galleria Nazionale d'Arte Moderna e Contemporanea
Viale delle Belle Art 131, tél. 06 322981
Ouv. mar.-dim. 8h30-19h30 ; droit d'entrée. Tableaux d'artistes, italiens pour la plupart, des XVIIIᵉ et XIXᵉ siècles.

Museo Carlo Bilotti
Orangerie de la Villa Borghese, Via Veneto
Ouv. mar.-dim. 9h-19h ; droit d'entrée. Collection permanente d'œuvres de Chirico à Warhol.

Musei Vaticani
Viale Vaticano, tél. 06 6988 4947, www.vatican.va
Ouv. été : lun.-ven. 10h-16h45, sam. 10h-14h ; hiver : lun.-sam. 10h-13h45, sam. 10h-14h ; dernier dim. du mois 9h-13h45 ; dernière entrée 25 min avant fermeture ; droit d'entrée.

Museo del Risorgimento
Via di San Pietro in Carcere, tél. 06 679 3598
Ouv. tlj. 9h30-18h ; entrée libre.

Museo di Palazzo Venezia
Piazza Venezia
Ouv. mar.-dim. 8h30-19h30 ; droit d'entrée. Ce magnifique palais Renaissance abrite une belle collection de peintures, sculptures et tapisseries classiques.

Museo e Galleria Borghese
Piazzale Borghese Scipione 5, tél. 06 841 7645
Ouv. mar.-dim. 9h-14h. Œuvres du Caravage, du Titien, de Raphaël et du Bernin.

Museo Ebraico
Lungotevere Venci
Ouv. dim.-jeu. : été 10h-19h, hiver 10h-17h ; ven. : été 10h-16h, hiver 10h-14h ; droit d'entrée. Retrace la vie dans le Ghetto.

Museo Nazionale d'Arte orientale
Via Merulana 248, colline Esquiline,
tél. 06 487 4218
Ouv. lun., ven.-sam. 8h30-14h ; mar., jeu., dim. 8h30-19h30 ; fermé les 1ᵉʳ et 3ᵉ lun. du mois ; droit d'entrée. Sculptures en bronze, pierre, poterie et bois des civilisations orientales.

Museo Nazionale Etrusco di Villa Giulia
Piazzale di Villa Giulia 9, tél. 06 322 6571
Ouv. mar.-dim. 8h30-19h30, dernière entrée 30 min avant fermeture ; droit d'entrée.

Museo Nazionale Romano
www.pierreci.it, tél. 06 3996 7700
Sites du musée : ouv. mar.-dim. 9h-19h45 ; droit d'entrée, billet valable pour tous les sites du musée.

– Cripta Balbi
Via delle Botteghe Oscure 31
Collections archéologiques.

– Palazzo Altemps
Piazza Sant'Apollinare 44
Collection d'antiques réunie au XVIIᵉ siècle par le cardinal Ludovisi.

– Palazzo Massimo alle Terme
Largo di Villa Peretti 1
Abrite les collections du Museo Nazionale.

Turin

Galleria Civica d'Arte Moderna e Contemporanea
Via Magenta, 31, tél. 011 442 9518
Ouv. mar.-dim. 10h-18h ; droit d'entrée. La GAM abrite une des collections d'art contemporain les plus prestigieuses d'Italie.

Galleria Sabauda
Via Accademia delle Scienze 6, www.museoegizio.org
Ouv. mar., ven., sam.-dim. 8h30-14h ; mer.-jeu. 14h-19h30. Expositions des œuvres des écoles italienne, flamande et hollandaise.

Museo Nazionale del Cinema (Mole Antonelliana)
Via Montebello 20, tél. 011 812 5658,
www.museonazionaledelcinema.org
Ouv. mar.-dim. 9h-20h ; sam. 9h-23h ; droit d'entrée. L'histoire du cinéma présentée dans ce qui était, à l'époque de sa construction (1863), le plus haut bâtiment en brique d'Europe et qui reste l'emblème de la ville.

Museo Nazionale dell'Automobile
Corso Unità d'Italia 40, tél. 011 677666,
www.museoauto.org
Ouv. mar.-dim. 10h-18h30 ; droit d'entrée. Collections qui retracent l'histoire de l'automobile et du moteur en Italie ; 170 automobiles.

Museo Egizio
Via Accademia delle Scienze 6, tél. 011 561 7776,
www.museoegizio.org
Ouv. mar.-dim. : été 9h30-20h30, hiver 8h30-19h30 ; droit d'entrée. L'une des plus belles collections d'antiquités égyptiennes.

Venise

Basilica di San Marco
Piazza San Marco 30124, tél. 041 522 5205
Ouv. lun.-sam. 9h45-17h ; dim. 14h-17h ; droit d'entrée pour le sanctuaire, le Pala d'Oro et le trésor ; pour des raisons de sécurité, tout sac doit être déposé à la consigne gratuite de l'Atenea San Basso, Piazzetta dei Lioncini. Inspirée de la basilique byzantine Sainte-Sophie d'Istanbul.

Ca' d'Oro (Galleria Franchetti)
Calle di Ca' d'Oro 3932 Cannaregio,
tél. 041 523 8790
Ouv. lun. 8h15-14h ; mar.-dim. 8h15-19h15 ; entrée gratuite. L'un des plus beaux palais de Venise, avec ses fenêtres en ogives. Œuvres de Vivarini, Titien, Van Dick, Van Eyck, Dürer, Memling…

Ca' Pesaro (Galleria Internazionale d'Arte Moderna et Museo d'Arte Orientale)
Santa Croce 2076, tél. 041 524 0695
Ouv. mar.-dim. : avr.-oct 10h-18h ; nov.-mars 10h-17h ; droit d'entrée. Ce palais de style baroque abrite le musée d'Art oriental, qui réunit les collections de l'ethnologue Henri Bourbon-Parme, et la galerie d'Art moderne, qui conserve des œuvres de Bonnard, Chagall, Kandinsky, Matisse, Miró…

Ca' Rezzonico (Museo del Settecento Veneziano)
Fondamenta Rezzonico 3136 Dorsoduro
Ouv. mer.-lun. : nov.-mars 10h-17h, avr.oct. 10h-18h ; droit d'entrée. Palais du XVIIIe siècle, décoré par des fresques de Tiepolo, collections d'arts décoratifs du Settecento : porcelaines, verrerie, meubles, tapisseries. Une salle est consacrée à Pietro Longhi.

Gallerie dell'Accademia
Campo della Carità, Dorsoduro,
tél. 041 522 2247
Ouv. lun. 8h15-14h, mar.-dim. 8h15-19h15 ; droit d'entrée. Peinture vénitienne (la *Madone* de Bellini, *La Tempête* de Giorgione, la magnifique série illustrant la vie de saint Marc par le Tintoret…).

Museo Correr
Piazza San Marco 52, tél. 041 240 5211
Ouv. tlj. 9h-19h ; droit d'entrée, billet jumelé avec le Museo del Risorgimento et le Museo Archeologico. Musée de l'histoire de la cité : peinture vénitienne des XIIIe-XVIe siècles, statues, costumes, armes… Deux autres musées le jouxtent : le **Museo del Risorgimento** (l'histoire de Venise, de la chute de la République à l'annexion au royaume d'Italie) et le **Museo Archeologico** (Grèce antique).

Museo Ebraico
Cannaregio 2902/b, tél. 041 715359,
www.museoebraico.it
Ouv. dim.-ven. : juin-sept. 10h-19h, oct.-mai 10h-18h ou au crépuscule ; droit d'entrée.

Museo Marciano
Basilica San Marco, Sestriere San Marco 323,
tél. 041 5225205
Ouv. tlj. de 9h45 à 16h30 ; droit d'entrée.

Palazzo Ducale
Piazzeta San Marco, tél. 041 271 5911
Ouv. tlj. : avr.-oct. 9h-19h, nov.-mars 9h-17h ; droit d'entrée. Chef d'œuvre de l'architecture gothique, la résidence du doge était le siège des instances politiques et judiciaires (comprend la visite du pont des Soupirs). Œuvres de Tintoret, Véronèse, Palma le Jeune…

Santa Maria Gloriosa dei Frari
Sestiere San Polo
Ouv. lun.-sam. 9h-18h, dim. 13h-18h ; droit d'entrée. Superbe basilique gothique abritant, entre autres, des chef-d'œuvres du Titien (l'*Assomption*, *Madonna di Ca' Pesaro*) et de Bellini (tryptique de la *Vierge à l'Enfant*).

Scuola di San Giorgio degli Schiavoni
Calle dei Furlani, Castello 3259 / A Castello,
tél. 041 522 8828

Ouv. mar.-sam. 9h-12h, 15h-18h ; dim. 9h30-12h30 ; droit d'entrée. Œuvres de Carpaccio : 9 toiles féeriques mettant en scène les saints protecteurs de la Scuola dalmate, dont le célèbre *Saint Georges et le dragon.*

Scuola Grande di San Rocco
Sestiere San Polo
Ouv. tlj. : avr.-oct. 9h-17h30, nov.-mars 10h-17h ; droit d'entrée. Renferme une série de peintures et de fresques réalisées par Le Tintoret, dont le fameux *Saint Roch en Gloire.*

MUSIQUE ET THÉÂTRE

De nombreux festivals et des concerts de qualité ont lieu toute l'année, un peu partout en Italie.

Florence
Badia Fiesolana
San Domenico, Fiesole
Les cloîtres de cette abbaye accueille des concerts en juillet et août.
Giardini Boboli
Palazzo Pitti, Oltrano
Concerts dans les jardins en juillet et août.
Estate Fiesolana
Au théâtre antique de Fiesole, festival de juin à août : opéras, concerts, pièces de théâtre, danse et cinéma.
Teatro Comunale
Corso Italia 12, tél. 055 277 9350
Cet opéra accueille notamment, en mai et juin, le festival musical Maggio Musicale Fiorentino.
Teatro della Pergola
Via della Pergola 12/32, tél. 055 226 4353
Teatro Verdi
Via Ghibellina 99, tél. 055 212 320
Spectacles divers de musique classique, music-hall, cinéma, théâtre. Acoustique excellente.

Milan
Piccolo Teatro
Via Rovello 2, tél. 02 7733 3222, www.piccoloteatro.org
Nuevo Piccolo Teatro
Tél. 02 7733 3222
Teatro alla Scala
Piazza della Scala, tél. 02 7200 3744, www.teatroallascala.org
La soirée d'ouverture (en général le 7 décembre) est l'événement culturel le plus important de la ville.
Teatro Studio
Via Rivoli 6, tél. 02 7733 3222

Naples
Bellini
Via Conte di Ruvo 14, tél. 081 549 1266

Mercadante Piazza Municipio
Tél. 081 552 4214
Très beau petit théâtre reconstruit dans les années 1940.
Teatro delle Palme
Via Vetriera 12, tél. 081 418134
Saison de musique classique de janvier à avril.
Teatro San Carlo
Via San Carlo 98, tél. 081 797 2331, www.teatrosancarlo.it
La plus grande salle d'opéras d'Italie, dont l'acoustique parfaite attire aussi bien les interprètes que le public toute la saison (janvier-mi-juillet).

Palerme
Teatro Massimo
Piazza Giuseppe Verdi, tél. 091 609 0831, www.teatromassimo.it
Place à l'opéra dans ce superbe édifice rénové.

Rome
Auditorium Parco della Musica
Tél. 39 06 37 00 106 (de l'étranger) ou 89 29 82, www.auditorium.com
La plus grande salle de concerts (plus de 4000 places), conçue par Renzo Piano.
Teatro Argentina di Roma
Largo Argentina 52, tél. 06 684 000 311, www.teatrodiroma.net
Teatro dell'Opera
Piazza Benjamino Gigli 7, tél. 06 481 7003, www.operaroma.it
Saison lyrique de décembre à juin. En été, le théâtre prend ses quartiers d'été aux Thermes de Carcalla.
Teatro Sistina
Via Sistina 129, tél. 06 420 0711, www.ilsistina.com
Music-hall.
Teatro Valle
Via del Teatro Valle 21, tél. 06 6880 3794, www.teatrovalle.it

Turin
Settembre Musica
Via San Francesco da Paola 3/H, tél. 011 442 4777
Les plus grands artistes au monde s'empressent d'accepter de venir se représenter à l'occasion du festival international de musique (fin août-fin sept.).

Venise
La Fenice
Campo San Fantin, San Marco 2549, tél. 041 241 8033, www.teatrolafenice.it
Eh oui ! le « phénix » renaît toujours de ses cendres. Ravagé par les flammes en 1836 puis en 1996, ce lieu mythique a pu accueillir de nouveau un public ébahi devant une copie parfaite. À cette occasion fut donné La Traviata de Verdi.

Vérone

Fondazione Arena di Verona

Piazza Brà 28, tél. 045 800 5151

Les plus grands artistes se pressent des quatre coins du monde pour venir se représenter lors du festival international de musique (fin août-fin sept.).

PARCS NATIONAUX

Pour tous les parcs italiens, consultez l'excellent site (français, anglais, italien) :
www.parks.it

Parco Naturale dello Sciliar

Tél. 0471 307000, www.bolzano-bozen.it

Très beau parc du Haut-Adige ouvrant sur les plateaux des Alpes suisses.

Parco Nazionale del Gran Paradiso

– Office de tourisme du Piedmont, Via Avogadro 30, 10121 Turin, tél. 011 432 1354, fax 011 432 6218, www.regione.piemonte.it/turismo
– Office de tourisme de la Vallée d'Aoste, Piazza Chanoux 2, 11100 Aoste, tél. 0165 236627, fax 0165 34657, www.regione.vda.it/turismo

Lieu de promenade idéal pour les amoureux de la nature, ce parc de 72 000 ha, situé dans les Alpes, abrite les derniers chamois et bouquetins d'Italie.

Parco Nazionale dell'Abruzzo

Tél. 0863 91131, www.parcoabruzzo.it

Premier parc créé en Italie, il s'étend sur 44 000 ha. C'est là que vit le dernier ours brun du pays, dans un site des plus splendides.

Parco Nazionale della Maremma

www.parco-maremma.it

Superbe parc naturel de Toscane. Renseignements à l'office du tourisme de Grosseto.

Parco Nazionale dello Stevio

Tél. 0342 911448, 04637 46121, www.stelviopark.it

Proche de la frontière suisse, c'est le plus grand parc national d'Italie (135 000 ha). La richesse de ses forêts, la variété de sa faune, ses montagnes grandioses qui culminent à près de 4 000 m, en font un lieu de prédilection des amateurs de grands espaces.

STATIONS THERMALES

L'Italie possède un grand nombre de stations thermales, dont certaines remontent à l'époque romaine. Dans la plupart d'entre elles, il faut payer un droit d'entrée journalier de moins de 10 €. Le coût de la cure complète varie selon les établissements et les spécialités. La liste des stations s'obtient à l'Office du tourisme.

SHOPPING

FLORENCE

On pourrait comparer le cœur de Florence à une gigantesque boutique. S'il est difficile de recenser les bonnes adresses, compte tenu de la profusion des enseignes, on peut cependant dire que les rues les plus élégantes sont la **Via Calzaiuoli**, la **Via Roma**, la **Via de' Tornabuoni**, la **Via della Vigna Nuova** et la **Via degli Strozzi**. Le **Ponte Vecchio** est réputé dans le monde entier pour ses bijouteries et ses magasins d'antiquités. Le quartier de l'église **Santa Croce** regorge de boutiques de maroquinerie de première qualité. Pour l'artisanat, il convient de faire ses achats sur les deux grands marchés de la ville : celui, tentaculaire, de **San Lorenzo** et celui, couvert, du **Mercato Nuovo**, près de la Piazza della Signoria. A 27 km de Florence, le **Mall** (*Via Europa 8, Leccio Regello, tél. 55 865 7775, www.outlet-firenze.com*) propose des produits de marque dégriffés. Des navettes assurent la liaison depuis votre hôtel ; sinon le train dessert Rignano sull'Arno.

MILAN

Plus que Rome, Milan est une vitrine de la mode internationale et des produits manufacturés en Italie. Les rues les plus élégantes, connues sous le nom de Quadrilatero (Triangle d'Or), sont la **Via Montenapoleone**, la **Via della Spiga** et la **Via Sant'Andrea**, toutes 3 à proximité de la cathédrale et de la Scala. Ces rues sont exclusivement consacrées au prêt-à-porter de luxe et à la haute couture. Le **quartier de Brera** recèle aussi de belles boutiques de vêtements et d'antiquités. Guides de shopping disponibles à l'office du tourisme.

NAPLES

Naples se trouve être la capitale italienne de la contrefaçon, aussi n'achetez pas intempestivement dans la rue ou sur les marchés. Les vitrines des couturiers et designers sont concentrées **Via dei Mille** et **Via Filangieri** ; la boutique du célèbre couturier pour homme, Mariella, est située **Via Riviera di Chiaia**. Le quartier le plus commerçant s'étale entre **Piazza Amedeo** et **Piazza Trieste e Trento**. Pour des achats moins onéreux, rendez-vous **Via Roma**, non loin de l'opéra San Carlo.

ROME

Le quartier commerçant le plus chic de la capitale se trouve derrière la place d'Espagne. L'élégante **Via Condotti** rassemble les boutiques les plus huppées (Gucci, Ferragamo, Bulgari, Prada, Armani). On trouve d'autres boutiques chics **Via Borgognona** (Dolce &Gabbana, Hogan), **Via Vittoria** (Laura Bigiotti), **Via della Croce** et **Via delle Carrozze** ou **Via Frattina** pour les objets en céramique, la lingerie, les bijoux fantaisie. La plupart de ces rues sont piétonnes. Pour les antiquités, il faut se rendre **Via del Babuino** (ne pas manquer la boutique Emporio Armani), **Via Margutta** ou encore **Via dei Coronari**. Entre Piazza del Popolo et Largo Chigi – là où commence la Via del Tritone –, la **Via del Corso** aligne également un large choix de boutiques.

Des enseignes plus abordables sont installées sur la **Via Nazionale**, près de la gare (c'est là que l'on trouve les grands magasins de prêt-à-porter Fiorucci) et la **Via Cola di Rienzo**.

Un autre aspect de la mode est représenté par des marchés de vêtements, sortes de marchés aux puces, comme celui de la **Via del Sannio**, où l'on trouve des vêtements neufs et de second choix, et celui, célèbre, de **Porta Portese**, ouvert le dimanche.

VENISE

Le plus chic quartier du shopping vénitien se trouve Via XXII Marzo et dans les rues aurtour de la place Saint-Marc. Attendez-vous néanmoins à des prix quelque peu majorés par rapport au continent. Pour de l'artisanat local, rendez-vous sur le pont de Rialto, San Polo, bien entendu à Murano ou sur le marché hebdomadaire (mar. matin) du Lido.

SPORTS

FOOTBALL

C'est le sport national. Presque chaque agglomération a son équipe, les plus connues étant la Juventus de Turin et l'International de Milan. Le prix des places varie selon l'importance de la rencontre.

RANDONNÉE PÉDESTRE

Les amateurs de randonnée pédestre trouveront dans les Alpes un réseau de sentiers balisés, jalonnés de plus de 80 refuges. Chaque étape demande de 5 à 7 heures de marche, à une altitude moyenne de 1 000 m. Les refuges, en général aménagés dans de petites localités, disposent de couchettes superposées et d'une cuisine ; leur confort est sommaire.

Un itinéraire peut prendre un mois, une semaine ou une journée. Celui qui relie les Alpes-Maritimes au lac Majeur couvre 650 km et traverse cinq provinces et de nombreux parcs naturels de toute beauté comme le Gran Paradiso, l'Orsiera-Rocciavrè, l'Alta Val Pesio et l'Argentera. Meilleure saison : de juillet à septembre.

OÙ LOGER

HÔTELS

La nébuleuse scène hôtelière italienne s'est récemment métamorphosée, offrant à présent une gamme étendue d'établissements pour toutes les bourses, de la luxueuse villa-hôtel au simple B&B en passant par la pension familiale. De nouveaux concepts ont fait leur apparition pour le plus grand bonheur des amateurs : cosy boutique-hôtels, fastueuses guesthouses, chalets chic, fermes fortifiées ou bâtiments industriels reconvertis par des designers, spa-hôtels, zen-hôtels…

Gamme de prix pour une nuit en chambre double, petit déjeuner non compris :

€	moins de 80 €
€€	de 80 à 160 €
€€€	de 160 à 280 €
€€€€	plus de 280 €

Bologne
Ca' Fosca Due Torri €€
Via Caprarie 7, tél. 051 261221, www.cafoscaduetorri.com
À l'ombre des tours jumelles se niche ce charmant B&B de style Art nouveau. Le petit déjeuner est servi sous la véranda ouvrant sur un joli petit jardin.
Dei Commercianti €€€-€€€€
Via dei Pignattari 11, tél. 051 745 7511, www.bolognahotels.it
Ancien palais médiéval reconverti en hôtel. Chaque chambre est différente – certaines ont une terrasse individuelle et une belle vue sur l'église San Petronius. Mise à disposition de vélos.
Grand Hotel Baglioni €€€€
Via dell'Independenza 8, tél. 051 225445, www.baglionihotels.com
Au cœur de Bologne, cet hôtel sophistiqué est idéal pour le shopping et pour la visite des lieux importants de la ville. Chambres fastueuses et bon restaurant.
Orologio €€€
Via IV Novembre 10, tél. 051 745 7411, www.art-hotel-orologio.it
Au cœur du centre historique, ce *palazzo* reconverti offre confort et service de qualité. 29 chambres chic et 5 suites.

Florence
Annalena €€€
Via Romana 34, tél. 055 222402, www.hotelannalena.it
De l'autre côté du Ponte Vecchio, juste derrière les jardins Boboli du palais Pitti, cet élégant petit hôtel permet de s'offrir une belle expérience florentine à des prix raisonnables pour la ville.

Beacci Tornabuoni €€€
Via Tornabuoni 3, tél. 055 212645,
www.tornabuonihotels.com
Cette délicieuse petite pension occupe les derniers
étages d'un palais Renaissance situé dans la rue la
plus élégante de Florence. Restaurant sur le toit terrasse ; demi-pension seulement.

Brunelleschi €€€-€€€€
Piazza Santa Elisabetta 3, tél. 055 27370,
www.hotelbrunelleschi.it
Près du Dôme, cette place luxueuse fut autrefois une
prison médiévale. Dans le centre de Florence, il n'y
a pas d'hôtel avec une ambiance aussi forte. Une
chapelle, une tour byzantine et un musée privé sont
intégrés à l'ensemble hôtelier. Les chambres et les
suites ouvrent sur le Dôme. Le restaurant Santa Elisabetta offre une carte de spécialités toscanes.

Grand Hotel Villa Medici €€€€
Via II Prato 42, tél. 055 277171,
www.villamedicihotel.com
Avec ses grandes chambres, son toit qui sert de jardin et de restaurant, et sa piscine, cet hôtel offre tout
ce que l'on peut désirer ; bien situé à côté de la gare.

Helvetia & Bristol €€€€
Via dei Pescioni 2, tél. 055 26651,
helvetiabristol.warwickhotels.com
Un des meilleurs petits hôtels de luxe de Florence.
45 chambres et 13 suites très élégantes et très confortables. Bon restaurant et charmant jardin d'hiver.

Hotel de la Ville €€€-€€€€
Piazza Antinori 1 (Via Tornabuoni),
tél. 055 238 1805, www.hoteldelaville.it
Hôtel calme et élégant, entièrement restauré, situé
dans le centre-ville. Atmosphère discrète et distin-
guée, service correct. Bar, salon et terrasse.

Pensione Bencistà €€
Via benedetto da Maiano 4, Fiesole,
tél. 055 59163, www.bencista.com
Cette villa du xvᵉ siècle, rustiquement mais élégamment décorée, s'est conquis une fidèle clientèle qui
apprécie la tranquilité du domaine, l'agréable terrasse et la très bonne cuisine toscane. Demi-pension
exclusivement. Fermé déc.-jan.

Savoy €€€€
Piazza della Repubblica 7, tél. 055 27351,
www.hotelsavoy.it
Située sur une des plus grande place de la ville, cette
institution florentine a été restaurée avec élégance.

Villa Le Rondini €€€-€€€€
Via Bolognese Vecchia 224, Trespiano,
tél. 055 400081, www.villalerondini.it
A 4 km de Florence, dans les collines. Les salles de
réception sont claires, les chambres confortables, la
cuisine excellente et le parc superbe. Héliport, court
de tennis et piscine au milieu des oliviers. Navette
régulière vers le centre de Florence.

Gênes
Bristol Palace €€€-€€€€
Via XX Settembre 35, tél. 010 592541,
www.hotelbristolpalace.it
Dans une élégante rue commerçante du Vieux
Gênes. Bien que la qualité des chambres soit
variable, certaines ont de séduisantes caractéristiques : salles de bain en vieux marbre, jacuzzi. Il y a
un bar et une salle à manger décorée Louis XVI.

Jolly Hotel Marina €€€
Molo Poto Calvi 5, tél. 010 25391,
www.jollyhotels.it
Unique hôtel de la marina Porto Antico, ce nouveau
"navire" hôtelier jouit de belles vues sur le vieux
port. Installé sur un ponton, il arbore une décoration
nautique tout en bois et bronze.

Locanda di Palazzo Cicala €€€
Piazza San Lorenzo 16, tél. 010 251 8824,
www.palazzocicala.it
Rénové, le rez-de-chaussée de cet illustre *palazzo* est
devenu une cachette de charme. Les vastes pièces
voûtées sont décorées de stuc. La nostalgie s'allie au
confort et au design moderne. Le lounge donne sur la
place San Lorenzo et la cathédrale.

Milan
Antica Locanda dei Mercanti €€€
Via San Tomaso 8, tél. 02 805 4080, www.locanda.it
Cet hôtel délicieusement intime (14 chambres) est
aussi douillet qu'une auberge, bien que situé au cœur
du quartier financier. Pas d'enseigne, pas de télévision non plus. Le matin, les clients sont réveillés par
un tintement désuet puis reçoivent leur petit déjeuner
au lit. Les chambres ont une belle vue.

Antica Locanda Leonardo €€€
Corso Magenta 78, tél. 02 4801 4197, www.leoloc.com
Calme et chaleureux, cet hôtel est situé dans un immeu-
ble ancien plein de charme, proche du *centro storico*.

Antica Locanda Solferino €€€
Via Castelfidardo 2, tél. 02 657 0129
Délicieux hôtel de 11 chambres au mobilier ancien et
à l'atmosphère un peu désuète dans le quartier de
Brera. Petit déjeuner servi dans la chambre.

Aspromonte €
Piazza Aspromonte 12-14, tél. 02 361119,
www.venere.it/milano/aspromonte
Hôtel petit et charmant ; propriétaires très attention-
nés. En été, le petit déjeuner est servi dans le jardin.

Le Meridien Gallia €€€€
Piazza Duca d'Aosta 9, tél. 02 67851,
www.starwoodhotels.com
Hôtel de luxe proche de Stazione Centrale. Cette
ancienne institution milanaise préserve une atmosphère surannée de la belle époque. Les salles de bains
arborent encore leur très belle décoration d'origine
en marbre. Taille des chambres variable.

Four Seasons €€€€
Via Gesù 8, tél. 02 77088,
www.fourseasons.com
L'hôtel le plus huppé de Milan. D'anciennes cellules monastiques ont été transformées en luxueuses chambres. A deux pas du prestigieux quartier du shopping. Réserver longtemps à l'avance.
Hermitage €€€-€€€€
Via Messina 10, tél. 02 318170,
www.monrifhotels.it
Hôtel de caractère pourvu de 119 chambres et d'un adorable jardin. Le décor stylé et la qualité du service attirent les célébrités.
Hotel Vittoria €€€
Via Petro Calvi 32, tél. 02 545 6520, fax 02 5519 0246
A 10 min. de marche de la cathédrale. 18 chambres rénovées récemment, bien isolées et équipées de l'air conditionné. Hélas, certaines d'entre elles sont petites – comme c'est souvent le cas à Milan. Petit déjeuner dans une salle à manger *cosy* avec vue sur un joli jardin. Pas de restaurant mais un bar ouvert 24h/24. Personnel sympathique. Parking surveillé à proximité.
Jolly Hotel President €€€-€€€€
Largo Augusto 10, tél. 02 77461, fax 02 783449
Grande chaîne d'hôtel de qualité pour voyageurs d'affaires.
Michelangelo €€€-€€€€
Via Scarlatti 33, tél. 02 67551, fax 02 669 4232
Près de la Gare Centrale, un des meilleurs hôtels d'affaires de Milan. Et bien qu'installé dans une tour, il préserve un peu son originalité.
Westin Palace Hotel €€€€
Piazza della Repubblica 20, tél. 02 63361,
www.starwoodhotels.com
Le troisième hôtel important sur la Piazza della Repubblica. Equipements sportifs, grandes chambres et restaurant réputé.

Naples
Chiaja €€
Via Chiaia 216 (1er étage), tél. 081 415555,
www.hotelchiaja.it
Tout proche de la Piazza Plebiscito, ce charmant hôtel, composé de 2 célèbres bâtiments adjacents – l'ancienne demeure du marquis Nicola Sasso Lecaldano La Terza et l'historique Bordel di Salita S. Anna di Palazzo –, attire un grand nombre d'artistes en représentation au Teatro San Carlo. Excellent petit déjeuner et personnel fort serviable.
Grand Hotel Parker's €€€€
Corso Vittorio Emanuele 135, tél. 081 761 2474,
www.grandhotelparkers.com
Installé dans un palais du XIXe siècle, perché sur la colline de Posillipo donnant sur la baie, le Parker's figure parmi les plus chic des hôtels napolitains. Service excellent.

Grand Hotel Santa Lucia €€€€
Via Partneope 46, tél. 081 764 0666,
www.santalucia.it
Magnifiques vues sur la baie de Naples et le Castel dell'Ovo. Très stylé, service plein de courtoisie.
Paradiso €€€
Via Catullo 11, tél. 081 247 5111, www.bestwestern.it
Cet élégant hôtel de la chaîne Best Western se trouve dans un endroit calme sur les collines du Pausilippe, un quartier résidentiel au-dessus de la ville. Belles vues de la mer et du port.
Parteno €€€
Lungomare Partenope 1, tél. 081 245 2095,
www.parteno.it
B&B vraiment cosy installé au 1er étage d'un *palazzo* à proximité de la Villa Comunale.

Palerme
Excelsior Palace €€€€
Via Marchese Ugo 3, tél. 091 625 6176,
L'Excelsior a le charme de l'ancien monde et il est confortable. Bonne cuisine. Il surplombe un parc agréable. Des différences de qualité et de taille entre les chambres individuelles.
Grand Hôtel et des Palmes €€€
Via Roma 398, tél. 091 602 8111,
www.amthotels.com
Cet hôtel vieillot, central, a connu des hauts et des bas. Ses espaces publics sont de style Art nouveau. Les chambres varient en taille et qualité.
Hilton Villa Igiea €€€€
Via Salita Belmonte 43, tél. 091 631 2111,
fax 091 547654
Installé près du Lido di Mondello, au pied du mont Pellegrino, l'établissement ressemble de l'extérieur à un château normand ; l'intérieur est richement décoré dans le style Liberty. Des terrasses et un grand parc complètent cet ensemble magnifique.
Principe de Villafranca €€€
Via G.Turrisi Colonna 4, tél. 091 611 8523,
www.principedivillafranca.com
Les chambres spacieuses ont des plafonds voûtés. Un agréable mélange d'ancien et de moderne. Très bon bar et restaurant.

Rome
Rome ne manque pas d'hôtels, en particulier dans la catégorie haut de gamme, mais la demande est telle que les prix restent relativement élevés et qu'il est préférable de réserver assez lontemps à l'avance. Pensez également à consulter les sites des tour operators réputés pour bénéficier de tarifs avantageux :
www.expedia.it
www.venere.it
www.hotelreservation.it
www.gotoroma.com

Aldrovandi Palace Hotel €€€€
Via Ulisse Aldrovandi 15, tél. 06 322 3993,
www.aldrovandi.com
Cet ancien collège, devenu un des plus beaux hôtels de Rome, occupe un imposant palace du XVIIIe siècle qui domine les jardins de la Villa Borghèse. Somptueux décor, service et équipements de luxe : centre d'affaires, restaurants, jardins, piscine extérieure.

Capo d'Africa €€€-€€€€
Via Capo d'Africa 54, tél. 06 772801,
www.hotelcapodafrica.com
Situé sur le Mont Cælius, à 5 min du Colisée, cet hôtel du début du XXe siècle fait partie de la nouvelle génération de boutique-hôtels romains. Il arbore un style moderne d'une élégante sobriété. Sa suite, avec terrasse privative, et ses 64 chambres offrent un confort chaleureux. Centre de fitness, solarium, bar et restaurant sur le toit avec vue sur le Colisée.

Cavalieri Hilton €€€€
Via Cadlolo 101, tél. 06 35091 23031,
www.cavalieri-hilton.it
En haut du Monte Mario. Club-hôtel en plein cœur de Rome avec piscines, courts de tennis…

Celio €€€
Via Santissimi Quattro 35/C, tél. 06 7049 5333,
www.hotelcelio.com
Cet hôtel boutique est à deux pas du Colisée et du Forum. Il occupe un palais charmant joliment restauré. Atmosphère élégante et grand confort.

Columbia €€-€€€
Via del Viminale 15, tél. 06 488 3509
www.hotelcolumbia.com
Charmant hôtel central remis à neuf récemment. Chambres spacieuses et élégantes. Petit déjeuner servi en terrasse.

Dei Consoli €€-€€€
Via Varrone 2/D, tél. 06 6889 2972,
www.hoteldeiconsoli.com
Dans un bâtiment du XIXe siècle, cet hôtel bien restauré, domine la basilique Saint-Pierre. Le dôme est visible du toit aménagé en terrasse et des 26 chambres qui ont toutes l'accès Internet.

De Russie €€€€
Via del Babuino 9, tél. 06 328881,
www.hotelderussie.it
Magnifique hôtel du XIXe siècle, au milieu de jardins en terrasses ombragés. D'une architecture intérieure élégante et minimaliste, l'hôtel offre le summum du luxe et la technologie la plus avancée. Un spa très équipé et un superbe restaurant en font un lieu prisé des célébrités.

D'Inghilterra €€€€
Via Bacca di Leone 14, tél. 06 699811,
www.royaldemeure.com
Cet hôtel, situé près de la Trinité-des-Monts, est sans aucun doute le plus chaleureux des hôtels de luxe.

Dans les parties communes, des fresques, des peintures et objets anciens, et des chandeliers ajoutent à l'élégance du lieu. Terrasse et restaurant agréables.

Forum €€€-€€€€
Via Tor dei Conti 25, tél. 06 679 2446
www.hotelforumrome.com
Au cœur du Forum impérial, près du Colisée, ce charmant hôtel de 80 chambres est un peu éloigné du centre, mais offre, de son toit transformé en jardin, une très belle vue sur Rome.

Grand Hotel Parco dei Prinicipi €€€€
Via G. Frescobaldi 5, tél. 06 854421,
www.parcodeiprincipi.com
Très bien situé dans un parc à l'orée des jardins de la villa Borghese, cet hôtel luxueux et moderne tire fierté de son sens du détail. Les équipements sont de grande qualité, parmi lesquels une piscine, de belles chambres, 20 suites avec panorama, 3 restaurants.

Gregoriana €€
Via Gregoriana 18, tél. 06 679 1269,
www.hotelgregoriana.it
Cet ancien monastère du XVIIe siècle est devenu un hôtel trois étoiles central, calme et *cosy*. Les lettres de l'alphabet d'Erté, célèbre illustrateur des années 1920, sur les portes des chambres, s'ajoutent au charme d'un décor Art déco inattendu. Pas de restaurant, mais une agréable terrasse pour le petit déjeuner.

Hassler-Villa Medici €€€
Piazza Trinità dei Monti 6, tél. 06 699340
www.hotelhasslerroma.com
En haut des escaliers de la Trinité-des-monts, un des meilleurs hôtels de Rome. Cuisine excellente et service irréprochable. Redécoré récemment, il propose des chambres luxueuses. Le restaurant sur la terrasse offre de belles vues sur la ville. Prêt de bicyclettes.

La Residenza "A" €€€
Via Vittorio Veneto 183, tél. 06 486700,
www.hotelviaveneto.com
Au 1er étage d'un élégant bâtiment de la Via Veneto, cet hôtel-boutique-galerie d'art propose des chambres agrémentées de peintures et de sculptures d'artistes contemporains, ainsi que des expositions de photographies dans le hall. Internet à haut débit.

Lord Byron €€€€
Via Giuseppe de Notaris 5, tél. 06 322 0404,
www.lordbyronhotel.com
À côté de la villa Borghèse, ce petit hôtel ressemble à un club anglais ; 47 chambres et un bon restaurant.

Margutta €
Via Laurina 34, tél. 06 322 3674
Près de la Piazza del Poppolo, cet hôtel occupe un *palazzo* du XVIIIe siècle. Chambres simples, pas de restaurant, mais une ambiance et un service agréables.

Santa Maria €€€
Vicolo del Piede 2, tél 06 589 4626,
www.htlsantamaria.com

A proximité de l'église Santa Maria du Trastevere dont il tient son nom. Installé dans un cloître du XVIIᵉ siècle, cet hôtel rénové offre un bon confort. Cour arborée très calme. Excellent service.

St Regis Grand €€€€
Via Vittorio Emanuele Orlando 3,
tél. 06 47091, www.starwoodhotels.com
Entre la gare et la Via Veneto, cet hôtel occupe un palais patricien, orné de tapis orientaux, chandeliers et antiquités. Les travaux récents n'ont rien ôté à son originalité. Salons de thé, bar, restaurant gastronomique, centre d'affaire, salle de sport. Possibilité de majordome personnel.

The Beehive
Via Marghera 8, tél. 06 4470 4553,
www.the-beehive.com
Un établissement chic et bon marché, proche de la gare de Termini. Dortoirs, appartements et chambres privées décorées dans un style coloré et contemporain. Jardin accueillant, café privé et personnel sympathique. Café végétarien.

Westin Excelsior €€€€
Via Vittorio Veneto 125, tél. 06 47081,
www.starwoodhotels.com
Ce grand hôtel est le rendez-vous des célébrités depuis les années 1950. Ingrid Bergman et Roberto Rosselini y auraient passé de tendres moments et le dernier Shah d'Iran y aurait courtisé sa future femme. Bref, un symbole de la *dolce vita* romaine.

Turin

Jolly Hotel Ambasciatori €€€
Corso Vittorio Emanuele II 104, tél. 011 5752,
www.jollyhotels.it
Cet hôtel Jolly est très prisé des hommes d'affaires. Bien situé. Le service est de qualité.

Turin Palace Hotel €€€
Via P. Sacchi 8, tél. 011 562 5511, www.thi.it
Emblématique du groupe des Hôtels Turin. Il est classique et élégant. Son style piémontais est très abouti. Personnel très compétent et bonne cuisine.

Art Boston €€-€€€
Via Massena 70, tél. 011 500359,
www.hotelbostontorino.it
Un design radicalement original où se mêlent les arts sous toutes leurs formes, du home-vidéo aux murs ornés de BD en passant par l'art contemporain.

Venise

Accademia Villa Marevege €€€
Fondamenta Bollani 1058, Dorsoduro,
tél. 041 521 0188, www.pensioneaccademia.it
Situé dans le quartier du Dorsoduro, à une distance à pied raisonnable du musée académique, ce charmant palais gothique possède des jardins devant et derrière. Réserver plusieurs mois à l'avance.

Bucintoro €€-€€€
Riva San Biagio 2135, Castello,
tél. 041 528 9909, www.hotelbucintoro.com
Hôtel sans prétention, au bord de l'eau, avec de superbes vues sur le bassin de San Marco, l'île San Giorgio Maggiore ou la Riva degli Schiavoni.

Cipriani €€€€
Isola della Giudecca, 10, tél. 041 520 7744,
www.hotelcipriani.it
Le plus glamour des hôtels vénitiens, prisé des voyageurs de l'Orient-Express. Les chambres prodigieuses sont tendues d'étoffes Fortuny. Piscine privée, jardins, courts de tennis, port de plaisance, piano bar et chauffeur maritime. Quelques points faibles, cependant : le service, bien que professionnel, est froid et la qualité des chambres individuelles est variable.

Danieli €€€€
Riva degli Schiavoni 4196, Castello,
tél. 041 522 6480, www.starwoodhotels.com
À deux pas de la place Saint-Marc, le splendide foyer gothique, construit autour d'une cour, est une attraction en lui-même. Chambres somptueuses dans la partie ancienne du bâtiment. Partie moderne à éviter. La vue du restaurant est plus impressionnante que sa gastronomie. Personnel parfois arrogant.

Des Bains €€€-€€€€
Lungomare Marconi, 17, tél. 041 526 5921,
desnbains.hotelinvenice.com
Ce vénérable hôtel reste dans les mémoires pour son rôle dans le roman de Thomas Mann *Mort à Venise.* Il a toujours la faveur des stars, qui y descendent pendant le Festival du Film. C'est un des plus grands hôtels du Lido.

La Fenice et des Artistes €€-€€€
Campiello della Fenice 1936, San Marco,
tél. 041 523 2333, www.fenicehotels.it
A deux pas de la Fenice, très apprécié par les acteurs, les musiciens et les artistes.

Flora €€-€€€
Calle dei Bergamaschi 2283/a, San Marco,
tél. 041 520 5844, www.hotelflora.it
Très sympathique hôtel situé dans un prestigieux quartier de shopping, à 5 min de la place San Marco. L'intérieur Art Nouveau est séduisant. Les chambres varient énormément : les meilleures portent les numéros 45, 46, 47. Le jardin isolé avec une source vénitienne a récemment été remodelé. Le petit-déjeuner se prend agréablement dans la cour.

Hotel Giorgione €€€-€€€€
SS Apostoli 4587, Cannaregio,
tél 041 522 5810, www.hotelgiorgione.com
Près du Ca d'Oro et pas très loin de San Marco et du pont du Rialto, cet hôtel date du XIIIᵉ siècle. Certains éléments y ont été ajoutés aux XVᵉ et XIXᵉ siècles. Décoration intérieure de style vénitien. Bon restaurant le Osteria Giorgione.

Gritti Palace €€€€
Campo Santa Maria del Giglio 2467, San Marco,
tél. 041 794611, www.starwoodhotels.com
A Venise, le Gritti est légendaire. Décoré de chandeliers en cristal de Murano, tendu d'étoffes damassées,
il a accueilli Hemingway, Churchill et Garbo. La cuisine est bonne et s'apprécie sur la terrasse côté canal.

Londra Palace €€€€
Riva degli Schiavoni 4171, Castello,
tél. 041 520 0533, www.hotelondra.it
Cet élégant hôtel sur la lagune vient de retrouver sa
splendeur néoclassique. Le bar est romantique et le restaurant excellent. Personnel accueillant. Les chambres
diffèrent beaucoup. Il est préférable de payer un sup-
plément pour une chambre donnant sur l'eau.

Luna Baglioni €€€€
Calle Larga dell' Ascension 1243, San Marco,
tél. 041 528 9840, www.baglionihotels.com
Le plus vieil hôtel de Venise, fondé en 1118 pour les
pèlerins en route pour Jérusalem. Grâce à de multiples
restaurations, l'hôtel ne fait pas son âge. Une salle de
bal du XVIIIᵉ siècle est ornée de plafonds peints originaux. Le restaurant est impressionnant et la salle de
petit-déjeuner est la plus grande de Venise.

Metropole €€€€
Riva degli Schiavoni 4149, Castello,
tél. 041 520 5044, www.hotelmetropole.com
Maison patricienne de style XIXᵉ décorée de mobilier
ancien. L'hôtel étant difficile à trouver, il vaut mieux
s'y faire conduire en gondole.

Monaco & Grand Canal €€€€
Calle Vallaresso 1332, San Marco, tél. 041 520 0211
Situé face à l'église Santa Maria della Salute,
cet hôtel est confortable bien que parfois bruyant.
Les meilleures chambres sont au rez-de-chaussée
et donnent sur le Grand Canal. Bon service.

San Cassiano Ca'Favretto €€-€€€
Calle della Rosa, Santa Croce 2232,
tél. 041 524 1768, www.sancassiano.it
Palais du XIVᵉ siècle converti en hôtel. La moitié des
chambres ont des vues sur le canal. Mais comme partout à Venise, leur qualité et leur taille varient. Il n'y
a pas d'ascenseur et les escaliers sont raides. L'hôtel
ayant sa propre jetée, on peut y accéder en gondole.

Saturnia & International €€€€
Calle Larga XXII Marzo 2398, San Marco,
tél. 041 520 8377, www.hotelsaturnia.it
L'hôtel occupe un palais du XIIIᵉ siècle près d'une rue
commerçante aux abords de la place San Marco.
Bâtiment médiéval, à la fois austère et romantique.
Chambres intimes et confortables.

Westin Excelsior Hotel €€€€
Lungomare Marconi 41, tél. 041 526 0201,
www.starwoodhotels.com/westin
Le plus grand hôtel du Lido. Sa plage en fait un
endroit de prédilection pour les jeunes enfants.

OÙ SE RESTAURER

LA CUISINE ITALIENNE

Le *collazione* (petit déjeuner), léger, se compose généralement d'un *cappuccino* (café au lait ou à la crème) et
d'une *brioche* ou simplement d'un *caffè* (expresso).

Excepté dans les villes industrielles, le *pranzo* (le
déjeuner) est le repas principal. Il se compose d'un
antipasto (hors-d'œuvre), du *primo* (pâtes, riz ou
soupe) et du *secondo* (viande ou poisson accompagné de légumes, *contorno*). Suivent les fromages ou
les fruits. Le café, de rigueur, est parfois accompagné d'une liqueur : grappa, *amaro* ou *sambuca*. Le
dîner ressemble au déjeuner en plus léger.

Les glaces italiennes sont célèbres dans le monde
entier pour leur saveur et leur velouté. La *granita*
(morceaux de glace nappés de sirop de fruit) en est le
plus beau fleuron ; c'est une spécialité sicilienne.
C'est chez **Vivoli** (Via Isola delle Stinche 7), à Florence, que l'on trouve les meilleures glaces d'Italie.

Plus on va vers le sud, plus les plats sont épicés et
lourds, le vin corsé.

L'Italie compte des milliers de restaurants : les
trattorie et *osterle* ; les premières dans l'ensemble
plus onéreuses et plus recherchées que les secondes.
On peut prendre un repas sur le pouce dans des bars
ou des *tavole calde* ou encore des *rosticcerie* (grils).
Au restaurant, les appétits modérés renonceront à
l'*antipasto*, mais prendront un *primo* et un *secondo*.

RESTAURANTS

Gamme de prix pour un menu à trois plats sans le vin :

€	moins de 25 €
€€	de 25 à 45 €
€€€	de 45 à 70 €
€€€€	plus de 70 €

Bologne
Buca San Petronio €-€€
Via d'Musei 4, tél. 051 224589
Beau cadre : celui d'un palais dans le centre historique.
Cuisine régionale. Fermé mer. soir et août.

Caffè Commercianti €-€€
Strada Maggiore 23/c, tél. 051 266539
Lieu de rendez-vous des hommes de lettres. Sert le
meilleur martini de la ville.

Cantina Bentivoglio €
Via Mascarella 4b, tél. 051 265416
Installé dans le cellier d'un *pallazo*, ce restaurant
attire une clientèle jeune. Spécialités d'Emilie-
Romagne à déguster sur fond musical. Fermé lun.

Da Bertino €€
Via delle Lame 55, tél. 051 522230

Très bonne *trattoria*. Fermé dim. et lun. soir un mois sur deux, sam. soir en juil., et du 5 août au 4 sept.

Papagallo €€€
Piazza della Mercanzia 3, tél. 051 232807
Restaurant très fréquenté, pour son cadre et pour ses spécialités bolognaises. Fermé dim., le sam. en juin et juil., et 15 jours en août.

La Pernice e La Gallina €€€-€€€€
Via dell'Abbadia 4, tél. 051 269922
Excellent établissement situé dans le centre historique. Fermé dim., le sam. en juin et juil., et août.

Le Stanze €€
Via Borgo di San Pietro 1, tél. 051 228767
Installé dans une ancienne chapelle. On y vient pour prendre un cocktail ou un repas. Fermé sam. midi.

Trattoria Battibecco €€€€
Via Battibeco 4, tél. 051 223298
Cet établissement élégant, servant les spécialités bolognaises, a une étoile au Michelin. Réservation conseillée. Fermé sam. midi, dim. et durant les vacances.

Florence

Alle Murate €€€€
Via del Proconsolo 16r, tél. 055 240618
Restaurant à la mode. Atmosphère élégante bien que détendue. La cuisine – toscane et internationale – est excellente. Réserver. Fermé lun., et du 7 au 28 déc.

La Baraonda €€€
Via Ghibellina, 67r, tél. 055 234 1171
Charmante *trattoria* du quartier Santa Croce. Cuisine toscane, poissons bien préparés, pâtes excellentes. Réserver. Fermé midi, lun. et 9-31 août.

Cibrèo-Cibreino €€-€€€€
–Via del Verrochio 8r (restaurant €€)
–Via dei Macci, 122r (trattoria €€€€)
Tél. 055 234 1100
Système du double prix. Excellente cuisine dans le restaurant cher. A peu près aussi bon dans la *trattoria* adjacente mais pour un prix bien moindre. Réserver. Fermé dim.-lun., 26 juil.-6 sept. et Noël.

Del Fagioli €€
Corso Tintori 47r, tél. 055 244285
Cuisine florentine typique dans cette *trattoria*. Poisson le vendredi. Sur réservation. Fermé sam., dim. et août.

Enoteca Pinchiorri €€€€
Via Ghibellina 87, tél. 055 242777
Un des restaurants les plus prestigieux de la ville et de l'Italie, installé dans un palais du XVIIe siècle. Charmante cour. Nouvelle cuisine française et toscane. Impressionnante carte des vins. Réserver. Fermé dim.-lun., mar. et mer. midi, août et déc.-fév.

La Loggia €€€-€€€€
Piazzale Michelangelo 1, tél. 055 234 2832
En dehors du centre historique. Très belle vue sur Florence. Cuisine italienne et internationale. Bon service. Fermé lun.

Omero €€€
Via Pian de' Giullari 11r, Località Arcetri (5km de Florence), tél. 055 220053
Trattoria bourgeoise et rustique. Tables dehors en été. Cuisine magnifique. Délicieux raviolis fourrés à la ricotta et aux herbes, viandes grillée, steaks et pigeons. Fermé mar. et août. Réserver.

Gênes

Antica Osteria del Bai €€€€
Via Quarto 12, Quarto dei Millie, tél. 010 387478
Restaurant célèbre installé dans une ancienne forteresse, dans lequel aurait dîné Garibaldi en 1860. Cuisine génoise. Réservation recommandée. Fermé lun.

La Bitta nella Pergola €€€€
Via Casaregis 52r, tél. 010 588543
Ambiance maritime. Un des meilleurs restaurants de Gênes. Réservation obligatoire. Fermé dim. soir, lun., dim. midi en juil., et août.

Le Cantine Squarciafico €€
Piazza Invrea 3r, Rosso, tél. 010 247 0823
Restaurant et bar à vin dans un cadre ancien. Cuisine de Ligurie et vins italiens. Fermé dim., le midi en été.

Pansòn dal 1790 €€€
Piazza delle Erbe 5r, tél. 010 246 8903
Restaurant adorable, très fréquenté et servant de bonnes spécialités locales comme les *pansoti al sugo di noci* ou le *pesto alla genovese*. Fermé dim. soir et 15 jours en août.

Zeffirino €€€-€€€€
Via xx Settembre 20, tél. 010 591990
Restaurant prestigieux, situé en centre-ville, autrefois fréquenté par Frank Sinatra et célèbre pour son *pesto alla genovese*. A l'intention des amateurs, le chef est connu pour livrer ses recettes ! Réserver.

Milan

Al Mercante €€€
Piazza di Mercanti 17, tél. 02 805 2198
Sympathique, donnant sur la place ; l'été, on peut dîner dehors sous une loggia. Réserver. Fermé dim., août et 1ère semaine de jan.

Armani / Nobu €€€-€€€€
Via Pisoni 1, tél. 02 6231 2645
Cuisine innovante chez Emporio Armani. Sushi bar. Réserver. Fermé dim. et lun. midi, août et Noël.

Bice €€€-€€€€
Via Borgospesso 12, tél. 02 7600 2572
Un des meilleurs restaurants de Milan, cuisine toscane excellente et service professionnel. Réservation recommandée. Fermé lun., mar. midi et août.

Bistrot Duomo €€€
Via San Raffaele 2 (7e étage), La Rinascente, Piazza del Duomo, tél. 02 877120
Restaurant moderne et clair : installé au dernier étage du centre commercial La Rinascente, il donne sur le

Duomo. Bonne cuisine. Fermé dim. et lun. midi, et 3 semaines en août.

Boeucc €€€€
Piazza Belgioioso 2, tél. 02 7602 0224
Plats milanais et portique sympathique pour les dîners estivaux. Réservation nécessaire. Fermé sam. et dim. midi, août, à Noël et au Nouvel An.

Cracco-Peck €€€€
Via Victor Hugo 4, tél. 02 876774
Ce 2-étoiles au Michelin est dirigé par Carlo Cracco, disciple de Ducasse. Fermé sam. et dim. midi, pour le déjeuner de mi juin-mi août, les fêtes de Noël et du Nouvel an.

Il Luogo di Aimo e Nadia €€€€
Via Montecuccoli 6, tél. 02 416886
1 étoile Michelin. Cuisine toscane. La préparation parfaite fait oublier la simplicité du menu. Réservation indispensable. Fermé sam. midi, dim., août et à Noël.

Joia €€€€
Via Panfilo Castaldi 18, tél. 02 2952 2124
Restaurant gastronomique spécialisé dans les plats végétariens et de poisson. Plusieurs plats sont inspirés de la cuisine d'Extrême-Orient. Réserver. Fermé sam. midi, dim. et août.

Il Teatro €€€€
Hotel Four Seasons, Via Gesù, tél. 02 77088
Très renommé, cuisine parfaite. Mieux vaut réserver. Fermé midi, dim., 1 semaine en jan. et août.

Sadler €€€€
Via Ascanio Sforza 77, tél. 02 5810 4451
2 étoiles Michelin, cuisine créative dans un décor moderne et prestigieux. Poissons et truffes blanches. Fermé midi, dim., jan. et août. Réserver.

Sadler Wine and Food €€-€€€
Via Monte Bianco 2/a, tél. 02 481 4677
Petit frère du Sadler, cuisine innovante à base de classiques. Ouv. 12h-23h ; fermé dim., jan. et août.

Savini €€€-€€€€
Galleria Vittorio Emanuele 11, tél. 02 7200 3433
Restaurant chic, cuisine italienne classique. Fermé dim., août, 1er-7 jan. Réservation et tenue correcte exigées. Fermé dim., août et 1ère semaine de janvier.

Torre di Pisa €€€
Via Fiori Chiari 21, tél. 02 874877
Dans la plus vivante des rues du quartier de Brera, cette auberge, dans une ambiance intime, propose une cuisine de saison. Fermé sam. midi, dim.

Naples

La Cantina di Triunfo €€-€€€
Riviera di Chiaia 64, tél. 081 668101
Cuisine napolitaine traditionnelle. La carte est élaborée selon les arrivages. Fermé midi, dim., et j. fér.

La Cantinella €€€€
Via Cuma 42, tél. 081 764 8684
Sur le front de mer, cet élégant restaurant propose des fruits de mer. Fermé le dim. de juin à sept., 15 j. en août et 24-25 déc. Réservation indispensable.

La Chiacchierata €€€
Piazzetta Matilde Serao 37, tél. 081 411465
Minuscule *trattoria* familiale servant de la cuisine napolitaine. Fermé le soir (sauf ven.), et les sam. et dim. de juin à juil., et août

La Fazenda €€€
Via Marechiaro 58/a, tél. 081 575 7420
Régalez-vous d'une excellente cuisine méditerranéenne tout en jouissant d'une belle vue sur Capri et la baie de Naples. Terrasse en été. Fermé dim. soir, lun. midi, et du 15 août au 1er sept.

Ciro a Santa Brigida €-€€
Via Santa Brigida 71-4, tél. 081 552 4072
Au cœur du vieux Naples, ce restaurant a une excellente réputation. Authentique cuisinc napolitaine. Fermé dim. (sauf déc.) et 7-25 août.

Da Michele €
Via Cesare Sersale 1-3, tél. 081 553 9204
Pizzeria extrêmement courue, sans prétention mais peut être bruyante. Ouvert tard. Fermé dim. et août.

Di Matteo €
Via Tribunali 94, tél. 081 455262
L'endroit pour de bonnes pizzas cuites au feu de bois. Fermé dim. et août. Pas de carte de crédit.

Don Salvatore €€-€€€
Strada Mergellina 4a, tél. 081 681817
Pizzeria appréciée à la fois pour sa cuisine et sa situation. Parmi les spécialités, buffet d'*antipasti* et poisson frais. Vue sur le port. Fermé mer.

Giuseppone a Mare €€€
Via Ferdinando Russo 13, tél. 081 575 6002
À Posillipo, au bord de l'eau. Fruits de mer. Fermé dim. soir, lun., du 18 août au 4 sept. et 24-25 déc.

Sbrescia Antonio €€€
Rampe Sant'Antonio a Posillipo 109,
tél. 081 669140
Belle vue sur le golfe, fruits de mer. Fermé lun., et 15 jours en août. Réserver.

Palerme

Charleston le Terrazze €€€-€€€€
Viale Regina Elena, Mondello (11km de Palerme),
tél. 091 450171
Sur la jetée de Mondello, ce restaurant stylé attire une clientèle chic. Poissons et fruits de mer au menu servis dans une salle au décor bibliothèque. Fermé le mer. en nov.-avr., et 10 jan.-10 fév.

Santandrea €€-€€€
Piazza Sant'Andrea 4, tél. 091 334999
Derrière le très coloré marché Vucciria, ce restaurant cuisine les produits les plus frais – au gré des arrivages. Jolies présentations. Parmi les spécialités : sardines aux spaghettis et belle tarte au chocolat. Fermé mar., mer. midi, dim.-lun. en juil.-août, et jan.

Rome

Agata et Romeo €€€€
Via Carlo Alberto 45, tél. 06 446 6115
Restaurant gastronomique, servant une cuisine mariant les saveurs romaines à celles du sud de l'Italie. Une des meilleures carte des vins d'Italie. Menus végétariens. Réserver. Fermé sam.-dim. et août.

Agustarello €€
Via Giovanni Branca 98, tél. 06 574 6585
Cette Trattoria traditionnelle propose de la cuisine romaine. Recettes d'abats originales. Réservation recommandée. Fermé dim., et 15 jours en août.

Alberto Ciaria €€€€
Piazza di San Cosimato 40, tél. 06 581 8668
Sur la plus sympathique des places du Trastevere, cet excellent restaurant de poisson sert une cuisine raffinée qui contraste avec l'agitation joyeuse du dehors. Réserver. Dîner seulement. Fermé dim.

Bio Restaurant €€
Via Otranto 53, tél. 06 4543 4943
Cuisine équilibrée à base d'aliments biologiques dans un décor calme et naturel. Fermé dim.

Cantina Cantarini €€
Piazza Sallustio 12, tél. 06 485528
Plats simples mais délicieux. Menu à base de poisson le soir, du jeudi au samedi. Les autres jours, viandes mijotées à la romaine, et *marchigiana,* cuisine des Marches. Fermé dim., et 2 semaines en août.

Cecchino dal 1887 €€€-€€€€
Via di Monte Testaccio 30, tél. 06 574 3816
Ambiance chaleureuse et familiale et cuisine romaine à base d'abats. Végétariens s'abstenir ! Réserver. Fermé dim.-lun., août et Noël.

Cul-de-Sac €-€€
Piazza Pasquino 73, tél. 06 6880 1094
Une des meilleures caves de Rome. Soupes, salades et mezze. Souvent bondé, pas de réservations.

Da Bento e Gilberto €€€
Via del Falco 19, tél. 06 686 7769
Restaurant familial très couru situé entre le Vatican et le château Sant'Angelo. Spécialités de fruits de mer. Pas de menu mais festin garanti ! Réservation recommandée. Dîner seulement. Fermé dim.-lun.

Ditirambo €€
Piazza della Cancelleria 75, tél. 06 687 1626
De nombreux plats végétariens tel le flan à la ricotta et aux artichauts crus, les grenades à la vinaigrette... Carte des vins intéressante.

Il Convivio Troiani €€€€
Vicolo dei Soldati 31, tél. 06 686 9432
Un des temples romains de la cuisine innovante. Viande, poisson ou légumes sont toujours accompagnés de façon inattendue. Fermé dim., lun. midi.

Il Gonfalone €€
Via del Gonfalone 7, tél. 06 6880 1269
Ce petit restaurant est l'endroit idéal pour les gourmets.

Jolie terrasse sur une rue pavée, pain maison et cuisine méditerranéenne revitée. Fermée lun.

Il Pagliaccio €€
Via dei Banchi Vecchi 129, tél. 06 6880 9595
Restaurant chic avec menu limité mais original. Belle présentation et aliments de qualité. Fermé dim., lun. midi.

Il Simposio €€€-€€€€
Piazza Cavour 16, tél. 06 320 3575
Une cave de quelque 4 000 bouteilles pour choisir au mieux comment accompagner la délicieuse cuisine créative et les spécialités de saison. Réservation recommandée. Fermé dim. et août

La Pergola €€€
Via Cadlolo 101, tél. 06 3509 2152
Restaurant sophistiqué dépendant du Cavalieri Hilton Hotel. 2 étoiles Michelin. Vue spectaculaire, intérieur somptueux et cuisine gastronomique. Réserver. Fermé dim.-lun., 15 jours en jan. et en août.

Myosotis €€
Vicolo della Vaccarella, 3/5, tél. 06 686 5554
Restaurant familial chaleureux près de la Piazza Navona. Fruits de mer, pâtes fraîches et viande de qualité. Excellente cave. Fermé dim., lun. midi et août.

Obikà €€
Via dei Prefetti 26 (à l'angle de la Piazza Firenze), tél. 06 683 2630
Le seul bar à mozarella de Rome. Décor simple mais accueillant. Déjeuners à petit prix.

Piperno €€€-€€€€
Via Monte de' Cenci 9, tél. 06 6880 6629
Trattoria traditionnelle, mais chère, dont la terrasse donne sur une petite place des vieux quartiers de Rome. Cuisine romaine : *ravioli ricotta e spinaci, saltimbocca.* Fermé dim., 15 jours en août et Noël.

Roscioli €€
Via dei iubbonari 21, tél. 06 687 5287
Restaurant réputé pour sa cuisine créative. La spécialité maison vaut le détour : *tonarelli* (pâtes) au mérou, pistaches et graines de fenouil.

Sora Lella €€€
Via Ponte Quattro Capi 16, tél. 06 686 1601
Trattoria romaine typique située dans un *palazzo* de l'île Tiberina, à côté du Trastevere. Cuisine traditionnelle et pâtes maison. Réserver. Fermé dim. et août.

Taverna Angelica €€€-€€€€
Piazza Amerigo Capponi 6, tél. 06 687 4514
Établissement chaleureux, installé dans le labyrinthe des ruelles du Borgo. Spécialités de fruits de mer. Idéal pour souper après le théâtre. Fermé midi et août. Réservation obligatoire. Fermé lun.-sam. midi.

Trimani Wine Bar €€
Via Cernaia 37b, tél. 06 446 9630
Carte des vins bien fournie. Bons antipasti, notamment les *torte salate*, et plats du jour. Fermé dim. et 15 jours en août.

Turin

Del Cambio €€€€
Piazza Carignano 2, tél. 011 546690
Ouvert en 1757, c'est l'un des plus beaux restaurants d'Italie. L'atmosphère XIXᵉ siècle est donnée par le mobilier. Cuisine italienne et internationale pour palais exigeants. Réserver. Fermé dim. et août.

Spada Reale €€-€€€
Via Principe Amedeo 53, tél. 011 817 1363
Restaurant à la décoration moderne, cuisine toscane et piémontaise. Réserver. Fermé sam. midi, dim. et août.

Tre Galline €€
Via Bellezia 37, tél. 011 436 6553
Tre Galline est un lieu typique de dégustation de vins et de snacks. On propose aussi des spécialités piémontaises. Réserver. Fermé dim., lun. midi et août.

Venise

L'Aciugheta €-€€
Campo San Filippo e Giacomo, tél. 041 522 4292
Au menu dans ce *bacaro*, poissons de l'Adriatique, truffes et huîtres. Les vénitiens sont grands amateurs de ses bons vins du Frioul. Fermé lun.

Al Covo €€€€
Campiello della Pescaria 3968, tél. 041 522 3812
Au menu : poisson, canard sauvage (en saison) et de délicieux desserts maison. Le déjeuner est moins cher que le dîner. Fermé mer.-jeu.

Al Gondolieri €€€€
Fondamente de l'Ospedaleto 366, tél. 041 528 6396
Près du musée Guggenheim, ce restaurant tendance sert des risottos exceptionnels. Réserver. Fermé mar.

Al Graspo de Ua €€€-€€€€
Calle dei Bombaseri 5094/a, tél. 041 522 3647
Restaurant de poissons et de cuisine italienne aux couleurs locales. Fermé lun. et 15 jours en jan.

Al Volto €
Calle Cavalli 4081, San Marco, tél. 041 522 8945
La plus ancienne *enoteca* de Venise. Sa carte des vins offre le choix entre plusieurs milliers de crus. Extrêment couru. Fermé dim.

Antica Bessetta €€€-€€€€
Salizada de Cà' Zusto 1395, tél. 041 721687
Fermé mar., mer. midi et 15 juil.-16 août. Authentique *trattoria* vénitienne tenue par une famille, cuisine régionale, poissons. Fermé mar. et mer. midi.

Antico Martini €€€
Campiello della Fenice 2007, tél. 041 522 4121
Aristocratique et intime, atmosphère d'un café du XVIIIᵉ siècle, près de la Fenice, cuisine vénitienne. Réserver. Fermé mar. et mer. midi.

Antico Pignolo €€€€
Calle dei Specchieri 451, tél. 041 522 8123
Ambiance typiquement vénitienne à San Marco. Spécialités traditionnelles à base de poisson frais. Carte des vins exceptionnelle et service attentif.

(Antica Trattoria) La Furatola €€€
Calle lunga San Barnaba 2869A, Dorsoduro 30123, tél. 041 520 8594
Restaurant sans prétention où les gens du quartier viennent déguster des plats de poisson. Fermé lun. midi, jeu., jan. et août.

Caffè Quadri €€€€
Piazza San Marco 121, tél. 041 522 2105
Installé dans le quartier le plus prestigieux de Venise, ce restaurant est somptueusement meublé. Sa cuisine très renommée propose des plats vénitiens. Les prix sont élevés mais pas excessifs pour Venise. Réserver. Fermé le lun. de nov. à mars.

Canova €€€€
Luna Hotel Baglioni, Calle Larga dell'Ascensione 1243, tél. 041 528 9840
Des plats délicieux servis dans le luxueux décor de l'hôtel Baglioni. Cuisine vénitienne et internationale, toujours à base de produits frais de saison. Carte des vins et service de qualité. Mieux vaut réserver.

Cantinone Gia Schiavi €-€€€
Fondamente Nani, Rio di San Trovaso 992, tél. 041 523 0034
Bar à vin sur le Rio di San Trovaso, très fréquenté par les Vénitiens (ferme à 21h30). Fermé dim. soir.

Harry's Bar €€€
Calle Vallaresso, San Marco 1323, tél. 041 528 5777
Malgré les prix élevés, il ne faut manquer sous aucun prétexte les délicieuses pâtes maison de ce temple de la gastronomie vénitienne. Réservation recommandée.

Osteria Da Fiore €€€€
Calle del Scaleter 2202/a, tél. 041 721308
Petit restaurant gastronomique et chic situé près de Campo San Polo. Réserver. Fermé dim. et lun.

Trattoria alla Madonna €€€-€€€
Calle della Madonna, San Polo 594, tél. 041 522 3824
Restaurant de poisson et fruits de mer à la mode, près du Rialto. Quoique grande, la salle affiche souvent complet. Service un peu brusque. Réserver. Fermé mer. et 15 jours en août.

Vino da Gigio €€
Fondamenta San Felice 3628/a, tél. 041 528 5140
Restaurant *cosy*, au bord d'un canal, proposant de bonnes recettes à la fois de viande et de poisson. Réservation recommandée. Fermé lun. et 15 jours en jan. et en août.

Vini Da Pinto €
Campo delle Beccanie, San Polo 367, tél. 041 522 4599
Bacaro au cœur du quartier du Rialto. Idéal pour déguster un verre de vin accompagné d'antipasti vénitiens, comme le *cicchetti*. Ouv. mar.-dim. 7h30-14h30, 18h-20h30 ; fermé lun.

CRÉDITS PHOTOGRAPHIQUES

Couverture
Nick Sinclair / Photonica
(ambiance italienne)

Intérieur
AFP/Getty Images 67
AKG 31, 54, 62, 109, 261
American Nunismatic Society 32
Anne Hamann Picture Agency 102
APA Photo Agency 120-1, 343, 354
Axiom/Jim Holmes 141, 163
Gaetano Barone 33, 40, 44, 47, 55, 251, 259, 283, 325, 331
BBC Hulton Picture Library 60
Marcello Bertinetti 176, 177
Bilderberg 285
Bridgeman Art Library 92
Steve Day 203
Jerry Dennis/Apa 208, 209
Bernard & Catherine Desjeux 156
Edizioni Storti Venezia 181
Annabel Elston 85(g), 96, 220, 221, 222(h), 223
Ente Provincial Per Il Turismo 26, 30
Gil Galvin & George Taylor 83, 97, 184, 257(h), 268(h), 269(h), 258, 269, 270, 271, 272, 274, 275(g), 275(d), 276, 278, 278(h)
Glyn Genin 27, 72, 76, 84, 86, 173, 176, 178, 272(h), 277(h), 336-7, 341, 341(h), 342, 342(h), 344, 344(h), 346, 346(h), 347
Patrizia Giancotti 6-7
Frances Gransden 29, 45, 131, 134(h), 135, 137(h), 138(h), 140(h), 141(h), 142, 143(h), 143(d), 144(h), 146, 146(h), 147(h), 147, 148(h), 150(h), 157, 158, 158(h), 159(h), 160, 162, 164(h), 165, 165(h), 166(h), 166(g), 167(h), 167, 253, 256(h), 261(h), 262(h), 262, 263
Albano Guatti 8-9, 10-11, 14, 78-79, 80-81, 122-123, 206-207, 236-237
Hans Höfer 48, 49, 53
John Heseltine 12-13, 104, 124-125, 168-169, 183, 188(g), 196, 197, 218, 219, 226, 238, 240, 245, 284(g), 286(g), 287, 292, 294(h), 296, 298-299, 322, 324(d), 326, 326(h), 327, 328(h), 328, 329, 330, 332, 333, 334, 334(h), 335
Image Bank 155
Italian Cultural Institute 34, 300
Michael Jenner 50, 87, 211
Lyle Lawson 154, 338, 339
Alain Le Garsmeur 24

Lelli & Massotti/La Scala Archives 106-107, 112
Magnum 66, 68
Marka/Kay Reese & Associates 20, 22-23, 25
Mary Evans Picture Library 35, 39
Fred Mawer 350, 353
Mohamed Messar/epa/Corbis 65
Metropolitan Opera Archives 111(g), 111(d), 113
Nial McInerney 88, 93
Ros Miller 178(h), 179(g), 182, 183(h), 184, 184(h), 208, 209, 211(h), 212(g), 212(d), 212(h), 213, 214, 215, 219(h)
Robert Mort 105, 267
Giullia Muir/epe/Corbis 64
Museo Teatrale Alla Scala 108
Museum of Modern Art/Film Still Archives 114, 115, 116, 117
Peter Namuth 1, 16, 18, 19, 38, 56, 57, 58, 59, 110
National Portrait Library 17, 21
Mike Newton 103, 277, 293
Gisela Nicolaus 290
Popperfoto 71
Susan Pierres 28, 37
Mark Read 91, 231(h), 232, 233, 234, 234(h), 235
Nicholas Reese 180, 284(d), 288(d), 319
Robert Harding Picture Library 249, 297, 324(g), 351, 353(h)
Alessandra Santarelli 75, 89, 130, 136, 139, 141, 143(g), 143(d), 148, 150, 151, 159
Sipa Press/Rex Features 73, 93
Scala Palazzo Pubblica/Siena 41
Scala Uffizi/Florence 46, 52
Spectrum 189, 195, 227
Sporting Pics/Rex Features 77
Benjamin Swett 36, 295
Thomas Schöllhammer 161, 257
George Taylor 193(h), 194(h), 195(h), 224(g), 224(d), 225, 225(h), 260(h)
Paul Thompson/Eye Ubiquitous 149

Cartographie ERA Maptec Ltd
© 2006 Apa Publications GmbH
& Co. Verlag (Singapour)
Édition Zoe Goodwin
Iconographie Hilary Genin, Monica Allende
Conception artistique Klaus Geisler

Topham Picturepoint 63, 69, 73, 74, 90, 118, 119
Turismo de Roma 137
Venezia Accademia 179
J. Viesti 143(g), 144, 273
Bill Wassman 2(h), 3, 4(h), 70, 82, 85(d), 99, 101, 126, 134, 138, 140, 144, 145, 147, 149, 170, 172, 185, 188(d), 192, 198, 199, 200, 200(h), 201(h), 201, 202(g), 202(d), 203(h), 204(g), 204(d), 205(h), 205, 229, 229(h), 230, 241, 242(h), 243, 244(g), 244(d), 245(h), 247, 248, 248(h), 250, 252, 256, 260, 266, 279, 282, 286(d), 288(g), 291
Gerd Weiss 289
Phil Wood 98, 100, 302, 303, 306, 306T, 307(h), 307, 308, 308(h), 309, 309(h), 310, 310(h), 311, 312, 313, 314(h), 315(h), 315, 316(h), 316, 317, 318(h), 318, 323

Zoom sur...
Pages 94-95 National Motor Museum (hg); Aldo Ballo (hc); Atrium Ltd (c); Zanussi (bg); Bill Wassman (bcg); Vespa (bcd)
Pages 76-77 Phil Wood (ch); Phil Wood (hcg); APA/Glyn Genin (hcd); CEPHAS/Mick Rock (hd); John Heseltine (cg); Bill Wassman (bg); Ros Miller (bcg); Bill Wassman (bc); Bill Wassman (bcd); ACE/Peter Adams (bd)
Pages 152-153 Blaine Harrington (hg); AKG (hc); AKG (hd); Blaine Harrington (d); Scala (cg); Blaine Harrington (cd); AKG/Erich Lessing (c); AKG/Erich Lessing (bg); AKG (bd)
Pages 186-187 John Heseltine (hg); John Heseltine (hc); John Heseltine (hd); Blaine Harrington (c); Blaine Harrington (bg); Bill Wassman (bc); John Heseltine (bd)
Pages 280-281 John Heseltine (hg); G. Galvin & G.Taylor (hcg); Blaine Harrington (hcd); G. Galvin & G.Taylor (hd); Axiom/Chris Coe (c); G. Galvin & G.Taylor (bg); Axiom/Chris Coe (bc); G. Galvin & G.Taylor (bd)
Pages 348-349 Glyn Genin (hg); Glyn Genin (hcg); Agencia Contrasto/ Katz (hcd); Mary Evans Picture Library (hd); Agencia Contrasto/Katz (cg); Glyn Genin (cd); Apa/Glyn Genin (bg); Glyn Genin (bc); Agencia Contrasto/Katz (bd)

INDEX